기독교 교육학 개론

기독교 교육학 개론

초판 | 1쇄 2007년 11월 1일
4쇄 | 2022년 3월 22일

지은이 | 김성수 조성국 권경호 김미숙 신영순 이정기 임창호
황지영 임경근 이민경 소진희 강연정 류혜옥 나삼진
펴낸곳 | 도서출판 생명의 양식
등록 | 1998년 11월 3일 서울시 제22-1443호
주소 | 137-803 서울특별시 서초구 고무래로 10-5 (반포동)
전화 | (02)592-0986 · 팩스 | (02)595-7821

총판 | 생명의 말씀사
전화 | (02)3159-7979 · 팩스 | (080)022-8585

교열 | 김성수 양명지 홍성수
북디자인 | 이성희

ISBN 978-89-88618-12-7 93230

이 책은 저작권법에 의해 보호를 받는 출판물입니다.
기록된 형태의 저자의 허락이 없이는
무단 전재와 무단 복제를 금합니다.

www.qtland.com

Introduction to Christian Education

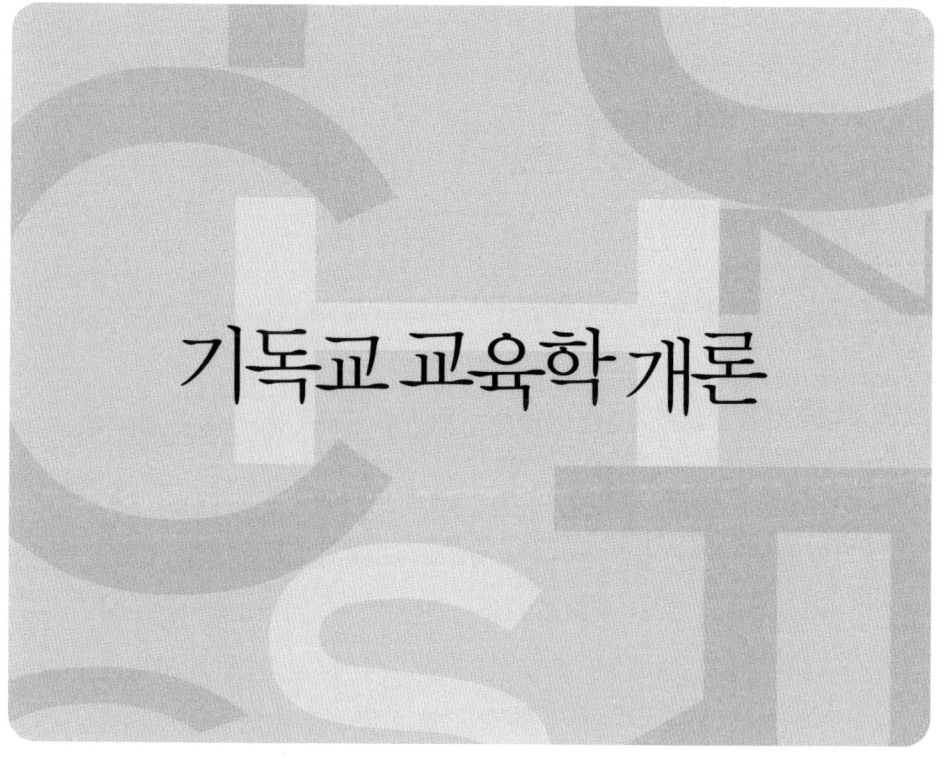

기독교 교육학 개론

책임편집 **강용원**

김성수 · 조성국 · 권경호 · 김미숙 · 신영순 · 이정기 · 임창호 · 황지영
임경근 · 이민경 · 소진희 · 강연정 · 류혜옥 · 나삼진

Introduction to Christian Education

발간사

　금번에 고신대학교 기독교교육과 설립 30주년을 기념하여, 기독교교육과 총동문회가 출판비 전액을 담당하여 본서를 출간하게 된 것을 기쁘게 생각한다. 1977년 기교과 30명의 첫 입학생을 받은 이래, 본 학과 교수님들과 학과 동문 학자들이 협력하여 30년 만에 기독교교육학개론을 펴내는 것이다. 참으로 의미 있고 기쁜 일이 아닐 수 없다. 아울러 본 학과 교수 출신으로서 김성수 교수께서 현재 총장직을 맡아, 짧은 기간 동안 내외적으로 눈부신 활약을 통하여 고신대학이 획기적으로 약진할 수 있는 틀을 다지고 있는 터라, 동문으로서 그 기쁨이 더하다. 김성수 교수는 본 학과의 시작과 함께 교수로 몸을 담은 후 현재 30년째 재직 중이시다.

　30년간 어려운 여건 가운데서도 1,000여명의 학부 졸업생을 배출하고, 석사, 박사과정을 설치하여 교회와 기독교교육학계와 다방면에 걸쳐 착실하고 유능한 일꾼들을 지속적으로 배출해 왔다. 이는 학과 교수님들의 전적인 헌신이 있었기에 가능한 것임을 믿어 의심치 않으며, 하나님께 감사한다. 현재 본 학과에는 7명의 전임교수와 1명의 초빙교수, 169명의 학부생, 교육대학원생을 포함하여 석박사 과정에만 120명이 넘는 대학원생들을 보유하고 있는 명실상부한 연구기관이다. 앞으로 국내뿐 아니라, 아시아를 넘어 세계 교회를 위하여 봉사할 수 있는 유능하고 신실한 크리스천 인재들이 본 학과를 통하여 끊임없이 양성되기를 기대한다.

　본서는 기독교교육과 설립 30주년 기념 홈커밍데이에 맞추어 발간하게 되었다. 앞으로 기독교교육과 동문회에서는 교수님들의 교재 및 연구서 발간을 위하여 매년 연구비를 제공하려고 한다. 이것이 교수님들과 기독교교육과 후배들을 위하여 유익하고 자랑스러운 격려가 되길 소망해본다.

　본 교재를 위하여, 바쁘신 가운데도 기획부터 편집에 이르기까지 모든 일을 마다하지 않으시고 흔쾌히 맡아주신 강용원 교수께 감사드리며, 본서를 아름답게 출판해 주신 생명의 양식 출판사 대표 나삼진 박사와 모든 직원 분들에게 감사를 드린다.

2007년 11월 1일
고신대학교 기독교교육과 총동문회장 _ 임창호

서문

고신대학교 기독교교육과의 설립 30주년을 맞아서 기념사업의 일환으로 본서를 발간하게 된 것을 기쁘게 생각한다. 그간 20년 이상 이 과목을 가르쳐온 편자가 이 일을 맡게 된 것은 더욱 큰 기쁨이 아닐 수 없다.

고신대학교 기독교교육과는 부산, 경남 지역에 있는 유일한 학과로 기독교세계관에 입각하여 교육의 영역에서 하나님의 주권을 드러내고, 교회, 가정, 학교, 사회에서의 기독교교육의 이론과 실제를 연구하기 위해서 만들어졌다. 그동안 우리 학과는 고신대학교의 교육이념에 기초를 놓는 중심학과로서의 사명을 잘 감당하였다.

본 학과는 무엇보다도 개혁주의 기독교교육학의 중심연구지로 발전해 나갈 것이다. 이미 고신대학교는 개혁주의 세계에서 많은 주목을 받고 있으며, 국내는 물론 외부에 더 많이 알려져 있다. 앞으로의 과제는 구미의 개혁주의 신학에 입각한 많은 연구소, 대학들과의 협력을 강화하면서, 특히 아시아의 기독교학문 연구의 중심기관으로 자리매김하게 되는 일이다. 이 일을 위해서 기독교교육과는 큰 책임을 지니고 있다. 앞으로 대학원과 기독교교육연구소를 더욱 활성화하고 특히 '기독교교육학 전문도서관'을 설립하여 기독교교육학 중심연구기관으로서의 위상을 정립해 나갈 것이다.

이 개론서의 발간은 본교 기독교교육과의 학문적 위상 정립에 크게 기여할 것을 믿어 의심치 않는다. 특히 이 개론서는 본 학과의 현직 교수진과 대학원 기독교교육학과에서 박사학위를 취득한 학자들이 중심이 되어 집필되었기 때문에 개혁신앙에 기초한 기독교교육학의 정체성을 천명하기에 조금도 부족함이 없을 것이다.

편자는 제한된 지면을 통해서도 가능한한 기독교교육학의 학문적 구조를 드러내면서 이론과 실천을 연결하기 위해 노력하였다. 본서는 기독교교육학개론이 꼭 다루어야 할 내용을 기초이론, 과정, 현장, 실천의 4부로 나누어 총 15개의 주제를 다루었다. 제1부는 '기독교교육의 기초'로 '기독교교육학의 정체성', '기독교세계관과

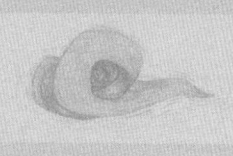

'교육철학', '기독교교육의 역사', '기독교교육과 신학'을 다루었다. 제2부는 '기독교교육의 과정(過程)'으로 '기독교교육 목적론', '기독교교육 과정론', '기독교교육 방법론'으로 구성하였다. 제3부는 '기독교교육의 현장'으로 교회, 가정, 학교, 사회를 중심으로 '기독교교육과 교육목회', '기독교가정교육', '기독교학교교육' '기독교문화교육론'을 다루었다. 제4부는 '기독교교육의 실천' 분야로 '기독교교육 교사론', '기독교교육과 인간이해', '기독교교육과 상담', '기독교교육 행정론'을 취급하였다.

본서는 한 학기 동안 기독교교육학개론을 공부할 수 있도록 하기 위해서 15주 분량으로 편집하였으며, 각 장마다 토의문제와 추천도서를 첨부함으로서 강의를 돕고자 하였다. 또한 이 책은 개혁주의 내지는 복음주의 기독교교육학에 입문하려는 사람들이나, 전공하는 사람들에게 기독교교육학을 개관하는 유용한 안내서가 될 것이며, 또한 기독교교육학에 관심이 있는 사람들, 기독교교육에 종사하고 있는 모든 분들에게 유용한 자료가 될 것이다. 앞으로 증보판에서는 기독교교육과 평가의 문제를 추가할 것이며, 연령별 교육이론(아동, 청소년, 성인 등)과 미래적 과제 등을 추가하여 명실공히 한국의 기독교교육학을 대표하는 개론서로 다듬어 나갈 것이다.

한 학과에서 동문들이 재정을 담당하고 교수진에 의해서 이러한 개론서가 발간되는 일은 아마도 드문 일이라고 생각된다. 이러한 우리 기독교교육과의 저력을 계속하여 발휘함으로써 이 땅에 진정한 교육을 심고, 모든 삶의 영역에서 '하나님의 교육'을 실천해 나가기 위해서 매진할 수 있기를 기대해 본다. 다시 한번 귀한 옥고를 주신 집필자 제위께 감사의 말씀을 드린다.

2007년 11월 1일

편집인 _ 강용원

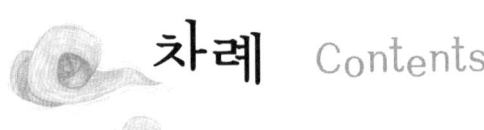

차례 Contents

발간사　4
서문　6

제1부 기독교교육의 기초

제1장 기독교교육의 정체성 ------------------ 15
개혁주의 기독교육, 무엇인가?
개혁주의 기독교육의 기초
개혁주의 기독교육의 몇 가지 기본 원리
개혁주의 기독교육의 방향과 과제

제2장 기독교세계관과 교육철학 -------------- 47
세계관
기독교세계관
기독교철학
기독교교육철학

제3장 기독교교육의 역사 ------------------- 69
히브리 교육
예수와 사도들의 시대
초기 그리스도 교회
중세 시대
종교개혁 시대
근세의 기독교교육
주일학교 운동
현대와 기독교교육
한국의 기독교교육

제4장 기독교교육과 신학 ---------------- 99
기독교교육학의 성격
기독교교육학과 실천신학
기독교교육에서의 신학의 역할

제2부 기독교교육의 과정

제5장 기독교교육 목적론 ---------------- 133
목적에 관한 용어, 정의, 자원
교육과정 속에서의 교육목적의 역할
교육목표의 주요영역
좋은 목표의 특징과 진술
기독교교육의 목적에 관한 논의
교육목적 진술

제6장 기독교교육 과정론 ---------------- 161
교육과정의 기초와 목적
교육과정 구성의 원리와 근거
삶을 위한 교육과정
정의와 샬롬을 위한 교육과정
교육과정을 위한 함의점

제7장 기독교교육 방법론 ---------------- 191
교수-학습의 개념
교육방법의 의미
기독교교육 방법론
교육방법의 선정기준
교육방법의 유형

제3부 기독교교육의 현장

제8장 기독교교육과 교육목회 ---------------- 223
무엇이 부흥인가?
한국교회 부흥과 기독교교육
교육목회에로의 전환을 요구하는 한국교회
교육목회학은 기독교교육학 영역이어야 한다

제9장 기독교 가정교육 -------------------- 247
기독교 가정교육의 의의
기독교 가정교육의 역사
기독교 가정교육 이론
현대가정을 위한 적용

제10장 기독교 학교교육 ------------------- 273
미션스쿨과 기독교학교 및 대안학교의 관계
기독교학교의 필요성
기독교학교의 정체성

제11장 기독교 문화교육론 ------------------ 299
기독교 문화교육을 열며
개혁주의적 문화교육의 기초
개혁주의 문화교육의 세 가지 국면과 교육적 함의점

제4부 기독교교육의 실천

제12장 기독교교육 교사론 ------------------ 323
기독교교육에 있어서 교사
교사: 직업인가, 소명인가?
교사의 권위: 권력인가, 섬김인가?
교사의 학생관: 미성숙한 존재인가, 하나님의 형상인가?
교사의 사명
교사가 직면한 도전들

제13장 기독교교육과 인간이해 ---------------- 341
인본주의적 인간이해
기독교적 인간이해
전인적 인간이해
교육학적 인간이해

제14장 기독교교육과 상담 ------------------- 373
기독교교육과 상담
상담관계 형성과 상담윤리
상담의 과정
상담자원과 기술
상담이론
기독교교육에 있어서 상담의 과제

제15장 기독교교육 행정론 ------------------- 407
기독교교육 행정의 개념
기독교교육 행정의 성경적 근거
기독교교육 행정의 원리
교회학교의 조직과 행정
교회교육 지도자와 교사의 리더십
교회교육 지도자의 자기관리
교회교육 행정에서의 특수문제들

주 440

집필자 약력 483

| 제1부 |

기독교교육의 기초

제1장
기독교교육의 정체성

김성수

우리가 예수 그리스도에게 헌신된 그리스도인으로서 창조 세계의 교육적 현상을 탐구하고 실천하는 과업에 종사한다고 하면 그리스도인 교육자로서 우리의 정체성을 어디에서 찾아야 하는가? 우리는 이 정체성을 단순히 전도, 교회 봉사, 구제 등과 같은 소위 협의적 의미의 '경건 생활'에서만 찾을 수는 없을 것이다. 그리스도인이 되었다는 것은 삶의 한 부분만이 아니라 삶 전체를 그리스도에게 헌신하며, 그리스도의 뜻을 따라 살아가는 그리스도의 제자가 되었다는 의미이다. 우리는 먹든지 마시든지 무엇을 하든지 항상 그리스도인이다. 기독교의 복음은 경건 생활이나 협의적 의미의 종교적 행위만을 위한 것이 아니라 총체적인 삶을 위한 것이다. 우리가 그리스도인이 되었다고 하는 것은, 그리고 우리가 하나님 나라(Kingdom of God)의 한 백성이 되었다고 하는 것은 우리 삶의 모든 영역에서 일관되게 그리스도의 통치권을 인정하며 그분의 통치를 받는 것을 의미한다. 그러므로 교육 현상의 탐구와 실천 문제에 전문적 관심을 갖는 그리스도인 교육자는 교육의 영역에서 하나님의 우주적 왕권(Kingship)을 인정하며 높이는 삶을 증거해 보여주려는 소망을 가져야 한다. 교육에 대한 개혁주의적 관점은 그리스도인 교육자의 이러한 소망을 성취하는데 가장 유용한 도움을 준다.

1. 개혁주의 기독교교육, 무엇인가?

교육에 대한 개혁주의적 관점과 개혁주의 기독교교육의 방향을 생각하기 위해서 우리는 먼저 개혁주의의 의미와 개혁주의 기독교교육의 의미를 살펴볼 필요가 있다.

개혁주의

개혁주의 사상과 그 본질이 무엇인지를 여러 가지 관점에서 규명할 수 있으나 단순화시켜 본다면 일반적으로 다음과 같은 두 가지 측면에서 논의될 수 있다.

16세기 종교개혁의 전통
개혁주의 사상의 광의적인 의미는 사제주의(司祭主義)에 반항한 역사적 종교개혁 운동에서 찾아볼 수 있다. 16세기에 일어났던 루터(M. Luther)와 칼빈(J. Calvin)의 종교개혁 운동은 종래까지 사제들에게만 적용되는 것으로 여겨졌던 소명(Berufen)의 개념을 모든 그리스도인들에게로 확대하여 그리스도의 구속적 사역으로 말미암아 이제는 그리스도인 모두가 사제라는 소위 만인제사장설을 주창하였다. 이때까지 사제란 금욕생활을 하는 자들이고, 성경을 이해하고 가르칠 수 있는 자들이며, 다른 사람들을 위해 하나님께 기도하는 특권을 가진 사람들이었다. 그러나 종교개혁자들은 이 세 가지 점들이 나름대로 모든 그리스도인들에게도 적용될 수 있는 것으로 재해석될 수 있다고 보았다.[1] 개혁주의 사상의 특징은 16세기의 이러한 역사적 종교개혁운동의 전통에서 조망될 수 있다.

개혁주의(칼빈주의)

그러나 개혁주의 사상의 협의적인 의미는 칼빈의 신학과 사상의 발전적 전통에서 찾아볼 수 있다. 16세기에 사제주의에 반항한 모든 종교개혁운동을 개혁주의 전통이라고 보기는 어렵다. 사제주의에 반항한 종교개혁운동의 모든 유형들이 계시관이나 세상관, 또는 교회관에서 관점을 같이한 것은 아니다. 이들 중에는 르네상스 정신에 충실하여 중세교회를 거부한 사람들도 있고, 영감주의자들의 관점에서 사제주의에 반항한 사람들도 있었다. 재세례파(Anabaptist)들도 루터와 유사한 바른 계시관에서 출발하면서도 세속에 대한 견해와 교회에 대한 입장에 있어서는 루터와 입장을 달리하였다.[2] 그러므로 16세기 종교개혁의 전통이 모두 개혁주의 사상과 일치하는 것은 아니다. 협의적 의미의 개혁주의는 칼빈의 가르침에 많이 의존하고 그 전통을 따르는 칼빈주의(Calvinism)라고 말할 수 있다.

칼빈의 가르침을 따르는 개혁주의는 인간 삶의 모든 영역에서 삼위일체 하나님을 강조하며, 인간의 타락과 예수 그리스도를 통한 구원, 그리고 교회와 하나님의 나라를 강조한다. 개혁주의는 또한 성경계시, 창조세계를 통한 하나님의 계시, 그리고 성육신하신 예수 그리스도를 통한 하나님의 계시의 중요성을 강조하며, 하나님의 주권과 언약(covenant), 종교적 존재로서의 인간의 순종과 책임, 하나님의 법(law)에 대한 인간의 반응(예배), 그리고 성령의 역사를 강조한다. 이를 다르게 표현해 보면, 개혁주의 사상은 창조, 타락, 구속의 우주적이며 보편적, 전체적 의미를 강조하며, 그리스도의 우주적 왕권, 성별보다는 성화, 그리고 은혜가 자연을 회복한다 (Grace restores nature)는 사상을 핵심적으로 강조한다.

개혁주의 기독교교육의 의미

개혁주의 전통에 대한 이러한 이해를 배경으로 볼 때 개혁주의 기독교교육의 의미는 분명해지게 된다. 모든 교육활동은 그것이 종교적 존재로서의 인간의 활동이기 때문에 기독교적 교육이든 비기독교적 교육이든지 간에 본질상 종교적(religious)인 성격을 지니고 있다. 교육은 본질상 종교적인 성격을 가지고 있는 유목적적인 인간형성 활동이다. 기독교교육이란 한마디로 정의할 수 없는 다면적이고 복합적인 현상이지만 크게 단순화시켜 본다고 하면, 인간의 삶을 향한 하나님의 법(law)에 종교적 존재로서의 인간이 순종적인 방향으로 자발적으로 반응할 수 있는 인간을 형성해 가는 과정이라고 말할 수 있다.

이와 같은 인간형성 활동은 협의적인 의미의 기독교적 내용만이 아니라 창조세계의 모든 법칙과 현상에 관련된 다양한 교육내용을 매개체로 하여 가정, 교회, 학교, 사회 등 다양한 교육의 장(field)에서 일어난다. 혹자는 기독교교육을 교회교육과 동일시한다. 이러한 생각은 기독교교육을 좁은 의미의 기독교적 신앙을 가르치는 정도로 생각해 버리는 협의적 사고방식이다. 뿐만 아니라 기독교교육이란 일반교육에 기독교적 요소를 단순히 가미하는 정도의 교육도 아니다.[3] 어떤 프로그램이나 내용을 첨가한다고 해서 그것이 교육을 기독교적인 교육으로 만들어 주는 것이 아니다.

개혁주의 세계관의 관점에서 볼 때는 교육의 장에 관계되는 모든 요소들과 행위들이 성경적인 종교적 동인(religious ground motive)[4]과 성경적인 세계관(worldview)을 바탕으로 조직되고 추진되며 실행될 때 우리는 그 교육을 엄밀한 의미에서 기독교교육이라고 명명할 수 있다. 교육의 주체와 대상에 대한 관점, 교육의 기초와 내용, 그리고 교육방법, 행정과 평가 등 교육의 모든 요소들이 성경적 세계관의 관점에서 동기 지워지고 실천되지 않으면 우리는 그 교육을 기독교적 교육이라고 평가할 수가 없을 것이다. 모든 교육은 그것이 진정으로 참되고(genuine) 올바른(true) 기독교적 교육이 되기 위해서는 교육내용 뿐만 아니라 교육의 장면을 구성하는 전체 요소들이 성경적인 세계관 위에서 구성되고 진행되어 나가야 한다.

2. 개혁주의 기독교교육의 기초

이상에서 언급한 바와 같은 의미의 개혁주의 기독교교육은 보다 더 구체적으로 성경계시에 그 기초를 두어야 하며, 나아가 인간과 실재(창조세계와 창조세계의 제 법칙), 그리고 지식과 가치에 대한 성경적 이해에 철저하게 기초해야 한다.

하나님의 말씀

개혁주의 기독교교육은 무엇보다도 하나님의 말씀(Word of God)에 그 기초를 두어야 한다. 인간은 성경을 통해서 하나님의 창조세계를 보다 더 분명하게 이해할 수 있다. 칼빈(Calvin)이 말한 바와 같이 성경은 마치 우리 눈에 안경(spectacles)과도 같은 역할을 한다. 성경은 교육의 제반 이론적 활동과 실제에서 우리의 왜곡된 시각을 다시금 교정하여 바르게 초점 맞출 수 있도록 도와주는 역할을 한다. 그러므로 개혁주의 기독교교육은 철저하게 하나님의 말씀에 기초를 두어야 한다.

성경적 인간관

교육은 인간이 인간을 대상으로 하는 형성적 활동이다. 그러므로 인간에 대한 올바른 이해가 없이는 교육의 본질을 올바로 이해할 수가 없다. 교육관은 근본적으로 인간관에 기초한다고 해도 과언이 아니다. 그러므로 개혁주의 기독교육은 또한 인간에 대한 성경적 관점에 기초하여야 한다. 성경적 인간관은 여러 가지로 이해될 수 있으나 기본적으로 다음과 같은 몇 가지 이해를 기본으로 하고 있다.

하나님의 형상

성경적 인간관의 첫 번째 의미는 하나님의 형상(image of God)이라는 개념이다. 인간은 하나님의 형상으로 지음을 받은 존재이다(창 1:27, 9:6, 약 3:9). 모든 피조물들 가운데서 오직 인간만이 하나님의 형상이다.

인간이 하나님의 형상(image-bearer)이라는 것은 인간이 책임적, 반응적, 응답적 존재(responsible being)라는 의미이다. 인간은 하나님 앞에서 책임적이며 응답적인 존재이다. 동물은 자신의 행동 결과에 대해서 도덕적 책임을 지지 않는다. 그러나 하나님은 인간을 책임적이며 응답적 존재로 창조하셨다. 인간은 삶의 모든 영역과 순간에서 하나님과 하나님의 창조질서(법)에 대한 반응적 존재로 특징 지워져 있다. 인간은 하나님의 형상을 따라 창조되었기 때문에 창조의 질서를 따라 하나님의 창조세계를 돌보고 관리하는 문화적 사명과 청지기적 책임을 가지고 있다.

인간이 하나님의 형상(image-bearer)이라는 것은 또한 인간이 본질상 관계적 존재임을 의미한다. 인간은 항상 자신과 동료인간, 환경, 그리고 하나님과의 관계 속에서 생활하는 존재이다. 하나님은 인간을 관계적이며 공동체적 존재로 창조하셨다. 인간의 타락은 인간을 고립시키고 비인간화시키는 결과를 가져왔다. 그러나 그리스도를 통한 구속(redemption)은 인간의 모든 관계를 올바로 회복시킨다. 구속은 파괴된 인간관계를 재창조하고 용이하게 한다.

　기독교교육자는 피교육자의 본질을 항상 하나님의 형상이라는 맥락 안에서 이해할 수 있어야 한다. 인간의 죄성은 인간의 삶이 본질적으로 하나님과 그의 창조질서에 대한 반응적 삶임을 망각하게 만든다. 그러나 기독교교육자는 그리스도의 구속적 사역을 통해서 다시금 하나님과 그의 창조질서를 향한 온전한 반응이 가능하다는 사실을 직시한다.

　인간을 창조-타락-구속의 맥락에서 이해하는 성경적 인간관은 교육의 이론과 실제에 특별한 함의점을 던져주고 있다. 우리는 다른 사람을 하나님의 형상으로 존중해야 하다. 교육자가 교육의 장에서 피교육자를 존중해야 하는 가장 중요한 이유는 진보주의 교육이론 때문이 아니라, 이들 피교육자들이 하나님의 형상으로 지음받은 고귀한 존재들이기 때문이다(마 18:1-14). 하나님의 형상인 인간은 결코 상품화되거나 행동주의 이론이 강조하는 것과 같은 조작(manipulation)의 대상이 될 수 없다.

　성경적 인간관은 특별히 교육의 제반 이론들을 평가하고 수용함에 있어서 다음과 같은 중요한 지침을 제공해 준다.

　첫째, 성경적 인간관은 인간이라는 존재가 근본적으로 선하며, 따라서 사고와 감정, 그리고 행동에 있어서 본질상 스스로 선함과 건전성을 지향하는 존재라는 관점에 기초해 있는 교육이론을 수용하지 않는다. 인간중심 교육이론은 인간이 선천적으로 자신의 운명을 성취할 수 있으며, 자기의 생을 생산적이고 창의적인 방법으로 살 수 있다고 믿고 있다. 그러나 개혁주의 교육관은 이러한 인간주의 교육이론을 무비판적으로 수용하지는 않는다.

　둘째, 성경적 인간관은 인간을 이해함에 있어서 본질상 결정론적이거나 전적으로 부정적인 관점을 견지하는 교육이론 역시 수용하지 않는다. 성경은 인간 타락의 본성을 심각하게 보여주고 있기는 하지만 인간이 단순히 동물처럼 반응하는 존재로 묘사하거나, 아니면 자신의 행동을 전혀 통제할 수 없는 운명적 존재로 묘사하고 있지는 않다. 그러므로 개혁주의 교육관은 인간성에 대해서 근본적으로 부정적이며 결정론적이고 비관적인 관점을 견지하고 있는 프로이드 학파의 이론을 무비판적으로 수용하지는 않는다.

셋째, 성경적 인간관은 인간의 자율성을 조장하는 모든 관점을 거부한다. 다시 말하면, 성경적 인간관은 인간이 인간 자신의 운명과 삶의 주인이라는 신념을 거부하며, 인간은 홀로 우주에 있으며 자신에게 홀로 응답할 수 있는 존재라는 관점을 거부한다. 인간 자율성에 근거하고 있는 실존주의 교육이론은 인간이 자기 자신의 운명을 스스로 계획하고 창조하는 존재이며, 자기 자신이 자기의 인생을 만들며 완전한 선택의 자유를 가지고 자신의 실존에 대해서 책임을 지는 존재라는 관점을 주창한다. 그러나 개혁주의 교육관은 이와 같은 실존주의적 교육이론을 무비판적으로 수용하지는 않는다.

성경적 인간관이 인본주의적 교육이론을 거부한다는 것은 결코 이러한 이론들을 완전히 무용한 것으로 보면서 이들 이론들을 전적으로 거부한다는 의미는 결코 아니다. 기독교교육자들은 일반교육의 이론과 실제로부터 많은 통찰을 얻을 수 있으며 많은 도움을 받을 수 있다. 그 이유는 이들 이론들이 복합적인 인간존재의 어떤 측면에 대해서는 아주 정확하고도 예리하게 이해하는 측면들이 있기 때문이다. 성경적 인간관이 낙관주의적 인간관이나 결정론적 인간관을 거부한다는 것은 교육의 과정에서 나타나는 복잡한 인간의 문제와 인간존재의 다차원적(multi-dimensional) 특성을 간과하고, 하나의 문제나 특성을 절대화하거나 축소시키는 절대화 또는 환원주의적(reductionism) 경향을 거부한다는 의미이다.

종교적 존재

인간은 종교적 존재(homo religiosus)이다. 일반적으로 많은 사람들은 종교라는 것은 어디까지나 개인적인 취미와 같은 사적(private)인 문제라고 생각한다. 사적인 종교는 어디까지나 "종교의 자유"에 의해서 보장되는 것으로서, 모든 사람들의 신성한 특권이라는 것이다. 종교를 개인적임 사적인 것으로 소유하는 한 그것을 존중하며 심지어 방어해 주기까지 할 것이라고 생각한다.[5]

그러나 종교는 결코 사적인 것이거나 인간 삶의 한 부분이 아니다. 인간 삶 자체가 종교이다. 인간이라는 존재의 가장 본질적인 의미는 종교적 존재라는 것이다. 칼빈(Calvin)은 모든 인간은 필연적으로 종교적이라는 사실을 강조하고 있다. 종교란 인간이 온 마음으로 하나님을 섬기는 것이다. 지상에서 인간이 영위하는 모든 개별적 삶과 공동체적 삶은 종교적 성격을 지니고 있다. 인간의 삶 전체가 종교적이라는 의미는 곧 인간의 생활은 그 모든 활동 영역에서 섬김과 경배의 생활이라는 의미이다. 먹든지 마시든지, 잠을 자든지 생각을 하든지, 기도하든지 시장에 가든지 인간의 모든 활동들이 종교 생활의 한 부분이고 성격상 종교적이다. 인간은 자신의 총제적 자아를 하나님께 대한 경배로 봉사하든지 아니면 우상에 대한 경배로 봉사한다. 소위 말하는 중립적 영역은 인간 생활에서 결코 존재하지 아니한다. 그러므로 교육은 본질상 결코 중립적일 수가 없다.

하웃즈바르트는 "과잉발전한 서구를 위한 도움"(*Aid for the Overdeveloped West*)에서 우리 자신과 우리가 살고 있는 시대를 이해하는데 도움이 되는 세 가지 기본적인 성경적 기준을 제시하고 있다.[6]

> 첫째로, 인간은 누구나 자신의 삶에서 신(들)을 섬긴다는 것이고,
> 둘째로, 인간은 누구나 자신이 믿는 신의 형상을 따라 변화된다는 것이며,
> 셋째로, 인간은 누구나 자신이 믿는 신의 형상을 따라 사회구조를 창조하고

문화를 형성한다는 기준이다.

교육의 이론과 실제에 종사하는 교사나 피교육자, 교육의 모든 프로그램과 방법, 그리고 교육의 결과도 궁극적으로는 이와 같은 기준을 따라서 그 본질과 모양이 형성되고 채색되어질 수밖에 없다.

전인적 존재

인간에 대한 성경적 관점은 항상 총체적 관점이며 전인적인 인간관(holistic views of man)이다. 이분법적(이원론적) 인간관은 성경적 지지를 받을 수 없다. 성경이 인간에 대해서 언급하면서 때로는 마치 이분법적 인간관이나 삼분법적 인간관을 지지하는 것처럼 보이지만 그 전체적인 맥락에서 보면 성경은 항상 전인적 인간관을 견지하고 있다.

성경이 인간의 마음에 초점을 맞추면서 "마음으로서 인간"(man as heart)을 이야기할 때는 인간 존재의 가장 심오한 핵심(the deepest core)이며, 종교적 삶의 좌소(the seat of his religious life)로서 전인(the whole of man)을 지칭한다. 또한 "영으로서 인간"(man as spirit)을 이야기할 때는 하나님이 아니면 우상의 인도하에서 인간 존재를 동기지우며 인도하는 능력을 지칭하면서 "인간 내부에서 밖으로"(from the inside out) 바라본 전인을 말하고 있는 것이다. 성경은 때로 인간의 몸에 초점을 맞추면서 "몸으로서 인간"(man as body)에 대해서 이야기하고 있는데 이때는 하나님의 피조물로서 인간의 가시적인 현현이며 기능으로서 "바깥에서부터 안으로" 바라본 전인을 지칭하는 것이다. 마찬가지로 "영혼으로서 인간"(man as soul)도 인간의 한 구성 부분을 이야기하는 것이 아니라, 자신의 생명과 호흡을 하나님께 의존하고 있는 살아있는 존재로서 전인을 지칭하는 것이다. 영혼이나 영은 인간 안에 있는(in man) 어떤 것, 또는 인간에게 속해있는(of man) 어떤 것이 아니다. 인간 자신이 영혼이며, 인간 자신이 영이다

(man is soul and is spirit). 성경이 인간에 대해서 이야기할 때는 항상 하나님과의 관계에서 전인을 이야기하고 있지 인간의 어떤 구성 요소나 "부분들"에 대해서 논하지 않는다.[7]

하나님께서 우리 몸을 살아있는 거룩한 제물로 하나님께 드리도록 요구하실 때(롬 12:1), 이 요구는 우리가 우리 자신의 한 부분, 즉 우리의 영혼이 없이 우리의 몸을 하나님께 드려야 한다는 의미가 아니다. 이 말씀은 단순히 우리가 우리 자신 즉 우리의 구체적 전존재를 하나님께 바쳐드려야 한다는 것을 의미하고 있다. 하나님의 뜻을 알기 위해서 우리의 마음(또는 영)을 새롭게 한다는 말씀(롬 12:2) 역시 단순히 분리된 지적(지성적) 실체를 의미하는 것이 아니라 인간의 전 삶이 새롭게 되어야 한다는 사실을 의미하고 있다.

성경적 인간관은 '1/2+1/2=1'이라는 인간관이 아니라 '1+1=1'이라는 인간관을 가르치고 있다. 다시 말해서 성경적 인간관은 단일론적 또는 이원론적 인간관이 아니라 전인적인 인간관을 가르치고 있다. 기독교교육은 그 이론과 실천 모두에서 이와 같은 성경적인 전인적 인간관을 기초로 해야 한다.[8]

다차원적 존재

전인적 인간관은 인간이 다양한 측면을 소유하고 있지 않다는 의미가 아니다. 인간은 무엇보다도 화학적, 물질적, 생물학적, 심리학적 측면을 가지고 있는 존재이다. 인간은 문화를 창조하고, 역사를 만들며, 사고하고, 말하고, 사회적으로 교통하고, 교역을 하고, 예술을 창조하고, 공의와 신앙을 유지하며, 신앙을 실천할 줄 아는 존재이다.

우리는 이를 적어도 다음과 같은 15개의 국면(facets), 양상(aspects), 또는 기능(function)으로 구분할 수 있다.[9]

이들 여러 다양한 국면들 사이의 구별은 물질, 식물, 동물, 인간을 구분하는데 도움을 줄 수 있다.
- 물질: 단지 처음 4가지 양상(수적 측면에서 물리적 측면)만을 보여준다.
- 식물: 살아있는 존재(생물학적 기능을 추가한다).
- 동물: 더 복잡한 피조물이다. 이들은 느끼고 경험할 수 있다. 그래서 감각적 측면이 추가된다.

그러나 인간은 모든 피조물 가운데서도 분명히 가장 복잡한 피조물이다. 이미 살펴본 여러 가지 측면들에 추가하여 인간은 다른 동물들이 갖고 있지 못하는 9가지의 특징을 더 드러내 보여준다. 인간은 논리적으로 사고할 수 있고, 역사를 만들고, 말하고, 사회적, 경제적 관계를 가지며, 예술을 창조하고, 법을 만들며, 도덕적으로 행동하고 참된 하나님이 아니면 거짓 신(들)에 대한 신앙을 가질 수 있다.

그러나 역사의 과정에서는 이상의 15가지의 기능들 중 단지 이것 아니면 저것의 어느 한 가지 관점에서만 인간을 규정할려는 시도들이 종종 있어 왔다. 그래서 인간은 이성적 존재, 도덕적 존재, 또는 경제적 존재, 아니면 조금 더 광범위하게 이성적-도덕적 존재로 불리워져 왔다. 이것은 인간이 무엇이냐에 대한 단순화 또는 환원주의적 이해 방식이다. 이러한 이해는 단지 일차원적 또는 이차원적 인간관에 불과하다. 계몽주의 교육관과 행동주의 교육관은 모두 환원주의적 인간관을 견지하고 있다. 그러나 인간은 다차원적(multi-dimensional being)이다. 개혁주의 기독교교육은 인간이해에 있어서 반드시 이와 같은 환원주의적 인간관을 거절하고 다차원적 인간이해에 기초하고 있어야만 한다.

실재관

기독교교육은 또한 성경적인 실재관에 기초하여야 한다. 우주의 기원과 본질, 그리고 실재의 법칙성과 변화성등에 관한 다양한 관점은 교육의 형태와 체계를 다르게 이끌어 간다. 성경은 살아계신 창조주 하나님의 존재, 하나님의 천지창조, 창조세계의 법칙성과 다양성, 그리고 통일성에 대해서 분명한 가르침을 제공하고 있다.

기독교교육은 특별히 창조세계의 다양성과 통일성에 대한 성경적 이해를 바탕으로 수행되어야 한다. 하나님은 우리가 수없이 다양한 측면에서 창조세계를 접하고 그 표지들을 잡아낼 수 있도록 만들어 놓으셨다. 인간 존재가 다차원적 특성을 가진 것과 마찬가지로 모든 창조 실재 역시 다차원적 특성을 지니고 있다. 우리가 경험하는 실재의 물리적, 화학적 측면은 사실상 창조실재의 다양한 측면들 가운데 단지 한두 가지의 측면일 뿐이다.

밝은 빛이 프리즘을 통과해서 굴절되면 아름다운 색깔의 스펙트럼으로 나타나는 것처럼, 하나님의 말씀을 빛줄기로 생각해 볼 때 그 말씀은 우리가 경험하는 창조실재를 다양한 측면(양상)으로 배열해 준다. 실재에 대한 비기독교적 관점은 인간으로 하여금 자신이 경험하는 실재의 한 측면만을 선택하여 삶의 의미를 이해하는 열쇠로 삼게 하는 환원주의적 경향성을 가지고 있다. 진보주의, 항존주의, 행동주의, 실존주의, 심리주의, 경제주의, 역사주의, 과학주의, 물질주의 등과 같은 각각의 '주의'(-ism)들과 교육사조들은 한결같이 이러한 경향성을 반영해 보여준다. 그러나 이러한 환원주의와 절대주의는 창조세계 전부를 담기에는 부족한 그릇이다. 피조물 중 어느 하나가 우상이 될 수 있는 것과 마찬가지로, 하나님이 지으신 세계에 대한 우리의 경험 중 어느 한 측면도 절대화되면 우상이 될 수 있다.

지식관

지식에 대한 관점은 교육의 이론과 실제에 직접적인 영향을 미친다. 교육의 많은 기능 가운데 한 기능인 보수적 기능은 가치 있고 타당한 지식을 다음 세대에 전승해 주는 일이며, 그러한 지식을 계속적으로 탐구할 수 있는 능력을 길러 주는 일이다. 따라서 만약 지식에 대한 우리의 관점이 올바르지 못하면 우리의 교육실제는 왜곡될 수밖에 없다. 1900년대까지 지배적인 지식관은 지식은 그 자체가 사실, 기술, 개념, 이론의 객관적인 총체라는 관점이었다. 이러한 지식을 더 많이 획득하면 할수록 삶을 더 잘 영위할 수 있는 기회를 가질 수 있다고 보았다. 그래서 지식 자체가 힘이라고 보았다. 이러한 지식은 주관적인 성격의 신앙과는 분리되는 것이었다.[10]

그러나 성경은 인간의 지식이 중립적이라고 가르치지 않는다. 지식은 질서와 의미, 인간의 본질, 목적, 과업, 그리고 구원의 필요성 등에 대한 일련의 신념의 틀(framework) 안에서 획득되고 축적되며 전수되어 간다. 지식은 객관적 세계에 대한 수동적 수납이 아니라 그 의미에 대한 전제를 따라 실재를 능동적으로 형성하고 해석해 가는 것이다.[11] 신앙은 그 자체가 지식일 뿐만 아니라 모든 지식의 기초이다. 모든 지식은 참된 하나님에 대한 신앙이거나 아니면 인간 자율성이나 과학기술과 같은 우상에 대한 신앙에 기초를 두고 있다.[12] 교육이란 아동을 이와 같은 지식을 갖도록 인도하는 과정이기 때문에 결코 중립적, 탈가치적(value-free)인 행위일 수 없다.

성경적 지식관은 정적인 것이 아니라 관계적이며 역동적(dynamic)인 성격을 가지고 있다. 창조세계에 대한 참된 지식은 창조주를 아는 지식과 결코 분리될 수 없다. 그러므로 지식은 객관적이거나 사실적(factual)이라기보다 개인적(personal)이며 관계적이다. 지식은 수동적인 것이 아니라 능동적인 것이다. 성경적 지식은 생동적인 경험에 대한 능동적이고 의도적인 관여와 관계가 있다.[13] 진리와 거짓은 말이 아닌 행하는 것으로 나타난다. 우리의 말과 행동이 세상을 창조하시고 유지하시며 모든 것을 구속하시는 하나님에 대한 확신과 헌신에서 나오는 것이라면, 그 때 우리는 진리를 행하고 있는 것이다, 그러나 만약 우리가 하나님에게서 독립되어 있는 것처럼 생각하고 말하고 행한다면, 그 때 우리는 거짓을 행하고 있는 것이다. 죠나단 코졸(Jonathan Kozol)은 《밤은 깊고 집은 먼데》(*The Night Is Dark and I Am Far from Home*)에서 이렇게 말하였다. "진리는 말할 때가 아니라 행동이 취해질 때 나타나는 것이다. 진리는 시험문제에 정답으로 주어지는 단어나 잘 쓰여진 시구도 아니며 진리는 인쇄될 수 있는 알맞는 말도 아니다. 그것은 오직 행동으로 나타나는 옳은 행위이다."[14]

성경은 또한 우리의 지식은 사랑이 동기가 되어야 한다는 점을 강조하고 있다(고후 8:7, 엡 3:16-19). 파커 팔머는《우리를 아시는 것처럼 알려면: 교육의 영성》에서 현대적 지식은 두 가지 동력, 즉 '호기심' 과 '통제하려는 욕구' 에 의해 움직이고 있다고 말한다. 호기심은 우리에게 순수과학을 선사하고, 통제하려는 욕구는 기술을 선사한다. 그러나 옳은 일을 하거나 선한 삶을 살려는 욕구는 잃어버렸다. 지식에 대한 현대적인 개념에는 사랑이 들어있지 않다.[15] 우리는 하나님을 사랑함 없이, 또 인격이신 예수 그리스도와 관계하면서 그 사랑을 나타내 보이지 않고는 그 어떤 피조물도 올바로 알 수 없다. 이 부분이 바로 그리스도인의 마음이 세속적이고 현대적인 마음과 다른 것이다. 개혁주의 기독교교육은 성경적 지식관을 기초로 하여야 한다. 개혁주의 기독교교육은 피교육자로 하여금 무엇을 알게 하는 동기와 관점에 있어서도 인본주의적이며 세속적인 교육과 분명한 차이를 나타내 보여야 한다.

3. 개혁주의 기독교교육의 몇 가지 기본 원리

지금까지 개혁주의 기독교교육이 근거해야 하는 기초를 몇 가지로 살펴보았다. 이제 기독교교육의 기초에 대한 이러한 이해를 바탕으로 다음과 같은 몇 가지 교육적 함의적 또는 원리를 도출해 보고자 한다.

협동교육의 원리[16]

성경적 인간관과 실재관, 그리고 지식관은 협동교육의 원리를 요청한다. 협동교육이란 가정과 학교, 교회, 사회가 교육의 정신과 방향에서 동일성을 유지하면서 그 자체의 교육적 기능을 감당하는 것을 의미한다. 가정과 교회와 학교는 모두 그리스도인으로서 합당한 삶을 살도록 아이들을 준비시키기 위해 함께 협력해야 할 필요가 있다.[17] 가정과 학교와 교회, 그리고 사회가 각각 상이한 정신과 방향으로 아동을 교육하게 되면 전인적 존재로서의 아동이 극심한 혼란을 경험하게 된다. 특히 가정은 학교의 보다 형식적인 교육적 과업을 위해 한 본질적인 기초를 제공해 준다.[18]

성경은 자녀에 대한 교육의 제1차적 책임은 어디까지나 부모에게 있다고 가르치고 있다. 교육의 명령은 처음부터 교사 집단에게 주어진 것이 아니라 부모들에게 주어졌다. 부모들은 그들 자녀들의 양육(교육)을 감당해야 할 일차적 책임과 권리를 가지고 있다. 부모들이 자신들의 세계관을 따라서 자기 자녀들을 가르치는 권한과 책임은 하나님으로부터 부모에게 위임된 것이다. 그러므로 부모들이 자신들의 신념과 삶의 양식을 어떻게 모범으로 보여주는가 하는 것은 자녀들에게 아주 중요하다.[19] 역사상 학교라는 제도가 존재하기 훨씬 이전부터 부모는 자기 자녀들에게 생활방식과 신념, 그리고 필요한 기술과 지식을 전수해 주는 교육활동을 담당해 왔다. 그러나 점차적으로 문화가 발달하고 인간사회의 복잡성이 증대됨에 따라 부모들로서는 자녀들에게 필요한 지식과 기술을 효과적으로 가르칠 수 없게 되었다. 결과적으로 부모들은 새로운 요구를 충족시켜 줄 수 있는 어떤 사람(교사)과 구조를 모색하게 되고 여기에 자기들이 갖고 있는 교육적 책임과 권한의 일부를 위임하게 되었고, 이러한 구조가 역사적 발전과정 속에서 오늘날과 같은 학교제도까지 발전하게 되었다.

그러므로 교사와 학교는 결코 부모와 가정의 대리역할을 할 수 없으며 어디까지나 부모들이 갖고 있는 세계관에 일치하는 방향으로 교육의 책임을 수행하여야 할 책임이 있다. 교사는 결코 부모의 대리인이 아니며 학교는 가정의 연장이 아니다.[20] 사회제도의 일차적 기능과 권위에 대한 이와 같은 이해를 바탕으로 교육기관은 반드시 학부모의 권위와 책임을 존중하고 학부모와 협동적인 관계 속에서 교육을 담당하려는 노력을 강화해 나가야 한다. 학부모의 능동적인 참여와 관심은 교육의 성공과 실패를 좌우하는 핵심적 요인이다.

전인교육의 원리

전인교육이란 성경적 인간관을 기초로 도출될 수밖에 없는 기독교교육의 필연적인 원리이다. 전인교육이란 인간을 육체와 정신으로 나누는 이분법적 관점을 배격하고, 인간의 인지적, 정의적, 의지적, 신체적 측면 등 전 부분에 걸쳐 인간을 조화롭게 발달시키려는 교육을 의미한다. 이러한 전인교육의 노력은 고대로부터 현대에 이르기까지 각 시대마다 항상 있어왔다. 고대 헬라 사회와 중세, 그리고 르네상스 이후 근대 사회에서도 전인교육은 항상 각 시대마다 교육을 새롭게 정립하려는 시도로 나타났다. 교육학자 페스탈로찌가 3H의 조화교육 즉, 머리(Head), 가슴(Heart), 손(Hand)의 균형있는 발달을 위한 교육을 주창한 것도 전인교육을 통하여 교육을 새롭게 정립하려는 시도였다. 그러나 전인교육을 위한 이러한 제반 노력에도 불구하고 교육의 실제는 빈번하게 지식중심의 전통적 교육으로 일관되어 왔다. 우리는 성경적 인간관에 기초하여 전인교육의 의미와 본질을 올바로 인식할 수 있어야 한다. 기독교교육은 과학과 기술교육에 치중해 있는 현대 학교교육의 병폐를 바라보면서 아동 개개인의 재능과 능력, 그리고 가능성을 최대한으로 계발하는 데 관심을 보여야 한다.

'마음' (heart) 구비의 원리

전인교육을 지향해야 한다는 것은 곧 학생들로 하여금 '마음' (heart)을 구비시키는 일에 모든 교육활동의 초점을 맞추어야 한다는 의미이기도 하다. 인간의 마음은 생활의 근원이며 모든 생각과 사상의 원천이다.[21] 우리의 마음 상태가 어떠하냐에 따라서 우리가 가지고 있는 능력과 재능, 기술, 지식들이 때로는 판이하게 다른 형태로 나타날 수도 있다.

그러므로 개혁주의 기독교교육은 단순히 성경지식의 단순한 전달이나 전수에 그쳐서는 안된다. 우리가 아무리 많은 성경 지식과 기술을 학생들에게 가르치고 전수시켜 주었다고 할지라도 그들의 마음이 잘못 구비되어 있으면 그 많은 지식을 가지고 오히려 더 교묘하게 하나님을 배반하고 대적하는 인간이 되게 할 수도 있다. 우리가 학생들에게 하나님의 말씀을 가르치는 것은 결코 주지주의적인 관점에서가 아니라 말씀을 통하여 이들의 마음이 새롭게 변화되고 그들의 마음이 철저하게 성령의 능력으로 구비되어 모든 생각과 행하는 일에서 예수 그리스도의 통치권을 인정하고 높이는 그리스도의 일꾼으로 만들기 위해서이다. 이런 점에서 기독교교육은 하나님의 법에 자발적이며 순종적인 반응을 할 수 있도록 아동의 마음을 구비시키는 교육이라고 말할 수 있다.

창조세계 반영의 원리

개혁주의 세계관의 관점에서 볼 때 교육과정과 교육활동은 모두 하나님의 창조세계와 그 법칙을 반영하는 것이다. 교육의 모든 내용은 결국 하나님의 창조세계와 그 질서에 관한 것이다. 그러므로 다음과 같은 다양한 요소들이 기독교교육의 교육과정과 교육활동 속에 반드시 포함되어야 한다.[22]

- 신앙적 목표와 내용: 안정감, 헌신감, 신뢰감, 위탁감의 발달, 찬송과 기도, 예배의 가르침 등
- 윤리적 목표와 내용: 사랑할 수 있는 능력, 옳고 그름에 대한 판단력 등
- 법적 목표와 내용: 지도력의 계발, 규칙과 질서의 준수 행동 등
- 심미적 목표와 내용: 미적 감상력과 표현력, 조화와 균현 감각의 발달, 하나님의 창조 세계에 대한 감상 능력의 계발 등
- 경제적 목표와 내용: 돈을 가치를 알고 올바로 사용할 수 있는 능력과 태도의 발전, 재물에 대한 청기지적 의식의 계발 등
- 사회적 목표와 내용: 사회적 교제 능력의 계발
- 언어적 목표와 내용: 언어생활과 상징적 표현 능력의 계발
- 역사적 목표와 내용: 사물의 역사와 전통에 대한 관심 계발
- 논리적/분석적 목표와 내용: 논리적 사고력의 함양(사물의 분류와 추

리능력 등)
- 심리적/감각적 목표와 내용: 기본적 감각 기능의 발달, 정서적 표현 활동 등
- 생명적 목표와 내용: 생명에 대한 관심
- 물리적 목표와 내용: 사물에 대한 관심
- 운동적 목표와 내용: 운동과 신체조절기능의 계발
- 공간적 목표와 내용: 공간지각 능력의 발전
- 수적 목표와 내용: 기초적인 수학적 사고능력의 발전

이상의 순서는 중요성의 순서가 아니라 복잡성의 순서이다. 그러므로 우리는 기독교교육의 목표와 교육내용을 구성함에 있어서 어느 하나의 목표와 내용을 절대시 하거나 중요시하고 다른 목표와 내용은 소홀히 해버리는 오류를 범하지 않아야 한다. 동시에 명심해야 할 것은 상위의 목표와 내용은 항상 하위의 목표와 내용을 인도하는 기능을 가진다는 사실을 명심해야 한다. 그러므로 신앙적 교육이 올바로 되지 않으면 경제적, 사회적, 논리적인 교육의 결과들이 잘못된 방향을 지향할 수 있음을 알아야 한다.

기독교적 가르침의 원리

개혁주의 기독교교육은 인간관과 교육의 목표, 그리고 내용에 있어서 기독교적이어야 할 뿐만 아니라 교육의 방법에 있어서도 기독교적인 특징을 나타내 보여야 한다. 지금까지 기독교교육의 관점과 내용에 대해서는 많은 연구가 있었으나 기독교적 방법에 대해서는 연구가 소홀하였다. 그러나 최근에 들어서는 미국의 밴 다이크(John Van Dyk)[23]와 스트롱크(Gloria G. Stronks)[24], 호주의 블룸버거(Doug Blomberg), 그리고 캐나다의 밴 브루멜른(Harro Van Brummelen)[25]등을 중심으로 기독교교육의 방법에 대한

연구들이 활발하게 진행되고 있다. 이제 이들의 연구를 기초로 기독교 유아교육의 원리를 다음과 같은 몇 가지로 나누어 고찰해 보고자 한다.

인도의 원리

교사는 흔히 목자에 비유될 수 있다. 목자는 양떼를 인도함에 있어서 어디에 푸른 초장과 마실 물이 있으며, 어디에 위험이 도사리고 있는지를 잘 알고 있다. 기독교교육은 그 방법에 있어서 목표지향적인 인도의 요소를 배제해서는 안된다. 교사는 아동들을 인도할 수 있는 권위를 가지고 있다. 교사는 합법적인 권위와 전통적인 권위를 가지고 있다. 그러나 교사의 권위는 인격적인 권위어야 한다.

교육이란 형식적 비형식적으로 개인이 취한 경험의 결과로 개인의 행동에 변화를 일으키고 이를 통해서 기술과 예술과 학술이 보존되고 증가되는 과정이라고 할 수 있다. 여기에 어떤 개인에게 행동의 변화를 일으키는 경험이 어떻게 가능한 것인가를 주장하는 태도와 철학에 따라서 교육의 성격이 달라진다. 다시 말해서 교육적인 경험이 밖에서 주어지는 것인가 아니면 안에서 이룩되는 것인가에 따라서 그 양상이 매우 달라진다. 전통적인 교육은 주로 전자의 편에서 교육적인 경험을 외적인 것으로 보았기 때문에 내적인 인간 개인의 흥미나 동기를 무시하고 오직 성인들의 가치관이나 문화를 외적으로 전수하고 보존하는 것에 교육의 사명을 두었다. 그래서 아동들을 성인이 생각하는 이상적 틀을 향해 훈련하고 주입하며 이끌어가는데 역점을 두었다. 이와는 반대로 룻소(J.J. Rousseau)의 사상에 기초한 새교육운동에 한 자극을 일으킨 낭만적 자연주의는 인간의 내적인 가능성에 바탕을 둔 피교육자의 흥미와 동기를 존중하고 개인의 자발성과 능동적 활동을 장려하는데 역점을 두었다.

기독교교육은 전자와 같은 '외부로부터의 교육'(education from without)을 일방적으로 강요하거나, 후자와 같은 '내부로부터의 교육'

(education from within)만을 주장해서는 안된다. 기독교적 인도 (guidance)는 자아와 외적환경과의 상호작용을 강조하므로 이 양자의 배척적인 극단주의가 아니라 양자의 조화통일을 지향한다. 기독교적 가르침은 피교육자로 하여금 저러한 방향으로가 아니라 이러한 방향으로 가도록 주의를 환기시키는 활동을 포함한다. 인도의 기능은 어떤 목표를 함축하고 있다. 이러한 점에서 가르침의 활동은 분명히 가치중립적인 행위라고 할 수 없다. 교사는 역할모범(modeling), 훈련(discipline), 격려(encouragement), 동기부여(motivation), 그리고 경건활동(devotional activity)등을 통해서 피교육자에게 분명한 방향(guidance)을 제공해 줄 수 있어야 한다.

개현의 원리

개혁주의 기독교교육의 한 핵심적인 과제는 하나님이 지으신 창조세계와 인간의 타락으로 인한 죄의 비참한 결과, 그리고 그리스도 안에서의 우주적 구속사역을 아동들에게 펼쳐 보여주는 것이다. 개현(unfolding)이란 문자 그대로 '열어보여 주는 것'(opening up), 즉 아동에게 아직 감추어져 있는 것인데, 시어펠드(Calvin Seerveld)는 가르침의 활동을 "어떤 사람들에게 지금까지 파악되거나 실행되지 아니한 경이(wonders), 차이(differences), 행동(actions) 등을 개진해 보여주는 과정"이라고 설명하면서 가르침의 개현원리를 이야기하고 있다.[26]

교사가 교육의 장에서 펼쳐 보여주어야 하는 것은 피교육자의 생활과 잠재능력을 포함하여, 창조세계의 오묘함과 신비함은 물론 인간의 범죄로 말미암은 왜곡과 변형, 그리고 그리스도 안에서의 용서와 화해, 그리고 회복의 가능성이다. 그리스도인 교사는 가르침을 통해 하나님의 창조의 솜씨와 죄의 결과, 그리고 화해와 구속의 가능성을 선포한다는 면에서 예언자적인 역할을 수행하고 있다. 이 역할을 수행하기 위해서 교사들은 가르치는 내용과 관련하여 철저한 지식을 갖고 있어야 한다. '펼쳐보인다' 는 것은 단지 말로 전달하거나 강의하는 것 이상을 의미한다. 이 말에는 학습자들 스스로 지식을 발견하고 재구성 할 수 있도록 한다는 뜻도 포함되어 있다. 때때로 학생들은 스스로를 위해서 또는 학급을 위해서 '펼쳐 보이는 자'가 되어, 교사 대신 조사 발표나 강의를 한다. 펼쳐 보임으로서 학습자들은 하나님의 창조에서 기쁨을 느끼고, 이 세상에 편만한 죄의 영향력에 대해 마음 아파하게 된다. 이와 같이 펼쳐 보임은 사실적인 정보를 전달하는 것 이상을 요구한다. 학습자는 지식을 평가하고, 그것을 비판적으로 생각하며, 그 지식과 관련된 문제를 해결하고, 관련된 가치 체계를 의식적으로 개발해야 한다.

구조화의 원리

개혁주의 기독교교육은 기독교적 세계관에서 도출된 삶의 의미를 학습자들이 경험할 수 있는 학습분위기를 만드는 일에 특별한 관심을 가져야 한다. 학급구조에는 존경, 사랑, 용서, 화해, 진실함, 그리고 의와 공평이 속속들이 스며들어 있어야만 한다. 이러한 것이 없으면, 교사의 가르침은 학생들의 마음 문턱에는 다다를지 모르나 마음 깊숙한 곳까지는 이르지 못한다. 그 결과 주님의 뜻을 이해하고 행하는 사람이 되도록 지도하는 것이 상대적으로 어렵게 된다. 이런 교사들은 비록 기독교적 관점에서 교과 내용을 가르치기는 하지만, 기독교적인 학습 분위기를 만드는 데는 실패하여 기독교교육의 의의를 가로막게 된다. 그리하여 결국 기독교 원리에 대한 지적 지식은 학생들 개인의 삶에 거의 영향을 미치지 못하게 된다. 특별히 기독교교육은 성경적 인간관에 기초해서 모든 아동들이 하나님의 형상이기 때문에 존중해야 한다. 기독교교육은 아동의 행동을 조작할 수 있다고 보는 행동주의자들의 관점을 경계해야 한다.

능력부여의 원리

기독교교육의 능력부여 원리는 학습자로 하여금 하나님이 지으신 세계 속에서 그리스도의 '구속적 사역'(redemptive work)에 능동적이며 유능한 참여자가 될 수 있게 하는 교사의 과업을 의미한다. 이러한 실행의 과정은 미래지향적일 뿐만 아니라 현재에도 역시 초점을 맞추고 있다. 다시 말해서 교사는 "어떻게 학습자로 하여금 장래에 이것 또는 저것을 할 수 있도록 가르칠 수 있을까?"라는 질문 뿐만 아니라, "지금 현재 학습자로 하여금 이것 또는 저것을 할 수 있도록 가르칠 수 있을까?"하는 질문을 물어야 한다. 그러나 동시에 현재에 대한 관심으로 말미암아 완전히 성숙되고 책임성있는 기독교적 제자도로 학습자를 인도해 간다는 궁극적 목표를 교사가 잊어버리지 않아야 한다.

능력부여의 원리 또는 실행의 원리는 가르침의 과정에서 다양한 단계와 수준에 걸쳐서 일어난다. 교육의 과정을 통해서 아동은 읽고, 쓰고, 셈할 수 있도록 가르침을 받는다. 많은 경우에 있어서 우리는 아동의 발달단계에 알맞는 어떤 기술(skill)들을 가르치는데 성공하게 되면 교사로서의 과업이 성공적으로 수행되었다고 믿는 경향이 있다. 아동으로 하여금 상업주의와 물질주의, 개인주의로 특색지워지는 현대사회체제에 성공적으로 적응할 수 있도록 가르칠 수 있게 되면 가르침의 주된 과업이 완수되었다고 믿는 경향이 있다. 이러한 교육은 아동의 '소명감'(sense of calling)을 왜곡시킨다. 기독교적 가르침에서 우리가 던져야 할 가장 중요한 질문은 "나의 가르침이 아동으로 하여금 그들의 연령과 성숙단계에 알맞는 제자도의 삶을 살아갈 수 있게 하는데 어떻게 공헌하고 있는가?"하는 것이다.

기독교교육은 무엇보다도 먼저 학습자들로 하여금 분간(discern)할 수 있는 능력을 함양시켜주는 활동이 되어야 한다. 기독교교육은 학습자로 하여금 창조주와 피조물을 올바로 분간할 줄 알며, 인간과 동물, 식물, 그리고 무생물의 영역을 분간하면서 각각의 영역에 그 정당한 위치와 합당한 권한을 부여할 줄 있게 해 주어야 한다.

뿐만 아니라 기독교교육은 다른 사람에게 관심을 갖고 고통을 나누며 사랑할 줄 아는 능력을 길러주는 교육이 되어야 한다. 대규모 생산체제처럼 인간을 교육하고 있는 공교육 제도는 사랑 가운데 행하고 다른 사람의 삶을 보다 풍요하게 해 줄 수 있는 인간 형성에 실패하고 있다. 대규모 생산은 취급의 유사성과 결과의 일치성을 가진다. 자기중심적이며 개인주의적 자율성과 물질주의가 팽배해 있는 세속적 인본주의 시대에 우리의 공교육은 이기적이며 개인주의적인 인간을 대규모를 양산해 내고 있다. 우리의 문화적, 교육적 영웅은 다른 모든 것을 희생하고서라도 성취하는 개인이다. 우리 교육은 다른 사람의 짐을 질줄 아는 고난 받는 종에 대해서는 관심이 없다. 현대 사회에 있어서 학교 교육의 본질은 계속해서 성취하고 앞으로 나아가는 수단이다. 그리고 성취와 진보는 오직 다른 사람들과의 관계에서만 의미를 가진다. 현대의 도덕교육에서는 "서로 짐을 진다"는 것도 성경적인 의미에서가 아니라 그것을 행하는 사람을 위한 "심리적 보상"(psychic reward)으로서 이해되고 있다. 콜스(Robert Coles)에 의하면 오늘날 아동들이 "올바른" 일을 행할 수도 있지만 그것을 행하는 이유는 어떤 확고한 종교적 또는 도덕적 신념이나 원리에 의해서가 아니라, 자신들이 행복하게 느끼기 때문에, 또는 그런 일에서도 다른 사람보다 앞서기 위해서, 아니면 모든 사람에게 최선인 것처럼 보이니까와 같은 이유에서라고 한다.[27] 아동들은 상당한 정도로 그들이 살고 있는 보다 큰 사회의 가치를 단순히 반영해 보여준다. 오늘날 아동들에게서 우리는 소위 "문화적 문맹률"(cultural literacy)은 낮아져 가지만 반대로 "도덕적 문맹률"(moral literacy)은 점점 더 높아져 가고 있는 현상을 목격하고 있다. 그러므로 기독교교육은 아동들로 하여금 공동체적 가치와 삶에 올바로 헌신할 수 있도록 그들의 마음과 태도를 새롭게 하는 일에 교육적 활동의 초점을 맞추어야 한다.

4. 개혁주의 기독교교육의 방향과 과제

이상에서 고찰한 개혁주의 사상의 특징과 개혁주의 기독교교육의 원리와 본질을 배경으로 우리는 개혁주의 기독교교육의 방향과 과제를 다음과 같은 몇 가지로 생각해 볼 수 있다.

기독교세계관이 교육에 갖는 함의점 고려

기독교세계관(개혁주의 세계관/성경적 세계관)이 교육의 제반 요소와 과정에 어떠한 함의점(implications)을 갖고 있는가를 부단히 추구하면서 그 사고의 결과들을 체계화하는 작업을 하여야 한다.

기독교세계관에 기초한 기독교철학의 정교화

기독교세계관에 기초한 기독교철학의 도구(tool)를 정교화하는 작업을 추구하여야 한다.

기독교교육의 이론과 실제에 세계관이 기초가 되고 특색을 부여하는 중요한 역할을 감당하지만, 세계관은 보다 더 심오한 이론적인 차원에서 사용할 수 있는 정교한 도구는 아니다. 세계관은 인간과 세계에 대한 하나의 총체적 관점이기 때문에 인간에 대해서 포괄적인 어떤 관점을 제공해 줄 수는 있어도 교육의 현상을 체계적이며 이론적으로 설명해 줄 수 있는 정교한 도구는 되지 못한다. 지금까지 개발된 기독교철학의 도구 중에서 우리가 기독교교육의 영역에서 활용할 수 있는 가장 효과적인 도구는 아마도 도예벨트(Herman Dooyeweerd)와 같은 개혁주의 기독교철학자들에 의해서 발전된 우주법철학(Cosmonomic Idea)이라는 도구이다. 이 이론적 도구는 하나님의 창조세계의 다양성과 통일성, 법칙성, 그리고 창조세계를 향한 하나님의 법령(규범성)을 가장 잘 설명해 주고 있다.[28] 특별히 창조실재를 설명하는 양상이론(Modality Theory)은 교육목표의 구체적 설정과 교육과정의 계획과 조직의 과정에서 아주 유용한 도구로 활용될 수 있는 장점을 갖고 있다.

일반교육 이론에 대한 비판과 대안 제시

개혁주의 기독교교육은 기독교세계관과 기독교철학의 도구를 통하여 일반교육의 이론들을 비판하고 한 걸음 더 나아가 대안을 제시하고 체계화하는 일에 관심을 가져야 한다.

첫째로, 개혁주의 기독교교육은 어떤 특정의 교육이론과 실제가 인간(학습자)을 어떻게 보느냐의 관점에서 평가해야 한다. 교육은 교육자와 피교육자가 인간적인 관계를 형성하는 맥락 안에서 형성적인 영향력(formative influence)을 행사하는 과정이다. 그러므로 인간에 대한 관점은 교육의 이론과 실제를 평가하는 아주 중요한 준거가 된다. 둘째로, 어떤 특정의 교육이론이 교육의 현상을 설명함에 있어서 환원주의적인 경향성이 나타나고 있지 않은지의 관점에서 평가할 수 있어야 한다. 대부분의 교육이론은 교육의 문제를 특정의 영역 또는 관점에서만 이해하려고 하면서 교육현상의 복잡성을 특정의 영역과 방법으로 환원시켜 설명하려는 경향성을 보이고 있다. 셋째로, 어떤 특정의 교육이론과 실제가 인간 삶의 규범성(normativity)의 문제를 어떻게 보고 있는지를 평가할 수 있어야 한다. 다시 말하면 인간과 창조세계를 향한 하나님의 규범의 실체성을 인정하고 있는지 아니면 인간의 자율성만을 주창하는지를 평가할 수 있어야 한다. 넷째로, 교육의 과정에서 학습자의 책무성을 어떻게, 그리고 어느 정도로 인정하고 있느냐의 관점에서 평가할 수 있어야 한다. 다섯째로, 어떤 특정의 교육이론과 실제(방법)가 가지고 있는 장점과 약점을 구체적으로 열거해 보면서 평가해 보아야 한다.

기독교적 교육과정, 교육방법, 평가방법 개발

개혁주의 기독교교육은 독특하게 기독교교적인 교육과정(curriculum)의 개발과 기독교적 교육방법, 그리고 기독교적인 평가방법의 개발에 관심을 가져야 한다.

오늘날 개혁주의 진영의 기독교교육연구는 그 기초가 되는 기독교세계관과 기독교적 관점(Christian perspective), 그리고 기독교철학에 대한 관심에서부터 시작하여, 보다 더 구체적으로 이러한 독특한 관점의 조명하에서 성경적 인간관, 성경적 지식관, 학교의 본질과 과업 등에 대한 이론적이며 역사적인 탐구는 물론, 기독교적 교육과정의 개발과 교수-학습방법 및 평가방법 등의 개발에 이르기까지 많은 연구가 진척되고 있다. 예컨데, CSI(Christian School International)의 연구활동과 결과들을 살펴보면 기독교학교의 성경을 구속사적 관점(Redemptive-Historical Perspective)에서 학습할 수 있는 성경교재의 개발은 물론 국어, 사회, 과학, 역사, 음악 등 거의 전 교과영역을 기독교적 관점에서 가르칠 수 있는 교육과정을 개발하여 사용하고 있다. 한 걸음 더 나아가 특수교육, 도덕교육에 대한 성경적 조망, 그리고 독특하게 기독교적인 교수방법 및 평가방법에 대한 연구에까지 관심을 기울이고 있다.

기독교학교 설립 인도와 후원

개혁주의 기독교교육은 오늘날 공교육의 독점(public school monopoly) 문제를 직시하면서, 기독교학교교육에 관심을 가져야 하고 기독교학교의 설립운동을 이론적이며 실제적인 차원에서 인도하고 후원할 수 있어야 한다.

성경은 부모의 교육적 책임과 권리를 일차적으로 강조하고 있다. 이 권리와 책임은 일시적이거나 임의적인 것이 아니라 계속적이며 반드시 지켜야 할 명령이다. 국가는 단지 특수한 상황에서만 교육에 간여하고 간섭하여야 한다. 교육이란 결코 중립적이거나 탈가치적인 행위일 수 없기 때문에 기독신자부모는 학교교육의 종교적 방향이 신자부모의 그것과 일치하고 있는지를 확인하고 감독해야 할 권리와 책임을 가지고 있다.

기독교가정교육, 사회교육, 교회교육의 재정립

개혁주의 기독교교육은 기독교가정교육과 사회교육, 특별히 교회교육의 재정립에 관심을 가져야 한다.

오늘날 가정교육에 대한 많은 논의는 가정의 본질을 올바로 인식하지 못하고 피상적인 차원에서 논의되고 있다. 그러므로 개혁주의 기독교교육은 성경의 조망 하에서 가정의 본질을 규명하고 가정교육의 중요성을 보여주어야 하며, 나아가 사회교육에 대해서도 기독교적 대안을 보여줄 수 있어야 한다. 특별히 교회교육의 영역에서 독특한 공헌을 할 수 있어야 한다. 예를 들면, 개혁주의 신학과 사상이 교회교육의 교육과정(curriculum)에 독특하게 반영하는 작업은 기독교교육에 종사하는 사람들에 의해서 이루어져야 한다.

개혁주의 기독교교육은 일반교육에 기독교적 내용을 단순히 추가하는 교육이 아니다. 기독교적 첨가물이 교육을 기독교적인 교육으로 만들어주는 보장책인 것 처럼 생각하는 것은 순진한 생각이다. 세속주의의 영향은 여우의 전략을 사용하여 현대교육의 장에 스며들고 있다. 그러므로 우리는 교육의 이론은 물론, 교육의 전체 과정(process)을 통하여 개혁주의 세계관에 기초한 내적 변혁(inner transformation)에 관심을 가져야 한다. 그 이유는 교육을 포함한 인간의 모든 활동이 본질상 종교적이며 예배적인 행위이기 때문이다.

종교와 교육에 대한 이러한 포괄적인 이해를 배경으로 우리는 계시, 인간, 실재, 지식에 대한 성경적 관점과 지식체계를 교육의 이론과 실제가 근거하는 기초로 삼아야 한다. 개혁주의 기독교교육은 이와 같은 성경적 조망 하에서 기독교교육의 원리를 도출하고 교육의 실제를 주도해 나가야 한다. 한걸음 더 나아가 개혁주의 기독교교육은 기독교철학의 정교한 도구를 가지고 교육의 제 이론을 구체적으로 비판하고 평가할 수 있어야 한다. 이러한 작업은 개인적으로 수행될 수 있는 과제가 아니라 동일한 소망과 세계관, 그리고 동일한 대화의 세계를 가지고 공유하고 있는 사람들의 공동체적 작업이며 과제임을 인식하여야 한다.

추천도서

알버트 그린, 《그리스도인답게 살아가기》, 안경상 역, 대구: 기독교대학설립동역회 출판부, 1995.

얀 워터링크, 《기독교교육원론》, 김성린, 김성수 역, 서울: 소망사, 1978.

Spier, J. M., *An Introduction to Christian Philosophy*, Nutley, New Jersey: Craig Press, 1976(《기독교철학개론》, 문석호 역, 서울: 크리스찬다이제스트, 2001).

Spykman, Gordon J., *Christian Faith in Focus*, Ontario, Canada: Paideia Press, 1985.

Van Brummelen, Harro, *Steppingstones to Curriculum: A Biblical Path*, Seattle, Washington: Alta Vista College Press, 1994.

Van Brummelen, Harro, *Walking with God in the Classroom: Christian Approaches to Learning & Teaching*, Burlington, Canada: Welch Publishing Co., 1998(《교실에서 하나님과 동행하십니까》, 기학연구회 역, 서울: IVP, 1996).

Van der Walt, B. J., *Being Human in a Christian Perspective*, Potchefstroom: Potchefstroom University for Christian Higher Education, 1977.

Van Dyk, John, *The Craft of Christian Teaching: A Classroom Journey*, Sioux Center, IA: Dordt Press, 2000(《가르침은 예술이다》, 김성수 역, 서울: IVP, 2003).

토의문제

1. 개혁주의 기독교교육의 의미에 대해 설명해 봅시다.

2. 세속주의 인간관과 대비하면서 개혁주의 관점에서 성경적 인간관을 설명해 봅시다.

3. 개혁주의 관점에서 기독교적 가르침의 원리를 정리하고 이것이 어떻게 교수 현장에서 적용될 있는지 토론해 봅시다.

4. 개혁주의 세계관 및 철학에 기초한 개혁주의 기독교교육의 향후 방향성에 대해 생각해 봅시다.

제 2 장
기독교세계관과 교육철학

조성국

    교육이란, 자연현상에 대한 탐구처럼 현상을 비교적 단순화한 후 엄밀한 과학적 방법으로 관찰하고 실험한 결과 새롭게 발견한 법칙을 기술(記述)하고 또 응용하는, 자연과학의 한계를 넘어선다. 교육은 이상적 인간과 사회를 구현하기 위해 인간 정신을 형성하는 작업이다. 더욱이 교육은 자기의식과 자기결의를 가진 대단히 복잡한, 동시에 발달하고 변화하는 인간, 다양한 문화와 전통, 변화하는 삶과 사회의 이상을 종합적으로 고려하면서 특정 방향으로 인간과 사회를 형성해야 하는 종합적이고 복잡하고 어려운 과제를 수행한다. 따라서 교육현상에 대한 연구인 교육학은 교육현상의 인과관계에 대한 과학적 기술(記述)과 더불어, 문화와 사회의 이상을 반영하는 규범, 그리고 그 규범을 구현하기 위한 처방을 모두 포함하고 있는 규범학문적 특성을 갖고 있다.

    기독교교육철학은 교육에 대한 기독교공동체의 이상(理想), 곧 기독교적 관점에서 교육의 원리와 방향을 체계적으로 제시하고, 설명하고, 진단하고, 처방하는 기독교교육학의 기초학문이다. 기초학문으로서의 기독교교육철학의 토대는, 표층으로부터 파고들어갈 때, 먼저 기독교(학문)철학, 그리고 그 아래는 기독교세계관, 그리고 가장 깊은 기저인 종교에 이른다. 따라서 기독교교육철학은 이러한 기층(基層)들 위에서 이루어지는 문화현상인 교육행위의 법칙들을 체계적으로 규명하고 처방한다. 본 장에서는 기독교교육철학이 어떠한 학문이며 어떤 과제를 수행하는지, 그리고 그 강조점은 어떤 것인지 살펴보기 위해 그 토대 기층의 순서에 따라 조망해보고자 한다.

1. 세계관

세계관(Weltanschauung)은 독일의 근대 철학과 낭만주의 문학의 시대로부터 오늘날에 이르기까지 광범위하게 사용되는 용어이다. 독일의 근대 철학자들과 문학가들이 사용한 이 용어의 개념 혹은 정의는 그 용어를 즐겨 사용한 사람에 따라 의미상 다소의 차이를 드러낸다. 전광식이 정리한 바에 따르면, 19세기 초까지 독일에서는 칸트(Kant), 괴테(Goethe), 파른하겐(Varnhagen), 훔볼트(Humboldt), 콘(J. Cohn), 셸링(Schelling) 등 철학자와 문학가들이 이 용어를 사용했는데, 그 함의에 다소 차이가 있기는 하지만 전체적으로 볼 때 일반적으로는 세계관이란 물리적인 세계에 대한 객관적, 혹은 주관을 포함하는 객관적 성격의 직관으로 간주되었다.[1]

그러나 19세기에 세계관 개념은 더 주관적인, 동시에 포괄적인 개념으로서, 성향, 인생관, 철학, 종합적 신념, 관점, 사고방식 등의 의미로 사용되었다. 특히 이 시기에 세계관 개념을 깊이 탐구하였던 딜타이(Dilthey)는 세계관을 철학과 거의 동의어로 사용하였다. 20세기에 이 개념은 임의적인 주관적 사고방식과 관점으로, 민족 및 인종주의 성격의 국가사회주의 사상으로도 간주되었다. 20세기 중반 더 프리스(J. De Vries)는 자연과학적 세계상과 구분되는, 의미차원과 가치차원에서의 세계 직관으로, 러이텐(N. A. Luyten)은 직관적으로 파악된, 전체 실재계에 대한 총체적 조감으로 간주하였다.[2] 이처럼 독일에서의 세계관 개념은 자연세계에 대한 객관적 본질 직관에서 시작하여, 점차 인간의 주관적 의미를 통해 해석된, 세계에 대한 직관 개념으로 변천해 왔다.

19세기 중반이후 네덜란드와 남아프리카공화국에서 종교와 학문과 문화를 탐구해온 신학자, 철학자, 교육학자들은 당시 유럽에서 광범위한 영향력을 행사하던 인본주의에 대항하여 현대적 세계관이 의미하는 바에 깊은 관심을 표명해왔다. 당시부터 그 학자들이 관심을 가졌던 것은 비록 오늘날 사용하는 세계관이라는 용어와 내용상 다르지 않았지만, 종교, 문화, 삶의 체계, 철학, 세계관, 인생관, 안경렌즈, 관점, 창문 등의 용어들로 다양하게 표현되어 왔다. 네덜란드 교육철학자들은 오늘날도 인생관이라는 표현을 즐겨 사용하고 있다.[3]

이러한 다양한 표현들이 함의하는 바를 우리나라에서 세계관이라는 용어로 거의 통용하게 된 것은 한반도 밖으로 서구세계를 향하여는 미국이라는 나라와 영어라는 언어에 거의 독점적으로 친숙한 한국인들이, 1980년대 이후, 북미에서 활동하는 기독교철학자 및 기독교교육학자들의, 영어로 집필된 책들을 쉽게 접할 수 있었기 때문이다. 그래서 북미학자들이 많이 사용하는 세계관이라는 표현이 거의 정형화되어 우리나라에 소개됨으로써 이 용어가 그리스도인 일반에 통용되게 되었다. 물론 그 이전까지는 주로 네덜란드 개혁 신학에 익숙한 신학자들을 통하여 개혁주의사상 혹은 기독교문화관이라는 이름으로 소개되었고, 그것은 운동이라고 말할 만큼 신학 외의 분야에 영향력을 확산시키지는 못했었다.

그러면 세계관에 대한 기독교철학자들의 몇 가지 개념 정의들을 검토해

보자. 니콜라스 월터스톨프(N. Wolterstorff)는 세계관을 "스스로 부여한 가치와 결합된, 인생과 세계에 관한 사고방식"[4]으로 정의했고, 그는 만일 어떤 사회를 제대로 파악하고자 한다면 그 사회를 구성하는 세계관을 고려하지 않으면 안 된다고 주장하였다. 제임스 사이어(J. Sire)는 세계관을 "이 세계의 근본적 구성에 대해 우리가 (의식적으로든 무의식적으로든, 일관적이든 비일관적이든) 견지하고 있는 일련의 전제(전체적으로 혹은 부분적으로 옳거나, 아니면 전적으로 틀릴 수도 있는 가정)들"[5]이라고 정의하였다.

브라이언 왈쉬와 리차드 미들톤(B. J. Walsh & J. R. Middleton)은 세계관을 "인식의 틀", "보는 방식"[6]으로 표현하면서, 세계관이란 신학이나 철학과 같은 사고체계가 아니므로 그것을 학문과 구별하였고, 세계관은 일상의 삶에서 육화되어 표현될 때 가장 잘 이해될 수 있는 것이라고 설명했다. 알버트 월터스(A. M. Wolters)는 세계와 인생관, 삶의 관점, 고백적 비전, 원리들 혹은 이념들의 총체, 이데올로기, 가치체계 등으로 표현되어 온 관련 용어들과 간단히 비교한 후, 세계관이란 "사물들에 대한, 한 인간의 기본적 신념들의 포괄적인 틀"이라고 정의하였다.[7] 그리고 베니 판델발트(B. J. van der Walt)는 세계관을 "인간행동의 기초가 되며, 구체적인 행동을 형성하고, 동기부여하며, 방향과 의미를 부여하는, 실재에 관한 통전적이고 해석적인 일련의 고백적 관점들"이라고 정의하였다.[8]

위에서 언급된 세계관의 개념 정의들은 세계관의 본질을 설명하는 여러 가지 특성들을 표현하고 있다. 기독교철학자들이 제시하는 세계관의 일반적인 특성들을 종합적으로, 그리고 특성에 따라 분류하여 정리해보면 다음과 같다.

- 세계관은 보는 양태로서 관점이라고 말할 수 있다. 즉, 보여지는 것 자체가 아니라, 보고 있는 것의 결과인 상(像)과 연관되어 있으므로 렌즈, 안경, 창문으로도 표현되는 것이다. 따라서 세계관은 중립적이거나 객

관적인 것일 수 없다.
- 세계관은 인간의 삶 전체를 포괄하는 특성을 가지고 있다. 그래서 하나님(절대자), 창조, 그리고 인간의 삶 전체(곧 종교, 정치, 교육, 건강, 법, 환경, 예술, 가정 등), 또한 고통의 의미, 교육의 가치, 사회의 도덕, 가족의 중요성 등도 다 포함한다.
- 세계관은 통일성을 지향하는 경향성을 갖는다. 그래서 세계관은 일정한 패턴이나 형식에 따라 모든 것들이 통일성을 이루도록 만드는 신념 체제이다. 그 통일성 안에서는 더 중심적인 차원이 있고 또한 더 주변적인 차원들이 있다.
- 세계관은 인간에게 전형적인 것이어서 모든 인간은 세계관을 가지고 있고 본능적으로 세계관에 따라 행동하고 생활한다. 월터스의 표현처럼 "인간의 독특한 특성들 중 하나는 세계관이 제공하는 방향설정과 지침 없이는 살 수 없다는 것이다."[9]
- 세계관은 공동체적인 특성을 갖는다. 세계관은 집단적으로 공유되어, 동일한 이야기와 가치를 공유하는 공동체를 형성하고, 그 공동체 안에서 새로운 세대를 사회화하며, 공동체 구성원들의 사고체제를 한정하여 특정 패턴의 문화를 형성하게 한다.
- 세계관은 세계에 대한 기술(記述)적인 특성과 함께, 종말론과 비전에 따라 행동을 처방하는 청사진의 특성을 갖고 있다. 그래서 지도(地圖), 나침반, 배의 키로 비유되기도 한다. 그래서 세계관은 내가 누구인지, 내가 어디에 있는지, 무엇이 잘못되었는지, 치료방책이 무엇인지에 대하여 명확한 답을 제공한다.[10]
- 세계관은 궁극적인 원리나 문제와 연관하여 소명과 책임을 요구하는, 행동적 신념이다. 그래서 세계관은 헌신을 요구하는 신념, 신앙고백과도 같은 성격의 신념이라고 말할 수 있다. 세계관에 대한 완전한 헌신과 희생은 인간의 내면에 만족과 평안을 준다.

- 세계관은 전(前)학문적, 전(前)이론적인 성격을 갖는다. 따라서 세계관은 단지 일반적인 의식일 뿐, 철학이나 신학처럼 논리적이고 분석적인 논증을 통해 입증된 학문적 지식은 아니다. 그럼에도 불구하고 세계관은 바로 그러한 학문적 체계의 기초적 토대이다.
- 세계관은 개인이나 집단의, 실재에 대한 하나의 결정적인 상(像)일 뿐이므로 오류가 있다. 그 세계관을 견지하는 사람에게 진리로 간주되지만, 주관적이고, 또 지속적으로 수정되고 발전된다. 때로 서로 조화되지 못하고 충돌되는 신념들을 동시에 견지할 수도 있다.
- 모든 세계관이 적절하고 좋은 것은 아니다. 세계관에 대한 평가의 준거는, 실재와의 일치성, 내적인 일관성, 통일성, 실제적인 유용성과 가치, 그리고 개방성 등이다. 과장되거나, 절대화되거나, 경직되고 폐쇄적일 때 그 세계관은 유해한 세계관, 곧 이데올로기로 간주된다.

이러한 특성을 가진 세계관은 각 개인 및 공동체가 집착하는 종교, 신념, 각종 신념체계인 "-주의"(-主義, -ism)의 형태로 존재한다. 구체적으로 표현해본다면 세계관은 민족주의와 사회주의와 공산주의 등 정치적 이데올로기의 형태로, 혹은 자본주의와 개인주의와 쾌락주의와 세속주의와 무신론 등의 인본주의 형태로, 그리고 합리주의와 실존주의와 실용주의와 다원주의와 포스트모더니즘 등의 사상적 형태로 존재한다.

이상에서 요약적으로 정리한 바, 세계관의 본질과 특성과 기능에 비추어 볼 때 세계관은 종교, 문화, 철학, 학문과 깊은 연관성을 갖고 있음을 확인할 수 있다. 베니 판델발트의 설명에 따르면 종교, 세계관, 철학, 그리고 학문은 서로 깊은 유기적 연관성을 가지면서 동시에 구별될 수 있는 "수준들(levels)"로 이루어져 있다.[11] 그 수준들은 가장 근본차원인 종교에서 세계관으로, 그리고 (학문)철학으로, 그 후 개별학문으로 진행된다. 그래서 나무에 비교한다면 종교가 뿌리이고, 세계관은 줄기이며, (학문)철학은 가지이고, 잎과 열매는 개별학문으로서 모두 한 나무로서의 통일성을 갖는다고 말할 수 있다.[12] 그리고 그 모든 것을 문화라는 용어로 표현할 수도 있다.

2. 기독교세계관

세계와 인간과 삶의 총체에 대한 기독교적 관점을 뜻하는 기독교세계관은 기독교공동체가 성경에 비추어 해석하고 역사와 상황 안에서 형성해 온 세계관이다. 따라서 기독교세계관은 특정 기독교공동체의 성경 이해 정도, 성경 해석에 대한 입장에 따라 다양하다. 그리고 해당 기독교공동체가 존재하며 대응하는 문화 및 시대정신의 영향으로부터도 완전히 자유로울 수 없다. 그 결과 기독교 역사를 살펴보면 공동체에 따라 다양한 형태의 기독교세계관이 존재해 왔음을 확인할 수 있다. 가톨릭교회, 정교회, 루터교회, 복음주의교회, 그리고 칼빈의 신학적 입장을 존중하는 개혁교회와 장로교회의 기독교 세계관은 내용과 정도에 있어서 분명한 차이점을 보여주고 있다.

현대 신학자들과 기독교철학자들은 기독교공동체가 견지하는 다양한 유형의 기독교세계관들을 기독교(은총, 그리스도, 복음, 신앙)와 세계(자연, 문화, 학문, 이성, 세상), 그리고 그 양자 사이의 관계에 대한 이해의 패턴에 따라 몇 가지의 유형으로 정리해왔다. 기독교철학자 베니 판델발트는 기독교세계관의 유형을 5가지의 형태로 정리했다.[13] 그가 구분한 유형에 따라 기독교세계관들의 유형을 간단하게 정리해보면 다음과 같다.

첫째 유형은 자연에 대립하는 은총(gratia contra naturam)의 유형이다. 여기서 자연은 세상, 문화, 세계, 학문 등을 의미하고, 은총은 기독교, 복음, 교회 등을 뜻한다. 이 유형은 기독교와 세계가 언제나, 상호 타협 없이, 상대방을 제거하거나 대체하려는 반립(反立) 상태에 있다는 신념을 드러낸다. 여기에 속한 사람들은 소위 정치, 철학, 과학 등은 모두 세상에 속한 것들이기 때문에 거부하거나 기독교로 대체되어야 한다는 신념을 가지고 있다. 이 유형의 기독교세계관은 오순절신학 그룹 및 초기 복음주의자 그룹에서 종종 발견된다.

둘째 유형은 자연 위에 있는 은총(gratia supra naturam)의 유형이다. 이 기독교세계관 유형에서는 은총이 자연을 지배하고 특히 자연을 온전하게 한다는 신념을 드러낸다. 그래서 학문을 어느 정도 중립적 혹은 긍정적인 기능으로 간주하고, 기독교신앙이 그것을 지배하여 더 온전하게 해야 한다는 신념을 드러낸다. 이 세계관 유형은 토마스 아퀴나스의 신학사상 이후 로마 가톨릭의 주도적 세계관이 되어왔다.

셋째 유형은 자연과 병행하는 은총(gratia juxta naturam)의 유형이다. 이 유형의 기독교세계관은 마치 마틴 루터가 그리스도인은 동시에 두 세계에 산다고 표현했던 것처럼, 이 세상에서는 자연(학문)과 은총(신앙)이 각각 유효하고, 서로 절충하려는 연관성 없이 나란히 자리 잡고 있다는 신념을 드러낸다. 그러므로 서로 각각의 영역을 인정해야 한다고 보고, 그 양자 사이를 연결시키려는 적극적인 시도를 하지 않는다. 이 유형은 전통적 루터파와 많은 복음주의자들의 기독교세계관으로 간주되고 있다.

넷째 유형은 자연을 관통하는 은총(gratia in naturam)의 유형이다. 이 유형의 기독교세계관은 자연에 대하여 대단히 적극적인 태도를 갖고서, 은총이 자연의 깊은 내면까지 침투하여 자연 자체를 변화시키고, 치료하고, 회복시켜, 그것이 하나님께 드러지도록 하는 것을 목표로 삼는다. 그래서 이 모델은 자연을 변혁하는 은총(gratia naturam transformans)의 유형이라고 표현되기도 한다. 개혁교회 및 장로교회는 이 유형의 기독교세계관을 따른다.

다섯째 유형은 자연과 유사한 은총(gratia instar naturae)의 유형이다. 이 유형의 기독교세계관에서는 은총과 자연이 거의 차이가 없다. 실제로 자연으로부터 은총이 발전한다고 생각하는 경우도 있다. 그래서 선하고 인간적이고 도덕적인 것이라면 그것이 바로 기독교적인 것으로 간주된다. 이 유형은 인본주의를 신봉하는 기독교 철학자들과 자유주의 신학자들에게서 발견되는 자유주의적 기독교세계관이다.

이상의 다섯 가지 유형들을 공통성에 유의하여 다시 살펴보면, 그 순서에 따라 처음 세 가지 유형에서는 모두, 자연과 은총의 두 영역이 상호갈등, 위와 아래의 병행, 혹은 나란한 병행으로 나뉘어져 있어서 각각 별개의 영역을 가진 것으로 간주되기 때문에 이원론적이다. 그래서 이 유형에서는 세계 자체가 두 영역, 곧 자연적이고 세속적인 영역과, 또 종교적이고 초자연적이고 영적인 영역으로 양분되어 있다. 전자는 타락의 직접적인 영향을 받았거나, 어느 정도 중립적인 것으로 간주된다고 하더라도 여전히 부족한 영역이고, 후자는 거룩하고 온전한 구속의 영역으로 간주된다. 종종 전자(前者)가 세상이라면, 후자(後者)는 교회로 간주된다. 따라서 이 세 가지의 유형들을 이원론적 기독교세계관이라고 부른다.

순서상 마지막의 두 가지 기독교세계관 유형들은 모두 이원론적 존재 영역 구분을 거부한다. 앞선 이원론적 기독교세계관과 비교할 때 네 번째의 유형(자연을 관통하는 은총)이 통전적(通全的) 성격의 기독교세계관이라면, 다섯 번째의 유형(자연과 유사한 은총)은 일원적(一元的) 성격의 기독교세계관이다. 그런데 다섯 번째의 유형은 그 지지자들이 자신의 세계관을 기독교세계관이라고 주장하기는 하지만 사실상 인본주의적 세계관과 거의 차별성이 없는 세속적 세계관이기 때문에 기독교철학자인 베니 판델발트는 이 유형을 기독교세계관 유형에 포함시키기를 주저하였다.

위의 다양한 기독교세계관의 차이를 좀 더 자세히 살펴보면, 성경과 성경의 가르침에 대한 이해와 통찰, 좀 더 구체적으로 설명하면 성경의 가르침의 골격을 이루는 창조와 타락과 구속의 성격과 영향과 범위에 대한 신학적 이해 차이가 발견된다. 특히 자연과 그 자연에 대한 인간의 형성 작업인 문화에 대한 타락의 영향과 범위와 정도, 그리고 그리스도의 복음을 통한 구속의 영향과 범위와 정도의 차이가 이러한 유형의 차이를 만들어낸 것이다.

예컨대 첫 번째 유형(자연에 대립하는 은총)에서 자연은 타락으로 완전히 못쓰게 되었으므로 완전히 부정되어야 하고, 새롭게 들어온 은총이 그것을 대체해야 한다고 본다. 두 번째의 유형(자연 위에 있는 은총)에서 자연은 비록 타락의 영향을 받았으나 상대적으로 보존된 영역이 있는 것으로 간주되었고, 그것은 은총의 지도를 받으면서 온전하게 될 수 있다고 보았다. 물론 은총은 거룩하고 온전하다. 세 번째 유형(자연과 병행하는 은총)에서 자연은 타락의 영향 아래 현 세상에서 잠정적이기는 하지만 나름대로의 가치를 가지고 그대로 존재한다. 동시에 거룩하고 온전하고 영원한 은총의 영역이 들어와 함께 존재한다. 다섯 번째의 유형(자연과 유사한 은총)에서는 타락이 자연에 거의 혹은 전혀 영향을 주지 않았거나, 처음부터 자연은 중립적이므로 구속이 필요하지 않다. 세상은 곧 자연이며, 은총이라는 영역이 별개로 달리 존재하는 것도 아니다. 이렇게 볼 때, 네 번째 유형(자연을 관통하는 은총) 외의 모든 유형들은 타락으로 인한 자연의 전체적인, 그리고 철저한 부패를 인정하지 않거나, 혹은 적어도 지상 교회는 자연과는 무관한, 온전한 은총의 영역이므로 타락의 영향 밖에 있는 것으로 종종 간주한다.

그러므로 네 번째의 유형(자연을 관통하는 은총)을 지지하는 개혁주의자들은 다른 네 가지의 유형들이 성경의 가르침을 제대로 반영하지 못하고 있고, 또한 성경 자체가 보여주는 세계관의 카테고리를 따르는 것이 아니라 오히려 비기독교적 세계관에서 무의식중에 이원론적 혹은 일원적 카테고리를 차용했다고 주장한다. 비기독교적 세계관의 카테고리를 그대로 추종하는 다섯 번째 유형(자연과 유사한 은총)을 제외하고도, 다른 세 가지의 유형들조차 모두 비기독교적 세계관의 카테고리에 따라 이원론의 시각으로 창조세계 자체를 두 영역으로 잘못 구분하였고, 특히 자연과 은총을 대립

관계로 설정하는 오류를 범했다고 본다.

개혁주의자들에 따르면 하나님이 창조하신 자연의 영역과 하나님의 은총 영역은 상호 대립되어 있지 않다. 실제로 대립하는 것이 있다면 그것은 타락으로 인한 하나님의 진노와 하나님의 은총이 상호 대립하고 있고, 그 대립과 투쟁은 창조세계 내의 특정 영역에만 한정된 것이 아니라 모든 영역에서 진행되고 있다. 성경에 기록된 빛(하나님)의 나라와 어둠(사단)의 나라의 대립과 투쟁은 창조세계 안에서 구별된 두 영역 사이의 존재론적 긴장과 갈등을 뜻하는 것이 아니라 두 가지의 상호 배타적인 영적 방향에서 이루어지는 전체적 투쟁을 의미한다고 본다.

다른 기독교세계관들은 실재를 이원론적으로 잘못 파악함으로써 일상적 삶과 문화를 일방적으로 악으로, 또 교회와 신학교는 일방적으로 선으로 간주하는 오류를 범했고, 은총의 영역에 들어가기 위해 문화와 사회를 버리고 교회와 수도원과 신학교 안으로 귀의하게 만드는 잘못된 결과를 초래했다. 그 결과 그리스도인들은 삶과 사회와 문화와 과학과 학문에서 은총의 빛과 능력으로 개혁해야 할 과제를 망각하거나 포기하게 되었고, 동시에 교회와 신학교와 기독교공동체 안에서도 은총의 능력으로 끊임없이 영적 투쟁을 감행해야 할 개혁의 과제를 망각하는 결과를 초래했다고 본다. 그러므로 베니 팔델발트는 이러한 이원론적인 세계관들을 "잘못된 관점들", "왜곡된 세계관들", "해로운 결과들", "만성적 질병"이라고 비판하였다.

인본주의와 이원론을 비판하면서 기독교세계관 연구와 운동에 참여하는 사람들이 집착하는 기독교세계관유형은 네 번째 유형(gratia in naturam 혹은 gratia naturam transformans)이다. 이 유형의 기독교세계관 지지자들은 종교개혁자들의 정신에 따라 성경적 관점에 철저하고자 한다는 의미에서 자신들의 세계관을 "개혁적 세계관" 또는 "성경적 세계관"으로, 또 이원론적 세계관들과 구별시킨다는 의미에서 "통전적 세계관"으로 표현하

기도 한다.[15]

이 유형의 기독교세계관은 성경적 관점에 따라 "창조-타락-구속" 혹은 "창조-타락-구속-완성"의 카테고리를 창조세계 전체 차원에서 지속적으로 그리고 일관성 있게 적용한다. 그 카테고리의 의미를 간단하게 요약하면 다음과 같다.

첫째, 하나님은 온 우주와 만물을 하나님의 말씀(법)으로 선하게 창조하셨고, 하나님의 형상인 인간으로 하여금 하나님의 법에 순종하여 창조세계를 발전시키며 돌보게 하셨다. 창조세계는 하나의 왕국이었다.

둘째, 인간은 하나님께 불순종하여 창조주와 멀어졌고, 결과적으로 죄와 사단의 노예가 되어 하나님의 심판과 죽음에 복속되었다. 그 결과 창조세계도 허망한 데 복속되어 해방을 갈구하게 되었다. 타락으로 하나님의 세계는 세상, 곧 어둠의 왕국이 되었다.

셋째, 그리스도의 구속사역을 통하여 인간은 죄와 사망의 속박에서 해방되었고, 성령의 능력으로 새로운 삶을 살 수 있게 되었다. 그 결과 빛과 어둠의 두 왕국이 하나의 세계에서 모든 영역에 걸쳐 겹쳐 존재하고 서로 투쟁하게 되었다.

넷째, 그리스도의 재림으로 죄와 사단은 최종적 심판을 받게 되고, 그 영향력이 종결되며, 결국 그리스도인들은 새롭게 재창조된 세상을 상속하게 된다. 세계는 하나님이 통치하시는 온전한 하나의 왕국으로 존재한다.

이 카테고리에서 창조는 창조세계의 모든 것을 포괄하고 있다. 타락은 창조세계 전체를 오염시켰다. 그리고 구속과 완성으로 그리스도께서 창조세계 전체를 회복시킨다. 따라서 개혁적 기독교세계관은 우주 전체가 하나님의 나라이며, 그리스도는 전체 세계를 통치하시는 왕이 되신다는 사실을 강조한다. 이러한 의미에서 기독교세계관을 근본적이고, 전체적이며, 통전적인 세계관이라고 표현한다. 이러한 기독교세계관은 그리스도인들에게, 구속의 회복사역에 동참하여 완성에 이르기까지 창조세계 전반에서 하하나님 나라 건설의 비전을 구체화시키도록 제자도의 실천을 요청한다.

3. 기독교철학

기독교철학은 이미 그리스-로마의 문화 및 학문과 기독교신앙의 관계를 고민했던 고대 교회 기독교 철학자들과 신학자들로부터 시작하여, 중세 시대에는 유럽의 학문계를 지배하였다. 근대의 많은 서양 철학자들은 스스로 기독교철학을 한다고 생각했으며, 인본주의가 지배하는 오늘날도 개신교뿐만 아니라 가톨릭과 정교회 등에서 많은 기독교철학자들이 일반적인 철학의 주제와 관련하여, 혹은 종교와 세계관과 관련하여 철학적 탐구활동을 하고 있다.

그럼에도 불구하고 기독교철학이라는 이름으로, 자율적 이성에 의존하기보다 성경적 관점에 따른 기독교 세계관에 주목하면서, 인본주의 세계관의 정체를 드러내고, 창조의 시점에 주어진 문화적 명령을 그리스도 안에서의 구속원리 아래 오늘날의 세계 및 문화에서의 사명으로 재해석하여 가시적으로는 기독교학교를 설립하여 운영하고 기독교대학교의 학문철학과 비전을 확립하는데 크게 기여한 것은, 19세기 중반이후 칼빈의 신학사상의 함의를 재발견했던 네덜란드계 개혁교회 공동체의 신학자, 철학자, 교육학자들이었다. 비록 그들의 기독교철학이 주로 네덜란드 및 네덜란드계 이민자들의 세계에서 존중받았으나 이 철학은 기독교철학에 있어서, 특히 칼빈 이후 성경적 관점에서 시도한 대단히 독특한 발전으로 간주되고 있고, 오늘날 복음주의 기독교고등교육기관과 기독교학문영역에도 깊은 통찰을 제공함으로써 기독교세계관 운동을 만들어내었다. 기독교철학운동의 초기 대표적 철학자들은 도예베르트(H. Dooyeweerd), 폴런호번(D.H.Th. Vollenhoven), 스토커(H.G. Stoker) 등이다.

이 개혁주의 기독교철학자들에 따르면, 세계관은 전(前)학문적, 전(前)이론적 사고방식 내지 신념체계이며, 이 세계관을 논리적이고 분석적인 작업을 통하여 이론화, 체계화하는 활동이 곧 학문으로서의 철학이다. 따라서 기독교철학은 성경적 관점에 따라, 존재와 지식과 삶의 본질적 구조와 원리를 논리적이고 분석적인 사유과정을 통하여 이론화함으로써, 기독교적인 실재론, 인식론, 사회론, 인간론 등을 규명하려는 활동으로 간주되었다.

기독교철학자들은 기독교철학을 체계적으로 소개하는 시도에서, 주로 서론적 작업으로서 기독교철학에 있어서의 성경의 역할, 기독교철학과 종교와 신학과의 차별성 등에 주목한다. 철학활동이 타락 하에서는 자율적 이성에만 의존할 수 없고 성경의 빛을 통하여 지도받아야 한다는 사실을 강조한다. 종교란 인간의 마음에서 이루어지고, 인간 삶과 활동의 전체적 방향을 보여주며, 신학은 성경과 교리와 의식들에 대한 신앙적 차원의 탐구이지만 철학은 존재의 전체성과 그 개별 차원들의 관계 및 의의에 대한 탐구라고 보기 때문에 학문적 기능이 다르다고 주장한다.

실재론은 양상이론이라는 독특한 이론적 체계를 통해 설명된다. 여기서 양상(modaliteiten)은 관점, 차원, 기능 등과도 교호적으로 사용될 수 있는 용어이다. 창조세계의 존재구조는 모두 15가지의 양상들로 이루어져 있다고 간주된다. 기초에서부터 열거할 때 15가지의 양상은 수적, 공간적, 운동적, 물리적, 생물학적, 심리적, 분석적, 역사적, 언어적, 사회적, 경제적, 미학적, 법적, 윤리적, 신앙적 양상이다.[16] 창조세계에서 각 존재는 이 양상들의 연결 관계 안에서 주체적 혹은 대상적 기능을 수행하며, 그 존재의 의의에 해당하는 독특한 하나님의 법을 개현하면서 존재하도록 되어 있다. 각 양상은 법적 존재 의의를 가지고 있으므로 독립적 주권을 가지면서도 전체 양상들과의 깊은 상호연관성 안에서 비로소 존재한다. 특히 양상이론은 특정 양상을 절대화함으로써 다른 양상들의 기능을 약화시키거나 마비시켜버리는 다양한 환원주의 이론들의 약점을 적절하게 드러낸다.

인식론의 핵심은 우선 실재에 대한 진리와 진리인식을 위해 하나님의 계시가 제공하는 통찰의 지도를 받아야 한다는 점을 강조한다. 인간의 직관적이고 소박한 인식은 사물을 총체적으로 파악하는 기능을 수행하고, 학문적 지식은 해당차원에 있어서의 원리와 법칙들에 대한 논리적이고 분석적인 지식, 곧 추상적 지식을 제공한다. 기독교철학자들은 근대에 학문적 지식에 두어진 과대한 신뢰성과 절대성을 비판하고, 지식의 총체성과 해당 기능 및 한계, 그리고 상호관계성을 논의한다.

사회이론에서는 하나님이 세우신 기관들인 결혼, 가정, 교회, 국가의 의의에 대하여 깊이 탐구해왔다. 그 요점은 각 기관은 하나님의 법이 요구하는 고유한 의의를 가지고 있으므로, 양상이론의 원리를 적용함으로써 파악되는 바, 각 기관의, 환원할 수 없는 독자적인 의의가 보장되어야 함과 동시에, 그 해당 의의가 잘 개현되도록 다른 관계들이 서로 지원해야 할 것을 강조한다.

인간론에서는 인간이 하나님의 형상으로서 종교적인 존재이고, 하나님과 인간과 세계와 자신과의 관계성 안에서 수행해야 할 과제를 가진 독특한 존재라는 점을 강조한다. 최근에는 전통적인 주제 외에도 구체적으로 성의 문제, 우정의 문제, 결혼의 문제, 가족의 문제 등도 인간론에서 활발하게 논의하고 있다.

이상의 모든 논의는 기독교세계관의 카테고리인 창조와 타락과 구속의 흐름 안에서 이루어지므로, 이러한 구조들이 창조상태에서 타락으로 떨어질 때 어떻게 왜곡되었는지 보여줌과 동시에 그리스도 안에서의 구속에서 어떻게 회복되어야 하는지 밝히려고 시도한다. 타락의 상태에서 왜곡된 것을 구속의 상태에서 회복시키는 과제에 참여하도록 하는 것이 그리스도인들을 향한 하나님의 소명이다. 하나님의 나라는 구속을 통하여 회복이 이루어져 원래 하나님의 법이 의도하던 바, 그 조화로운 완성으로 나아가는 나라이다. 물론 그 온전한 회복은 창조 상태보다 더 영광스러운 것임에 분명하다. 이렇게 볼 때 그리스도인을 향하여 회복의 과제가 부여된 영역은 창조세계 모든 영역이라고 말할 수 있다. 그것이 기독교철학이 학문철학의 기초를 제공함으로써 창조세계의 모든 차원에서 회복의 사역이 시도되도록 독려하는 이유이고, 그것이 곧 기독교종합대학교와 문화에 대한 관심의 배경이다.

4. 기독교교육철학

기독교교육철학은 (기독교)교육 현상에 대한 기독교철학적 탐구활동의 학문이다. 철학이 학문의 토대에 대한 기초적이고 포괄적인 반성적 탐구인 것과 같이, 기독교교육철학은 기독교교육 현상의 토대에 대한 기초적이고 포괄적인 반성적 탐구과제를 수행한다.

요한네스 판델발트(J. L. van der Walt)의 정리를 활용하여 기독교교육철학의 주된 과제를 다음과 같이 정리할 수 있다.[17] 첫째, 여러 학문들과의 관계에서, (기독교)교육학의 위치와 학문적 정당성 확립, 타학문과의 관계 설정, 교육학 내 세부 개별 연구 분야의 확립과 상호관계성, (기독교)교육학의 연구방법론 등에 대한 학문철학의 과제를 수행한다. 둘째, 인간, 종교, 세계관, 이데올로기, 문화 등의 사회토대이념 및 환경과 기독교교육과의 관계문제에 대한 기초적 탐구의 과제를 수행한다. 셋째, 기독교교육실천을 더욱 온전하고 풍성하게 하는 일에 기여하기 위한 기초 작업으로서 적극적으로 기독교교육이론을 체계화하는 과제를 수행한다. 넷째, 일반교육학의 다양한 이론들에 대하여 기독교적 관점에서 심층적으로 분석하고, 평가할 뿐만 아니라, 특히 기독교적 관점에서 그 이론들을 개혁해 가는 작업을 수행한다.

그러므로 기독교교육철학자들은 첫 번째 과제수행을 위해 (기독교)교육학의 토대와 제 분야를 일관성 있게 체계적으로 소개하는 (기독교)교육학(개론) 및 (기독교)교육역사 분야에 관심을 두고 있고, 두 번째와 세 번째의 과제를 수행하기 위해 (기독교)교육철학이라는 이름으로 기독교세계관과 기독교철학의 주요 통찰에 따라 교육학의 고유한 구조에 맞추어 (기독교)교육이론을 체계적으로 서술하며, 네 번째의 과제를 수행하기 위해 일반교육 사조 특히 현대교육사상을 그 심층적인 세계관과 철학을 드러내면서 기독교적 관점에서 비판하고 평가하고 개혁하는 연구를 수행한다.

한걸음 더 깊이 발을 들여 놓는다면, (기독교)교육철학은 교육현상에 관련된 다양한 요소들을 중심으로 그 기초적인 차원에서 기독교 철학적 반성을 시도한다는 것을 알게 된다. 예를 들면, 첫째, 교육환경에서 만나게 되는 모든 가르치는 활동과 현상들, 곧 교육, 양육, 가르침, 활동, 실천, 놀이, 학문 등으로 칭해지는 행위들의 본질과 성격; 둘째, 교육환경에서 교육적 목적으로 개입하는 사람들인 교사, 학생, 부모, 교육행정가의 역할과 과제; 셋째, 가르치는 활동의 계획, 내용, 도구라고 할 수 있는 교육과정과 지식; 넷째, 교육활동을 실행하는 사회관계들인 유치원, 학교, 대학교, 사회교육기관, 그리고 그 기관들과 관련 지원 기관들과의 관계 등의 구조와 성격에 대한 반성적 탐구가 기독교교육철학의 과제이기도 하다.[18]

기독교교육철학의 두드러진 구체적 특성을 보여주는 두 가지의 예를 들어보자. 교육이란 한 공동체(사회)가 가까운 미래에 그 공동체의 책임 있는 구성원이 될 학생의 내면에 적극적으로 그 공동체의 세계관을 형성하는 작업이며, 특히 그 세계관에 근거한 가치를 강화하는 활동이다. 따라서 교육목표는 그 공동체의 세계관이 반영된 가치에 초점 맞추어져 있다. 기독교교육철학에서 주목받아 온 교육적 인간상의 가치는 오랫동안 일반적으로 수용되어 온 제자도(Discipleship) 개념 외에도, 최근에는 요한네스 판델발트(J.L van der Walt)와 스투아르트 파울러(S. Fowler)가 강조하는 청지기

직(Stewardship) 수행 개념과, 니콜라스 월터스톨프(N. Wolterstorff)가 강조하는 샬롬(Shalom)의 실천 개념이 주목받고 있다.

기독교교육철학의 또 다른 관심의 예는 기독교학교에 대한 논의이다. 근대 이후 국가가 학교교육을 독점하고 학교를 국가주의 및 세속적 인본주의 세계관을 형성하는 도구로 삼음으로써 기독교공동체는 언약의 자녀를 성숙한 그리스도인으로 형성할 수 있는 기회를 박탈당하였다. 따라서 기독교교육철학자들은, 근대학교가 터 잡은 세속적 세계관과 그 종교적 신념체계를 드러냄으로써 국가교육이 주장하는 중립성 주장의 허구를 드러내고, 적극적으로는 대안적인 기독교학교의 설립과 기독교학교의 정체성을 교육전반에서 확립해가는 창조적 과제를 수행해 왔다. 특히 기독교학교문제는 19세기 말부터 20세기 초에 네덜란드에서, 그리고 1980년대에는 미국과 캐나다에서 활발하게 논의되었고, 1990년대 중반이후에는 우리나라에서도 조금씩 논의되고 있다.

이제 기독교교육철학의 검토 작업을 아주 간단히 그리고 개략적으로 보여주기 위해 기독교철학의 일반적 주제에 맞추어 기독교교육철학이 어떠한 교육적 함의를 발전시키는지 정리해보자.

기독교철학의 존재론과 관련하여 기독교교육철학은 창조주 하나님을 언제나 고려하면서 인간의 모든 활동은 종교적이며, 모든 지식에서 하나님의 계시가 정당한 위치와 보편적인 권위를 갖게 해야 한다는 것, 교육은 종교의 중심인 마음에 도달해야 하고 그 마음의 방향에 맞추어져야 한다는 것, 인간의 과학적 지식은 부분적이며 동시에 한계성 있는 지식이라는 것, 그리고 존재의 구조와 의의에 맞추어 교육은 하나님의 법에 맞게 실행되어야 한다는 것, 교육의 내용은 창조세계의 총체성 곧 다양한 양상들을 의미 있게 포함하고 있어야 한다는 것, 교육은 하나님의 법에 대한 인간의 책임 있는 행동이라는 것, 교육의 목적은 하나님의 영광과 인간의 사랑과 복지를 위해 창조세계를 개발하는 것에 맞추어 져야 한다는 것, 교육은 학생에게 하나님이 주신 은사와 소명을 고려하면서 능력을 구비시키는 것이어야 한다는 것 등의 중요한 함의를 발전시킨다.

　기독교철학의 인간론과 관련하여 기독교교육철학은 인간은 하나님의 형상으로서 종교적 존재이고, 종교가 인간존재와 삶의 중심이라는 것, 따라서 교육은 종교와 관련된 인간의 마음을 형성하는 마음의 교육이어야 한다는 것, 인간은 타락한 존재이므로 인간의 왜곡된 마음을 사실적으로 이해해야 하고, 동시에 구속받아 하나님의 나라에 속한 시민으로서 선지자 제사장 왕적 직분에 참여하고 있다는 것, 따라서 학생이 하나님의 소명을 책임성 있게 수행할 수 있도록 다양한 은사를 개발하여 능력을 구비할 수 있도록 해야 하다는 것, 교사도 소명을 수행하는 사람이므로 교직은 영적인 창조적 사역이라는 점을 인식해야 한다는 것, 참된 권위는 하나님께로부터 위임된 것이므로 그 권위는 섬김을 위해 사용되어야 한다는 것, 참다운 자유는 하나님의 법 아래에서 그리고 소명을 성취하기 위해 발휘되어야 한다는 것, 인간은 관계적 존재로서 하나님과 인간과 자신과의 관계에서 평화와 발전을 이루어야 한다는 것, 동료인간들과 더불어 협력하면서 공동체를 형성할 수 있도록 의도되어야 한다는 것, 자연과 환경을 돌보고 보존하며, 문화의 창출에 책임 있게 참여하며, 궁극적으로 하나님을 섬기고 하나님의 나라에 기여할 수 있도록 해야 한다는 것, 교육에 있어서도 인간은 개별적이면서도 독특한 존재로 인정받아야 한다는 것, 인간은 전인적인 존재이므로 교육에서 그 함의가 충분히 적용되게 해야 한다는 것 등의 함의를 발전시킨다.

　기독교철학의 인식론과 관련하여 기독교교육철학은 교육에 대한 지식에서 법칙 차원과 주체 차원을 함께 고려해야 한다는 것, 하나님의 계시적 지식을 잘 고려해야 한다는 것, 인간 지식의 한계를 인식해야 하고, 인식활동은 마음과 분리될 수 없고 따라서 종교적이라는 것, 일상적인 총체적 인식과 학문적 지식의 차이를 알고 균형 잡힌 이해를 가져야할 필요성, 인식과 믿음의 필연적인 관계를 고려해야 한다는 것 등의 함의를 발전시킨다.

마지막으로 기독교철학의 사회론과 관련하여 기독교육철학은 교육을 목표로 특별히 설립된 학교라는 관계의 존재적 구조와 의의에 주목해야 하고, 학교교육의 목표, 과정, 방법, 행정 등 전반에서 앞서 제시된 기독교 철학적 함의가 일관성 있게 구현되게 해야 한다는 것, 가정과 교회와 국가가 갖는 독특한 부분적 교육 기능의 성격을 규명하고, 그 기관들이 교육기관(관계)인 학교의 고유기능과 혼돈되지 않고 상호 간섭하지 않으면서도 학교가 제 기능을 수행하도록 어떠한 지원적 관계를 형성해야 하는지를 논의한다.

그리고 비판적인 방법의 연구활동으로서 기독교교육철학은, 현대의 시대정신을 반영하고 있는 주요한 일반교육철학 및 기독교교육사상들을, 내재적인 분석, 문제 역사적 분석, 선험적인 그리고 초월적인 분석 방법을 통해 분석함으로써 그 이론들이 가진 오류와 문제점을 드러내고, 동시에 그 이론들이 이전의 사상들에 비하여 참교육의 법칙에 어떠한 새로운 발견과 긍정적 기여를 했는지 평가하고, 기독교교육철학과 비교하면서 온전한 교육이 어떠한 것이어야 하는지 제안하는 과제도 수행한다. 그래서 이상주의교육, 자연주의교육, 실용주의교육, 사회주의교육, 공산주의교육, 실존주의교육, 현상학과 교육, 신좌파의 교육, 신우파의 교육, 신인본주의교육, 대안학교교육운동, 포스트모더니즘교육, 구성주의교육 등의 주제에 대한 비판적 탐구과제를 수행한다.

지금까지 기독교교육학의 기초학문인 기독교교육철학이, 그 토대를 형성하는 세계관, 기독교세계관, 기독교철학과 어떠한 관계를 가지고 있는지, 그리고 기독교교육철학이 구체적인 교육현상과 관련하여 어떠한 연구 내용을 가지고 있으며 그 수행하는 과제가 어떠한 것인지, 그리고 기독교교육철학의 강조점들은 어떤 것들인지 간단하게 개관하였다.

학문으로서의 기독교교육학이 그러한 것이라면, 교육에 참여하는 그리스도인 개인이나 교사가 갖는 신념으로서의 기독교교육철학이란, 제대로 반성되지 않은 수많은 인본주의적 세계관과 개인적 관심과 가치들을 절충한 교육적 신념에 집착하는 것이 아니라, 기독교세계관에 근거하여 체계화된 근본적 통찰이, 교육의 이유와 목표가 되고, 더 나아가 교육의 전 과정이 하나님의 법에 순종하고 그 법의 의의를 개현하는 방향으로 발전해야만 참 교육이 실현된다는 신념을 표현하는 말이 될 것이다.

추천도서

김성수, 《기독교세계관과 문화관 연구》, 부산: 고신대학교출판부, 1995.
김성수, 《기독교대학과 학문자료집(1)》, 부산: 고신대학교출판부, 1995.
김용섭, 《기독교교육철학》, 서울: 개혁주의신행협회, 1996.
조성국, 《기독교세계관과 기독교학교교육》, 부산: 고신대학교부설기독교교육연구소, 2003.
리차드 미들톤 외, 《그리스도인의 비전》, 황영철 역, 서울: 한국기독학생회출판부, 1987.

토의주제

1. 세계관과 기독교세계관과 기독교철학과 기독교교육철학을 간단하게 정의하고 그 상호관계에 대하여 말해 봅시다.

2. 여러 가지 형태의 기독교세계관을 비교한 후 가장 성경적인 기독교세계관은 어떤 특성을 가지고 있는지 말해 봅시다.

3. 학문으로서의 기독교교육철학은 어떤 구체적인 과제를 수행해야 하는지 설명해 봅시다.

4. 기독교교육철학의 주요 강조점에 비추어 우리나라 학교교육과 교회교육의 문제점을 각각 두 가지씩 지적하고, 그 해결 방향과 방안을 제안해 봅시다.

제3장
기독교교육의 역사

권경호

　기독교신앙과 기독교교육은 불가분리의 것이다. 기독교신앙이 존재하는 곳에는 기독교교육이 존재한다.[1] 이 말은 곧 기독교신앙이 있었던 때부터 기독교교육이 존재했다는 의미이다. 따라서 기독교교육의 역사는 기독교신앙만큼이나 오래된 것이다. 기독교교육은 기독교신앙을 전수해 온 것이다. 그래서 루이스 쉐릴(Lewis Sherrill)은 "기독교교육을 깊이 있게 이해하려면 역사적으로나 현실적으로나 기독교 그 자체에 대한 연구가 선행된 후에 거기에서 발전하여 기독교교육으로 옮아가야 한다."[2]고 전제하고 있다. 동시에 기독교교육의 역사는 기독교신앙을 어떻게 가르치며 어떻게 전수했는가에 대한 과정이다. 왜냐하면 그 시대의 상황, 그 시대 사람들의 신앙 경험과 신학적 해석에 따라 가르치는 내용과 방법이 달랐던 것이 사실이기 때문이다. 때로는 성경을 유일한 하나님의 말씀으로 믿는 교육이 이루어지기도 했지만 때로는 왜곡된 교육이 이루어지기도 했다. 그리고 잘못된 교육 내용이 여러 가지 과정을 거쳐서 새롭고 바르게 되기도 했다.

　기독교교육의 역사를 공부하는 목적은 크게 두 가지이다. 첫째는 과거로부터 전래되어 발전되어 온 기독교교육에 대한 지혜와 그 유산이 오늘의 상황에서 어떻게 조명되고 있으며 그것들이 앞으로 어떤 방향으로 발전해 가야 할 것인가를 점검하고 그 안목을 넓히는데 있다.[3] 둘째는 일반적으로 역사를 '과거의 사실'을 선택하고 해석하는 역사가의 관점과 그 역사가 서있는 삶의 지평을 보는 것이라면 기독교교육의 발자취를 살피는 것은 또한 연대기적인 흐름 속에서 과거의 사실보다 그 시대의 성격을 먼저 고찰하고 이것과 결부되어 작용과 반작용을 하는 기독교교육의 역할과 의미를 밝혀 보려는 것이다.[4]

1. 히브리 교육

　교육은 기독교회의 삶과 분리될 수 없는 것이고 이것은 히브리 민족으로부터 유래한 것이다. 모든 이스라엘인들은 시내산에서 받은 하나님의 법에 의해 교훈을 받았다. 기독교회는 이런 히브리적 환경 속에서 양육되었고 자연스럽게 교회는 교육사역을 강조하게 되었다.[5] 따라서 기독교의 성경의 역사가 구약성경으로부터 시작되듯이 기독교교육의 역사가 그 요람을 이스라엘의 교육사로부터 찾는 것은 당연한 것이다. 교육은 인간 공동체의 존속을 위한 필수불가결이란 말이 이스라엘 사람들에게는 더욱 생생히 적용되는 것은 순례하는 백성으로부터 시작되어 순례하는 백성으로 끝난 구약 시대의 이스라엘 공동체가 역사에서 흔적을 감추지 않고 맥맥히 그 민족과 그 민족의 전통을 이어온 것은 오로지 교육의 결과라고 보는 것이다.[6]

율법중심

먼저 이스라엘의 교육은 하나님 말씀인 율법을 중심으로 이루어졌다. 즉, 고대 이스라엘에게 있어서 가장 기본적인 교육내용은 바로 토라(율법)를 가르치고 배우는 것이었다. 이스라엘의 교육은 곧 종교교육이었다. 학습 내용은 아버지가 자녀들에게 히브리 성경에 나타난 생활법전을 가르치는 것이었다. 어린이들은 출애굽기, 레위기, 신명기와 같은 책을 배움으로서 생활의 지침을 삼았고 역사와 율법에 나타난 하나님 뜻을 구전으로 배웠다. 이스라엘의 부모들은 하나님께서 그들의 가정에 교사로 위임하신 자녀교육에 대한 책임을 철저하게 실천하였다. 즉, 신명기 6:4-9에 이스라엘에게 주신 '쉐마'(Shema, 들으라, 이스라엘이여) 명령을 철저하게 실천하였다.[7] 하나님이 자기 백성을 교육할 계획에 있어서 가정은 기본적 교육 장소였다. 가정에서 아버지는 절대적 권위자였고 특히 자녀들에게는 순종을 제일 요소로 하였다. 이렇게 함으로서 그들은 지혜의 근본이신 여호와를 경외하는 것을 배우게 하였다.[8]

민족 공동체의 생활

이스라엘의 교육은 민족 공동체 생활 속에서 가정의 통과의례, 절기와 명절의식, 그리고 성전의 상징들을 통해서 전개되었다. 가정의 통과의례 중에서 가장 중요한 것은 역시 할례였다. 이스라엘 백성들은 남자의 겉 옷단에 청색 끈을 달아 율법에 대한 그들의 의미를 상기시키고(민 15:38; 신 22:12) 성구가 들어 있는 두 개의 가죽 상자를 양 미간에 동이고 왼팔에 메고 다녔다. 성구를 써서 넣은 상자인 메주자를 문설주에 붙여 드나들 때 만지게 하였다. 이런 종교의식들은 모두 의도적 문화화 과정이었다.[9] 이스라엘의 3대 절기는 유월절, 맥추절, 초막절이었다(출 23:14-17). 이 절기들은 중요한 종교 의식일이었을 뿐 아니라 민족 공동체의 축제였고 동시에 민족교육 그 자체였다. 이스라엘은 이 절기들을 통해서 남녀노소 모두가 축제로서 교육과정에 함께 참여하였고 이 교육을 통해 언제나 새로운 공동체로 거듭나는 삶을 살게 되었다.[10] 이외에도 안식일을 통하여 율법연구, 종교의식과 관습을 훈련하였다. 이스라엘의 아이들은 이런 교육을 통하여 조국의 역사, 하나님의 거룩성과 의, 자연계에 베풀어지는 하나님의 자비의 손길을 배우고 가르쳤다.[11]

회당과 학교

후기 이스라엘의 교육은 주로 회당과 학교를 통해 이루어졌다. 후기 이스라엘이라 함은 B.C. 586년 유대 왕국이 망하고 바벨론에 포로가 되어가는 것을 시작으로 하여 포로후기와 로마의 점령시대인 A.D. 20년까지를 말한다. 교육사에서는 외세 지배 하에서 이스라엘의 정체성(민족의식)이 주관심사였던 이 시기를 '유대주의 교육의 시대'라고 부른다.[12] 이 시기에 있어서 이스라엘인들은 교육의 중요한 변혁과 발전을 이루었는데 그것은 회당(synagogue)과 학교(schule)라는 두 조직을 통한 교육이었다. 시대적 변천에 따라 부모 아닌 직업적 교사가 출현하게 되었고 교육 실천을 위해 어린이들을 모을 장소가 필요하게 되었다.

첫째, 회당이란 본래 예배의 집합소였다. 그러나 회당은 예배 단체 이전에 교육 단체였고 여기서는 예배를 주축으로 하는 교육이 진행되었다. 예수님 시대를 전후해서 있었던 이 회당학교야말로 세계 최초의 국민 의무 교육제도라고 할 수 있다.[13] 동네마다 한 개 이상의 회당이 건립되었고 회당 건립이 어려우면 어떤 건물의 한 방을 그 목적으로 사용하기도 하였다. 회당에서 유대인들은 율법(Torah)을 공부하기 시작하였다. 이스라엘 어린이들은 기록된 율법과 구전된 율법을 배워야 하였다.

둘째, 학교는 회당 교육의 형태로 진행되어 오다가 회당과 독립된 건물과 제도가 생기므로 시작되었다. 그러나 본격적 학교교육 조직은 B.C. 75년에서 70년 사이에 로마의 영향을 받아 비로소 완전히 발달되었다. 유대인 어린이들은 강제로 출석해야 했으며 취학 연령은 6-7세였다. 학교(schule)에는 세 종류가 있었는데 초등 교육 기관인 '벳 핫세퍼'(Beth Hassepher, '책의 집'이란 의미), 중등 교육 기관인 '벳 함마드라쉬'(Beth Hammidrash, '연구의 집'이란 의미), 혹은 '벳 탈무드'(Beth Talmud, '설명의 집'이란 의미), 그리고 고등 교육 기관인 '아카데미'(Academy)가 있었다.[14] 이들 학교에서 가르치는 교사들을 세 그룹으로 나누었는데 최상위는 '현자'(haakma), 둘째 위치를 '학자, 서기관'(sophel), 그리고 마지막 그룹을 '선생'(hathan)이라고 불렀고 이들을 통칭하여 '랍비'(요 3:2)라고 부르기도 했다. 이스라엘 교육은 놀랄만한 유연성이 있었는데 이것은 바로 유대민족의 불운한 환경과 오랜 세월의 민족 포로생활 중에서도 교육이 살아오게 한 힘이 되었다.

2. 예수와 사도들의 시대

하나님의 구속 역사는 하나님의 계시의 역사이다. 구약시대를 거쳐 오면서 하나님의 계시는 점진적으로 확장되어 왔다. 기독교교육은 이와 같은 하나님의 계시의 점진성과 연속성에 따른 그리스도의 성육신 사건에 기초하여 구약의 사건을 조명하며 그 안에서 교육적 의미를 발견한다. 이런 면에서 구약의 이스라엘 종교교육은 기독교교육의 원형이라고 할 수 있다.

예수님의 교육

예수 그리스도는 기독교교육의 내용이 될 뿐 아니라 기독교교육의 창시자이시다. 교사의 교사가 되시며 그 교육의 목표가 되시며 또한 교육을 가능케 하시는 주체가 되신다. 그러므로 신약에 나타난 그리스도 예수의 교육은 과거와 현재, 미래를 통해 기독교교육의 본질을 가장 분명하게 설명하고 있다.[15]

예수님은 교사였다. 예수님은 가르치심을 그의 주된 사역방법으로 사용하셨다. 예수님은 자신의 메시지에 대한 교육만 한 것이 아니라 적은 제자의 무리를 교육하셨고 훈련시키는 일에 집중하셨다. 그리고 그의 제자들을 또 다른 사람들을 가르칠 수 있도록 교육하셨다. 예수님은 자신을 교사로 간주하셨을 뿐 아니라 다른 사람들이 그를 교사로 인식하도록 허용하였다. 예수님의 제자들도 그를 교사로 고려하여 '선생'이라고 불렀다. 그리고 예수님은 매 안식일마다 회당에서 교사로서 가르치는 사역을 하였고 유대인들도 그를 교사로 받아들였다.[16]

예수님의 교육방법은 공식적이며, 형식적이며 정규적인 것 보다는 비공식적인 것이었다. 주님은 걸으면서, 다른 사람과 함께 있을 때, 하나님에 관한 것들을 말씀하셨고 말씀하면서 교육하셨다. 그는 장소를 초월하여 길가에서, 해변에서, 광야에서, 산에서, 집에서, 우물곁에서 그리고 회당과 성전에서도 가르치셨다.

그의 교육 내용은 물론 하나님의 말씀이셨다. 그는 하나님의 메시지를 전하셨다. 그러나 그는 일상생활과 평범한 활동들과 관련하여 사람과 자연과 사물에 관하여 단순하게 가르치셨다. 그는 있는 그대로의 환경 속에서 사람들 사이를 거닐면서 그들의 일상생활을 관찰하였다. 그는 그들의 영적 관심사와 문제들을 걱정하면서 하나님에 대하여 그들에게 말씀하였고 하나님에 대한 그들의 관계를 알려주었다.

그는 당시 유대인 교육가들이 하였듯이 먼저 경청한 후 질의응답에 참여하는 토론의 방법을 많이 사용하였다. 예수님의 교수방법은 생활 경험을 토대로 출발하여 삶에 있어서 성경의 이해와 도움을 얻을 수 있도록 성경으로 옮아가는 것이었다.

예수님은 언제나 분명한 목표를 설정하고 이를 달성하기 위하여 가르쳤다. 이를 달성하기 위하여 그의 맘에 의도를 가지고 있었고 그의 모든 가르침에 있어서 먼저 하나님과 바른 관계를 가지며 그 후 인간들과 올바른 관계를 갖도록 하였다. 그는 올바른 관계를 기초로 하여 올바른 태도를 계발시키고 적합한 사상을 형성시키며 생의 문제들을 효과적으로 대비시키며 성숙한 인격을 배양시키며 봉사를 위한 훈련을 시켰다.

예수님의 가장 기본적인 대상은 개인이었다. 그는 개인적인 접촉을 강조하였고 한 영혼에게 관심을 집중시키고 한 영혼이 홀로 서는 것에 영구한 가치를 두었다. 예수님은 그의 지상 사역을 마친 후에 승천 직전 그의 제자들에게 가르칠 사명을 주시고 가르칠 것을 명령하셨다(마 28:19-20).[17]

사도들의 교육

사도시대의 교육은 예수의 지상명령을 순종함으로서 시작되었다. 오순절 이후 초대 예루살렘 교회에서 사도들의 사역중의 하나는 가르침이었다(행 2:14-42). 그들은 날마다 성전에 있든지 집에 있든지 예수는 그리스도라 가르치기와 전도하기를 쉬지 아니하였다(행 5:42). 그들의 가르침의 사역은 설교, 전도와 함께 가장 중요한 역할이었다. 이와 같은 사도들의 가르침은 초대 교회 신자들의 신앙을 견고하게 만들었다. 사도들은 유대인들로서 이미 유대교적 성경 교육을 받았기에 성경을 가르침에 있어서 효과적이었다. 그러나 그리스도인들의 신앙과 그리스도교회로 개종하지 않고 있는 유대교와의 중요한 차이 때문에 결국 공식적인 유대교로부터 분리할 수밖

에 없었다.[18]

이 시대 가장 탁월한 교사는 역시 사도바울이었다. 바울은 '사도' 혹은 '교사'로 불렸다. 바울은 안디옥에서 일 년간 바나바와 함께 가르치는 사역을 수행하였으며 그 후 이 도시 저 도시를 다니면서 만나는 사람마다 하나님께서 죽음에서 일으키신 그리스도를 가르쳤다.

그의 교육 방법은 토의식이었고 서신을 통하여 진리에 대한 지식과 이해에 관하여 가르쳤다.[19] 많은 면에서 바울은 기독교 역사에 있어서 독특한 자리를 차지하고 있다. 그는 복음전도자의 열정, 목회자의 동정심, 학자의 직관력, 교사의 교육적 재능, 정치가의 외교적 능력 등을 모두 갖춘 사람이었다.[20]

3. 초기 그리스도 교회

초기 그리스도의 교회는 신앙의 전파 수단으로 교육을 강조하였다. 교육은 구약이나 신약 성경으로 교훈하였다. 기독교가 점차 넓게 퍼짐에 따라 예수님께서 하신 것 같이 자연스럽게 비형식적으로 다른 사람을 교육하였으나 점차 기독교 인구가 늘고 기독교가 로마제국에서 국교로 되면서 형식적 교육이 나타나게 되었다. 초기 기독교 교회는 예배에 있어서 두 가지 형태가 있었다. 첫째는 '초신자들의 예배'(Missa Catechumenum)와 '신자들의 예배'(Missa Fidelium)가 있었다. 교회는 이들의 교육과정을 거쳐서 신자들을 만들어 갔다.[21]

초대교회의 처음 교육내용은 '케리그마'(kerygma, 말씀)와 '디다케'(didache, 가르침)이었다. 이것은 '가르치는 행위'와 함께 '선포하는 행위'와도 관계가 되는 것이었다. 그러나 초대 교회가 후기로 접어들면서 교육의 중심 내용은 '카테키시스'로 자리를 잡아간다. 이것은 구전을 통해서 입문적 기초지식을 전달하는 행위를 가리킨다. 일반적으로 문답 교시 교육, 입문자 교육, 교리 문답 교육 등으로 번역되는데 A.D. 2세기 이후로 점차 명확한 형태를 잡기 시작한 교회의 신앙 지도교육을 가리킨다. 이 교육은 2세기말부터 시작되었는데 4세기경에 절정을 이루고 6세기부터는 쇠퇴하기 시작한다.

초대교회가 말기에 이르러는 그 주제를 '그리스와 로마 문화에 대한 도전과 대결' 모양으로 드러냈다. 여기에서 첫째 유아세례가 교육적 의미에서 그리스, 로마 문화에 대한 도전으로 등장했다. 3세기 말 이후 당시 세계에서는 그리스, 로마의 도덕적인 퇴폐풍조가 만연되어 있었다. 사생아가 속출하고 영아 살해, 유기 등이 비일 비재하였다. 여기에 대하여 위험에 대한 아기들의 생명을 하나님의 이름으로 지켜주고 삶의 보장을 하는 것이 유아세례였다. 그러므로 유아세례는 종교 의식보다도 아주 교육적인 활동이었다. 또 하나는 그리스와 로마의 교양 교육이 교회 안에 들어오게 된 사실이었다.[22]

교육 기관으로는 먼저 초신자 세례 준비학교(Catechumental School)가 있었다. 이 학교는 A.D. 1-2세기경에 세워졌는데 세례 예비생들만 입학할 수 있었다. 수학 기간은 2-3년이었고 초기에는 감독과 사제들과 집사들이 교육을 담당하였으나 후기에 와서는 전담 강사와 교리 문답 전문교사들이 주로 교사로 활약하였다. 이 학교의 교육목표는 지식교육이 아니라 교리와 신앙생활의 훈련이었고 예배 의식과 세례에 필요한 예비 훈련이었다.

또 다른 교육 기관은 교리문답 학교(Catechetical school)였다. 이 학교는 세례 준비학교보다는 더 고급내용을 가르치는 학교로서 처음에는 교사의 개인 집에서 출발하였으나 점차 현대의 신학교와 같은 교수진과 교육내용을 갖추게 되었다. 이 학교는 그리스와 로마 문화의 학식을 갖춘 교사들과 동등한 수준의 사고와 이성을 갖춘 기독교 학자들을 배출시켰다. 가장 유명한 문답학교는 이집트의 알렉산드리아에 있었고 유명한 판테누스, 클레

멘트, 오리겐 등이 교장으로 있었다. 이 학교는 교육 과정을 확장하여 그리스 문학, 역사, 수사학, 과학 등을 포함시켰는데 그 목적은 이런 학문들을 기독교의 시녀로 만들어 가려는 것이었다. 이런 교리 문답 학교들에서 배출된 초기 교회 지도자들 중에는 그리스 철학적 사고와 기독교를 조화시키는 역할을 하였다.[23] 또 다른 학교로는 성당학교(Cathedral School)와 감독학교(Episcopal School)가 있었다. 이 학교들은 초대교회의 지도자의 이름들과 그리고 교회 안에서 발생한 최초의 신학적 논쟁과 많은 연관성을 지니고 있었다. 기독교는 핍박을 받고 있을 시기에 안으로는 여러 가지 신조 논쟁이 일어나게 되었으며 기독교를 유대교, 그리스 철학, 신비주의, 금욕주의적인 사조들과 조화를 이루려 갖가지 노력들을 시도하였다. 이런 노력들은 오히려 기독교 진리를 해명하기 위한 신학적인 변증 연구가 발전하는 계기가 되기도 하였다.[24]

4. 중세 시대

A.D. 313년 콘스탄틴 대제에 대해 기독교가 로마제국의 국교로 승인되어 널리 퍼지게 되자 기독교의 양상은 큰 변화를 겪게 되었다. 이제 교회는 새 교인을 얻기 위해서 더 이상 집중적인 노력을 경주할 필요가 없게 되었다. 국민 모두가 자동적으로 기독교인이 되는 상황 속에서 교회는 전 국민의 교육에 힘을 모아야 했다.[25]

니케아 종교회의는 헬라철학의 영향에 굴복당하고 말았으며 오히려 헬라철학을 발전시키는 경향을 더하고 말았다. 이 결과 철학과 기독교의 혼합은 교회에 세속적인 분위기를 조장하였고 교회가 수행한 교육도 기독교교육이 아니라 종교교육으로 변질시켜 하나님이 강조되지 않은 교회교육으로 만들고 말았다. 이 당시 로마제국은 내적으로 쇠약해졌고 외세의 침공으로 더욱 쇠퇴해서 교회는 점점 교육 주체자로서의 역할을 감당할 수밖에 없었다. 교육은 교회 외에는 거의 시행되지 못했고 교회의 예배에 관련된 소수의 사람에게만 유지되었다. 간신히 유지되던 성직자 교육도 거의 무시되었다. 7세기 초엽의 교육은 주로 감독들과 사제들과 승려들에 의하여 실시되었지만 그들 대부분이 읽고 쓸 줄 모르는 무식한 사람들이었다. 이런 이유 때문에 교회에는 진리에 대한 무식으로 인하여 미신이 성직자 간에도 만연되고 성자숭배, 성물숭배, 유물숭배 등이 예배에도 나타났다. 기독교는 하나님을 신앙하는 단순한 예배도 실행하지 못하고 오히려 다신교적 방향으로 타락하고 말았다.[26]

중세 교육내용의 특징은 이원론적 세계관에 의한 상징주의와 신비주의 교육으로 나타난다.

첫째, 어거스틴의 원리에 근거하여 인간의 본성을 부정적으로 보았다. 따라서 신앙교육의 핵심은 죄지은 인간을 용서하고 구원하는 하나님의 신비를 깨닫는 것이었다. 이를 위해서 무엇보다 신비로운 은총을 받게 하는 성례가 강조되었다. 즉 하나님의 은총이 직접 임하는 통로로 보았기 때문이었다. 이렇게 중세교회는 성례전의 상징과 신비를 중심으로 교육하였다.[27]

둘째, 중세교육에 있어서 상징교육의 한 방법으로 언어를 사용하기 보다는 기독교 미술교육을 통하여 일반 대중에게 그리스도 복음을 전하고 성경을 이해시켰다. 사회 전체가 기독교 미술을 장려하면서 대중의 종교심을 배양하였다.

셋째, 종교극을 통해서 종교적 진리를 배웠다. 당시의 성탄극, 수난극, 기적극, 성스러운 사극 등은 모두 성경 본문을 수식, 부연하고 대화의 형식을 빌려서 거룩한 극적 정서를 자아내는 것이었다.[28]

그러나 이런 상징교육은 중세기 말엽이 되면서 점점 쇠퇴해 갔다. 중세기의 공식 교육 형태로는 교회의 타락으로 일어난 기독교 쇄신 운동으로 일어난 수도사들의 수양과 학문 연구를 위한 수도원학교(Monastery School), 소장 신부들이 유숙하면서 선배 신부들의 지도를 받는 일종의 교역자 양성 기관인 사원학교(Cathedral School), 성속을 통합한 새로운 교육 형태인 외곽학교(External School) 혹은 문법학교(Grammar School)가 있었다. 마지막으로는 대학(Universitas)의 출현이다. 12세기 이탈리아의 볼로냐 (Bologna) 대학으로 시작된 대학의 출현은 사실상 수도원학교, 사원학교, 그리고 문법학교의 유출된 산물이며 공식교육에 획기적인 계기가 되었다.

중세의 후반으로 넘어오면서 교육의 영역에 새롭게 등장했던 스콜라철학 (Scholastic Philosophy)은 중세를 풍미하던 플라톤과 어거스틴의 사상을 비판적 대상으로 만들면서 과거 경시되었던 아리스토텔레스의 철학을 재조명하고 기독교 교리를 새롭게 구성하여갔다. 스콜라 철학을 발전시킨 사람들은 여럿이지만 그 중에 대표적인 인물은 토마스 아퀴나스(Thomas Aguinas)였다. 그의 교육 사상은 토미즘(Thomism)이라고 불리는데 당대는 물론 현세에 이르기까지 로마 가톨릭 교회의 교육에 지대한 영향을 미쳤다.[29]

중세교육을 한마디로 정의하기는 어렵지만 두 가지로 요약한다면 교권 확장의 수단으로 이용된 점과 성직자와 귀족에게만 교육 기회를 부여했다는 점이다. 그러나 풍성한 공식 교육의 터전을 마련한 시기이기도 하였다.[30]

5. 종교개혁 시대

16세기에 일어난 종교개혁(Reformation) 운동은 교육의 이념과 방법에 있어서 많은 변동을 가져왔다. 중세교회가 플라톤과 어거스틴, 그리고 아리스토텔레스의 영향을 받은 스콜라철학의 이원론적 세계관에 의해 현실을 부정하고 내세를 준비하며 현실의 소유와 욕망을 벗고 내면적 정신세계를 고양시키는 신앙교육을 하였지만 이것은 제도화된 교육의 내용일 뿐 현실의 삶에 있어서는 지배 귀족층으로 하여금 더욱 소유와 욕망을 확대하도록 하였다.[31] 자연히 교회는 타락하여 갔고 이렇게 타락한 중세교회에 서서히 개혁의 물결이 일어나기 시작하였고 드디어 종교개혁으로 발전하였다.

중세의 스콜라철학은 인간 스스로의 지식과 지혜를 추구하여 자신을 의롭게 해 보려는 인간사상의 발전에 불과하였다. 따라서 점점 인간적 철학과 교육과 교리만을 고집하였고 자신들의 안내자로서의 하나님을 계속 부정하였다.[32] 종교개혁 시대는 종교뿐 아니라 정치, 경제, 문화, 사회사에 있어서 중대한 변화의 시기였으며 천년 동안 세계를 지배해 온 로마 가톨릭 교회에 대한 반항이며 혁신이었다.

마르틴 루터(Martin Luther)

종교개혁의 선구자는 마르틴 루터였다. 그는 종교 개혁가로서 뿐 아니라 교육 사상가로서도 이미 괄목할만한 자취를 남겼다. 루터시대, 즉 15-16세기의 교육은 로마 가톨릭의 지배 하에 있었다. 특히 종교교육은 더욱 그러하였고 가톨릭 교회의 유익을 위하여 교육이 존재하고 있었다. 사제들은 신학교육을 제대로 받은 사람이 드물었고 사제들의 무지는 일반인들의 생활에도 많은 영향을 끼치게 되었다. 라틴 초등학교와 대학들은 학문의 부흥에 관심을 가지고 세워졌으나 성경 교육을 등한히 하는 경향을 나타내고 있었다.[33]

루터는 종교개혁과 함께 근재 공교육의 창시자이기도 하다. 그는 중세의 교육을 사탄의 역사로 규정하고 말씀 안에서 영혼을 되살리는 교육을 강조하였다. 루터에 의하면 교육은 근본적으로 부모의 과업이며 국가는 교육할 의무를 가지고 있다는 것이다. 통치자는 교육을 계획적으로 수행하여야 하며 국가는 공동의 제도와 단체의 복지를 꾀할 의무가 있다는 것이다. 이런 루터의 입장에 의해 국가에 의한 공교육 제도가 수립되었다. 교육의 내용으로서는 신앙교육뿐 아니라 고전어를 중심한 인본주의 교육을 강조하였다. 또한 학교에서 학생들에게 일반 교육과 함께 성경과 교리와 교회모범을 가르치도록 하였고 자신이 교리문답을 썼다.[34] 루터는 로마 가톨릭의 형식주의와 상징주의 교육의 기반을 흔들어 누구든지 성경을 알아야 한다는 교육적 파라독스와 믿음으로 구원을 얻는다는 두 가지 신앙 태도는 신교 기독교로 하여금 빈부나 남녀의 구별 없이 교육을 베풀어야 한다는 교육적 기초를 낳게 하였고 성경의 자국어 번역, 계층과 남여에 상관없는 고른 교육의 실시, 공립학교 설립, 교육세 신설, 의무교육 확립 등의 공헌은 근세 기독교교육과 현대 국민교육의 시초가 되었다.[35]

존 칼빈(John Calvin)

칼빈은 개혁자로서 기독교 역사만이 아니라 인류 역사에 위대한 업적을 남겼다. 칼빈은 초기에 인문주의 교육을 받았고 회심의 체험을 통해서 말씀의 권위와 능력을 믿게 되었다. 칼빈은 교육 사상을 체계화하여 정립한 교육학자나 교육개혁가라기 보다는 교육 실천가로서 중요한 의의를 가지고 있다. 칼빈의 교육 사상은 그의 신앙과 사상의 산물이다. 체계적인 그의 신학사상의 특징과 장점은 바로 그의 교육사상의 특징이자 장점이다. 칼빈 신학의 특징은 하나님의 절대 주권 사상(Absolutely sovereignty of God)으로 대표되는 하나님 중심의 신학, 모든 신학의 기본이며 자료요 논리구조의 표준이 되는 성경 중심의 신학, 그리스도의 몸이며 성도들의 사귐이며 선택받은 자들의 무리인 교회 중심의 신학이다. 칼빈은 교육을 실천하는 방편으로서 교회를 선택하였다. 그는 제네바(Geneva) 교회를 통해 교사의 위치에서 하나님 말씀을 가르치고 개혁의 원리를 주입시키려고 하였다.

또한 그는 저서를 통하여 교육활동을 하였는데 《기독교 강요》(The Institutes of Christian Religion) 그리고 《제네바 교회의 교리문답》은 위대한 가치를 지닌 책들이다. 또한 학교를 통한 교육을 강조하여 제네바 대학(The Academy of Geneva)을 창설하였다. 칼빈은 그의 강해 설교와 주석을 통하여 성경을 신앙의 표준으로 만들어 갔으며 교육과 저서를 통하여 대학교육의 방향을 제시하였고 제네바 교회를 통해 생활 훈련과 교회와 시민 생활의 질서, 크리스천의 윤리적 이상 실현, 그리고 소명으로서의 직업관등을 형성시켜 나갔다.[36]

그는 교사의 직무를 교회 사역에 있어서 필수 불가결한 네 가지 요소 중의 하나로 말했다. 그는 진리를 전달하는데 가장 중요한 요소로 교사의 인격을 말하였다. 또한 교사의 인격과 방법은 상호 보완적이라면서 좋은 방법은 교사 자신의 인격과 동시적으로 표출되어야 한다고 했다.[37]

종교개혁자들의 교육은 조금씩 다르기는 하였으나 중요한 특성은 첫째, 하나님 말씀을 바탕으로 하였다. 그리고 가정교육을 중요시 하였으며 셋째, 학교교육을 활성화 시켰고 마지막으로 저술의 교육적 기능을 확대하였다.[38] 중세기의 종교교육의 특성이 교권에 의해 이루어졌다고 말한다면 종교개혁기의 교육은 신앙과 문화라는 차원에서 이루어졌다고 볼 수 있다는 점에서 종교개혁기 교육의 특성을 정리할 수 있다.[39]

6. 근세의 기독교교육

종교개혁 이후 개신교 영역에서 많은 교육적 발전들이 이루어지고 있었지만 일반 교육의 영역에서는 개신교와 가톨릭을 대치할 사상들이 나타나기 시작했다. 종교개혁은 낭시의 모는 사상 구조에 회의와 의문을 일으키게 하였고 더 나아가 새로운 관념을 받아들이게 하였다. 종교개혁에 따라

온 종교전쟁의 가공할 파괴는 수많은 사람들에게 모든 종교의 교리가 잘못된 것이 아닌가하는 의혹을 불러 일으켰고 이에 어떤 사람들은 새로운 것들을 추구하였다. 한편 이 시기에 이루어진 항해술의 발달과 지리적 발견들은 다른 민족들에 대한 지식을 알게 하여 그들 자신의 문화만이 최상의 것이라는 관념에 깊은 의심을 가져왔고 해부학과 의학의 발전은 인간 본성에 관한 개념들에 변화를 가져오게 하였다. 이런 과학정신과 운동은 인간생활의 전 영역의 변화와 개혁 뿐 아니라 현대 교육을 가능케 한 사실주의(Realism)를 태동하였다.[40] 사실주의의 영향으로 교육은 종전의 피상적이며 관념적인 교리 중심적 교육에서 자연과 자연 법칙에 근거하여 인간의 심리작용과 감각에 의한 지식을 강조한 감각적 사실주의 교육으로 발전되었다. 이 교육은 코메니우스(John Amos Comenius)에 의하여 이론적이며 실천적인 기초가 정립되었고 독일의 경전주의자들에 의해 계승 발전되었다. 그들은 교육을 통한 인간의 내면적 경험을 중요시 하였고 개인의 신앙적, 도덕적, 지성적 발달을 교과과정의 핵심으로 생각하였다. 이와 같이 종교개혁 이후 200년 동안 새로운 교육은 코메니우스 사실주의 교육과 경건주의자들의 경험중심의 기독교교육으로 발전되어왔다.[41]

코메니우스

코메니우스(John Amos Comenius)는 17세기 이전의 교육 이론과 방법론을 현대과학의 체계로 발전시킨 현대 교육의 창시자이다. 그는 모라비아 교회에서 목사 안수를 받은 개신교의 신학자로서 신학사상, 종교적 체험, 그리고 학문적 지식을 바탕으로 그의 교육 사상을 발전시켰다. 특히 그의 종교적 확신과 신학적 논증들이 그의 교육 사상의 기반을 형성하고 있었으므로 그의 교육에서는 종교적인 특수성과 복음정신을 배제할 수 없다. 코메니우스는 당대의 위대한 교육가였으며 기독교교육에 큰 공헌을 남겼다.

코메니우스는 기독교교육원리들이 교육에 적용되어야 할 필요성을 날카롭게 이해하고 그의 사상에 언제나 제일로 고려하는 것은 하나님의 사역이었으며 교육은 종교에 종속되어야 한다고 생각하였다. 그는 성경을 지식의 근본 원천으로 믿었다, 그에게 있어서 교육은 구주로서의 예수 그리스도를 개인적으로 영접하는 수단이며 또한 기독교 신자로서 어떻게 살며 하나님께 어떻게 봉사해야 할 것인가를 가르치는 수단이었다.[42]

코메니우스는《대교수학》(*The Great Didactic*)과《분석교수학》(*The Analytical Didactic*)에서 합리적이며 실천적인 교수방법을 제시하였다. 그는 과학적인 관찰방법에 의해 우주의 질서와 원리를 인간의 성장과 변화의 관계와 일치시켜 자연적인 교수법을 추론하였다. 코메니우스는 자연이 본질적인 특성인 단순성과 복잡성, 수렴과 일탈, 진화와 퇴화의 원리를 근거하여 세 가지 학습방법―분석적, 종합적, 혼합적―을 발전시켰다.[43]

코메니우스의 교육내용은 인간의 유기적 속성과 구조와의 관계에서 분석하고 있다. 그는 인간을 첫째, 자연의 모든 사물들을 알 수 있는 합리적 존재, 둘째, 자기 자신과 자연의 모든 사물들을 제어할 수 있는 모든 피조물의 지배자, 셋째, 하나님의 형상을 입은 존재로 이해하였다. 그래서 교육내용도 지성, 즉 지식교육, 덕성, 즉 도덕교육, 신앙, 즉 경건교육이라는 세 부분으로 집약시켰다. 그의 교육적 공헌은 기독교 교육철학의 완성과 생활발달이론의 도입, 그리고 새로운 교육방법의 개발 등을 들 수 있다.[44]

경건주의와 청교도의 교육

종교개혁 이후 많은 시간이 흐르자 개혁교회들은 개혁의 열정이 사라지고 교리 논쟁으로 시간을 소모하며 생명력을 상실해 갔다. 종교개혁 이후 교리 중심의 신앙 형태가 정착됨으로서 객관적 진리를 지나치게 강조하다 보니 개인적 신앙 체험을 도외시 하는 양상들이 나타났다. 이런 운동에 반작용으로 나타난 것이 바로 경건주의(Pietism)이다. 17세기 말과 18세기 초에 개신교회에서 종교적 각성 운동으로 태동한 경건주의 운동은 코메니우스의 신학적 교육사상과 모라비아 교도들의 경건한 신앙생활 및 순교자적 정신에 그 기원을 두고 있었다. 특히 경건주의자들은 지식의 참다운 가치를 기독교인의 실천적인 신앙생활과 일치시켰다. 동시에 그들은 루터가 강조한 성경연구와 기도의 생활, 칼빈주의의 근검과 절약을 겸비한 신앙생활의 영향을 받아 그들의 생활 중심으로 삼았다. 경건주의가 독일에서 시작되어 독일국민의 정신적인 각성과 조직적인 사회 교육운동으로 발전되어 기독교교육의 발전에 지대한 영향력이 되기까지는 이 운동의 기초를 닦은 스페너(Philip Jacob Spener), 독일에서 이 운동을 학교제도로 정착시킨 프랑케(August Hermann Francke), 그리고 경건주의 해외 선교의 기틀을 마련한 진센돌프(Nikolaus Ludwig von Zinzendorf)를 들 수 있다.[45]

경건주의는 선교의 열의를 진작시켰으며 또한 기독교교육을 실천하였다. 이들은 할레(Halle) 대학을 세웠고 이 학교를 통하여 기독교교육의 구체화를 시도하였으며 특히 찬송가 분야에서 탁월한 업적을 남겼다. 경건주의는 사랑을 실천하여 고아원, 병원, 장애자를 위한 수용소 등 다양한 기관을 설립하였고 형제단 운동이 활발하게 일어났다. 경건주의는 북유럽은 물론 미국에서 널리 확산되어 조나단 에드워드와 대각성 운동에 큰 영향을 주었음은 물론 찰스 피니의 사역에 강력한 힘이 되었다. 오늘날의 오순절 운동도 경건주의의 영향을 입은바가 크다.[46]

유럽대륙에서 경건주의 운동이 일어난 것에 비해 영국에서는 청교도 운동이 일어났다. 청교도 운동은 영국에서 로마 가톨릭주의의 잔재와 영국 성공회의 가톨릭적 잔재와 국가와의 야합에 항거하여 온전한 개혁과 교회의 순수를 외쳤던 개혁운동이었다. 그들의 순수한 개혁의 외침은 성경이 최종적인 권위를 지닌다는 믿음에서 비롯하였다. 이들에게 성경은 삶의 표준에 적용되어야 할 정확무오한 하나님의 말씀이며 개혁의 표준이었다. 경건주의와 청교도는 지역과 특성상 차이가 있을지라도 상호 연관성이 있었다. 즉, 경건주의 운동을 발전시킨 원동력이 청교도들의 회개, 성화, 경건에서 나왔다. 이들은 수도원 생활이 아니라 '삶 속에서의 수도원적 이상'을 목표로 하였다.[47]

청교도 교육은 오히려 미국에서 꽃이 피었다고 할 수 있다. 유럽의 많은 사람들이 미국으로 건너갔다. 그 이유는 무척이나 다양하였다지만 초기 미국의 거주자 대부분이 신교도였고 그들은 복음이 개인 구원의 수단이 된다고 생각하였다. 그래서 구원과 기독자로서의 생활에 필요한 지식을 얻기 위하여 그들의 자녀들로 하여금 성경을 읽도록 할 필요성을 갖게 하였다. 이들 대부분은 자유롭게 하나님을 섬기며 신앙적으로 자녀들을 양육하기 위하여 유럽을 떠나 미국으로 이민 온 사람들이었다. 따라서 미국에서의 기독교교육사는 미국의 일반 교육사로 볼 수 있다. 미국에 있어 기독교교육과 일반 교육은 불가분리적이었다. 미국에서 그들은 사회적, 정치적, 교회적 기관들을 이것들은 근본적으로 기독교교육에 뿌리를 가지고 있는 일반 교육의 터전 위에 있었다. 이와 같은 양상은 특히 영국에서 온 칼빈주의적 청교도들에게 강하게 나타났고 그들은 프랑스에서 온 위그노들과 함께 어떤 사람들보다 교육 발전에 기여하였다. 미국 신교도들의 최고 표준은 성경이었고 교회의 예배는 생활의 중심이었으며 설교는 기독교교육의 중요한 수단이었다.[48]

처음에 청교도들은 가정교육에 전념하였지만 교회와 국가의 긴밀한 유대는 뉴잉글랜드 교육에 정부가 불가피하게 개입하도록 만들었다. 공립 초등학교는 미국 교육사에 귀중한 공헌을 하였으며 특히 기독교의 경건이 크게 강조되어서 교사들은 일반 과목들 외에 당시 종교적 교리문답을 능숙하게 가르쳐야 했다. 특히 청교도들은 학문의 전승과 지도자 양성을 위하여 대학을 설립하였다. 제일 처음 세워진 학교는 목회자와 기독교 교사의 훈련을 위하여 세워진 하버드 대학이었다.

경건주의와 청교도운동은 단순한 교회 운동이 아니라 교육을 통하여 신앙의 전승과 복음의 확산을 도모하였다. 이들은 성경 중심의 교육을 하려고 노력하였고 그 교육이 생활의 현장에 적용하도록 하기 위하여 노력하였다.[49]

7. 주일학교 운동

기독교 교육사는 주일학교가 발전된 역사를 크게 확대한 것이다. 왜냐하면 주일학교가 뒤떨어진 모든 분야의 활동에 있어서 선구자가 되었기 때문이다. 모든 프로테스탄트 종파들은 그들의 교육적 사명을 수행하기 위하여 주일학교라는 교육기관을 창설하였다. 이 학교는 주일을 기초로 하여 설립된 학교였다. 역사적으로 현대 주일학교는 종교교육과 세속 교육이 분리되는 시기에 시작되었다. 이전까지는 모든 교육을 교회가 운영하였고 거의 전적으로 교회 교사들에 의하여 지도되었다. 그러나 교회가 기독교 진리를 학생들에게 잘 가르쳐주지 못하였다. 이런 교육의 실패로 주일학교가 존재하게 되었다. 실패의 원인은 교회가 어린이 교육을 무시하고 장년들에게만 관심을 두었기 때문이다.[50]

초기 주일학교: 로버트 레익스(Robert Raiks)

기독교교육사는 일반적으로 1780년에 로버트 레익스가 글라스터(Gloucester)에서 현대 주일학교를 시작한 것으로 보고 있다. 레익스가 "주일학교"를 시작한 18세기 말, 이 때는 세기 중엽부터 일어난 급격한 산업혁명의 결과 갖가지 문제가 야기되어 온 시대였다. 사회에는 산업혁명의 부산물인 사회적 왜곡 현상이 있었고 이 왜곡은 연약한 연소자들에게 먼저 나타났다. 6세 정도의 아동들이 조악한 환경의 생산 공장에서 노동해야 했으며 청소년의 비행과 범죄가 격증하여 어린이를 위해하는 환경이 레익스로 하여금 주일학교를 개설하도록 밀어붙였던 것이다.[51] 당시 '글라스터 저널'(Gloucester Journal)의 편집자였고 자신의 신앙을 매일의 삶 속에서 구현시킨 독실한 사람이었으며 주일에 교회 출석을 철저하게 하면서 주간에는 새벽기도회에 자주 참석하는 것을 규칙으로 삼았던 레익스는 가난하고 어려움을 겪고 있는 사람들, 특히 어린이들을 도울 수 있는 방안을 간구하려고 하였다. 그는 무지와 빈곤, 악과 범죄의 악순환을 깰 수 있는 방법을 연구하였는데 "주일학교"를 생각하였던 것이다. 그는 어린이를 악으로부터 지키기 위하여 일을 쉬는 주일에 하나님과 성경에 대한 교육과 3R's, 즉 읽기, 쓰기, 셈하기를 가르쳤고 도덕과 예절을 가르쳤다.[52] 그는 1780년 수티 엘리(Sooty Alley)지방의 메리디스(Meredith) 부인 집 주방에서 첫 주일학교를 시작하였다. 처음에는 메리디스 부인이 교사로 채용되었으나 몇 달 후 질이 나쁜 학생들에게 지친 그녀는 교사를 포기하였으며 메리 크리츠리(Mary Critchley) 부인으로 교체하는 우여곡절을 겪으며 이 주일학교는 약 2년간 계속되었다.[53]

주일학교의 확장

레익스의 주일학교 운동은 그가 의도하였던 대로 성공하였다. 그는 어린이들이 배울 수 있다는 가능성을 발견하였다. 점차 어린이들도 부지런히 출석하려고 노력하였다. 레익스가 주일학교 운동을 통하여 어린이들에게 좋은 결과를 가져왔음에도 불구하고 그 당시에는 좋은 평을 듣지 못했다. 어떤 기독교 지도자들은 그의 노력이 아무 소용없는 일이라고 주장하였고 주일에 교육하는 일은 주일을 범하는 죄라고 악평하였다. 그러나 레익스는 교육에 대한 이런 비난과 조롱 속에서도 조금도 실망하거나 뜻을 굽히지 않고 그의 확신을 계속해 나갔다. 레익스는 주일학교가 "어린이들의 영적 생활을 일깨워주는 하나님의 도구"가 되며 국민 교육의 기반을 형성하기를 바랐다.⁵⁴⁾

주일학교 운동은 계속 성장하여 1787년에는 25만 명의 어린이들이 등록하였고 레익스가 숨진 1811년에는 영국 안에서만 40만 명의 학생들이 등록하였다. 주일학교가 성공한 원인에 대하여 첫째는 레익스가 신문 편집인이었고 둘째는 웨슬레가 이 운동을 지지하였고 셋째는 주일학교협회를 폭스(William Fox)가 설립하고 영국의 문제점을 같이 인식했었기 때문이었다고 알려지고 있다. 폭스는 20년 동안 주일학교협회를 통하여 2,500개 이상의 학교를 도왔다. 주일학교에는 한 학기에 거의 백만 명 이상의 학생들이 등록하여 공부를 했는데 이 협회의 회원들이 25만권 이상의 교재와 5만권 이상의 신약과 7천권 이상의 성경을 기증하였다.⁵⁵⁾

주일학교 운동은 영국 사회에 영적 각성의 기회를 제공하였으며 그 결과로 웨슬레 부흥 운동에 크게 기여하였다. 또한 영국 사회 모든 계층에게 무상 교육을 받을 수 있는 자극제가 되었다. 또한 주일학교 운동은 상류 계층과 중류 계층의 사람들 이외에 다른 계층의 사람들에 대한 관심을 불러 일으켰다. 이 운동은 세계 선교에 필요한 종교서적을 출판하여 전 세계로 보급하여 복음 전도에 큰 기여를 하였다. 또한 성인 교육을 위한 각성과 자극을 주었고 동시에 여성교육에도 큰 공헌을 하였다.⁵⁶⁾

미국의 주일학교 운동

미국의 주일학교는 1780년대에 버지니아주의 감리교 계열에서 시작된 것으로 보인다. 1790년 필라델피아 주일학교 협회가 "다음 세대를 성경과 또한 협회가 수시로 정하는 다른 도덕적 종교적인 도서의 교훈으로 교육한다"는 목적 아래 결성된 것을 보면 미국 초창기 주일학교는 레익스 타입의 주일학교였음을 인정하게 된다. 초기의 미국 주일학교도 영국의 형태를 본받아서 가난한 어린이들을 위한 주일학교로 시작하였다. 이 때 주일학교는 6세-14세까지의 어린이들을 모아 교육했는데 교리문답서 공부를 할 수 없는 어린이들에게는 문맹교육을 선행시키기도 하였다. 이 미국 초기의 주일학교는 주로 읽기와 쓰기, 셈하기 및 종교훈련을 실시하였다. 이런 의미에서 미국 초기 주일학교는 미국 공교육의 선구자 역할을 하였음을 부정할 수 없다.[57]

1790년 남캐롤리나주 감리교 연회는 주일학교를 승인하였고 1827년 필라델피아에서 유아주일학교(Infant Sunday School)가 시작되었고 1830년에는 미국 주일학교 연맹이 조직되었다.

미국의 주일학교 운동은 영국과는 달리 부흥전도 운동과 성경 중심 교육을 특징으로 하고 있다. 이 부흥전도운동은 어린이들을 그리스도에게로 돌아오게 하는 "회개를 위한 교육" 혹은 "회심시킴으로서 죄에서 구원 받도록" 하였다. 그러므로 교사는 학생들을 성경중심으로 교육하여 개인 구원의 확신을 가지도록 하였고 미국 주일학교는 기독교교육을 위하여 모든 계층의 아동들을 위한 교육 기관이 되었다. 미국 주일학교 운동은 평신도들이 중심이 되어 일어난 운동이었고 초기의 이민을 대상으로 하였기 때문에 철저한 종교적 신앙이 바탕이 되었고 교재 중심적 교육이었다.[58]

8. 현대와 기독교교육

기독교교육도 시대 상황과 밀접한 관계를 가지고 있어서 그 상황에 동화하면서도 그 상황을 극복하려는 양면적 노력을 하게 된다. 근대 사회에 일어난 다양한 사조들은 사회의 변화뿐 아니라 기독교교육에도 변화를 초래하였다. 19세기 이후에는 여러 가지 사상의 물줄기들이 나타나고 여기에 따른 논란들이 계속되었다. 새로운 사조가 등장할 때 마다 기독교교육의 사상적 변화가 있었고 이것을 통하여 보다 성경적인 교육을 추구하는 응전이 있었다.[59]

부슈넬과 종교교육 운동

미국의 초기 주일학교가 18세기 말에서 19세기 초까지 전도적인 부흥운동의 무대로 이용되었다면 19세기 말에서 20세기 초에 걸쳐서는 주일학교가 이른바 종교교육운동(Religious education movement)의 무대로 활용되었다. 이 운동은 교회에 있어서 교육주의 운동이고 세속에 대한 순응으로서 교회의 근대주의 운동이라 할 수 있다. 인간 이성에 기초한 과학적 합리성과 도덕적 합리성이라는 원리를 기준으로 하여 신앙을 재고, 기독교를 수정 내지 재해석 하려는 입장으로 근대주의가 기독교교육 운동 면에 구현된 것이 바로 종교교육 운동이었다. 이 운동은 두 가지 면에 영향을 입어 일어났다고 볼 수 있는데 하나는 존 듀이(J. Dewey)가 이끄는 이른 바 '진보주의 교육'(Progressive Education)의 영향이고 하나는 종교교육적 측면에서 부슈넬(Horace Bushnell)의 저서 《기독교 양육》(Christian Nuture)의 영향이다.[60] 부슈넬은 19세기에 절정을 이루던 부흥운동에 있어서 절대적으로 강조되던 회개(회심)와 중생에 반대하여 부흥회 등에서 이루어지는 감정적이고 일회적인 회개가 인격의 변화나 교육을 이룰 수 없다고 생각하고 중생을 부정하였으며 교육과 양육을 통해서만 기독교인에 이를 수 있다고 주장하였다. 그는 특히 청소년 교육의 필요성을 주장하고 기독교적인 성장의 교리를 명확히 하고 종교적 훈련 방법을 밝히 제시함으로서 "근대 종교 운동의 아버지"라고 불렸다.[61]

종교교육(R.E.A.) 운동: 진보주의 교육

부슈넬의 입장은 마침내 진화론과 연결되어 어린의 정상적 종교성 발달과 그 발달의 법칙성을 선취함으로서 이상적인 종교적 인격으로까지 형성할 수 있다고 보는 종교교육운동 이론으로 발전되었다. 이 운동은 영아기부터 성인기에 이르는 인간의 전 생애에 대한 교회 공동체의 끊임없는 배려를 주장하였다. 이 운동은 20세기 초 조지 코우(George A. Coe)에 의해 주도되었다. 코우는 인간과 인간의 관계와 집단과 집단의 관계, 즉 교육의 사회적 상호작용을 기독교교육의 가장 기본적인 것으로 보았다. 그는 계시론을 거부하고 다윈의 진화론에 확고하게 뿌리를 박았으며 경험주의자이 동시에 과학적 교육가였다. 인간이 무한하게 성장할 수 있다는 가능성을 주장하고 교육을 통한 지상천국이 가능하다고 보았다.[62] 이 운동은 "종교교육협회"(Religious Education Association)의 모체가 되었고 이 단체는 주일학교 교육을 신랄하게 비판하였다. 그러나 진보주의 교육과 종교교육운동은 20세기에 일어난 신정통주의 신학에 의하여 일어난 기독교교육학파의 도전을 받게 되었다.

현대 사회와 기독교교육

1960년대 이후 현대 세계는 급격한 변동을 이루었으며 공업화, 기술화, 정보화의 단계로 발전을 이루었다. 특히 20세기 후반기는 격동과 변화의 시기였다. 진보주의와 종교교육운동에 대한 반발로 일어난 신정통주의 신학에 의한 기독교교육학파 운동이 일반적 주류를 이루자 복음주의와 개혁주의 계통에서 기독교교육에 대한 관심과 변혁을 시도하였다. 다양한 사상 체계에서 오는 혼란은 기독교교육의 바른 방향을 제시하지 못하고 각자 주장에 대한 논란을 확산시켰다. 이런 속에서 복음주의자들의 각성이 있었고 기독교 진리를 수호하려는 노력들이 뒤따르게 되었다. 과학문명의 발전, 세속주의의 도전, 종교의 상대화에 따른 종교다원주의 등장 등이 기독교교육의 중요한 문제로 등장하였다. 이에 대하여 개혁주의와 복음주의는 교회갱신과 성경의 우월성 강조, 기독교 세계관 운동, 기독교학교 운동 등으로 응전해 가고 있다.

9. 한국의 기독교교육

한국의 신교육 역사는 기독교교육 역사와 맥을 같이 한다고 해도 과언이 아니다. 기독교의 전래를 통하여 재래교육이 신교육으로 바뀌는 변화가 왔다. 이것은 기독교의 선교가 가지는 기능적 특성의 결과로서 기독교교육사에 중요한 의미를 가진다.[63]

선교사들의 입국과 신교육의 시작

한국에 제일 먼저 입국한 선교사는 알렌(Horace N. Allen)이었으나 선교사로서 제일 먼저 입국한 사람들은 언더우드(Horace G. Underwood)와 아펜젤러(H. G. Appenzeller)로서 1885년에 입국하였다. 감리교 선교사인 스크랜튼(W. B. Scranton)은 1885년 8월 3일에 두 사람의 학생으로서 학교를 시작했는데 이것이 바로 한국 신교육의 시작이었다. 고종은 1886년 6월 8일 이 학교에 '배재학당' 이라는 이름을 하사하였다.[64] 장로교의 경우는 1886년에 '언더우드 학당' 이 세워졌고 1905년에는 '경신학교' 라고 이름하였다. 1886년에 스크랜튼이 한 명의 학생으로 시작한 '이화학당' 은 한국 여성 교육기관의 효시가 되었다. 이렇게 세워지기 시작한 학교는 1910년까지 신교에서 세운 학교만 666교에 달하였다. 이런 숫자만 보아도 기독교회가 신교육 실천에 얼마만한 노력을 하였는지를 알 수 있다. 이런 기독교 학교들은 한국의 사립 혹은 공립학교를 일으키는 촉매제가 되었으며 선교사들의 교육활동은 구한말 새로운 교육입국 운동의 계기가 되었다. 동시에 이 교육 운동은 교육 구국 운동으로 점화되었고 재래의 교육 제도는 밀려나고 새로운 서양 문물을 수용하게 되었다.[65]

미션학교의 교육

이렇게 세워진 미션학교들은 대체로 철저한 기독교 신앙 훈련을 실시하였다. 주일에 다른 일을 금하였고 주일 아침 예배는 물론 저녁 예배와 수요일 예배도 참석하게 하였다. 학교에서도 일주일에 여러 차례의 예배를 통해 신앙 훈련을 독려하였고 한문 성경을 교과목으로 채택하기도 하였다. 기독교가 설립했던 학교에서의 교과목은 일반적인 과목과 함께 성경을 토대로 기독교교육을 했으며 교과목 외에 교사들의 인격적 감화나 학생 활동을 통해서 민주적 근대정신과 민족의식을 배양하였다. 그러나 이런 교육에 대하여 조선총독부는 종교교육을 규제하려고 1915년에 사립학교법을 개정하여 한국사를 폐지하고 성경 과목을 배제하였으며 예배 의식마저 금지시키려고 시도하였다. 이런 시도는 일제 후기로 갈수록 심화되었고 급기야는 신사참배 문제로 이어지게 되었다.[66]

교회교육과 주일학교 교육

한국에서 주일학교가 시작된 것은 1888년 1월 스크랜튼 부인의 여성주일학교였다. 주일학교 학생 수는 소녀 3명, 부인 3명, 거류민, 그리고 선교사 본부에서 1명, 모두 123명으로 시작되었다. 1888년 3월 11일에는 남성 주일학교가 14명으로 시작되었는데 이렇게 남녀로 구분하여 시작한 것은 모두 당시 엄격하던 유교적 풍습 때문이었다. 초기 주일학교를 통해 여성 교육이 신장되고 전도인을 양성하는 발판이 되었으며 한글 사용의 토대가 되기도 하였다.[67] 또한 주일학교는 교세 성장에 큰 역할을 하였다. 삼일 운동 이후에는 유년 주일학교와 함께 하기 아동 성경학교와 아동 성경구락부가 발생하여 특히 아동들의 교육에 힘을 기울였다. 주일학교 교육은 일제 후기로 오면서 침체상태로 들어가게 되었다.[68]

해방 이후 기독교교육

해방이 되자 한국 교회는 일제의 핍박 하에 무너졌던 교회와 기독교학교들의 재건에 착수하였다. 그러나 북한은 공산치하에 들어가게 되었고 기독교교육이 정비되기도 전에 한국전쟁을 맞이하게 되었다. 이런 극심한 혼란 속에서 기독교교육은 그 자리를 제대로 잡지 못하였고 더구나 중앙 집권적인 교육체제 속에서 기독교 교육은 국가 권력으로부터 많은 견제를 받았다. 특히 1970년 문교부는 '초, 중, 고등학교 종교교육 행사 및 행사에 관한 지시'를 통하여 기독교계 학교의 예배나 성경 교육을 전면적으로 불가능하게 하는 조치가 취해졌다.[69]

교회교육

1960-70년대의 한국 교회는 국가 권력과의 알력을 겪으면서도 자체 정비와 발전을 도모하였다. 교회교육은 각 교단 마다 공과를 발행하고 교단 교사 강습회와 세미나를 개최하여 지도자 양성을 도모하였다. 교회교육을 위한 많은 정기 간행물들이 발간되었고 전국 규모의 교육대회가 교단별로 개최되었다. 각 교단은 교육 연구 기관들을 설립하였고 각 기독교 대학들의 기독교교육 관련 학과와 협력하여 교회교육 연구를 감당하고 있다. 또

한 신학교육과 각 기독교대학들을 통하여 전문적 교육 지도자들을 양성 하였다.

　기독교의 역사는 기독교교육의 역사이다. 2천년 기독교교육의 역사를 주장하시는 이는 하나님이시다. 지난 세월 동안 하나님은 기독교교육을 주관하셨다. 앞으로도 기독교교육에 주어진 과제는 적지 않다.
　첫째는 세속화와 과학주의로부터의 도전이다. 국가와의 알력 역시 우리가 극복해야 할 과제이다.
　둘째는 정보화 현상이다. 인터넷을 비롯한 멀티미디어 시대는 엄청난 정보가 개방되는 문화를 불러온다. 교실 중심의 교육방법이 파괴되고 멀티미디어를 통한 열린 교육, 다양화 교육이 이루어질 것이다.
　셋째는 다원화 현상이다. 포스트모더니즘의 영향 등으로 절대 가치에 대한 관심이 사라지고 모든 것을 상대화 시키는 다원화 시대 속에서 기독교 역시 하나의 종교로 그리고 종교 활동은 문화 활동의 하나로 전락될 것이다.
　이런 속에서 기독교 교육이 성경의 절대화를 회복하고 성경적 교회를 지향하며 교회의 선교적, 문화적 사명을 바르게 감당하도록 하는 방향성을 가지고 나가는 일은 쉬운 일이 아닐 것이다. 기독교는 이런 목표를 달성하기 위해 기독교세계관을 확산하고 기독교교육 신학을 정립하며 교육 방법을 혁신하여 기독교교육의 새로운 지평을 열어야 할 것이다.[70]

추천도서

오인탁, 주선애, 정웅섭, 은준관, 김재은 편집, 《기독교 교육사》, 서울: 한들 출판사, 2007.
정정숙, 《기독교 교육사》, 정정숙 전집 10, 서울: 도서출판 베다니, 2004.
오인탁, 한춘기 편, 《한국 교단의 기독교 교육사》, 서울: 한국장로교출판사, 1999.
C. B. Eavey, History of Christian Education, 《기독교 교육사》, 김근수, 신청기 역, 서울: 기독교 교육 연구원, 1980.
Kenneth, O. Gangle, Warren S. Benson, Christian Education: Its History and Philosophy, 《기독교 교육사》, 유재덕 역, 서울: 기독교 문서 선교회, 1992.

토의문제

1. 기독교교육의 기원으로서 히브리교육의 특징을 살펴보고 현대에 고려해 볼만한 점에 관해 토의해 봅시다.

2. 예수님의 교육방법에 대해 성경의 실례들을 근거하여 토의해 봅시다.

3. 중세, 종교개혁 및 근세 시대의 기독교교육의 특징을 대비해 봅시다.

4. 주일학교의 기원과 발전에 대해 정리하고 현대 주일학교에 주는 시사점에 대해 토의해 봅시다.

제4장
기독교교육과 신학

강용원

　기독교교육학의 학적 성격은 많은 도전을 받아왔으나, 최근에 독립학문으로서의 기독교교육학 정립에 대한 시도들이 활발하게 전개되고 있다. 눈에 띠는 큰 문제는 기독교교육학과 신학의 관련 문제이다. 일반적으로 기독교교육학은 실천신학에 속한 학문으로 인정되고 있으나, 교육학적 배경이 강한 연구자들과 신학적 배경이 강한 연구자들 사이에 눈에 보이지 않는 벽이 존재하고 있는 듯하다.
　본고는 기독교교육학의 학적 정립을 위한 한 시도로서 기독교교육학과 신학의 관계를 중점적으로 다루고자 한다. 우선 기독교교육의 개념과 기독교교육학의 학문적 성격을 살피고, 사라 리틀(Sara Little)이 제시한 기독교교육과 신학에 관한 다섯 가지 접근과 실천신학의 학문적인 설계자로 알려진 슐라이에르마허(Schleiermacher)의 신학과 실천신학에 대한 구상을 중심으로 실천신학과 기독교교육학이 나아갈 방향에 대해서 살펴보고자 한다. 덧붙여 신학이 기독교교육에 미치는 다양한 측면을 검토함으로써 기독교교육학을 하는 일이 곧 신학하는 일임을 밝히고자 한다.

1. 기독교교육학의 성격

기독교교육의 개념

필자는 기독교교육을 다음과 같이 정의하고자 한다.[1] "기독교교육은 교회를 중심으로 하는 기독교 공동체가 본질적으로 소유하고 있는 기독교신앙의 소유와 표현에 관여하는 참된 인간형성의 행위이다."

이와 같은 정의는 다음과 같은 네 가지 점을 강조하고 있다.[2]

첫째, 기독교교육은 기독교공동체의 교육이라는 점이다. 기독교공동체의 교육은 '기독교공동체' 안에서의 교육뿐만 아니라, 세상 속에서 '기독교공동체가 주도적으로 행해 나가는' 모든 교육을 포함한다. 그러므로 기독교교육은 가장 근원적인 기독교공동체인 교회의 교육을 포함하면서 학교, 가정, 사회에서의 모든 기독교적 관점에서 기초한 교육을 포함하는 폭넓은 개념이다. 물론 기독교교육의 가장 주된 현장은 교회임에 틀림없다. 그러나 기독교교육을 넓은 의미에서의 기독교공동체의 행위라고 본다면 우리는 기독교교육을 교회교육으로만 생각하는 등 지나치게 그 현장을 축소시키지 말아야 할 것이다.

둘째, 기독교교육은 기독교공동체의 본질적 요소라는 사실이다. 이것은 기독교교육이 기독교공동체의 부차적인 일이 아니라 가장 중요한 일에 속하며 교육은 곧 기독교공동체의 존재양식이라는 말이다. 이것은 이스라엘의 교육헌장이라고 부를 수 있는 쉐마 본문(신 6:4-9)을 검토해 볼 때 분명하게 드러난다. 이 본문은 종교적 명령과 교육적 명령을 병행하므로 신앙을 전승시키는 통로로서의 교육을 강조한다. 여기서 우리는 기독교공동체는 곧 신앙공동체이며, 신앙공동체는 곧 교육의 공동체임을 보게 된다.

셋째, 기독교교육의 핵심은 기독교신앙에 있으며, 신앙의 소유와 표현에 관여하는 교육행위를 말한다. 기독교교육은 신앙교육이며, 기독교신앙을 기초로 한 인간의 형성이다. 여기서 기독교교육은 사람이 할 수 있는 일과 할 수 없는 일을 구분한다. 신앙이란 언제나 하나님의 선물이며, 구원의 주체는 하나님이시다. 그러므로 우리는 언제나 성령의 역사를 신뢰해야 하며, 이것이야말로 일반교육과 기독교교육의 다른 점이다.[3] 그럼에도 불구하고 교육하시는 하나님께서는 그의 뜻 안에서 인간을 사용하신다.[4]

넷째, 참된 인간형성은 하나님과의 관계회복에 있다. 관계회복에는 타락에서 구원으로의 근본적인 변화(전도를 통한 회심)와 구속된 자의 영적 성장(양육을 통한 성화)이라는 두 가지 차원이 다 포함된다. 무엇보다도 기독교교육은 그리스도 안에서 이루어지는 근본적인 변화를 통한 하나님과의 관계회복을 중시하며, 또한 그 뒤에 계속되는 성화의 과정을 중시한다. 성화는 점진적으로 이루어지는 것으로 사람이 관계하는 모든 사물과 인간, 그리고 그가 접하는 모든 환경 속에서 일어나는 삶의 변화를 말한다. 그러므로 기독교교육은 전인으로서의 인간의 전 생애와 관련되는 행위이다.[5]

기독교교육학의 형성과 구성의 난점

"기독교교육학이란 어떤 성격을 가지는가?" 이 질문은 끊임없이 제기되어 왔고, 또한 대답되어 왔으나 아직도 그 규명을 위해서는 많은 난점이 남아 있다.[6] 일반적으로 모든 학문의 성격은 학문의 대상과 방법론이 명확할 것을 요구하고 있다. 그런데 기독교교육학은 학문의 대상과 방법론을 구성하는 기본적인 요소들의 이해에 있어서 서로 상반되는 요소들이 다양하게 대립되어 있음을 본다. 무엇보다도 기독교교육학의 성격 규정이 어려웠던 것은 '기독교교육이 무엇인가?'에 대한 정의가 어려웠기 때문이었다. 이것은 기독교교육학의 연구대상을 설정하는 일에 난점이 있음을 의미한다. 더욱이 기독교교육의 다양한 정의들은 그 정의들을 도출하게 한 사회문화적인 배경과 신학적 경향을 대변하는 것이기 때문에 이런 다양한 배경들은 당연히 접근방법이나 방법론에서의 차이를 보여주는 것이다.

기독교교육학은 교육학이 독립과학으로 발달되면서 교회가 내적인 요청에 따라 스스로 붙인 이름이라고 할 수 있다. 19세기 중엽까지만 하더라도 당시의 모든 교육학은 기독교적인 영향 아래 있었다. 그러나 교회와 학교의 철저한 분리에 따라서 신앙교육과 사회(일반)교육이 기능적으로 서로 분화되고 전문화되어졌으며, 교회는 성장하는 세대에 대한 신앙교육을 떠맡게 되었으며, 그 대상과 영역의 확대와 함께 오늘의 기독교교육을 이루고 있다. 그리고 이에 대한 관심과 활동 전체를 우리는 기독교교육학이라는 이름아래 다루고 있다.[7] 그러므로 보편적으로 말하는 기독교교육학은 신앙의 교육을 그 근간으로 하며, 교회를 중심한 기독교공동체의 행위를 대상으로 하는 학문으로 실천신학에 속하는 것으로 받아들여지고 있다.[8] 그러나 오늘의 현실을 보면 기독교교육학과 신학의 관계는 아주 불투명하게 되었다.

오늘날 미국의 대학 조직에서는 기독교교육학과가 독립된 학과나 전공으로서 신학대학이나 신학교에 존재하고 있다. 한국에서의 기독교교육학은 전공학과로서 대학에 존재하고 있고, 또한 신학교육의 한 분야(과목)로 강의되고 있기는 하나, 아직도 기독교교육학의 학문적 독립성의 문제나, 특히 신학과의 연관 문제 등은 명확하게 수립되어 있지 않다고 보여진다.[9] 연구자의 생각으로는 대학에서의 기독교교육학과의 빠른 독립은 긍정적인 면과 부정적인 면을 함께 산출한 것으로 보인다. 긍정적인 면이라면 기독교교육학의 신학 안에서의 특수성이 인정되었다는 것이며, 더 많이 요청되는 기독교교육 전문인력, 혹은 지도자 양성이라는 면에서 많은 기여를 하였다고 본다. 부정적인 면은 학과의 독립이 신학에서의 독립, 혹은 신학과는 무관한 학문인 것처럼 오해되는 소지를 낳았다는 점이다. 이 결과 기독교교육학의 기초 학문인 신학을 소홀히 다루게 되었을 뿐만 아니라, 또한 교육학과 뒤섞여서 일정한 성격조차도 나타내지 못하여 '교회를 위한 학문'이라는 기본이념도 흔들리고 있는 것으로 보인다. 더 나아가 기독교교육학의 학문적 깊이의 결여로 말미암아, 일반교육학에 기독교적 색채를 가미하는 것을 기독교교육학이라고 여기는 생각, 혹은 기독교교육학을 교육학의 특수분야나 특수 교육학으로 보는 견해까지 다양한 생각들이 난무하고 있는 것이다.

기독교교육학의 학문적 성격

기독교교육학은 이미 앞에서 논의한 기독교교육의 개념을 따라서 "교회를 중심으로 하는 기독교 공동체가 본질적으로 소유하고 있는 기독교신앙의 소유와 표현에 관여하는 참된 인간형성의 행위"를 연구하는 학문이다. 근본적으로 기독교교육은 "기독교신앙교육"이며, 기독교교육학의 연구대상은 "기독교신앙의 소유와 표현에 관여하는 인간형성"이다. 그러므로 기독교교육학은 신앙의 본질에 대한 규명을 기초로 하여 신앙의 생성, 성장, 신앙의 내적, 외적 표현과 관련된 교육행위를 탐구한다. 이러한 방향설정은 기독교교육학의 몇 가지 특성을 드러내 준다.

첫째, 기독교교육학은 교회를 중심으로 한 기독교공동체라는 현장성을 중시한다는 사실과 연구대상이 기독교신앙과 관련되는 것은 기독교교육학이 바로 신학적 과제를 수행하는 것이며, 실천신학의 연구 영역에 속한다는 사실이다. 더욱이 신앙을 통한 인간형성의 과제는 실천신학의 가장 주된 과제일 뿐 아니라, 신학이 다루어야할 최고의 목표이다. 인간을 도외시하고, 교회라는 현장을 도외시한 신학은 그 존재의의를 찾기 어렵기 때문이다.

둘째로, 기독교교육학은 인간형성을 다루는 학문으로 단지 신학적인 연구만으로는 그 효과를 기대하기가 어렵다. 사회적 존재로서의 인간과 현실의 삶을 이해하기 위해서는 교육학, 심리학, 사회학, 철학, 윤리학, 심지어는 생물학 등 다양한 학문의 연구가 병행되어야 한다. 이런 점에서 볼 때 기독교교육학은 종합과학으로 규정될 수 있다. 일반 교육학과의 긴밀한 관계, 엄밀한 통제 아래에서 이루어지는 다양한 방법론, 그리고 모든 과학이론과의 대결과 대화를 통해 그 폭을 넓히고 깊이를 더해야 할 것이다.

셋째, 기독교교육학의 종합과학적 속성과 관련하여 볼 때, 기독교교육학은 어느 분야보다도 탈신학적인 속성이 강한 신학의 영역이다. 최근에 기독교교육학의 학문적 독립성을 추구하는 학자들이 많이 나타나고 있다. 이는 참으로 가치 있는 노력이다. 어떤 사람들은 기독교교육학이 신학에 속한다는 의미를 신학에 종속된다는 의미로 받아들인다. 그러나 이것은 두 가지로 평가할 수 있다. 전통적인 의미에서 실천신학을 응용신학으로 생각한다면, 이는 엄연히 종속적인 성격을 가지고 있다고 본다. 그러나 최근에 새롭게 대두되고 있는 실천신학의 새로운 개념은 다른 신학의 분야들과 호혜적인 대화의 관계에 있는 프락시스(성찰된 실천)를 다루는 실천학으로 본다. 만약 기독교교육학이 실천신학에 속하며, 이런 성격을 공유할 수 있다면 기독교교육학은 결코 신학에 종속되는 학문일 수는 없는 것이다. 후에 논하겠지만 기독교교육학은 실천신학의 속성을 강조함으로써 실천신학의 중핵과목으로 실천신학을 이끌어가며, 나아가 신학 자체의 성격변화에 기여하는 일을 할 수 있는 가능성이 있으며, 동시에 기독교교육학의 학문적 위상정립도 훨씬 더 가능하다고 생각된다.

기독교교육학의 연구영역은 다양하게 분류될 수 있다.[10] 첫째, 기독교교육학의 학적 정립을 위한 시도를 비롯하여 기독교교육의 원리 및 역사에 관한 연구, 둘째, 기독교교육학의 관련 학문과의 논의에 관한 연구로 기독교교육학의 신학적, 심리학적, 사회적, 철학적 기초에 관한 연구, 셋째, 기독교교육의 과정(過程)을 기초로 한 기독교교육학의 목적, 내용, 방법, 평가에 관한 연구, 넷째, 기독교교육의 구조와 행정에 관한 연구, 다섯째, 영아에서 성인에 이르기까지의 교육 대상을 기초로 한 연구, 여섯째, 교육현장을 기초로 한 가정, 기독교학교, 교회 및 기독교 사회교육에 관한 다양한 연구 등을 들 수 있을 것이다.

기독교교육학이 다루는 주제는 다양하다. 최근에는 상징, 영성, 평화와 통일, 환경 등 다양화되고 있다. 이러한 연구영역들은 주로 철학, 심리학, 행정학, 사회학, 교육학, 예술을 비롯한 여러 학문의 이론들이 폭넓게 사용되고 있음을 보여주는 종합과학으로서의 기독교교육학의 모습을 보여주고 있다. 최근의 기독교교육학의 연구에서 특이한 점 가운데 하나는 종전에는 교회에만 초점을 맞추던 경향을 탈피하여 그 교육현장의 확대에 큰 관심을 보이고 있는 점이다.

2. 기독교교육학과 실천신학

사라 리틀(Sara Little)의 다섯 가지 접근

사라 리틀(Sara Little)은 그의 글에서 신학과 기독교교육의 관계를 다음의 다섯 가지의 접근방법으로 정리해 주고 있다.[11]

첫째, 가르쳐질 내용으로서의 신학(Theology as content to be taught): 신학은 기독교교육에서 가르쳐질 내용을 제공한다.

둘째, 규범으로서의 신학(Theology as norm): 신학은 가르쳐져야할 것과 방법론을 위한 참고점(point of reference)을 제공하고, 모든 기독교교육의 분석과 평가(비판적 작업)를 위한 규범으로 기능 한다.

셋째, 부적절한 것으로서의 신학(Theology as irrelevant): 신학은 기독교교육의 과제에 부적합하다. 따라서 기독교교육은 자율적이다.

넷째, 교육하는 것으로서의 신학함("Doing" theology as educating): 신학함(doing theology, theolizing)은 신앙과 계시의 빛 안에서 현재의 경험과 관점을 성찰할 수 있도록 해 준다는 의미에서 기독교교육이다. 이 역도 성립한다.

다섯째, 신학과의 대화로서의 교육(Education in dialogue with theology): 신학과 기독교교육은 하나님의 나라를 발전시켜나감에 있어서 함께 그리고 평등하게 참여하는 분리된 학문이다.

리틀은 어느 하나의 대안도 기독교교육과 신학을 관련시키는 유일한 길이 될 수 없음을 지적하고 있다.[12] 우리는 어느 하나를 고집할 때 생길 수 있는 위험을 의식하면서, 각각이 지니고 있는 신학에 대한 함축을 철저하게 탐구해 나갈 필요가 있다.

파즈미노(Pazmino)는 복음주의적 관점은 첫 번째와 두 번째의 접근에 긍정적이며, 세 번째 접근은 복음주의적 기독교교육자에게는 합당하지 않은 관점으로 본다. 동시에 그는 리틀의 네 번째와 다섯 번째의 관점은 복음주의자들에게 도전을 주는 것으로 보고 있다.[13] 필자는 파즈미노의 논의를 기초로 기독교교육과 신학의 관련성을 좀더 확대해서 논의해 보도록 하겠다.

우선 첫째 접근은 신학을 기독교교육의 내용(content)으로 보는 것이다. 물론 파즈미노의 지적과 같이 믿음과 행함을 위한 '본질적인 진리들'은 가르쳐야하며, 이것이 이루어지지 않는 가르침은 정통적인 것이라 할 수 없다(unorthodox).[14] 물론 본질적인 진리들은 성경으로부터 나오며, 또한 신학적 과정을 거쳐서 나온다고 말할 수 있다. 그러나 이러한 주장은 기독교교육의 학문성에 대한 논의와 관계하여 위험성을 내포하고 있다. 신학이 기독교교육의 내용이 된다는 것은 기독교교육은 신학이 제공하는 내용을 전달하는 행위로 본다는 것이다. 바로 이런 접근이 전술한 응용신학적인 속성이 되는 것이다. 이것은 또한 어떤 면에서 신학의 영향력을 축소시키는 결과를 가져오게 되는데, 그 이유는 신학이 단지 내용에만 영향을 준다고 보기 때문이다. 이 점에서는 두 번째 대안이 훨씬 더 긍정적이라고 할 수 있다.

둘째 접근은 신학은 기독교교육의 규범(norm)으로 존재한다는 것이다. 이점은 신학과 기독교교육의 관계를 논의함에 있어서 중요한 관점을 보여준다. 신학은 기독교교육의 내용만이 아니라, 방법이나 평가에도 관여하며 목적설정 등에 요긴한 영향력을 행사한다. 또한 다른 사회과학이나 학문으로부터 온 기여들은 신학적 전제들을 참조틀로 하여 걸러져야 한다. 그러나 여기서 언급해야할 중요한 점은 둘째 접근도 첫째 접근과 마찬가지로 신학에서 기독교교육 쪽으로의 일방통행적인 영향력을 이야기하고 있는 점이다. 이 점에서 이런 접근은 넷째와 다섯째 접근에서 보완되어야 할 것이다.

셋째 접근인 신학이 기독교교육의 과제를 위해서 부적합하다는 견해는 받아들일 수 없다. 더욱이 이를 통해서 기독교교육학의 자율성을 이야기하는 것은 더욱 부적절하다. 신학과 관계를 갖지 않는 기독교교육의 자율성이 무엇을 의미하는 것인지 묻지 않을 수 없다. 결국 신학과 관련을 갖지 않는다는 것은 성경이나 기독교와 관계가 없는 기독교교육학을 이야기하는 것으로 볼 수 있는데, 이것은 불가능하다. 학문의 자율성, 혹은 독립성이란 신학으로부터 독립한다고 이루어지는 것은 아니다. 조금 확대된 의미에서 기독교교육의 학문적인 독립성을 이야기 할 때, 기독교교육학이 다른 학문들과 연관을 갖지 않는다는 의미가 아닌 것이다. 어느 학문도 다른 학문으로부터 철저히 분리될 수 없으며, 모든 학문은 서로 연결되어 간학문적 접근(interdisciplinary approach)이 보편화되고 있다. 모든 만물의 주인되신 주님을 인정하고, 하나님의 계시를 통해서 전달되는 신앙의 의미를 무시하지 않는다면, 우리는 기독교교육에서 신학의 필요성을 인정하지 않을 수

없다. 신학은 기독교교육의 과제를 위해 필수불가결한 요소이다.[15]

넷째, "신학함(doing theology, theolizing)이 곧 기독교교육"이라는 접근은 대단히 큰 통찰력을 제공해 준다. 기독교교육의 과제가 결국은 신앙과 계시의 빛 안에서 현재의 경험과 관점을 성찰할 수 있도록 해 주는 것이라면, 신학의 과제가 그와 동일하다는 것이다. 파즈미노는 최근에 현재적 경험을 숙고하기 위해 신앙을 사용하거나, 신앙의 성찰을 위해서 현재적 경험을 숙고하는 일에 더 낳은 기술을 가져야 함을 강조하고 있다. 이러한 성찰은 오늘의 현실과 문제들과 대면함에 있어서 적합하기 위해서 기록된 역사 속에서 하나님의 행동을 분별하고, 전수된 종교적 개념들을 검토할 필요가 있다. 신학한다는 것은 이러한 반성의 과정에 적용되는 용어이다. 오늘의 상황에서 오는 문제들을 다루기 위해서는 비판적 성찰이 필요하다.[16] 여기서 우리는 신학과 기독교교육의 관계에 대한 몇 가지 생각을 발전시킬 수 있다고 생각한다. 다시 말하면 기독교교육의 과제는 신학의 과제와 그 본질상 동일하다는 것이다. 여기서 우리는 첫째, 신학의 다른 분야들이 현재적 경험(현장)을 얼마나 다루고 있는가 하는 의문점, 둘째, 실천신학과 다른 신학 분야와의 어떤 상보성을 통한 신학의 본질 회복의 문제, 셋째, 기독교교육의 실천신학에서의 기여 가능성, 넷째, 나아가서는 기독교교육의 신학 전반에 대한 기여 가능성 등이 논의될 수 있다고 믿는다. 다섯째, 결국 신학과 기독교교육은 종속의 관계가 결코 될 수 없으며, 오히려 기독교교육이 상당한 기여를 할 가능성이 남아 있다는 점이다. 이런 논의는 리틀이 정리한 다섯 번째 논의와도 연관된다. 리틀은 윌리암스(Williams)의 말을 다음과 같이 인용한다. "교회에서 신학은 기독교적 믿음과 삶의 방식에 대한 해석이기 때문에 기독교적 경험을 비판적으로 성찰하는 모든 사람은 신학자가 된다. 따라서 기독교교육자는 교회의 전통과 사상에 의해 제공되는 신학적 통찰력을 끌어낼 뿐 아니라, 살아있는 신학을 가능하게 만들어 주는 자료들(body of materials)과 성찰적인 비판을 창조하는 일을 도와준다."[17] 이러한 접근법이 효력을 발휘한다면 가르치는 과정은 교육할 뿐 아니라, 교회의 신학적 형성에 본질적인 기여를 발전시킬 것이다.

다섯째, 신학과 기독교교육은 함께 그리고 평등하게 참여하는 분리된 학문이다. 신학과 기독교교육이 상호 영향을 주고받는다는 점은 단순히 영향을 주고받는다는 것 이상의 의미를 가지고 있다. 앞에서는 신학이 기독교교육에 필요하며, 그 미치는 영향력이 크다는 것을 강조했으나, 여기서 연구자는 기독교교육이 신학에 미치는 영향력을 강조하고자 한다. 파즈미노는 토마스 그룹(Thomas Groome)과 그 이전에 위코프(Wyckoff)에 의해서 제기된 기독교교육의 중요한 질문이 다시 신학적 성찰을 자극하게 되었음을 말한다. 다시 말하면, 다음과 같은 그룹의 질문은 교회론, 구원론, 종말론, 인간론, 기독론, 그리고 신론 등의 영역에서 나타나는 신학적 주제들을 다루게 한다는 것이다.[18] 또한 기독교 신앙에 입각한 인간의 형성의 과정에서의 신학의 위치를 탐구하게 한다.[19] 여기서 중요한 것은 신학이 단순히 규범적으로 작용하는 것이 아니라, 대화적으로 상호영향을 주고받으며 이뤄져야 한다는 측면을 강조하는 것이다. 파즈미노는 다음과 같이 말한다. "기독교교육이 신학의 과제에 기여할 수 있는 것과 같이 신학도 기독교교육에 기여할 수 있다. 신학 역시 기독교교육의 사상과 실천의 성찰을 위한 도구가 될 수 있다. 또한 신학은 성경적 가치관과의 관계에서 일치성에 관련되는 질문을 제기함으로써 교육의 신실한 실천에 정보를 주게 된다(inform). 분리된 학문으로서의 신학과 기독교교육의 변증법적 상호관계가 세워짐으로써 이 두 학문은 교회와 세상 속에서 신실한 그리스도인의 삶의 실현을 가능하게 해준다. 따라서 협력적인 대화는 각각의 학문의 효과적이고 창조적인 활동을 강화한다."[20]

여기서 한가지 더 논의 가능한 것은 신학과 기독교교육을 완전히 분리된 학문으로 보아야 하는가의 문제이다. 물론 독립성을 추구하는 것은 기독교교육의 일관된 발전 방향임에 틀림이 없다. 그러나 앞에서도 언급한 것과 같이 완전한 분리나 독립은 기독교교육의 학문적 발전에 결코 바람직하지 않다고 본다. 왜냐하면 기독교교육은 교회적 학문, 현장성을 가진 학문, 다른 신학을 위해서 기여해야할 책임을 가지고 있는 학문이기 때문이다. 그러므로 기독교교육학을 신학(실천신학)으로부터 독립된 학문으로 여기는 것은 바람직하지 않으며, 실천신학 속에 위치를 지음이 좋다고 생각한다. 실제로 신학에 속한 다양한 분과들은 그 역사적 흐름 속에서 편의상 분류되어 존재하는 것이며, 그러한 분과가 어느 것이 어느 것에 종속된다는 의미는 거의 찾아보기가 힘들다고 본다. 그리고 실천신학으로서의 기독교교육학이 실천신학이냐, 아니면 독자적이냐 하는 문제는 다른 신학분야와 밀착된 위치에서 상호작용을 하느냐, 아니면 느슨한 관계 속에서 상호작용 하느냐의 문제 이상은 아니라고 본다.[21] 어느 쪽이든 기독교교육학은 실천신학적이다.[22] 이점에 관해서는 최근에 파울러(Fowler)에 의해서 제안된 실천신학의 개념과 실천신학적 속성을 지닌 기독교교육학의 구성은 매우 고무적이라고 본다.[23]

슐라이에르마허의 실천신학론

여기서는 실천신학을 학적으로 최초로 체계화한 슐라이에르마허에 대해서 논의하고자 한다. 이러한 논의는 오늘날 실천신학이 지니고 있는 문제점을 파악하며 기독교교육학의 학적 설정을 위해서 기여하는 바가 많을 것으로 보인다.

슐라이에르마허가 1804년 할레(Halle) 대학으로부터 신학의 정교수와 대학 설교자로 부름을 받았을 때, 신학적 분과들은 결집력이 결여된 집합체에 불과하였다. 그는 이러한 상황에서 신학연구에 있어서의 새로운 통합을 시도하였고, 이 결과로 1811년에 *Kurze Darstellung des theologischen Studiums zum Behuf einleitender Vorlesungen*(《개론강의의 도움을 위한 신학연구의 짧은 묘사》, 이하 *KD*로 약칭함)이 발간되었으며, 1830년에는 개정판이 발간되었다.[24] 이 책은 신학도를 위한 입문서로 만들어진 것으로, 그들로 하여금 신학연구의 여러 부분들의 목적, 의미, 상호관계에 대한 이해를 도우려는 것이었다.

신학구조론

신학의 속성

그에게 있어서 신학은 하나의 '실증적' 인 학문이다.[25] 그는 학문의 종류를 순수학문(pure science, reine Wissenschaft)과 실증적 학문(positive science, positive Wissenschaft)의 두 가지로 보았는데, 신학은 순수학문에 속하지 않고 어떤 과제나 실제에서 시작하는 '실증적' 학문이었다. 학문이 실증적이라는 말은, 학문이 학문 자체를 위해서 추진되는 것이 아니라, 그 학문 밖에 있는 어떤 목적이나 특별한 실행을 위해 존재한다는 뜻이다. 이것은 그가 각 신학 분과의 독특한 성격을 묘사함에도 불구하고, 모든 신학이 실천적 속성을 가지고 있음을 강조하는 것이다. 그러므로 신학자에게는 '교회적 관심'(kirchliches Interesse)과 '학문적 정신'(wissenschaftlicher Geist)을 결합시키는 균형이 모색되어야 한다.[26]

신학의 구분

슐라이에르마허는 그 당시에 지배적이었던 네 가지 종류의 구분을 따르지 아니하고, 신학이 세 개의 부분으로 구성되어있다고 이해한다. 즉, 철학적 신학, 역사적 신학, 그리고 실천(적)신학이다. 그에게 있어서, 이 세 부분은 서로 연관되며, 어떤 계열적인 관계를 갖는다. 그는 *KD*의 초판에서 철학적 신학을 뿌리(Wurzel)에, 역사적 신학을 몸(Korper)에, 그리고 실천신학을 수관(樹冠, Krone)에 비유하였다.[27] 이러한 비유는 분명히 성장하는 나무의 통합성을 암시해 준다. 따라서, 비록 우리가 어디에서도 시작할 수 있고, 모든 부분들이 연관되어 있기는 하지만, "가장 자연적인 순서"는 철학적 신학에서 시작하여, 역사적 신학을 거쳐, 실천신학에 이르는 것이다.[28]

어쩌면 이 순서는 순수과학에서 응용학문으로, 보편적인 것에서 특수한 것으로, 이론적인 것에서 적용으로 나가는 것을 반영하는 것 같이 보인다.[29] 그는 이러한 순서에 대해서 "왜냐하면 그것(실천신학: 연구자 주)은 다른 것들을 전제하며, 연구를 위한 마지막 작업이며, 직접적인 실행을 준비하고 있기 때문이다."[30] 그가 실천을 중요시했으나, 실천신학을 신학의 분과 중에서 가장 높은 가치를 지닌 부분으로 보고 있지 않다는 사실은, 그가 신학 연구분과의 상호의존성을 인정했으며, 학문정신과 교회에 대한 관심 사이의 통일을 주장했고, 또한 역사적 신학을 신학 연구의 실제적인 몸으로 깊이 강조했다는 사실에서 알 수 있다. 그러므로 슐라이에르마허가 실천신학을 신학연구의 왕관(王冠, crown)으로 취급했다고 설명하는 많은 학자들의 견해는 수정되어야 한다. 이제 슐라이에르마허의 신학의 세 분과에 대해서 살펴본다.

첫째, 철학적 신학이다. 슐라이에르마허의 신학분류의 첫째 부분은 철학적 신학(Philosophische Theologie)이다. 철학적 신학은 기독교의 본질을 확인하는 작업이다. 그는 기독교의 고유한 본질은 순수하게 학문적으로만 구성되는 것도 아니며, 또는 단지 경험적으로만 파악되지 않는다고 본다. 그래서 그는 비판적 자세를 강조하는데, 기독교의 본질은 기독교 안에서 역사적으로 나타난 현상들과 또한 기독교에 대립하는 다양한 견해들을 비교함으로써 드러낼 수 있다고 보고, 이런 작업을 그는 철학적 신학의 과제로 파악하고 있다.[31] 그는 철학적 신학에 속한 두 기초적인 부분으로 변증학(Apologetik)과 논증신학(Polemik)을 들고 있다.[32] 그는 철학적 신학의 역사적 신학과의 관계에 대해서 철학적 신학은 역사적 신학의 결과들을 전제로 하며, 동시에 역사적 신학의 작업을 위한 신학적 기초를 놓아준다고 본다.

둘째, 역사적 신학이다. 교회를 이끄는 작업이 신학이라면, 교회인도(敎會引導)는 "인도되어져야 하는 전체"에 대한 지식을 요구하는데, 여기서 전체는 "하나의 역사적인 것"으로 나타나며, 이것이 역사적 신학(Historische Theologie)을 이룬다.[33] 역사적 신학은 철학적 신학의 작업을 수정하거나 그 깊이를 더하면서, 기독교의 본질이 어떻게 전개되어왔는가를 살피는 것이다. 따라서 역사적 신학은 기독교의 역사적 성격 때문에 신학연구의 진정한 몸으로 취급된다. 그에게 있어서 진정한 신학을 가능케 하는 것은 바로 변화하는 역사적 실재이다. 우리는 역사적 존재이며, 역사 속에 살며, 역사에 의해서 형성되고 변화되어 간다. 그러므로, 끊임없이 변화하는 환경들 가운데서 기독교 전통을 이해하는 것은 신학활동의 핵심이 된다. 실제로 그는 역사적 신학에 대한 언급에 그의 *KD*의 많은 부분을 할애하고 있으며, 우리가 현재 일반적으로 생각하고 있는 신학의 대부분의 영역을 역사적 신학으로 취급하고 있다.

역사적 신학은 전체적인 기독교의 발전과정을 이해하고자 하는 관심을 나타내 준다.[34] 그에 의하면 역사적 신학은 세 부분으로 나눌 수 있는데, 원시 기독교에 대한 지식, 기독교의 전체적인 진행에 대한 지식, 그리고 현재의 관점에서의 기독교의 상태에 대한 지식이다.[35] 이것은 역사적 신학은 과거를 이해하는 것을 그 자체의 목표로 하면서 단지 과거에만 관심을 표해서는 안되며, 또한 현재를 이해하는 일에 그 목표를 두고, 현재에 미치는 과거의 영향에만 관심을 가져서도 안된다는 것이다. 역사적 신학의 과업은 규범적인 과거와, 그 과거가 현재로 진행해 오는 과정에서 미친 영향력에 대한 이해에 관심을 갖는다.[36] 그러므로 역사적 신학의 진정한 관심은 우선적으로 실천적인 것이며, 현재에 대한 역사적 지식은 교회인도라는 직접적인 관련 속에서 미래의 교회의 행동으로 발전되어 나가게 된다.[37]

셋째, 실천신학이다. 슐라이에르마허에게 있어서 실천신학(Praktische

Theologie)은 어떻게 교회인도(敎會引導, Kirchenleitung, church leadership)가 수행되어야 하는지를 살피는 분야이다. 철학적 신학과 역사적 신학이 교회가 어떠하여야 하며, 현재의 역사적 상황이 어떠한가에 대한 명확한 아이디어를 실천신학에게 제공해 준다면, 실천신학은 어떻게 교회의 지도력이 실행될 수 있을 지에 초점을 맞추는 것이다. 이 분야는 교회인도라는 "활동에 관한 지식"으로 나머지 두 분야와는 다른 의미에서 학문으로 취급된다. 그는 실천신학을 개별 교회의 활동과 관계되는 '교회봉사' (Kirchendienst)와 전체적인 교회와 관계되는 '교회치리' (Kirchenregiment)로 그 과제를 구별하였다.[38]

신학의 통일성

슐라이에르마허는 분리되어 있는 신학의 과목들을 하나의 일관성 있는 '통일성' 아래서 통합시키는 일을 하였으며, 이것은 이전에 아무도 시도해 본적이 없는 것이었다. 더욱이 그는 신학의 통일성이 어떤 적합한 '연속성' 을 내포하고 있다고 이해한다. 이런 신학분과들의 상호의존성과 연속성이 그로 하여금 *KD*를 쓰도록 자극한 것이다. 그는 신학의 연속성을 신학연구의 '목적'에 관한 그의 신념으로부터 이끌어 내었다. 그에게 있어서 목적은 교회를 위한 지도력의 형성이었다. 그에게 있어서 신학은 실증적인 학문으로 그것은 그 자체의 존재를 위해서는 충분한 이유를 가지고 있지 않으며, 그 근본원리는 활용에 있다. 따라서 신학적 연구는 철학적 신학에 의해 규명된 기독교의 본질에 뿌리를 두고, 역사적 신학에 의해 서술되는 역사적 흐름 속에서 그 몸(형체)을 가지며, 실천신학에 의해 고안된 교회적 활동들을 통해서 그 실현을 보게 된다. 그러므로 신학의 실천적 과제는 신학의 여러 분과들을 결합시킬 뿐 아니라, 그것들을 신학적인 것으로 만들어 준다. 신학이 이처럼 실천적인 것으로 이해되어지는 것은 그의 신학적 속성의 특징이다.

실천신학론

슐라이에르마허는 신학의 구조를 세워나감에 있어서, 실천신학의 개념에 새롭고도 고유한 의미를 부여하였으며, 실천신학을 신학의 결합체 속에서 독립적인 분야로 건설하였다. 이러한 실천신학의 건설은 그가 세운 새로운 신학의 전체적인 연관관계 속에서 나온 것이며, 계몽주의 이래로 새롭게 의식되어온 실천(Praxis)에 관한 흥미가 표현된 것이라고 볼 수 있다.[39]

이론과 실천

여기서 우리는 슐라이에르마허가 교육학의 논의에서 말하는 이론과 실천의 문제를 일별해 보기로 한다.[40] 이것은 그의 실천신학에 대한 이해에 대한 좋은 안내가 될 것이며, 동시에 기독교교육학의 구성을 위해서도 기여할 것이다.[41] 슐라이에르마허는 실천에 우선하는 이론의 우선성을 주장하는 허버트(Herbart)와는 전혀 다른 접근을 하고 있다. 그는 이론과 실천의 관계를 상호순환적인 변증법적인 관계로 파악하면서 실천에 앞서는 이론의 우선성을 반박하였다. 그에 의하면 교육에서 실천의 우선성은 교육의 이론이 교육의 실천에 이중적으로 의존되어 있음을 통해서 드러난다. 첫째로, 실천은 언제나 이미 모든 이론에 앞서 있으며, 둘째로, 이론이 처음부터 그의 실현을 포기하지 않으려면, 이론은 언제나 다시금 역사적이며, 사회적인 현실에 근거하여 그 타당성을 증명하지 않으면 안 된다. 그는 이론에 앞선 실천의 가치를 강조하면서, 교육학의 독특한 성격을 바로 교육의 실천적 성격에 근거 짓고 있다.[42]

우리는 여기서 슐라이에르마허의 "교육이론은 실천의 변화와 요구에 빠르게 변형된다"는 강점은 있으나, '삶의 실천을 언제나 이미 그렇게 주어져 있다'고 간주함으로서 실천 그 자체를 비판적으로 분석하고 대결해나가는 일에는 미흡하였다는 비판을 피할 길이 없다. "이러한 모델 안에서 이론은 단순히 실천의 추후적인 해명으로서의 역할을 하기 때문에, 하나의 실천적 구조에 머물러 있게 되고, 실천에 대한 미래지향적 전망을 하기가 어렵다. 더 나아가 다른 이론들과의 관련성 속에서 자신을 비교 비판하는 초이론(Metatheorie)으로서의 기능을 할 수가 없다는 것이다."[43]

실천신학의 속성

실천신학은 신학의 다른 부분과 동일한 의미에서의 학문이 아니다. 실천신학의 과제는 직접적으로 실제적인 성질의 것이다. 실천신학은 예를 들면 교육학이나 정치학 등과 유사한데, 그것은 "규칙수여적"인 혹은 "기술적"인 방법으로 어떤 주어진 상황아래서 수행되는 것이다. 좀더 구체적으로 말하면 실천신학은 기독교와 교회의 본질에 대한 개념을 가지고 현재의 상태를 평가하면서, 잘된 것은 더 장려하고, 그렇지 않은 것은 중단시키거나 변화시키는 것이다.[44] *KD*, 257에 보면, "철학적 신학이 하는 일은 교회의 상태에 대한 의욕과 불만의 감정(die Gefuhle der Lust und Unlust)을 명확하게 느끼게 하는 일이며, 실천신학의 과제는 이러한 감정들과 관련된 정서의 움직임(Gemutsbewegungen)이 발전되어 나타나게 되는 행동을 명확한 의식을 가지고 질서지으며, 목표에로 인도하는 일이다"라고 말한다. 실천신학은 이러한 과제에 대한 기술학(技術學, Kunstlehre)이어야 한다는 점에서 제한된다. 따라서 실천신학은 다른 신학적 분야와의 관련 속에서만 이해된다. 이러한 연관은 다음과 같은 서술에서 명확하게 나타나고 있다. 즉, 실천신학은 "과제를 바르게 파악하는 것"을 가르치는 것이 아니고, 오히려 그것을 실행해 나가는데 있어서의 바른 "취급방법"(Verfahrungsweise)과 관계가 있는 것이다.[45] 우리는 여기서 그의 교육학에서 논의하는 이론-실천의 도식이 전혀 전개되고 있지 않음을 보게 된다.

평가

이상과 같은 논의를 기초로 슐라이에르마허의 공헌점과 문제점을 다음과 같이 정리해 보고자 한다. 먼저 그의 사상 속에서 발견되는 몇 가지 긍정적인 면을 실천신학과 관련하여 논의해 보기로 한다.

첫째, 신학을 하나의 체계로 구상하면서, 실천신학을 전체적인 신학의 구조 속에서 '자리매김' 하려고 한 점이다.

둘째, 신학의 속성을 실천적인 것으로 묘사한 점이다. 실천신학의 위치는 다른 신학의 분야와의 관계 속에서 찾아질 수 있으며 무엇보다도 신학자 체가 그 성격상 프락시스를 지향한다는 관점에서, 실천신학은 모든 신학분야의 전제가 되고 어떤 면에서 실천신학은 신학의 완성이라고 볼 수 있다. 어떤 분야의 신학이 그 실천적 성격을 결여하거나 그것을 무시하려 한다면 그 신학은 기능과 정당성을 상실하고 말 것이다. 그의 공헌은 신학연구에 있어서의 실천의 중요성을 발견한 점이다.

셋째, 신학연구에서 교회적 관심(kirchliches Interesse)과 학문적 정신(wissenschaftlicher Geist)을 강조한 점이다.[46] 그는 다음과 같이 말한다. "왜냐하면 교회적 관심이 없이는 그런 감정(교회의 상태에 대해 옳고 그름을 판단하는 감정: 연구자 주)이나, 혹은(행동으로 이끄는: 연구자 주) 정서적 움직임이 생성되지 않기 때문이다. 또한 학문적 정신이 없이는 어떤 규칙을 따라 움직여 나가는 신중한 행동이 나타나지 않으며, 단지 인식을 경멸하는 행동동기가 규칙을 업신여길 것이기 때문이다."[47]

넷째, 그는 실천신학을 배타적으로 안수받은 목사의 사역에 국한시키지 않는다는 점이다. 그에 의하면 교회인도는 다음과 같은 일을 통해서 성취된다. 즉 교회는 하나의 근원적인 대칭으로서의 탁월한 자들과 일반 교인들 사이의(성숙한 사람과 성숙치 못한 사람) 차이를 형성한다.[48] 따라서 교회인도의 과제는 어느 정도 모든 신자들의 리더쉽을 포함하게 된다.

이제 이러한 긍정적인 면에도 불구하고 실천신학과 관련한 그의 제안의 문제점을 열거하면 다음과 같다.

첫째, 무엇보다도 그는 실천신학을 공평하게 다루고 있지 않다. 그가 철학적 신학, 역사적 신학, 실천신학 사이의 상호 의존의 관계를 인정하고 심지어 그것을 강조하기조차 함에도 불구하고, 그것들 사이의 관계는 불균형하게 되어 있다. 확실히, 철학적 신학과 역사적 신학은 서로 보충하고 해명하면서, 실천신학을 위한 근거를 제공한다. 물론 그는 실천신학이 모든 신학연구의 분야들을 '신학적' 인 것으로 만들어주는 중요한 역할을 한다고 말하고는 있으나, 이러한 사실에도 불구하고, 슐라이에르마허에게 있어서 실천신학은 철학적 신학이나 역사적 신학에 어떠한 영향도 미치지 않는다. 이에 대해서 헨들러는 다음과 같이 평가한다. "실천신학은 '취급방법' 으로 생각되므로, 제한적이 된다. 즉, 실천신학은 언제나 다른 신학분야에 의해서 이미 정해져 놓여있는 과제를 받아들이고, 또한 전제한다. 여기에는 어떤 걸맞는 소급반응(Ruckwirkung)이 결여되고, 실천신학은 신학적 자각에 어떤 기여를 할 수가 없게 된다. 또한 취급방법을 위해서나, 혹은 전체적인 교회의 신학을 위한 '인식 원리로서의 실천신학' 에 대한 지식이 결핍되고 있다."[49]

둘째, 슐라이에르마허에게 있어서 실천신학은 단순한 응용이나, 취급방법이기 때문에 엄밀한 의미에서 이론없는 학문분과가 되어버린다. 그에 의하면, 만약 철학적 신학이나, 역사적 신학이 적절히 수행된다면, 실천적 신학의 과제파악은 이론을 통해 수행될 필요가 없다. 단지 수행방법에 대한 처방을 위해서는 그 과제들을 분류하고 적절한 그룹으로 정돈하는 일이 필요하다고 한다.[50]

셋째, 그는 이론과 실천의 진정한 관계를 언제나 주장하고 있으며, 더 나아가서 실천의 우선성을 무엇보다도 신학을 실증적인 학문으로 설명하면서 강조하고 있다. 그러나 그의 신학 구분에 의하면 이론과 실천이 거의 명확히 구분되어 있다. 그는 실천적인 속성을 가진 신학의 전체적 특징을 이야기하면서, 그 한 분과로 실천신학을 말하고 있는데, 실천신학을 신학이라는 학문의 한 부분학문으로 말하면서도, 실제로는 실천신학을 하나의 취급방법으로 머물게 함으로, 실천신학의 학문적 속성을 약화시키고 있는 것이 분명하다. 즉, 신학이라는 전체학문 속에서는 이론과 실천이 명확한 구분을 기초하여, 일방통행적으로 그려지고 있으며, 실천신학이라는 학문의 분야에서는 '이론이 없는 실행'이 계획되고 있는 것이다. 그러므로 실천신학에서는 이론과 실천의 어떤 상호작용은 찾아볼 수가 없다. 이러한 관찰은 그가 이론과 실천의 관계를 끝까지 진지하게 다루고 있지 못함을 보여준다.

넷째, 그는 실천신학을 일종의 기능학으로 이끌어 감으로, 실천신학의 탈이론화를 더욱 가속케 하고 있다. 그에게 있어서 실천신학은 철학적 신학이나, 역사적 신학과는 다른 독특한 종류의 학문이다. 그것은 기술(Technik)이며, 기술학(Kunstlehre)으로, 실천적 과제에 봉사하며, 단지 이러한 목적으로부터 생성된다.[51]

적용을 위한 논의

이상에서 살펴본 바와 같이 슐라이에르마허가 신학의 실천성과 현장성을 강조한 것, 이를 위한 실천신학의 중요성을 표현한 것, 약간의 보완은 필요하지만 실천의 우선성을 강조하면서 이론과 실천을 순환적인 관계로 묘사한 것들은 매우 바람직한 것으로 평가된다. 그러나 이미 지적한 바와 같이 신학 안에서의 실천신학의 위치와 다른 신학분야와의 관계는 매우 불평등하게 묘사되어 있다. 실천신학은 응용학이며 기능학으로 나타나며, 철학적, 역사적 신학으로부터 실천신학으로의 한 방향만으로의 영향력이 행사되는 것으로 묘사되고 있다. 실천신학에서 자체의 이론은 존재하지 않는다.

앞으로 실천신학은 '교회의 실천'을 기초로 한 '실천의 이론'을 가져야 하며, 이러한 '실천의 이론'과 '교회의 실천'은 순환적인 상호작용을 해야 하고, 또한 이 '실천의 이론' 은 '다른 신학분야/일반학문들' 과 순환적인 상호작용을 하는 구조를 가지며, 동시에 이 세 가지를 다시 상호작용 하는 구조로 보는 것이 좋을 것이다. 이를 통하여 실천신학은 스스로의 이론(실천이론)을 가지며, 그것을 '다른 신학분야/일반학문' 들과의 상관관계 속에서 실천신학의 이론으로 발전시켜나갈 수 있을 것이다. 또한 실천신학은 다른 신학 분야에도 영향을 줌으로서 신학의 실천적 속성을 강화시키는 일에 기여할 수 있을 것이다. 어떤 신학분야도 그 실천적 성격을 결여하거나 그것을 무시하려 한다면 그 신학은 정당성을 상실하고 말 것이다.[52] 따라서 '신앙의 학문'으로서의 신학은 궁극적으로 하나님을 향한 '찬미학(송영)' 이며, 특별히 실천적 학문이 될 것이다.[53]

기독교교육학 역시 실천학, '프락시스(성찰된 실천)' 의 학문으로 규정되어야 한다. 그리고 기독교교육학 역시 '기독교교육 실천' 과 '기독교교육실천의 이론' , 그리고 '다른 신학분야/일반학문' 의 상호순환작용으로 구성하는 것은 좋은 제안이라고 생각된다.[54] 연구자는 여기서 한 걸음 더 나아가 교회의 실천적 문제는 결국 교회에서의 교육의 문제로 귀의된다고 믿는다. 따라서 신학의 현장성과 실천성을 강화하는 일에 기독교교육학은 중핵적인 역할을 할 수 있게 될 것으로 믿는다.

실천신학이 기독교의 기본적인 가르침과 현재의 경험을 연결시키는 작업으로 이를 통해 이상적인 교회의 형성과 그 안에서의 기독교인의 공동체적인 삶에 대한 질문에 대해 해명해 나가는 작업이라면[55] 이러한 작업의 근저에는 교육적 노력이 배제될 수 없다. 실천신학의 영역에서 이루어지는 분야는 기독교신앙에 기초한 인간의 형성과 변형, 예배와 말씀의 선포, 교회의 조직과 행정, 영혼의 돌봄과 치유, 복음전파와 봉사의 사명 등인데, 이미 그 안에는 교육적 요소가 내재되어 있기 때문에 기독교교육학은 실천신학의 중핵과목으로서의 역할을 충분히 감당할 수 있다.[56] 한승홍 교수는 그의 논문에서, 신학의 네 지주의 하나인 실천신학을 "기독교교육학적"이어야 한다고 표현하면서 그 논지를 다음과 같이 말한다. "종종 기독교교육학은 실천신학의 지체 중의 하나로 여기지고 있으면서도 실천신학 내에서 그 자리를 굳히지 못하고 있는데 그것은 기독교교육학의 본질을 성서수업이나 주일학교 아동교육 같은 차원에서 보려는 편협한 이해 때문이다. 실천신학은 모두 디닥티카(didactica)의 학문이며, 진정한 의미에서는 기독교교육학의 영역에 포함되는 교수학의 일종이다"[57] 실천신학의 관심은 바로 기독교교육학의 관심이다.[58] 그러므로 기독교교육학은 실천신학의 중심적인 과목, 혹은 실천신학의 조직학이 되어야 한다. 실천신학은 바로 기독교교육적 신학이기 때문이다.[59]

3. 기독교교육에서의 신학의 역할

이제 기독교교육에서의 신학적 역할을 목적, 내용, 방법, 교사, 학생, 상황, 평가로 나누어 살펴보기로 한다.[60]

목적

신학은 기독교교육의 목적 설정에 관여한다. 어떤 신학적 접근이냐에 따라서 기독교교육의 목적은 크게 달라질 수 있다. 개인구원이냐 사회구원이냐, 회심이냐 성화냐의 문제로부터 시작하여 어떠한 신학적 기반 위에 서서 목적을 설정하느냐에 따라 기독교교육의 형태는 크게 달라질 수 있다. 목적은 내용, 방법, 평가 등과 당연히 연결되고, 기독교교육의 전 과정을 지배하기 때문에 이에 대한 신학적 성찰은 기독교교육의 전반적인 성격을 규정짓는다.

역사적으로 중요한 교육목적의 진술들이 신학에 의해 영향을 받고 있음을 논증하는 일은 그리 어려운 일이 아니다. 소위 '1930년 목표'로 알려진 비스(Vieth)의 목적 진술은 그 당시의 종교교육운동의 신학적 경향을 잘 반영해 준다. 1940년에 추가된 것까지 8개의 항목으로 이루어진 교육목적의 진술에 보면 전통적으로 중시되어온 교회(5항)나 성경(7항)은 뒤쪽에 밀려 있으며, 그리스도를 닮은 인격(3항), 사회질서(4항) 등이 앞 자리를 차지하고 있음을 알 수 있다. 이것은 자유로운 신학의 경향을 반영한다. 이에 반해 '1958년 목적'은 신정통주의적인 신학이 크게 영향을 준 것으로 보여진다. "예수 그리스도 안에서 계시된 하나님의 찾아오시는 사랑을 인식하고 이 사랑에 믿음으로 응답함으로서 … "라는 표현에서 이런 신학적 배경을 감지하게 된다.

내용

커리큘럼의 논의를 위해서는 다양한 요소들이 관여한다. 일찍이 위코프(Wyckoff)는 여섯 가지 질문을 통하여 커리큘럼의 이론을 발전시켜 나가려고 하였다. 위코프는 그의 책에서 기독교교육과정의 원리를 여섯 가지의 질문을 토대로 전개하였다.[61] 커리큘럼은 종합적 작업을 통해서 이루어지며, 중요한 요소로는 목표(purpose), 내용(scope), 교수학습과정(process), 상황(context) 등을 들 수 있는데, 교수학습과정에는 교사, 학생, 방법 등의 요인이 함께 작용한다. 우리가 이렇게 보면 여기서 언급된 모든 요소들은 하나하나가 다 신학적 성찰의 대상이 되며, 이러한 작업이 커리큘럼으로 나타나게 되는 것이다.

오스머(Osmer)는 내용(subject matter)을 교회의 교육적 사역에서 취급해야할 주목할 만한 가치가 있는 지식, 가치, 기술, 그리고 태도라고 정의한다. 물론 단순한 지식보다 더 많은 것들이 여기에 포함된다. 오스머는 가르침의 내용과 관련하여 신학적인 성찰을 요구하는 중요한 질문을 다음과 같이 말한다.[62] 첫째, 그 내용이 기독교적 진리와 어떻게 관련되는가? 둘째, 누가 교회에서의 가르침에서 올바른 초점이 되는 지식, 기술, 가치, 그리고 태도를 결정할 권위를 가지고 있는가? 가르치는 내용에 대해 정하는 것이 기계적으로 교사에게 주어져 있다고 생각해서는 안된다. 교사는 신학적 바탕 위에서 교회에 의해서 인정된 가르치는 권위들(교파의 지도자들, 신앙고백적 진술들, 신학자, 신학교 등)과 관련하여 자신이 가르칠 내용에 대해서 신학적인 성찰을 해야 한다. 쉽게 말해서 이것은 기독교역사적, 교리사적 성찰과 관계되는 듯하다. 셋째, 내용에 대한 교사의 개인적인 관계는 어떠한가? 쉽게 말하면 교사 자신과 내용과의 관계가 어떠한가를 묻는 것이다. 나는 이 내용을 받아들이는가? 나는 이 내용에 따라서 살고 있는가를 성찰해야한다는 것이다. 여기서 두 번째와 세 번째 질문은 교사(가르치는 자) 자신에 대한 신학적 성찰과도 깊이 연관된다.

오스머의 '가르칠 내용을 정하는 권위' 문제와 유사하게 넬슨(Nelson) 역시 이를 강조한다. 즉, 개인과 이미 형성된 교리와의 딜레마의 문제이다. 물론 형성된 교리는 중요하지만, 이러한 교리가 사람들에 의해서 이해되고 사람들의 삶과 연결되지 않으면 그것은 단순한 진술에 불과하다고 볼 때, 교육자들은 신학이 참으로 삶에 빛을 비추어줄 수 있도록 이 둘을 연결시켜 주지 않으면 안 된다는 것이다. 넬슨은 가르치는 내용에 대한 신학적 성찰에 덧붙여 다음과 같이 말한다.

"신학에 관한 교육자의 첫 번째 관심은 그들이 하나님에 대한 자신들의 신앙을 다른 사람들에게 설명할 수 있기 위하여 충분한 신학을 소유해야 한다는 것이다. 신학을 소유한다는 것은 우리가 임무를 완수했다는 것을 의미하지는 않는다. 그것은 우리가 우리의 신앙을 다른 사람들에게 제공할 만큼 확신성을 충분하게 획득하였다는 것을 의미한다. 그것은 또한 교육자가 신앙에 관하여 생각하는 사람들의 특성을 드러내야 한다는 것을 의미한다. 이 말은 교육자가 계속해서 배우고 책을 읽고 신학자들과 협의하며, 또한 하나님의 영의 인도하심에 개방되는 것을 의미한다. 의미에 대한 이러한 개인적 탐구 중에서 가장 어려운 부분은 통합이다. 신학은 정신적이기 때문에 정신의 의식적인 부분 가운데서는 우리의 신학적 통찰을 행위에 연결시키기보다는 분리시키려는 유혹이 언제나 도사리고 있다. 삶에서 의미를 발견하기 위해 신앙을 위해 투쟁하는 사람의 모본이 되는 교육자들은 그들의 생도들에게 위대한 영감(great inspiration)이다. 신앙에 대해서 생각하기를 거부하고 단순히 이전 시대의 사람들이 생각했던 것에 관한 미리 형성된 진술들을 그대로 옮기는 교육자들은 생도들의 영적 생명의 발육을 저해하는 것이다."[63]

방법

교육방법은 신학과 어떤 관계에 있는가? 대부분의 교육방법들은 진공 중에서 만들어진 것은 아니며, 그 방법의 배후에는 어느 정도의 교육철학적 배경이 있으며, 어느 정도의 가치가 부여되어 있다고 본다. 이런 면에서 볼 때 가치중립적인 교육방법은 없는 것이다.[64] 물론 교육방법들 속에서 명백하게 기독교신앙이나 기독교윤리적으로 합당하지 않다고 생각되는 것이 있다면 배격해야 마땅하다. 이때 신학적 성찰은 중요한 역할을 감당할 수 있을 것이다. 그러나 대부분의 개발된 교육방법들은 명백히 그것이 기독교적이니, 비기독교적인 것으로 구분할 수 있는 것들은 아니다. 이때 우리는 이것들을 무분별하게 사용할 수 있을까? 그렇지 않다고 본다. 이런 경우에도 신학적 성찰은 큰 힘을 발휘할 수 있어야 한다. 우리가 수행해야할 가르침은 다양한 차원의 목표를 가지고 있는 것이며, 가르쳐지는 상황이나 대상에 따라서 더욱 효과적인 방법을 찾지 않으면 안 된다.[65] 이때 신학적 성찰은 그 방법들의 배후에 있는 가치적 경향성과 철학적 배경을 이해하고 우리가 목표하는 기독교교육의 전망과 비전에 따라서 적절한 방법들을 선택하는 일을 해야 한다는 것이다. 예를 들면 넬슨이 지적하는 바와 같이 그룹토의 방법이 효과적인 방법임에는 틀림이 없으나 언제나 바람직한 것은 아니다. 우리의 신학적 성찰은 진정한 권위가 집단에 있는 것이 아니라, 그리스도에게 있음을 기억하게 해 준다. 집단이 기독교적 표준에 의해서 판단되지 않을 때 그것은 악마적인 것이 될 수 있는 것이다.[66]

또한 교육의 전개방식과 관련하여 하워드 그림즈(Howard Grimes)는 다음과 같이 이야기한다.

"신학은 가르침의 과정에 관한 우리의 이해에 영향을 끼친다. 만일 우리가 신앙을 윤리적 가치관의 견지에서 이해한다면 우리는 그 과정을 인격교육으로 보게 될 것이다. 또 그것을 하나님에 관한 명제에 대한 지성적 동의로 생각한다면 우리는 주로 내용(subject matter)의 전달로서 이해할 것이다. 그러나 만일 기독교신앙을 결정적으로 예수 그리스도 안에서 계시된 하나님과의 관계로 이해한다면, 우리는 이 관계를 격려하는 과정을 추구하게 될 것이다."[67]

교사

최근의 실천신학의 변화 중의 하나는 신학을 전문적인 신학자들만의 작업에 제한하지 말아야 한다는 것이다. 신학적 성찰은 모든 기독교인들의 소명의 한 부분으로 보는 것이 적합하다는 것이다.[68] 교사는 신학자이며, 신학을 행하는 사람이다. 넬슨은 이를 다음과 같이 설명한다.

"기독교 양육은 … 삶의 한복판에서 신앙을 나누는 것이다. 교실에서의 나눔의 형태는 계획된 것이고 대화를 통한 나눔은 비계획적이다. 그러나 두 형태 모두에 있어서 그것은 한 사람이 하나님에 관하여, 그리고 세상과 거기 거하는 인간들을 위한 하나님의 뜻에 관하여 참된 것으로 믿는 것을 정교하게 설명하는 것이며 전달하는 것이다. 이런 의미에 있어서 예수 그리스도 안에서 신앙을 고백하는 모든 사람들은 신학자인 동시에 교육자인 것이다."[69]

만약 신학이 '전달해야할 내용'으로 주어진 것이라면, 교사의 역할은 그것을 단순히 주입시켜주는 일에 불과하다. 그러나 교사의 역할은 그 이상인 것이다. "교사는 그들이 나누는 신앙을 해석하기 때문에 신학자인 것이다."[70] 이것은 그들이 신학적 성찰의 과정에 참여한다는 뜻이 된다. 또한 교사들은 이런 다양한 과정을 통해서 신학적 탐구를 후원할 수 있게 된다. 하워드 그림즈는 기독교교육자의 신학자로서의 속성을 강조하면서, 실제로 신학자들은 이들과의 상호작용을 통하여 자신들의 신학을 보다 정교화할 수 있을 것임을 말한다.

"즉, 기독교신앙은 해석이나 신학과 독립하여 존재할 수 없다. 비록 이러한 해석이 인식되지 않고, 조직화되지 않을지라도 그것은 모든 실천적인 크리스천과 모든 회중을 위해 존재한다. 따라서 우리가 기독교적 가르침에 주어진 것의 하나로서 기독교신앙이나 복음을 말할 때 우리는 사실 교수-학습 상호작용의 신학적 기초에 대해서 논하는 것이다. 따라서 기독교교육자는 교회사가나 성경학자와 같은 신학자에 의존적이다. 그러나 기독교교육자는 가능한한 높은 수준의 신학자여야 한다. 자주 무시되지만 매우 시급한 교회 과제의 하나는 신학자가 교회의 다양한 사역들의 결정에 개입하는 일이며, 여러 사역 가운데 하나가 가르치는 사역이다."[71]

학생

학습자 이해는 다양한 차원에서 발생한다. 많은 교육학 및 발달심리학적 이론들이 도움이 된다. 그러나 근본적으로 인간에 대한 신학적 인간학에 초점을 맞추지 않으면 안된다. 성경적 인간학을 이해하고 교육에 적용하는 것은 필수적인 것이다. 교육이란 언제나 인간을 다루는 일로 인간관은 그 이론의 핵심이 된다. 바빙크(H. Bavink)는 인간의 본질에 대한 일반적인 개념으로부터 모든 위대한 교육학적 운동이 시작된다고 하였으며,[72] 디그라프(DeGraaff)는 "모든 교육이론은 어떤 인간론을 전제하고 있다"[73]고 하였다.

또한 학습자에 대한 신학적 성찰에서 빼놓을 수 없는 요소는 개별 학습자의 독특성이다. 하나님께서는 사람을 모두 다 다르게 지으셨다. 태어난 가정의 차이, 양육의 차이, 문화의 차이, 교육의 차이 등 천차만별이다. 또한 개인은 각자가 처한 환경 속에서 갖고 있는 특별한 과제와 문제들을 안고 있다. 이것은 그들의 요구를 이룬다. 이런 측면에서 볼 때, 이러한 개별 학습자가 가지고 있는 독특한 문제들에 대한 신학적 성찰이 없다면 기독교적 가르침은 불가능하다.

상황

상황(context)의 해석이다. 상황(환경)에 대한 해석은 가르침에 있어서 필수적인 것이다. 상황을 인식한다는 것은 학습자의 '주어진 조건'(giveneess)을 고려한다는 의미이다. 상황의 이해가 중요한 것은 사람들이 나타내는 태도나 행동의 뒤에 숨어 있는 상황에 대한 풍성한 이해를 갖는 것이 중요하기 때문이다. 사람의 행동은 그의 환경이나 상황을 바르게 이해할 때 정확히 해석할 수 있다.[74] 상황에 대한 관심은 학습자의 이해라는 측면에서만이 아니라, 가르치는 자 자신에 대한 이해를 위해서도 필수적인 것이다. 그것은 자신의 한계와 가르침의 한계를 인정하는 일이기 때문에 아주 중요하다. "상황의 인정은 교회의 가르침이 유한하고 흠이 많은 활동이며, 시공간의 한계를 수용한다는 인식에 근거한 것이다. 그것은 우리가 피할 수 없이 역사 및 사회적 과정에 참여함을 말한다."[75]

더욱이 상황의 해석은 보다 더 신학적인 성찰을 요구한다. '시대를 분별하는 일'은 신학적 성찰의 과정이다. 우리가 존재하는 이 시대와 급변하는 사회환경을 이루는 다양한 요인들에 대한 신학적 성찰은 필수적인 것이다. 사회적 이슈들과 사건들, 문화, 국가와 세계의 역사적 전개와 현재적 상황에 대한 신학적 성찰이 없이는 기독교적 가르침은 불가능하다. 이러한 성찰을 통해서 기독교인들은 비판적 안목을 소유하며, 행동의 기준과 방향을 설정하고, 건설적으로 사회변화에 참여하며, 미래에 대한 소망에 거할 수 있게 된다.

평가

신학은 평가에도 작용한다. 평가는 일반적으로 '결과의 평가'와 '과정(過程)의 평가'로 나누어 볼 수가 있는데, 결과의 평가는 교육의 대상이 교수학습의 과정이 끝난 후 이미 설정된 목표에 도달했는지를 살피는 일이다. 물론 교육목표에 대한 신학적 성찰은 이미 그것이 진술되는 과정에서 이루어지기는 하지만, 평가의 경우에는 구체적인 교육대상과의 관계에서 재성찰될 필요가 있다. 일반적으로 평가에 사용되는 방법은 주로 사회과학적 방법에서 개발된 것에 의존한다. 그러나 그것에 의해 자료가 모아진 후에는 신학적 성찰을 통해서 판단되어야 한다. 일반적으로 교육의 목표는 보편적인 수준에서의 기대치를 설정하는 것이다. 그러나 사람은 모두가 다르고 (개인차), 그가 처한 상황 역시 다른 것이다. 우리는 이미 학습자와 상황에 대한 신학적 성찰이 필요함을 앞에서 논의한바 있다. 그러므로 '결과의 평가'에 대한 신학적 성찰은 매우 복잡한 양상을 띠고 있다. 우리가 한 사람을 평가한다는 것은 이렇게 볼 때, 매우 예민한 작업이며 고도의 정밀성과 신앙적 통찰력을 요구한다. 아마도 기독교교육의 평가에서 가장 중요한 질문은 '하나님의 평가'에 접근하는 일일 것이다. 이것이야말로 신학적 성찰의 최고봉이 아닐까 생각해 본다. 이것은 바로 인간의 삶과 현실을 다루는 실천신학적 성찰과 그 맥을 같이 하는 것이다.

이제 '과정의 평가'라는 차원을 살펴보고자 한다. 평가는 연속적인 과정으로 교육 과정에 참여하는 모든 요소들에 대한 평가를 수행한다. 일반적으로 교육의 과정을 교육목표의 설정, 학습경험의 선정과 조직, 교수학습과정, 평가로 묘사해 볼 때, 앞의 세 가지 요소에 대한 신학적 관여는 당연히 평가에도 직, 간접적으로 적용된다고 말할 수 있다. 평가는 교육적 흐름에서 항상 작용하는 것으로 어떤 의미에서 기독교교육에서의 평가는 교육에 관여하는 모든 신학적 성찰을 통합시켜주는 역할을 하는 것으로 보인다.

추천도서

강희천, "기독교교육학의 학문적 성격", 《기독교교육사상》, 서울: 연세대학교 출판부, 1991, pp. 1-30.

박봉수, "기독교교육의 새로운 파라다임 형성을 위한 한 연구", 《미간행 박사학위논문》, 장로회신학대학교 대학원, 1994.

양금희, "기독교교육에 있어서 이론과 실천의 문제", 《장신논단》 15 (1997), pp. 582-612.

오인탁, "기독교교육학 교육과 경건", 《교회와 신학》 11 (1979), pp. 63-86.

토의문제

1. 기독교교육이 무엇인지를 정의하면서, 그러한 정의 가운데서 신학은 어떤 역할을 하는지 살펴봅시다.

2. 기독교교육과정에서 작용하는 신학의 역할을 검토하고, 설명에 사용할 수 있는 실제적인 예들을 찾아봅시다.

3. 신학적 경향이 기독교교육에 미치는 영향에 대해서 토의해 봅시다.

| 제2부 |
기독교교육의 과정

제5장
기독교교육 목적론

김미숙

1. 목적에 관한 용어, 정의, 자원

목적에 관한 용어

목적이나 목표를 나타내는 용어는 그 종류가 다양하다. 교육목적을 나타내는 말로는 교육이념, 교육목적, 교육목표, 일반적 목표, 구체적 목표, 단원목표, 수업목표 등을 비롯하여 많은 말들이 있으며 사용자에 따라서 그 뜻도 약간씩 차이가 있다. 또한 연관된 영어 단어들을 살펴보면, 우선 가장 많이 사용되는 것으로 objective와 purpose가 있으며, 그 외에도 goal, end, aim, mark, target 등의 단어가 있다.

교육학에서 사용하는 용례를 보면 교육의 목적은 일반적으로 교육에 대한 국가나 사회 일반의 요구를 담고 있으며, 장기간의 교육을 통해서 개발되는 인간의 특성을 진술한다. 우리나라 교육의 목적은 교육법으로 규정하고 있으며, 각급학교의 국가수준 교육과정의 문서 서두에 제시된 교육적 인간상도 교육의 목적을 나타낸다. 교육의 일반적 목표는 교육의 목적에서 도출되며, 덜 포괄적이고 적용기간도 짧다. 일반적 목표에 해당하는 것으로는 학교급별(초등, 중, 고등학교), 기관별(각 교육청이나 개별학교[1]), 교과별 교육목표 등이 있다. 교육의 구체적 목표는 비교적 단기간의 수업을 통하여 학생들이 성취해야하는 것들을 상세하게 진술한 것으로서, 그것을 달성하기 위한 수단(학습내용과 활동 등)을 구체적으로 제시하고 있다. 교육의 구체적 목표는 교과의 학년별 내용을 분석하여 찾아내며, 수일이나 수주에 걸치는 단원목표나 단시 또는 하루의 수업목표로 구분할 수 있다.[2]

기독교교육에서 어떻게 목적과 목표를 구분하여 사용할지에 대해서는 별로 논의된 것이 없다. 이 글에서는 주로 기독교교육의 일반적인 지향점(aim or goal)과 교단 차원에서 논의되는 기독교교육의 지향점을 교육의 목적으로 표현하고자 한다. 각 연령별, 부서별 교육의 지향점을 어떻게 표현하는 것이 바람직한가는 많은 토의가 필요하다. 그러나 이것은 분명 하위 개념이기 때문에 일반적 교육목표로 하고, 각 단원이나 주 단위의 개별 공과는 구체적 교육목표로 부르는 것이 타당할 줄 안다. 물론 교단에 따라서 사용하는 용례가 다른 것으로 보이는데, 이에 대한 학자들의 진지한 의견 교환이 필요하다고 본다.

이 장에서는 주로 교육목적과 교육목표(일반적, 구체적)라는 용어를 맥락에 맞추어 사용할 것이며, 영문 자료를 활용하는 경우에도 이러한 맥락에 맞추어 번역하여 사용할 것이다.[3]

목적의 정의

일반적으로 교육목적은 '교육의 과정(過程)을 통해서 성취하고자 하는 바람직한 결과의 진술'[4]이라고 말할 수 있다. 이미 정범모는 교육목적을 "학습과정 혹은 학습경험을 통해서 학생에게 이루고자 하는 행동변화"[5]라고 하였으며, 가네(R. M. Gagné)는 교육목적을 수행(performance)으로 정의할 것을 제안하였는데, 수행이란 "관찰가능한 인간성취"(human accomplishment)이다. 여기에서 성취는 행동의 결과(outcome)이다.[6] 폴 비스(Paul H. Vieth)는 목적을 "정해진 과정의 기대되는 성과로서 의식적으로 수용되는 결과의 진술"[7]이라고 정의한다.

> "교육목적은 교육의 과정을 통하여 달성하기를 바라는 성과의 진술이다. 그것의 기능은 사전(事前)에 기준을 정하는 것이다. 그것은 교육의 존재이유를 위한 목표를 구성한다. 교육에 있어서 목적은 건축가의 설계도면과 같은 것이다. 목적을 바라보면서, 그 목적에 도달하기 위한 적절한 활동들과 각각의 활동의 적절한 순서가 선택된다. 그것의 성공여부는 건물의 건축에서 성취된 결과의 기준에 따라 측정된다."[8]

이와 같이 교육목적은 교육의 전 과정을 이끌어 가는 핵심적인 작용을 하기 때문에 교육에 관한 논의에서 목적은 다른 무엇보다도 중요하게 다루어져야 한다. 이것은 기독교교육에서도 예외가 아니다.

목적의 자원

일반 교육에서는 바람직한 목적의 설정을 위해서, 교육목적 설정에 관한 제반 기초자원을 검토함으로써 그 타당성을 찾으려 한다. 주로 사회의 이상과 현실적 필요, 사회 및 문화현상, 교육받을 학생의 특징과 발달적 필요, 교과가 지닌 특수성 등을 고려한다.[9] 그러나 기독교교육에서는 그 교육의 목적을 성경에 기초한 신학적 인간론, 기독교적인 세계관과 기독교교육의 독특한 성격 등에서 찾게 된다. 또한 기독교교육의 목적 설정을 위해서도 기독교교육의 상황에 대한 엄밀한 조사활동과 상황인식이 필요하며, 가능한 잠정적 목적의 진술과 우선순위의 결정, 그리고 그것을 결정하기 위한 참여자들의 의견이 고려되어야 한다.

2. 교육과정 속에서의 교육목적의 역할

교육의 과정에 있어서 가장 우선적으로 이루어져야 할 것은 교육목적의 설정이다. 교육목적을 설정하는 일은 교육의 과정에 있어서 첫 단계에 해당한다. 교육의 과정이 결국 어떤 변화를 기대하면서 진행 되는 것이라면, 어떠한 변화가 기대될 것인지를 결정하는 일은 모든 일에 우선되는 것이며, 이것이 없이는 다른 어떤 교육과정의 계획과 운영도 불가능할 수밖에 없다. 다시 말하면 교육목적, 과정(내용, 방법 포함), 성과의 평가 간에 일관성을 유지하는 일이 필요하며, 이 일관성이 높을 수록 교육행위의 전문적 수준은 높아진다고 말할 수 있다.[10] 목적이 분명하게 진술되어야 하는 이유는 목적이 교육의 전 과정에서 다음과 같은 기능을 갖고 있기 때문이다. 그것을 구체적으로 살펴보면 다음과 같다.[11]

첫째, 목적은 교육적 과제의 방향을 설정한다. 분명한 목적이 없다면 교육의 전 과정은 방황할 것이다. 교육목적은 도달하고자 하는 목표점으로서, 교육의 과정이 지향해 나갈 지점을 분명하게 제시해 준다.

둘째, 목적은 교육경험(내용)을 선정하는 기준이 된다. 목적은 학습자가 어떤 교육적 경험을 해야 할 것인지를 결정한다.

셋째, 목적은 방법론을 결정한다. 목적이 내용을 결정한다면, 목적은 역시 내용을 효과적으로 가르치는 방법을 결정 한다.

넷째, 목적은 평가를 위한 기준을 제공한다. 목적은 따로 정해 놓았지만,

평가는 전혀 무관한 것을 행하는 경우가 많다. 분명하게 명시된 목적은 언제나 평가의 기준이 된다.

다섯째, 목적은 모든 교육 참여자들에게 구조적인 틀을 제공한다. 기본적 목적은 전반적인 정책을 설정하고, 일반적 목표와 구체적 목표들은 보다 구체적인 지침을 제공한다. 포괄적이고 만족스러운 목표의 설정은 모든 참가자들이 선택된 목표들을 달성하기 위해 협동적으로 일할 수 있는 구조의 틀을 보장해 준다.

3. 교육목표의 주요영역

목표의 설정을 위해서는 목표의 중요한 영역들을 먼저 이해하는 것이 필요하다. 일반적으로 교육목표 분류학에서는 교육목표를 인지적, 정의적, 신체적 영역으로 나눈다.

인지적 학습

블룸(Bloom) 등은 인지적 영역을 다음 여섯 가지로 나누었다.[12]

첫째, 지식(knowledge): 인지나 재생에 의해서 아이디어나 자료 또는 현상을 기억해 내는 행동을 말한다.

둘째, 이해력(comprehension): 이해력은 그 속에 번역능력, 해석력, 추론능력이 포함된다. 이해 수준에서는 학습자가 정보들 간의 관계를 알 것을 요구한다.

셋째, 적용력(application): 방법, 원리, 학설, 개념의 이해를 기초로 하여 새로운 문제사태에 그 방법, 원리, 학설, 개념을 적용하여 문제를 해결하는 능력이다.

넷째, 분석력(analysis): 이해력이나 적용력보다 약간 높은 수준에 있는 기능이다. 분석력은 자료를 그 구성성분으로 분해하고, 부분 간의 관계와 그것이 조직되어 있는 방식을 발견해 내는 것을 중시한다.

다섯째, 종합(synthesis): 여러 개의 요소나 부분을 전체로서의 하나가 되도록 묶는 능력이며, 창의적 능력을 내포하는 행동이다.

여섯째, 평가력(evaluation): 어떤 목적으로 아이디어, 작품, 방법, 소재 등의 가치를 판단하는 능력이다.

정의적 학습

암스트롱(Armstrong)과 세비지(Savage)는 네 가지로 분류한다.[13]

첫째, 수용: 열린 마음으로 새로운 내용을 학습하려는 학습자의 자발성을 말한다.

둘째, 접근: 수용이 내용을 기꺼이 받아들이려는 마음이라면, 접근은 내용에 대한 판단을 유보하고 그 장점에 비중을 두려는 학습자의 자발성을 의미한다.

셋째, 결정: 학습자가 판단을 유보하고, 개별주제들의 장점을 고려한 뒤에 개인적 의사결정을 하도록 기대된다.

넷째, 공유: 공유수준은 학습자가 내린 개인적 결정을 다른 사람과 공유하려는 의향을 말한다.

블룸 등은 다음과 같이 분류한다.[14]

첫째, 받아들임 혹은 주의 기울임(receiving or attending): 인식하고, 스스로 받아들이거나 주의를 집중함

둘째, 반응(response): 침묵의 동의, 기꺼이 동의함, 만족

셋째, 가치화(valuing): 가치수용, 가치선택, 확신

넷째, 조직화(organization): 가치의 개념화, 가치체계의 조직

다섯째, 가치 또는 가치복합에 의한 인격화(characterization by a value or value complex): 인격화

신체적 학습

암스트롱과 세비지는 다음 네 가지로 분류한다.[15]

첫째, 지각: 지각수준에서 신체적 과제가 어떻게 수행되어야 하는지를 기술해야 한다.

둘째, 개별적 구성요소: 복잡한 신체적 활동을 개별 활동으로 나누어 한 번에 한 가지씩 해 보게 하여 점진적으로 전체 활동을 학습하게 하는 것이다.

셋째, 통합: 각 부분을 학습하는 것을 멈추지 않고 전체 활동을 통합한다.

넷째, 자유연습: 교사의 지시나 감독 없이 학습자 혼자서 활동한다. 이 과정이 내면화 되어 있다고 가정하고 지시는 거의 하지 않는다.

교과별 교육목표를 결정함에 있어서 이 분류는 중요하게 여겨진다. 보통 인지, 신체, 정의적 학습으로 구분하나 때로는 지식, 기능, 가치 등으로 분류하기도 한다. 문제점은 인지, 정서, 신체는 서로 밀접히 관련되어 있기 때문에 어떻게 보면 인위적일 수도 있다. 그리고 하위목표들 간에 중첩되는 부분들이 많다.

블룸 등은 교육목표의 분류는 적어도 다음과 같은 점에서 유익함이 있다고 말한다.[16] 이러한 작업은 기독교교육의 목적 설정과 그 실행에도 큰 기여를 할 수 있을 것이다. 첫째, 교사들 간의 의사소통의 편의를 도모해 줌으로써 주어진 교육목표를 같은 의미로 이해하는데 도움을 준다. 둘째, 교육과정(敎育課程) 계획에 있어서 설정한 교육목표의 포괄성을 검증할 수 있도록 도와준다. 즉, 분석, 비교를 통해서 부족한 목표를 보완할 수 있게 된다. 셋째, 육성되어야할 행동특성과 평가되어야할 특성이 정밀하게 정의될 수 있기 때문에 교육과정(敎育課程) 계획과 평가에 구체적인 지침을 제시할 수

있다.

4. 좋은 목표의 특징과 진술

좋은 목표의 특징

정원식은 좋은 교육목표의 진술에 대해서 다음 여섯 가지를 제시하는데, 이를 부연 설명하고자 한다.[17]

첫째, 교육목표는 학습경험의 결정과 지도에 명확한 시사를 줄 수 있는 정도로 구체적이고 명료한 행동적 용어로 진술되어야 한다. 추상적인 교육목표의 진술은 목표를 흐리게 하거나 목표를 무효화할 수 있다. 왜냐하면 교육목표는 전체 교육의 과정에서 일관성 있게 구체적인 지침의 역할을 해야 하는 것인데 추상적인 목표의 진술은 사람에 따라서 다르게 해석될 수 있으므로 목표달성에 가장 적합한 학습경험을 찾아내기 어렵게 하기 때문이다.

둘째, 교육목표는 넓은 행동특징의 변화를 충분히 포함할 수 있도록 포괄적이어야 한다. 교육은 단순한 지식의 전수를 넘어서 응용력, 분석력, 종합력 등을 개발시켜야 한다. 그러므로 교육목표는 지적, 정서적, 사회적 및 신체적 측면의 통합적인 발달을 추구한다.

셋째, 설정된 교육목표들 사이에는 철학적 일관성이 있어야 한다. 이것은 설정된 교육목표의 진술들 사이에 논리적인 모순이 있어서는 안된다는 것이다.

넷째, 교육목표는 실현 가능한 것이어야 한다. 여기에는 두 가지 요소가 있다. 하나는 학습심리적인 관점에서 보는 실현성으로서, 발달심리적으로 실현될 수 없는 목표가 되어서는 안된다. 다른 하나는 교육상황 속에서 바라보는 실현성이다. 아무리 그럴듯한 행동특성이라고 해도 모조리 다 교육목표로 내세울 수는 없는 것이다. 시설, 학습자료, 기타 학습환경 혹은 여건에 비추어 보아야 한다. 교육목표는 현실적 조건보다는 더 희망적일 수 있지만, 그러나 현실과의 거리가 멀수록 목표의 의미는 상실된다.

다섯째, 교육목표는 가르치는 사람의 교육행위 속에 내면화되어야 한다. 가르치는 자에게 내면화되지 않은 교육목표는 하나의 공허한 교육목표로 남을 수밖에 없다. 설정 진술된 교육목표를 형식적 목표라고 한다면, 교사의 교육적 행위 속에 내재된 목표지향성은 실질적인 목표라고 할 수 있다. 왜냐하면 학생의 학습경험에 직접 작용하는 것은 교사의 행동이지 문서상의 목표가 아니기 때문이다.

여섯째, 교사의 협동적 집단사고를 통하여 설정되고 진술된 교육목표는 결코 완성된 것이 아니며, 그 타당성이 항상 평가 비판되고 필요에 따라서는 언제나 변경될 수 있어야 한다. 교육목표는 한번 설정되었다고 해서 영원불변한 것이 될 수 없다. 설정된 교육목표를 달성하기 위해 내용을 선정하고 조직을 구상하는 과정에서 무리가 발견된다든지, 실제 학습지도에서 극복할 수 없는 난관에 부딪친다면 교육목표는 언제든지 재고될 수 있어야 한다. 뿐만 아니라, 급격히 변화해 가는 오늘의 사회 정세 하에서 교육에 대한 기대가 달라지고, 사회 변동에 따라 학생들의 교육적 필요가 변화한다는 사실을 놓고 생각할 때 교육목표의 가변성은 인정하지 않을 수 없다.

목표의 진술 방법

일반 교육학에서는 교육의 구체적 목표를 진술할 때에 타일러(Tyler)가 제안한 이원분류표를 활용한다. 타일러는 교육목표를 내용과 행동의 형식으로 진술하는 것이 좋다고 제안하고, 이와 같은 방식으로 진술된 교육목표들을 간단명료하게 정리하기 위해서 내용과 행동의 두 차원으로 이루어진 교육목표 이원분류표의 작성을 제안한다. 그는 내용과 행동을 너무 일반적으로 진술하거나, 아니면 극도로 세분화하는 것은 교육적으로 도움이 되지 않는다고 말한다.[18]

교육목표의 진술과 관련하여 행동적 목표진술과 비행동적 목표진술에 대해서 살펴본다. 교육의 구체적 목표 중에서 수업목표는 행동적 용어로 진술되어야 한다는 주장이 대체로 지지되었다. 메이저(Mager)는 관찰가능한 행동, 이러한 행동이 일어나는 환경으로서의 조건, 이들 행동의 도달 수준 등을 수업목표 진술의 필수적인 요인으로 제시하였다. 일반적으로 행동목표 진술방식은 교사가 가르칠 내용, 방법, 학습자료를 선택하는데 도움을 주고, 수업의 진행과 학생평가의 방향을 쉽게 알 수 있게 한다는 장점이 있다. 그러나 교육의 일반적 목표는 물론 구체적 목표를 행동적 목표방식으로 진술하는 것에는 여러 가지 문제가 있다. 학습의 모든 결과를 행동의 변화로 나타낼 수는 없고, 의도하지 않은 결과는 제외될 가능성이 높으며, 수학, 과학 등의 몇몇 과목에서는 유용하지만 문학이나 예술 등의 과목에서는 도움이 되지 않는다는 점이다. 특히 전인격적인 변화를 목표로 지향할 때에는 매우 한정된 역할을 수행할 수밖에 없다.[19]

아이스너(Eisner)는 이러한 관점에서 교육의 목표를 다음 세 가지로 구분하여 제시한다. 행동적 목표/행동적 활동, 문제해결 목표/문제해결 활동, 표현적 활동/표현적 결과이다. 기능의 학습을 위해서는 행동적 목표가 필요하지만, 그 외의 학습을 위해서는 문제해결 목표와 표현행위에 따르는 표현결과가 중요하다는 것이다. 문제해결목표는 학생들이 해결해야할 문제를 제시하는 것으로 문제해결에 이르기 위해 어떤 내용을 어떤 방식으로 다루어야 하는 지는 알려주지 않는다. 학생들은 문제를 해결하는 과정에서 여러 가지 가치 있는 것을 배우게 된다. 행동적 목표와 문제해결 목표는 목표를 설정하고 그것을 달성하기 위하여 내용과 활동을 계획하는 반면, 표현결과는 표현 행위 뒤에 오는 산물이라는 점에서 구별된다. 활동(주말 캠

핑, 동물원 방문 등) 이후에 그 결과를 얻는 것을 표현결과라고 한다. 즉, 교육자는 이와 같은 표현결과를 예측하여 학생들에게 교육적으로 바람직하게 보이는 활동에 참여하도록 한다는 것이다.[20]

이러한 새로운 제안은 교육이 목적지향적 활동이라는 차원에서 보면 문제가 될 수 있다. 그러나 문제해결의 과정을 가르치는 일도 중요하며, 어떤 교육활동은 개인차로 인해 학습의 결과들이 모두 다를 수밖에 없다고 볼 때, 충분히 고려할만하다. 기독교교육의 현장에서도 단순한 행동적 용어로 목표를 설정하는 일을 넘어서, 문제해결 목표나 표현적 결과 등을 활용하는 방안을 강구하면 유익할 것이다.

5. 기독교교육의 목적에 관한 논의

인간은 근본적으로 종교적인 존재로서 잃어버린 하나님과의 관계를 회복하여, 하나님께 영광을 돌리는 삶을 사는 것을 가장 기본적인 목적으로 삼아야 한다. 그러므로 진정한 인간회복을 목적으로 하는 기독교교육의 목적에는 기본적으로 두 가지가 포함되어야 한다. 하나는 회심의 차원이며, 다른 하나는 성화의 차원이다. 게벨라인(Gaebelein)은 기독교교육의 목적을 이 두 가지 차원에서 말한다. "무엇보다도 먼저 젊은이들이 예수님께 인격적으로 위탁하도록 인도하는 것이요, 또한 동시에 그리스도께 위탁한 자들을 양육 하는 것"이라고 하였다.[21] 이 두 가지 측면을 대표하는 말로 전도(evangelism)와 양육(nurture)을 사용할 수 있다. 우리는 하나님과의 바른 관계회복을 위한 회심과 성화의 기본적인 두 요소를 함께 고려해야 하며, 기독교교육을 양육의 차원으로만 생각하여 교육을 전도와 분리시키지 않아야 한다. 또한 기독교교육은 "전인으로서의 인간"에 관심을 갖고, 사람들로 하여금 하나님과 타인과 세계를 새로운 눈으로 보며, 새로운 의미를 가질 수 있게 하는 데 주력해야 한다. 신앙이란 근본적으로 개인적인 속성을 가지고 있지만, 그것은 인간의 사회적 관계와 문화의 제반 활동으로 확산되어야 한다. 드그라프(A. DeGraaff)는 이렇게 말한다.

"우리는 예수 그리스도 안에서 새로워진 삶을 우리들의 모든 활동에서 증거하는 것 이상의 다른 소명을 가지고 있지 않다. 우리 자신을 드리고, 마음과 정성을 모아 예배를 드리며, 우리를 어둠에서 놀라운 광명으로 부르신 그의 승리를 시위하는 것은 우리의 합리적인 봉사이다. 우리는 주님의 사역을 위한 합당한 도구가 되어야 한다. 교육자는 인간의 삶의 소명에 관한 이런 계시에 유념해야 한다. 모든 형식의 기독교 양육과 교훈의 최종적인 목적은 이런 소명에 관한 근본적인 지침의 제공 이상의 그 어느 것도 아니다. 어린이건, 어른이건, 그의 유일한 과업은 그의 주이시며 구속자에게 영광을 돌리고, 인류의 유익을 위해 하나님의 창조물을 개현시키고 개발하면서 그의 법에 따라 하나님을 섬기는 것이다. 이러한 섬김을 위해 어린이들을 준비시키고, 어른에게는 이 소명에 관한 지침을 주는 것이 기독교교육의 최종적 목적이 되어야 한다."[22]

무엇보다도 기독교교육은 인간의 관여하는 모든 관계에서의 회복을 추구한다. 인간회복의 역사는 근본적으로 하나님과의 관계의 회복을 의미하며, 하나님과의 관계 회복은 자신과의 관계, 타인과의 관계, 그리고 세상과의 관계에 영향을 미친다. 그리고 이 관계는 필연적으로 내적인 연관성을 지니게 된다. 월터스톨프(Wolterstorff)는 샬롬이라는 개념으로 이 관계들을 묶어주고 있다. 그는 샬롬을 근본적으로 하나님, 다른 사람들, 세상(환경), 그리고 자신과의 관계라는 네 가지 관계에서 올바르고 화목한 관계를 가지며, 그 관계 속에서 즐기는 삶을 의미한다고 말한다. "샬롬(평화) 속에 거한다는 것은 하나님 앞에서 사는 것을 즐기는 것이며, 그의 물리적 환경 안에서 사는 것을 즐기며, 그의 동료들과의 삶을 즐기며, 그 자신과의 삶을 즐기는 것이다."[23] 이 관계를 하나씩 살펴보자.

하나님과의 관계

인간이 하나님의 형상으로 지어졌다는 것은 무엇보다도 인간이 하나님과의 관계 속에서 지어졌다는 의미이다. 하나님을 떠나서는 인간에 대한 어떤 명확한 지식에 도달할 수 없다. 도예베르트는 '우리 자신에 대한 올바른 지식은 하나님에 대한 올바른 지식에 의거해 있다'고 한 칼빈의 말이야말로 '인간은 누구인가'에 대한 답변의 열쇠가 된다고 말하였다.[24] 인간은 인간 자체로부터가 아니라 오직 하나님으로부터 인식되지 않으면 안되는데,[25] 이는 인간이 단독으로 존재하는 것이 아니라 언제나 하나님과의 관계 속에서 존재한다는 성경적 파악에서 연유된 것이다. 그러므로 신학적 인간학은 인간을 인간 자체로부터 밝히려 하는 모든 다른 인간학들과 구별된다.[26] 인간의 하나님과의 관계는 인간됨에 있어서 본질적인 것이며, "하나님과의 관계는 전인적 존재인 인간에게 있어서 결정적이고, 근본적이고, 전체적이고, 통전적인 성격을 갖고 있다."[27]

인간의 하나님과의 관계성은 근본적으로 인간이 종교적인 존재임을 드러낸다. 사람은 하나님께 순종적인 방향이나 혹은 불순종적인 방향을 선택할 수밖에 없는 존재이다. 잔 바트링크(Jan Waterink)는 "형상"의 개념을 "종교적 존재로서의 인간"과 관련짓는다. 그에게 있어서 "종교적"이라는 말은 하나님을 경외한다든지, 하나님을 의존한다는 것 이상으로 전 삶을 통한 봉사적 의미를 갖는 것이다. 그는 다음과 같이 설명한다.

"종교는 단순한 의존감 이상의 어떤 것이다. 종교는 존경하고 경배하는 자에게 복종하는 활동이며 또한 존경자에 대한 봉사활동이다. 우리를 정복하셨기 때문에 우리가 우리 자신을 내어 맡긴 그 분에 대한 이러한 봉사, 이러한 헌신은 인생의 실제 생활에서 세 가지 국면으로 나타난다. 첫째는, 하나님 자신과, 자신의 모든 활동 곧 피조물에 나타나는 하나님에 대한 인간의 인지적 접근 속에 또는 그것을 통하여 나타난다. 둘째는, 하나님과 그가 창조하신 전 우주에 나타나는 하나님의 사역에 대한 복종과 헌신에서 나타난다. 셋째는, 하나님을 섬기는 방향으로 이 우주를 지배하고 계획하고자 하는데서 나타난다. 따라서 인간이 종교적이라는 세 가지 국면을 제시해 준다. 즉, 인지, 복종, 통치의 세 국면이다. 성경에 의하면 이 세 가지 국면은 선지자, 제사장, 왕의 직분에 속하는 것이다."[28]

특히 하나님과의 관계는 다른 어떠한 관계보다 우선하며 인간의 삶의 어떤 영역도 이 관계에서 벗어날 수 있는 부분은 없다. 따라서 하나님과의 관계는 타인과의 관계, 자신과의 관계, 그리고 세상(환경)과의 관계에 영향을 준다.[29] 여기서 흔히 범하기 쉬운 실수는 하나님과의 관계, 타인과의 관계, 세상과의 관계를 동등한 위치에서 설명하거나 병렬적으로 열거하는 것이다. 하나님과의 관계는 다른 모든 관계에 우선하며 다른 관계들을 결정짓는다.

타인과의 관계
앞에서 말한 바와 같이 하나님과의 관계는 인간에게 있어서 가장 중심적인 관계이며, 이 관계는 인간 상호간의 관계와 분리되어 취급될 수 없다. 오히려 하나님과의 관계의 본질은 인간 상호관계의 본질을 이해하기 위한 기초가 된다. 하나님과의 온전하고 건강한 관계는 인간 상호간의 관계를 풍요롭게 만든다.[30]
월터스톨프는 인간은 함께 하나님의 형상으로 지음 받은 동료들임을 강조하며 '서로 사랑하라'는 계명의 근거가 이 하나님의 형상의 공유에 있다고 말한다. 그는 계속 칼빈을 인용하면서 이를 강조한다. 칼빈은 "내가 사람을 볼 때마다, 나는 필히 거울 속에서 보는 것과 같이 나를 바라보아야 한다"고 말하였다. 깊은 의미에서 볼 때 모든 인간은 내 이웃인 것이다. 또한 칼빈은 선한 사마리아인의 비유를 해석하면서 다음과 같이 말하였다.

> "이웃이라는 단어는 무차별적으로 모든 사람에게 확대되었다. 왜냐하면 모든 인류는 친교의 거룩한 연대로 묶여져 있기 때문이다."[31]

또한 인간은 개체적인 존재로 지음 받았을 뿐만 아니라 집단적인 존재로 창조되었다. 이러한 인간의 개체성과 공동체성은 근본적으로 서로 대립되는 것이 아니라 인류의 다양성과 통일성의 양면을 보여주는 특성이다. 이 두 가지 측면은 서로 화증하고 보완하고 완성한다.[32]

창세기 1:27에는 "하나님이 자기 형상 곧 하나님의 형상대로 사람을 창조하시되 그들을 남자와 여자로 창조하셨다"고 하였다. 여기서는 남자와 여자의 성적인 구별 이상의 의미가 포함되어 있다. 이 구절에서 강조하는 것은 인간이 스스로 고립되어 있으면서 완전해질 수 없으며 이웃과의 관계를 필요로 하는 존재라는 사실을 강조한다. 모든 사람은 고립상태에서는 참된 인간성을 얻을 수 없다는 것이다.[33]

월터스톨프의 말대로 진정한 샬롬은 다른 사람들과 서로 올바르고 화목한 관계를 가지며 인간 공동체 안에서 기쁨을 누릴 때 구체화된다. 따라서 샬롬을 이루기 위해서 우리는 윤리적 공동체, 책임성 있는 공동체, 정의가 지배하는 공동체를 이루기 위해서 노력해야 한다. 그는 다음과 같이 말한다.

> "모든 사람들을 자신의 삶의 운명에 만족하도록 느끼게 한다고 하더라도, 정의롭지 못한 상황에서는 평화가 확보될 수 없다. 미국에 있는 흑인들이 그들의 노예 상태에 대해서 만족해 있다고 하더라도 거기에 평화는 없었을 것이다. 남아공화국에 있는 흑인들이 행복하게 느낀다 해도 거기에 평화는 없는 것이다. 왜냐하면 평화는 정의가 없을 때 상처를 입는 윤리적 공동체이기 때문이다."[34]

그 누구도 고립하여 존재할 수 있는 사람은 없다. 그러나 완전한 의존이나 일방적인 의존관계에 있는 이도 없다. 필요한 것은 상호의존인 것이다. 하나님은 인간들이 상호간에 충분한 인격적인 관계 안에서 상호의존적인 개인들로 서로 보완하면서 살기를 원하신다. 우리는 다른 사람에 대해서도 책임성 있는 존재이다. 사회도덕은 이런 상호간에 대한 존중에서 발생하는데 이것은 사람들이 하나님의 형상으로 피조된 존재라는 것에 근거한다.

세상과의 관계

하나님과의 관계로부터 인간과 세상과의 관계가 드러나는데, 인간은 하나님으로부터 세상을 지배하라는 명령을 받았다. 인간은 창조주의 뜻대로 세계를 보존하고 관리하는 책임을 지게 되었다.

인간의 세상과의 관계는 인간 본질에 있어서 역시 본질적이고 기본적인 특징이다. 세상과의 관계를 무시하고서는 인간을 정당하게 이해할 수 없다. 물론 인간은 세상 속의 한 부분으로 세상성(worldliness)을 지니고 있다. 그러나 동시에 인간은 창조의 면류관으로 창조세계에서의 독특한 지위와 사명을 가지고 있다. 이러한 의미에서 "하나님의 형상의 본질은 성취되어야만 할 하나님의 소명을 수행해야하는 존재이다. 세상과의 관계에서 이 특별한 소명을 수행하는 '소명을 이루는 존재'(mandator Dei)라고 정의할 수 있을 것이다. 성경에 따르면 인간의 목표와 운명이란 세상을 다스리고 돌보는 일임에 분명하다. 따라서 인간의 생의 의미는 이 과업을 수행함으로써만 성취될 수 있다."[35]

오늘날 환경의 파괴로 인해 "피조물이 다 이제까지 함께 탄식하며 함께 고통하는 것을"(롬 8:22) 보게 되며, 인간이 받게 되는 피해가 구체적으로 드러나는 것을 볼 때, 인간이 하나님의 창조세계를 자기만족을 위해 파괴적인 방식으로 개발하고 착취하는 일이나, 혹은 정성껏 관리하고 보존하는 일을 태만히 해서는 안 된다는 것을 확신하게 된다. 인간은 하나님의 청지기로 그의 영광을 위하여 최상의 주의와 관심을 가지고 창조세계를 보존하고 개발해 나가야 한다. "인간됨은 책임 있는 방식으로 하나님의 세상과 연관하여 살아가는 것을 함의"한다.[36]

진정한 샬롬은 자연과 더불어 올바르고 화목한 관계를 가지며 우리의 물리적 환경에서 기쁨을 얻을 때에 구체화될 수 있다. 샬롬은 우리가 육체에서 분리된 영혼이 아니라 피조된 육체가 우리의 노동으로 세계를 만들어 가고 또 그렇게 한 결과로부터 성취감과 기쁨을 느낄 때에 나타나는 것이다.[37]

자신과의 관계

일반적으로 신학자들은 관계적 존재인 인간을 이야기할 때 하나님, 타인, 그리고 세상과의 관계를 주로 이야기한다. 그러나 인간이 자신과 어떤 관계를 갖는가 하는 것은 인간내적 문제이기는 하지만, 심리내적 관계의 정립은 모든 관계의 기초적인 것이 된다. 왜냐하면 인간 자신은 이 모든 관계가 통합되는 주체이며, 거기서 모든 것이 나오기 때문이다.

인간이 갖는 관계 중에서 자신과 더불어 맺는 관계는 아주 중요하다. 월터스톨프가 샬롬의 가장 최고는 즐김(enjoyment)이라고 말한 것은 결국 하나님과의 관계 회복과 평화를 자기 자신이 용납할 수 있는가가 중요하다는 것을 가르친다. 자신의 깨어진 상태를 인정하고, 예수 그리스도의 구속의 역사를 통해서 자신이 용납되어졌으며, 회복되었음을 받아들이고 인정함으로 진정한 기쁨과 즐김을 소유할 수 있어야 한다는 것이다. 그리고 이러한 자신에 대한 용납은 타인과의 관계와 자연과의 관계에 영향을 미치게 되는 것이다.

자아, 나, 자신 등과 같은 의미를 가진 것으로 이해되는 마음은 인간의 전체적 삶의 출발점이 된다. 자기이해, 세계관, 인생관이 바로 마음에 의해서 결정되며, 마음은 인간의 전 생활을 동기부여하고 지도하고 형성하고 통제

한다. 따라서 마음은 종교적 중심이며, 도예베르트가 언급한 바와 같이 마음은 하나님께 향한 사랑의 봉사에 자신의 전체를 집중시키는 내적인 종교적 추진력을 부여받았다.[38] 인간은 하나님께서 인간의 중심인 마음에 말씀하시는 것을 들으며, 거기에 반응하게 된다. 인간의 마음은 중립적일 수가 없으며 종교적 지향성은 마음에서부터 언제나 하나님을 향하거나 혹은 배반하게 된다. 이러한 부정적 방향의 변화는 곧 죄이며, 그것은 인간이 참다운 통전성을 이루지 못하도록 방해하는 것이다.

인간은 이상에서 논한 관계성 속에서 살아가는 존재이다. 각각의 관계들은 하나님의 형상으로 지음 받은 인간으로 그 아들 예수 그리스도의 형상을 닮아가는 각각의 측면을 보여주면서, 동시에 다른 관계들과 통합된다. 따라서 이러한 관계들은 하나님의 창조된 형상인 인간의 통전성에 수렴된다고 말할 수 있다. 이미 앞에서 서술한 바와 같이 이러한 관계들 중에서 하나님과의 관계는 모든 관계에 우선하고 근본적이어서 다른 관계들의 기초를 형성하며 다른 관계들을 지배한다고 볼 수 있다.

기독교교육은 전인으로서의 인간의 전 생애를 포괄하는 과정이다. 그리스도를 통해서 근본적인 변화를 체험한 사람은 그의 전 생애를 통하여 성화의 과정을 밟아 나간다. 이 성화는 점진적으로 이루어지는 것으로, 사람이 관계하는 모든 사물과 인간, 그리고 그가 접하는 모든 환경 속에서 일어나는 삶의 변화를 말한다. 회심이 영적 탄생으로 하나님을 향하여 방향을 전환하는 것이라면, 성화는 영적 성장으로서 하나님께 가까이 나아가는 것을 의미한다. 그는 하나님께 예배하는 자가 되며, 하나님의 명하신 바를 따라 이웃을 대하고 선교의 사명을 새롭게 하며, 자기 자신에게 주어진 재능을 개발하여 하나님께 영광을 돌리는 삶을 살아가게 된다. 그러므로 기독교교육은 그리스도 안에서 이루어지는 변화의 삶을 통한 하나님과의 관계 회복을 필요로 하며, 이러한 관계 회복은 무엇보다도 하나님, 타인, 세계 및 자신의 네 가지 축을 기준으로 나와 하나님, 나와 타인, 나와 세계 및 나와 자신 관계 속에서 구체적으로 반영되어야 할 것이다.

6. 교육목적 진술

미국의 경우

1930년 목적

소위 1930년 목적은 폴 비스(Paul Vieth)에 의한 것으로 이것을 ICRE(The International Council of Religious Education)가 채택한 것이다. 원래 일곱 가지로 되어 있었으나, 1940년에 가정에 대한 항목이 6번으로 추가되었다.

"첫째, 기독교종교교육은 성장하는 개인들 안에서 인간 경험의 실재로서의 하나님에 대한 인식과 그와의 인격적 관계의 느낌을 육성하는 것이다.

둘째, 기독교종교교육은 성장하는 개인들 안에서 예수님의 인격과 삶과 가르침에 대한 이해와 인식을 개발함으로 그를 구주와 주로 경험하게하고 예수님과 그의 뜻에 충성하도록 이끌며, 그것을 매일의 삶과 행동에서 드러나게 하는 것이다.

셋째, 기독교종교교육은 성장하는 개인들 안에서 그리스도를 닮은 인격의 점진적이고도 계속적인 발전을 육성하는 것이다.

넷째, 기독교종교교육은 성장하는 개인들 안에서 하나님의 부성과 인류의 형제됨의 이상을 구현하면서 세계 속에서 사회 질서를 세우는데 참여하고 건설적으로 공헌하는 능력과 성향을 개발하는 것이다.

다섯째, 기독교종교교육은 성장하는 개인들 안에서 기독교인들의 조직적인 사회인 교회에 참여하는 능력과 성향을 개발하는 것이다.

여섯째, 기독교종교교육은 성장하는 개인들 안에서 기독교 가정의 의미와 중요성에 대한 올바른 의미와 중요성에 대한 인식을 개발하며, 이 기본적인 사회집단의 삶에 참여하고 건설적으로 기여할 수 있는 능력과 성향을 발전시키는 것이다.

일곱째, 기독교종교교육은 성장하는 개인들 안에서 인생과 우주에 대한 기독교적인 해석으로 인도하고, 그 안에서 하나님의 목적과 계획을 볼 수 있는 능력을 가지며, 이러한 해석을 기초로 삶의 철학을 형성하게 하는 것이다.

여덟째, 기독교종교교육은 성장하는 개인들 안에서 현재의 경험에 대한 효과적인 안내자로서 성경에 기록된 인류의 최고의 종교적 경험과 동화하도록 영향을 주는 것이다."[39]

요약하면 첫째, 하나님에 대한 인식과 인격적 관계, 둘째, 예수님의 인격과 삶을 이해하고 가르침을 실천함, 셋째, 그리스도를 닮은 인격, 넷째, 사회 질서의 확립, 다섯째, 교회에의 참여, 여섯째, 기독교가정, 일곱째, 기독교적인 삶의 철학, 여덟째, 성경에 나타난 종교적 경험의 활용이다. 이 목적 진술을 보면 그것의 배경으로 작용하고 있는 종교교육협의회의 신학적 경향을 알 수 있게 된다. 하나님-세상-교회의 구조를 드러내고 있으며, 성경은 제일 마지막에 위치하고 있다. 개인구원보다는 사회구원, 인격형성 등에 보다 우선권을 두고 있다. 이것은 자유주의 신학사상을 반영하고 있다.

1958년 목적

비스의 목적 이후에 신정통주의 신학의 중흥과 함께 기독교교육의 목적에 대한 심층적인 연구들이 촉구되었다. 1952년 미국 NCC(National Council of Churches)의 기독교교육국(Division of Christian Education)은 교육목적의 설정을 위한 위원회를 구성하였으며, 그 위원회는 책임자인 리틀(Lawrence C. Little)의 주도아래 이루어진 5년의 연구결과를 '1958

년 목적'으로 발표하였다. 1958년 목적은 전문과 5개의 작은 목표로 구성되어 있다. 그 내용은 다음과 같다.

> "기독교교육의 최상의 목적은 개인들로 하여금 예수 그리스도 안에서 계시된 찾아오시는 하나님의 사랑을 인식할 수 있도록 하고, 그 사랑에 믿음으로 응답하게 함으로 그들이 하나님의 자녀로 성장하고, 하나님의 뜻에 따라 살고, 기독교공동체와의 생동적인 관계를 유지할 수 있도록 돕는 것이다. 이러한 목적을 성취하기 위하여 기독교교육은 성령의 지도 아래서 다음과 같이 노력한다.
> - 발달의 매 단계에서 개인들이 하나님에 의해서 창조된 자로서 자기의 최고의 잠재력을 인식하고, 그리스도께 헌신하며, 기독교인으로서의 성숙을 향해 자라도록 돕는 것이다.
> - 개인들로 하여금 사회 안에서 책임 있는 역할들을 감당하고, 모든 인간 안에서 하나님의 사랑의 대상을 보면서, 그들의 가족과 교회와 다른 개인들과 집단들과의 기독교적인 관계들을 수립하고 유지하는 것을 돕는 것이다.
> - 개인들이 자연계를 하나님의 창조로 더 잘 이해하고 인식 할 수 있도록 하고, 그 가치를 보존할 책임성을 받아들이며, 그것들을 하나님과 인류를 위한 섬김에 사용하도록 돕는 것이다.
> - 개인들을 성경에 대한 점증적인 이해와 인식으로 이끌어, 거기서 하나님의 말씀을 듣고 순종하게 하며, 역사적인 기독교 유산들 속에 나타난 다른 요소들을 인식하고 효과적으로 사용하도록 돕는 것이다.
> - 개인들이 교회의 국내 선교와 세계선교에 신실하게 참여함으로 기독교적 친교 안에서 책임성 있는 역할들을 발견하고 성취할 수 있도록 하는 것이다."[40]

이 목적은 전문에서 하나님과 인간의 만남을 강조하면서, 5개의 목표로 첫째, 창조된 자아의 인식과 그리스도인으로서의 헌신과 성숙, 둘째, 책임 있는 사회적 관계의 수립, 셋째, 자연계에 대한 인식, 넷째, 성경과 기독교의 유산활용, 다섯째, 선교적 사명을 강조하고 있다. 이 목적의 진술에는 신정통주의적 경향이 잘 나타나고 있다.

같은 해에 "고등학교 학생을 위한 교육목적"(objective for senior high young people)이 다른 위원회에 의해서 발표되었다. 앞의 문서와의 차이는 하나님과 인간의 만남을 더욱 강조하면서, 그것이 인간의 삶에 가져오는 결과를 부각시키고 있다는 점이다.[41]

"기독교교육의 목적은 사람들로 하여금 예수 그리스도 안에서 하나님의 자기를 나타내 보이심과 찾아오시는 사랑을 깨닫게 하고, 믿음과 사랑으로 응답하는 가운데 그들이 누구이며 그들이 처한 인간적 상황이 무엇을 의미하는지 알게 하며, 하나님의 자녀로서 그리스도인의 공동체에 뿌리를 박고 자라나며, 모든 관계에서 성령 안에서 생활하고, 이 세상에서 그들의 공동적 제자직을 성취하며 그리스도인의 소망 중에 거하도록 도와주는 것이다."[42]

한국의 경우

대한예수교장로회(고신)

1965년 1월 14-15일 부산에서 열린 교과과정심의위원회 제1차 위원회는 교단의 교육이념과 목적을 설정하였고, 제15회 총회(1965. 9)에 보고하여 채택되었다.[43] 고신교단의 교육이념과 목적은 제정된 이후 현재까지 수정 없이 사용되고 있다. 고신교단의 교육이념과 목적은 다음과 같다.

교육이념
개혁주의 정신에 입각하여 웨스트민스터 표준서들을 따라 하나님을 사랑하고 이웃을 사랑하는 그리스도인을 양성한다.

교육목적

성경을 가르쳐 첫째, 삼위일체 하나님을 알고 사랑하며 섬기고 (예배적 인격), 둘째, 하나님의 형상인 사람을 이해하고 사랑하며 도우며 그리스도를 전하고 (인화협동적 인격), 셋째, 자기의 존재의의와 특수한 사명을 자각하여 자기가 선 자리에서 맡은 일에 충성하는 (문화적 인격) 그리스도인을 육성하여 신앙의 정통과 생활의 순결을 겸비케 한다.

고신교단의 교회교육목적의 핵심은 다음과 같이 요약될 수 있다.

첫째, 성경이 교회교육의 기초가 됨을 강조하고 있다.

둘째, 관계의 회복으로서의 교육을 강조하고 있다. 이 목적이 추구하는 그리스도인은 하나님과의 관계, 사람들과의 관계, 자연과의 관계에서 온전한 변화를 추구하는 사람이다.

셋째, 신앙의 정통과 생활의 순결을 강조한다. 신행일치를 가르친다. 교육목적은 성경을 강조할 뿐만 아니라, "개혁주의 정신에 입각하여 웨스트민스터 표준서들"을 강조함으로써 정통적인 신앙을 강조하고 있다. 또한 이러한 신앙의 실천적 삶을 강조한다.[44]

대한예수교장로회(합동)

"하나님의 부르심을 입은 그리스도인들로 하여금 정확무오한 하나님의 말씀을 통해 삼위일체 하나님과 그의 행하신 일을 알게 하고, 개혁주의적인 기독교세계관을 바로 정립하여, 그리스도 교회의 일꾼이 되게 하며, 세상의 모든 삶의 영역에서 하나님을 사랑하고 이웃을 사랑하는 성숙한 그리스도인의 삶을 살게 함으로 하나님께 영광을 돌리게 하는 것이다."[45]

합동측의 교육목적은 '성숙한 그리스도인'의 양성인데, 이는 첫째, 하나님을 사랑하고 이웃을 사랑하는 사람이며, 둘째, 세상의 모든 삶의 영역에서 그리스도의 주 되심을 나타내고, 셋째, 궁극적으로 하나님께 영광을 돌리는 사람이다. 이 목적 진술은 특히 교육이 하나님의 말씀에 기초해야 한다는 점, 교육사역이 삼위 하나님의 본질에 근거한 것이라는 점, 교육이 개혁주의적인 기독교세계관에 그 토대를 두고 있다는 점, 교회를 다른 어떤 것보다 앞세우고 있다는 점을 강하게 천명함으로써 교단의 신학적 특성을 잘 나타내고 있다.

대한예수교장로회(통합)

"모든 세대들에게 하나님의 은혜로 예수 그리스도를 통해서 이룩하셨고 성령을 통해 지금도 계속 이루시는 구원의 복음을 신앙공동체 안에서 깨달아 알고 하나님의 말씀과 복음의 빛 안에서 가정과 교회, 이웃사회와 자연 및 세계와 바른 관계를 이루어서, 예배와 선교의 사명을 지닌 하나님의 백성으로서 삶속에서 하나님 나라와 그 의를 위해 헌신하도록 양육하고 훈련하는 것이다."[46]

통합측의 교육목적은 첫째, 구원의 복음을 깨달아 알고, 둘째, 가정, 교회, 이웃, 자연, 및 세계와의 바른 관계를 정립하고, 셋째, 하나님의 나라의 구현을 위해 예배와 선교적 삶을 사는 일로 요약할 수 있다. 이 목적진술에서는 구원을 이루시는 삼위일체 하나님이 잘 표현되어 있으며, 구원을 통한 하나님의 백성됨과 하나님의 백성으로서의 삶이 조화롭게 나타나고 있고, 평생교육적 관점("모든 세대")도 잘 나타나고 있다. 교육의 기초로서의 말씀(복음), 교육의 지향점으로서의 하나님 나라, 교육의 장으로서의 신앙공동체가 잘 드러나고 있다. 그러나 '하나님의 말씀'과 '복음의 빛'의 구별, '이웃사회', '자연'과 '세계'는 어떻게 다르며, 어떤 관계에 있는 것인지 모호한 점이 있다.

한국기독교장로회

"교인들로 하여금 이미 예수 그리스도를 통해서 이룩하셨고 또 계속 성령을 통해서 이룩하고 계시는 하나님의 재창조의 역사를 깨달아 알게 하고 이에 믿음과 소망과 사랑으로 응답하게 도와 그리스도를 머리로 한 새 질서 창조의 전위대적인 백성이 되게 할 뿐 아니라 저희들에게 맡겨진 사명을 다할 수 있도록 육성하고 훈련하는 일이다."[47]

기장의 교육목적은 교인들로 하여금 하나님의 재창조의 사역에 참여하는 전위대적인 공동체가 되도록 육성하고 훈련시키는 일이다. 하나님의 재창조의 사역은 다시 "그리스도를 머리로 한 새 질서 창조"라고 부언한다. 다른 교단의 교육목적에 비해 매우 능동적이며 적극적인 표현을 담고 있는 것이 특징이다. 이 목적 진술에는 교회라는 표현이 없는데, '하나님-세계-교회'로 나타나는 교단의 신학적 경향을 드러내고 있다.

기독교대한성결교회

"모든 사람으로 하여금 성서를 통하여 보여주신 하나님의 부르심에 응답하여 하나님을 알고, 예수 그리스도를 믿음으로 거듭나며, 성령의 도우심으로 성결한 그리스도인이 되어 사랑의 공동체인 교회를 섬김으로 하나님을 영화롭게 하며, 이 세상을 구원하시는 하나님의 역사에 동참하여 복음을 전하고, 이웃을 사랑하며, 영육을 강건케 하시는 성령과 함께 살면서 소망스러운 삶을 살도록 도와주려는 것이다."[48]

성결교단의 교육목적은 거듭나며(중생), 성결한 그리스도인이 되어(성결), 영육을 강건케 하시는 성령과 함께 살면서(신유), 소망스러운 삶(재림)을 사는 것으로 4중 복음이 그대로 반영되어 있다. 성경적 기초가 강조되고, 다른 교단과는 달리 부르심에 대한 믿음의 응답함으로 거듭남이 강조되고 있다. 이정효는 "신앙의 지, 정, 의의 세차원을 모두 포함하고 있으며, 현재의 삶과 미래의 소망이 동시에 강조되며, 하나님과의 수직적 관계와 이웃과의 수평적 관계를 균형있게 강조하고 있다."[49]고 평가한다.

기독교대한감리회

"하나님의 모든 자녀들로 하여금 교회공동체 안에서 기독교신앙의 본질과 감리교회의 유산을 바탕으로 올바른 그리스도인으로 성장하도록 도와줌으로써 하나님의 나라가 실현되기까지 세상에서 기독교적인 삶과 그 실천을 구현하는데 있다."[50]

감리교단의 교육목적은 '올바른 그리스도인'의 양성이며, 구체적으로 말하면 하나님 나라의 실현을 위한 "기독교적인 삶과 그 실천"이다. 이 목적 진술은 기독교신앙의 본질과 감리교회의 유산을 강조하고 있다.

기독교한국침례회

"사람들로 하여금 성경에서, 또한 예수 그리스도를 통해 가장 완전하게 계시된 하나님을 알게 하고, 예수 그리스도를 자신의 구세주로서 뿐만 아니라 주님으로 믿게 하며, 개인적인 신앙의 헌신으로 하나님께 응답하도록 하고, 참된 의미의 제자로서 하나님의 뜻에 수종하기를 애쓰며, 자기 자신을 하나님의 교회와 세상 안에서의 교회의 사명과 효과로 결부시키고, 성령의 인도와 능력을 경험하며 생활함과 아울러 기독교인의 성숙을 향해 성장해 갈 수 있도록 돕는 것이다."[51]

침례교단의 교육목적은 사람들을 예수 그리스도의 성숙한 제자로 양육하는 것이다. 그는 그리스도를 구세주와 주로 믿으며, 교회와 세상 속에서 효과적으로 헌신하면서 사명을 다하는 사람을 말한다. 이 목적 진술은 예수 그리스도가 그 중심을 이루고 있으며, 세상 속에서의 교회의 사명과 성령의 인도하심을 강조하고 있는 것이 특징이다.

기독교대한하나님의성회

교육이념

하나님의 말씀인 성경에 그 기초를 두고, 성령의 역사로 말미암아 하나님을 사랑하고 이웃을 사랑하는 그리스도인을 양성한다.

교육목적

성경을 가르쳐 첫째, 삼위일체 하나님을 바로 알고 사랑하며 섬기고, 둘째, 하나님의 형상이 사람을 이해하고 사랑하고 도우며 그리스도를 전파하고, 셋째, 오순절 성령의 역사를 이 세대에 다시금 일으키고 성령의 역사로 말미암아 하나님의 의를 이 땅에 이룩하는 그리스도인을 양육하여 신앙의 정통과 생활의 순결을 겸비케 한다.[52]

구조적으로 기독교하나님의성회의 교육목적 진술은 고신교단의 구조를 따르고 있으며, "하나님을 사랑하고 이웃을 사랑하는 그리스도인"의 양성에 그 초점을 맞추고 있다. 특히 교단의 신학적 경향을 반영하는 성령님의 존재와 사역을 강조하고 있는 것이 특징이다.

추천도서

정원식, 《교육의 과정》, 서울: 배영사, 1973, pp. 135-171.
김대현, 김석우 공저, 《교육과정 및 교육평가》, 서울: 학지사, 2005, pp. 91-127.
Miller, Randolph Crump, "The Objective of Christian Education," in Marvin J. Taylor (ed.), *An Introduction to Christian Education*, Nashville: Abingdon Press, 1966, pp. 94-104.

토의제목

1. 각자가 생각하는 기독교교육목적을 진술하여 보고, 모여서 함께 나누는 시간을 갖도록 합시다.

2. 기독교교육의 목적진술에 포함되어야 할 중요한 구조적인 요소는 무엇인지 생각해 봅시다.

3. 각 교단의 교육목적을 비교 검토해 봅시다.

제6장
기독교교육 과정론

신 영 순

　지식은 중립적일 수 없다. 모든 지식의 배후에는 알고 있는 사실과 실재를 설명하는 어떤 기초에 대한 원리적인 비전이 있다. 모든 학습은 어떤 특정한 틀(framework) 안에서 일어난다. 그리스도인들로서 우리는 하나님이 하늘과 땅의 창조주시라는 성경의 계시를 수용한다. 그리고 하나님이 자신의 창조세계를 구조화된 통일체로 만드시고 인간의 타락에도 불구하고 그리스도로 말미암아 이것을 유지 보존하시기 때문에 우리가 창조세계에 관한 지식을 획득할 수 있다는 성경의 계시를 수용한다. 교육과정은 하나님이 창조세계 속에 심어두신 이 법칙구조들 안에서 하나님과 이웃, 창조세계, 그리고 자신을 봉사하라는 인간의 소명을 수행하기 위해서 인간이 자유를 부여받았다는 사실을 학생들에게 보여주어야 한다. 이 법칙들은 다중적(manifold)이며 침투적(pervasive)이다. 이 법칙들은 우리가 하는 곱셈의 방법, 천체운동, 식물의 성장, 경제의 작용 방법, 소년 소녀간의 사랑의 교제, 작곡과 음악 감상의 방법 등을 위한 기초이다. 그러므로 참된 통찰을 얻기 위해서 우리는 창조세계 속의 하나님의 구조적 법칙에 대한 하나님의 계시에 우리 자신을 종속시켜야 한다.

현재의 교육과정이 지니고 있는 한 가지 주요 약점은 다양한 학문들의 상호관계에 대한 통찰이 거의 전적으로 결여되어 있다는 사실이다. 우리의 교육과정은 학생들에게 통일성(unity)과 목적에 대한 의식, 학생들의 다각적인 소명에 대한 의식, 그리고 하나님과 기독교 공동체와 이 세상에 대한 책임감을 제공해 주어야 한다. 전문가를 양성하는 것은 학교의 과업이 아니다. 우리는 이들 학생들이 자신들의 전문적인 지식을 총체적인 삶에 관계지우는 일을 소홀히 하지 않도록 가르쳐야 한다. 교육과정은 학생들에게 다음과 같은 물음을 제기하도록 가르쳐야 한다.

"나의 전공은 지식의 다른 영역과 삶 전체에 어떻게 영향을 주는가? 나는 인간의 문화를 풍요하게 하는데 공헌하기 위해서 나의 전공을 사용함에 있어서 어떻게 책임적이 될 수 있는가? 나의 학문은 사회의 미래에 대한 의미있는 조망에 어떻게 공헌하는가?"

이 장에서는 이러한 물음의 제기에 대하여 교육과정의 기초와 목적, 교육과정의 구성의 원리와 준거, 그리고 삶을 위한 교육과정, 정의와 샬롬을 위한 교육과정을 논의한 후, 교육과정을 위한 함의점을 도출하고 마무리 지으려고 한다.

1. 교육과정의 기초와 목적

월터스톨프는 교육목적에 대한 자신의 분명한 관점을 제시하고 있다. 그의 초기 기독교 교육 사상에는 교육은 반드시 삶을 위한 교육, 즉 세상 속에서의 존재 방식을 위한 교육이 되어야 한다는 관점이 강하게 부각되어 있다.[1] 이러한 관점은 그 후 책임성 있는 행동을 위한 교육으로 발전하며, 이 교육목적은 다시 감사를 위한 교육과 정의와 샬롬을 위한 교육이라는 차원으로 발전해간다.[2]

월터스톨프에게 있어서 교육목적은 아동으로 하여금 그리스도인의 삶을 영위할 수 있도록 구비시켜주는 것이다.[3] 교육은 암묵적으로든지 명시적으로든지 간에 항상 피교육자가 세상 속에서 살아가는 삶의 양식, 즉 세상속의 어떤 존재방식을 형성하는 목적을 염두에 두고 있다. 그렇기 때문에 교육자는 피교육자의 삶에서 어떤 변화를 추구하는 것을 목적으로 삼고 있다. 그렇지 않으면 교육이 아니라 단순히 아동을 돌보는 활동에 종사하는 일이 될 수 있다.

그런데, 교육이 아동의 미래적 삶의 준비에 초점을 맞추어야 하는가, 아니면 아동의 현재적 삶에 초점을 맞추어야 하는가 하는 문제는 전통주의 교육자들과 진보주의 교육자들 사이에 관점이 대립되어 왔으며, 아직도 첨예하게 대립되고 있는 문제이다. 전통주의 교육자들에 의하면 학교 교육은 성인생활을 위한 준비의 과정이기 때문에 교육 목적과 내용이 모두 아동들이 미래에 살아가야 할 성인 생활에 가치있고 유용할 것이냐는 기준에 의해서 결정되어야 한다고 본다. 그러나 진보주의 교육자들은 학교교육을 포함한 모든 교육이 아동으로 하여금 자신의 현재 삶을 가치있게 보고 향유할 수 있어야 한다는 점을 강조한다.[4]

월터스톨프에 의하면 이것은 양자택일의 문제가 아니라 두 가지 측면을 모두 고려해야 하는 균형과 조화의 문제이다. 교육은 아동의 미래적 삶을 위한 준비냐 아니면 현재적 삶 자체를 위한 것이냐의 문제를 양자택일(either-or)의 문제로 보고 어느 한편을 지나치게 강조하거나 다른 한편을 무시하는 것은 교육의 본질과 효과성을 심각하게 왜곡시키는 환원주의적 오류라고 보고 있다.

> "학교가 아동들을 교육함에 있어서 미래 성인의 삶을 위해 준비시키는 것을 하나님의 목적으로 삼지 않는다면 그것은 무책임한 일이다. 마찬가지로 아동이 좋아하든지 좋아하지 않든지 간에, 학교가 아동에게 발전시켜주고 함양시켜주는 제반 특성들이 아동기를 넘어 성인의 삶으로 필연적으로 이양되어가도록 하지 못하는 교육 역시 공허할 뿐이다."[5]

아동은 성인이 원하는 대로 마음대로 주조할 수 있는 한 덩이의 점토가 아니다. 아동은 듀이(Dewey)가 강조하는 바와 같이 단순히 미성숙한 존재 또는 성인의 축소판이 아니라, 사랑과 존중을 받아야 하는 한 인격체이다.[6] 그러므로 교육은 아동의 현재적 삶에 가치있고 의미가 있어야 한다. 그러나 아동들의 욕구는 성인들의 욕구와 다르기 때문에 아동들에게 베풀어지는 사랑과 존중과는 다른 형태를 가져야 한다. 학교는 아동들의 학습이 그들의 삶 전체, 즉 아동들의 현재적 삶과 미래적 삶 모두를 위해 가치있고 의미있는 삶이 될 수 있게끔 만들어주는 교육과정과 교수 방법적인 기술을 추구해야 한다. 그래서 학교는 아동의 생활과 직접 결부되고 아동의 생활 장소가 되어야 한다. 듀이에 의하면 학교는 아동들이 장래에 영위하게 될 어떤 예상적인 생활에 대하여 추상적이고 요원한 관계를 가진 학과를 배우는 장소가 아니라 아동이 생활의 지도를 통하여 배우는 생활 장소가 되어야 한다. 요컨대, 학교는 소형의 사회(miniature society)이며 배태적 사회(embryonic society)가 되어야 한다.[7]

그러나 월터스톨프에게 있어서 중요한 것은 '아동의 현재적 삶을 위한 교육이냐' 아니면 '미래적 삶을 위한 준비냐' 라는 선택의 문제가 아니라, 어떤 미래적 삶을 아동들에게 준비시켜주는 것을 교육 목적으로 삼아야 하는가라는 문제이다. 그런데 교육이 지향해야 하는 바람직한 삶이 어떤 것인가에 대해서 사람들은 의견의 일치를 보이지 않는다. 참되고 진정한 인간의 삶이 어떤 것인가에 대해서는 상이한 관점들이 존재한다. 그러므로 교육이 지향해야 하는 목적이 무엇인가에 대해서도 관점이 다양할 수밖에 없다. 월터스톨프에게 있어서 교육 목적의 설정 문제는 결국 세계관의 문제와 직결된다.

> "여러분과 나는 개혁주의 기독교 학교에 관심을 갖고 있다. 우리는 개혁주의 그리스도인들이 이해하는 바 기독교적 삶을 아동들에게 구비시켜주는 것을 목적으로 하는 학교 교육 프로그램에 관심을 갖는다. 따라서 우리가 제기하게 되는 문제는 이와 같은 학교를 위한 교육과정을 결정하기 위해 어떻게 해야 하는가 하는 것이다. 어떤 고찰을 해야 할까? 아동들로 하여금 기독교적 삶을 영위하도록 구비시키는 목적으로부터 도출되는 교육과정의 결과는 무엇인가?"[8]

월터스톨프가 여기서 강조하고자 하는 것은 교육은 그 본질에 있어서 신앙을 삶의 인간적이며 현재적인 실재에 연관되도록 하는 일에 관심을 가져야 한다는 점이다. 기독교교육은 기독교 신앙을 삶의 포괄적인 지침으로 제시하는데 관심을 가져야 한다. 이러한 관심은 삶의 모든 영역에서 하나님을 섬기며, 그리스도의 통치권을 삶의 모든 영역에 확장하기 위한 교육을 강조해야 한다는 사실을 의미한다. 월터스톨프는 교육이 인간의 삶을 영위할 수 있는 교육이 되기 위해서는 그 범위에 있어서 광범해야 할 뿐만 아니라, 효율적이며 효과적이고 구체적이고 초점이 맞아야 하며 삶 자체 속에서 검증되어야만 한다고 주장한다.

교육적 활동은 항상 학생들을 지향하고 있어야 하며 그들의 필요와 요구에 답해야 한다. 교육적 활동은 또한 결과를 추구해야 하며 추구한 결과는 학생들의 인격과 필요와 요구를 존중하는 결과여야 한다. 뿐만 아니라 교육적 활동은 어떤 효과를 목표로 해야 하며 목표로 하는 그 효과는 학생들에게 효과가 있어야 한다. 교육적 활동이 효율적이기 위해서는 교육의 본질적이며 이론적인 관점들은 학생들의 삶 속에서 기독교적 조망을 구현하는 당위성과 안내판이 되어야 한다. 교육의 이와 같은 특징들은 학교교육에서 두드러지게 나타나야 한다. 학교는 학교 그 자체가 목표가 되어서는 안되며 학교 자체를 위해서 운영되어서도 안된다. 학교교육은 아동의 총체적인 삶을 지향해야 하며 그들의 삶 전체를 위해서 운영되어져야 한다. 이러한 관점에서 보면 학교교육의 목표는 아동들의 학교 내에서의 삶뿐만 아니라 학교 밖에서의 삶, 그리고 아동의 현재적 삶뿐만 아니라 미래적 삶을 위해서 그들을 구비시키는 교육이 되어야 한다.[9]

기독교학교는 교육의 목적과 교육과정, 그리고 전반적인 학교생활과 프로그램 속에 기독교신앙에 기초한 삶의 포괄적 관점을 반드시 반영시키고 구현해야 한다. 기독교학교제도는 기독교 신앙공동체가 기초하고 있는 세계관의 구현노력과 그 노력의 결과이다. 그러므로 기독교학교의 교육 목적과 교육과정, 그리고 학교생활 등 총체적인 교육 프로그램도 이 학교가 갖고 있는 비전의 구현이 되어야 한다. 기독교학교는 삶에 대한 기독교적 관점을 교육 목적과 교육 과정의 선택은 물론 학교의 일반적 성향과 정신에 대한 역동적인 통제 요인으로 강조해야 한다. 이러한 통제 요인을 수용함으로서 교사들은 자신들의 소명과 과업을 성취하는데 더 효율적으로 구비되어질 수 있을 것이다. 이와 같은 교육적 사업은 확실히 이 세상 속에서 삶에 대한 기독교적 관점을 이해하고 수용할 뿐만 아니라, 그러한 관점과 일치하는 삶을 살아갈 수 있는 헌신된 학생들을 양육하는 일에 초점을 맞추게 될 것이다.

교육과 삶에 대한 이와 같은 관점을 가지고 월터스톨프는 개혁주의 세계관에 입각하여 교육이 지향해야 할 그리스도인의 삶의 중요한 특징들을 다음과 같은 다섯 가지로 제시하고 있다.

• 그리스도인의 삶은 그 전체에 있어서 인간의 삶이다.

- 그리스도인의 삶은 모든 것을 포괄하는 신앙의 삶이다.
- 그리스도인의 삶은 기독교 공동체의 구성원으로서의 삶이다.
- 그리스도인의 삶은 일상적인 사회 안에서의 삶이다.
- 그리스도인의 삶은 문화적 순종의 삶이다.

월터스톨프는 기독교교육의 목적이 단순히 기독교적 관점이나 사고를 위한 교육이 아니라 기독교적 삶을 위한 교육에 초점을 맞추어야 한다는 점을 강조하였다. 교육의 목적이 단순히 관점이나 사고가 아니라 삶의 형성을 목적으로 삼는다고 하면 교육은 단순히 지식에만 관심을 가질 수 없을 뿐만 아니라, 또한 지식에 추가하여 능력에만 관심을 가질 수도 없다. 인간의 삶의 형성에 관심을 갖는 교육은 피교육자가 자신의 지식과 능력을 가지고 무엇을 하느냐에 문제에 관심을 가져야 한다.

2. 교육과정 구성의 원리와 근거

월터스톨프에 의하면 인간은 반드시 필요로 하는 피조물이다. 인간은 변화로 둘러쌓여 있으며 날마다 새로운 어떤 문제와 만나는 존재이다. 인간은 내일 일을 알지 못하는 피조물이다. 그러므로 무엇인가를 알기 원하며 아는 것에 기쁨과 만족을 느낀다. 인간은 의식적 존재로서 자유롭고 합리적인 행동을 할 수 있는 존재로서 자신의 생존을 위해서 무엇을 해야 할 것인가를 알아야 한다. 따라서 학습은 인간의 삶과 불가분리적인 관계에 있다. 동시에 인간은 자유로운 존재로서 무엇을 학습할 것인가를 선택할 수 있고 또 선택해야 하는 존재이다. 인간은 자신의 지식과 자신의 무지에 대해서 책임을 지고 있다. 그러므로 무엇을 배워야 할지에 대해서도 결정을 해야 한다. 이러한 결정은 단순히 개인적일 뿐만 아니라 공동체적인 성격을 가지고 있다. 뿐만 아니라, 학습하기로 선택한 모든 것이 동일한 가치를 가지고 있는 것도 아니다.[10] 인간 본질의 이와 같은 차원에서 보면 교육과정이란 학생들에게 무엇을 가르치며 무엇을 강조할 것인가에 관한 결정의 결과라고 말할 수 있다.

교육과정 구성문제와 관련하여 월터스톨프는 다음과 같은 몇 가지 기본적인 원칙과 기준을 제시하고 있다.[11] 가장 기본적인 원칙은 기독교 교육의 이상을 구현하기 위해서는 기독교적인 교육과정을 독특하게 개발해야 한다는 것이다. 기독교 교육자들이 학생들에게 전달하려고 노력하는 지식은 그 내용, 조직, 강조점 등에 이어서 일반적인 교과서에서 제시하는 것과는 아주 다를 수 있다는 사실을 인식하는 것이 중요하다. 적절한 교육의 목적을 무엇으로 보느냐에 따라서 제공되는 학습 내용이 달라진다. 다시 말하면, 교육의 목적을 사회화 목적, 성숙 목적, 문화 전수 목적, 기독교적 목적 등 무엇으로 보느냐에 따라서 학생들에게 제공되는 학습이 아주 달라진다. 사회화 이론가들이 중요하다고 생각하는 것은 성숙주의자들이 중요하다고 생각하는 것과는 아주 다르다. 뿐만 아니라, 우리가 표준 교과서라고 말하는 교과서 역시 그 배후에는 항상 특정 이데올로기를 갖고 있다. 월터스톨프에 의하면 교과서는 결코 가치중립적이지 않다.[12]

공교육은 그리스도인들이 지지할 수 없는 신앙적 헌신(faith commitment)을 가지고 있다. 공립학교에는 통합적인 그리스도인(integral Christian)들을 위한 자리가 없다. 공립학교에서 그리스도인들은 "가서 모든 족속으로 제자를 삼아 … 내가 분부한 모든 것을 가르쳐 지키게 하라"고 하는 마태복음 28장의 그리스도의 명령에 전적으로 신실할 수가 없다. 그리스도인들로서 우리는 공립학교의 기본적인 목적과 이 목적들이 교육과정에 구현되는 방법에 필연적으로 불화하게 되어질 것이다. 우리가 무엇보다도 먼저 기독교 교육에 관한 우리의 총체적인 관점을 발전시키고, 이러한 관점에 따라 우리의 교육과정을 구조 지을 수 있을 때에만 우리는 기독교적 지성(Christian mind)을 개발할 수 있으며, 우리가 직면하는 모든 문

제들에 대해서 기독교적으로 사고하는 것을 학생들에게 가르칠 수 있다.[13]

교육과정 구성의 두 번째 원칙은 통합적인 교육과정을 구성해야 한다는 것이다. 월터스톨프에 의하면 교육과정은 무엇보다도 먼저 기독교적 관점과 통합되어야 하며 기독교교육철학의 관점을 기초로 교과간의 통합이 이루어져야 한다. 이러한 기본적인 통합에 추가하여 교육과정은 다음과 같은 세 가지 차원에서 통합이 이루어져야 한다고 주장한다. 첫째는 이 세상 속에서 그리스도인의 존재방식을 살도록 하는 교육목적과의 통합이며, 둘째는 이론과 실천의 통합, 그리고 셋째는 학교생활과 실제적인 삶과의 통합이다.

교육과정의 구성의 세 번째 원칙은 공통성과 함께 개별성과 다원성의 문제를 고려해야 한다는 점이다. 물론 상이한 학생들에게 가르쳐지는 내용이 상당한 정도로 공통적일 수밖에 없지만 개별화된 교육 역시 강조되어야 한다는 것이 월터스톨프의 관점이다. 여기에는 두 가지 이유가 있는데, 첫째는 각각의 학생들은 독특한 소명을 갖고 있을 뿐만 아니라 각각의 소명은 또한 독특하다는 점 때문이다. 기독교교육이 만약 인간의 이와 같은 소명을 위해서 교육해야 한다면 교육과정은 자연스럽게 개별화될 수밖에 없다는 것이다. 이와 관련된 또 다른 이유는 교육은 항상 능력, 적성, 관심사, 행동 방식 등의 측면에서 항상 상이한 학생들을 다루고 있다는 사실 때문이다. 하나님은 인간을 동일한 조각품으로 만들지 않으셨다. 이런 이유 때문에 기독교 교육자들은 교육과정의 개별성 문제에 관심을 가져야 한다는 것이다.

월터스톨프에 의하면 기독교학교는 너무나도 자주 그리스도 안에서 우리가 갖고 있는 개별성을 우리 자신의 것이 되도록 축하하는 대신에 학생들을 획일성의 틀로 몰아넣고 있다고 한다. 여기에 대해서 많은 변명들을 하지만 가장 흔히 들을 수 있는 이유는 시험과 평가의 필요성 때문에 필연적으로 획일성을 강요하게 된다는 것이라는 점을 지적한다.[14] 그러나 월터스톨프는 이런 이유가 기독교교육의 전형적인 획일성을 정당화시킬 수 있는 타당한 이유라고는 보지 않는다. 왜냐하면 시험도 상당한 정도로 개별화시킬 수 있다고 보기 때문이다. 월터스톨프는 자신의 경험에 비추어 볼 때 학생들은 상이한 종류의 압박과 상이한 종류의 시험에 각각 다르게 응답한다는 것이다.

교육과정이 다원성의 문제를 진지하게 고려해야 하는 이유는 학생들로 하여금 다원주의적인 사회와 문화 구조 속에서 삶을 영위할 수 있도록 구비시켜 주어야 하기 때문이다. 오늘날 아동 및 청소년들이 자신들의 삶을 영위해 나가야 할 사회는 인종적, 종교적, 사회적, 문화적으로 다원적인 사회이다. 그러므로 기독교 교육과정은 다양한 종교와 세계관 중에서 기독교가 단지 하나의 종교와 세계관으로 인정되는 사회 구조 속에서 어떻게 하면 그리스도인으로서의 정체성을 가지고 말하며 살아갈 수 있는가 하는 문제에 아동 및 청소년들이 진지하게 직면할 수 있도록 도와주어야 한다.

교육과정 구성의 네 번째 원칙은 국제화를 지향해야 한다는 점이다. 월터스톨프는 기독교 교육과정은 반드시 국제화되어야 한다는 점을 강조한다. 이것은 교육과정에 단순히 세계 여러 나라에 관한 이런 저런 내용을 조금씩 포함시켜야 한다는 의미가 아니라 현대사회 구조의 역동적인 상호 관련성을 학생들이 인식할 수 있도록 구성되어야 한다는 사실을 의미한다. 그가 말하는 교육과정의 국제화 특성은 다음과 같은 특성을 의미한다.

"지구상에 다양한 나라들이 경제적, 정치적, 문화적으로 상호작용하는 사회 속에 우리가 살고 있다고 한다면, 그리고 어떤 나라가 다른 나라를 지배하고 착취하는 세계 속에 우리가 살고 있다고 한다면, 이런 사실들을 학생들에게 분명하게 해주는 것이 기독교적 책임의 한 부분이 되어야 한다. 이런 과정을 통해서 우리는 선과 악, 축복과 악의 역동성이 단순히 개인적이거나 국가적인 것만이 아니라 지구적이라는 사실을 학생들이 인식할 수 있도록 해 주어야 한다."[15]

교육과정 구성의 다섯 번째 원칙은 아동 및 청소년들로 하여금 전통과의 대화, 특별히 기독교 신앙공동체가 갖고 있는 심오하고 풍부한 가치를 존중하고 배울 수 있도록 도와주어야 한다는 점이다. 교육과정에 성경과목을 중요하게 포함시켜야 하는 이유도 바로 여기에 있다. 주의깊고 사랑하는 마음의 경건한 성경 연구가 기독교학교의 교육과정에 필수적인 구성요소가 되어야 하는 중요한 이유는 성경은 이 세상 속에서 그리스도인의 존재방식의 기초이며 자양분이기 때문이라는 것이다. 월터스톨프는 교육과정이 학생들로 하여금 교회의 풍부한 다양성과 심오한 통일성에 친숙해지도록 도와주어야 하다는 점을 강조한다.

3. 삶을 위한 교육과정

인간 삶에 나타나는 문제들 중 하나는 진술하는 목적과 행위간에 나타나는 심각한 간격이다. 이와 같은 간격이 나타나는 이유는 진술하는 목적이 인간의 행동을 구체적으로 인도해야 한다는 의도가 없거나 빈약하기 때문이기도 하다. 설정된 목적이 행동을 인도해주지 못하는 것은 설정된 목적 자체가 행동을 인도해주는 것보다는 오히려 다른 어떤 목적을 위해서 설정된 경우가 많기 때문이다. 이와 같은 현상은 기독교교육에서도 흔히 찾아볼 수 있는 문제이다. 기독교교육의 목적이 지나치게 경건하거나 신학적인 언어로 진술되었기 때문에, 교육자들이 교육과정과 교육방법에서 진술된 목적을 성취하려고 할 때 진술된 목적 자체가 실제적인 도움을 제공해 주지 못하는 경우가 많다.[16] 이와 같은 교육목적이 교육과정과 교수방법을 구체적으로 인도해주지 못한다고 한다면 그것은 올바른 교육목적이라고 할 수 없다고 월터스톨프는 강조한다. 교육목적과 교육과정, 그리고 교수방법은 서로 분리되지 않고 일관성있게 결합되어야 한다. 특별히 교육과정은 반드시 교육목적과의 관련선상에서 결정되어야 한다.

첫째, 총체적이며 전인격적인 인간의 삶을 위한 교육과정은 원리적으로 하나님의 창조세계와 그 법칙, 그리고 창조세계 안의 인간에 관한 모든 것을 탐구할 수 있는 내용을 모두 포함할 수 있어야 한다. 그래서 월터스톨프는 "학생들로 하여금 삶을 통해서 신체를 올바로 사용하도록 교육하기 위해서 설계된 체육교육 프로그램은 기독교 학교의 교육과정에 중요한 위치를 차지한다"고 강조하고 있다.[17] 진보주의자들에 의하면 교육과정은 학교 밖의 삶을 위한 목적을 추구할 것이 아니라, 학생들에게 흥미 있는 경험을 제공해 주어야 한다고 주장한다. 반면, 전통주의자들은 지성과 문화의 세계를 상업과 실용성의 세계와 대립시키면서, 학교교육과정은 후자보다는 전자를 위한 내용으로 편성되어야 한다고 강조한다.

그러나 월터스톨프는 교육과정은 기본적으로 학생들의 학교 내에서의 삶은 물론 학교 바깥에서의 삶에도 관심을 가져야 하며, 학생들의 현재적 삶과 미래적 삶에도 관심을 가져야 한다는 점을 강조한다. 문제는 '이것이냐 저것이냐'의 선택이 아니라 어떤 종류의 삶을 위해서 학생들을 준비시켜야 하는가라는 관점에서 교육과정이 편성되어야 한다는 것이다.[18]

> "기독교교육은 학생의 이성적이며 지적인 능력의 발달 또는 정신적인 삶의 계발만을 생각해서는 안된다. 물론 우리는 이성적 사고를 할 수 있는 피조물이다. 그러나 이것은 인간의 완전한 특성이 될 수 없다. 학생들은 이성적이며 도덕적인 영혼일 뿐이라는 전제위에서 운영되는 교육과정, 또는 학생들에게서 진정으로 개발할만한 가치가 있는 유일한 능력은 이성적-도덕적 능력이라는 전제 위에서 운영되는 교육과정은 기독교 교육을 위한 교육과정이 아니다. 기독교교육은 인간의 완전한 삶을 위해서 교육해야 한다."[19]

그리스도인의 삶에 대한 월터스톨프의 다섯 가지 이해 방식은 교육과정에 다음과 같은 합의점을 갖는다.

첫째로 기독교교육이 총체적인 인간의 삶을 위한 교육목적을 지향해야 한다면 기독교교육과정은 반드시 전인의 발달을 추구하는 교육과정을 구성하는데 관심을 가져야 한다.

둘째로 기독교교육이 모든 것을 포괄하는 신앙의 삶을 위한 교육목적을 지향해야 한다면 기독교 교육과정은 반드시 모든 교육내용을 기독교적 관점에서 조망할 수 있도록 편성해야 한다. 기독교 교육이 포괄적인 신앙을 위해 교육시키지 못한다고 한다면 그것은 온전한 의미에서 기독교교육이 될 수 없다.

셋째로 기독교교육이 기독교 공동체의 구성원으로서의 삶을 위한 교육목적을 지향해야 한다면 기독교교육과정은 반드시 공동체 의식을 함양시킬 수 있는 교육과정 편성에 관심을 기울여야 한다. 기독교교육은 아동 및 청소년들을 교육하여 그들로 하여금 기독교 공동체의 성숙한 시민이 되도록 형성해야 한다. 그러므로 기독교적 교육과정은 기독교 신앙공동체가 그 본연의 사명을 잘 감당할 수 있도록 훈련하기 위한 기독교 공동체의 프로젝트와 같은 것이다.

넷째로 기독교교육이 학생들로 하여금 삶으로부터 도피하는 삶이 아니라 일상적인 사회 안에서의 삶을 위한 교육목적을 지향해야 한다면, 기독교적 교육과정은 아동들이 사회 문화적인 현실에 직면할 수 있도록 편성되어야 한다. 기독교교육이 강조해야 하는 것은 사회에의 적응도 아니며, 또한 사회로부터의 도피도 아니고, 세상 한 가운데서의 그리스도인의 삶이다. 기독교교육의 목적은 학생들로 하여금 현대 사회 속에서 그리스도인의 삶을 영위하도록 준비시켜 주는 것이어야 한다.

마지막으로 기독교 교육이 문화적 순종의 삶을 위한 교육목적을 지향해야 한다면, 기독교교육과정은 인간 문화의 전 영역을 관심의 범위로 삼아야 한다. 기독교교육은 그리스도인들이 자연과 문화, 그리고 역사의 한 가운데서 기독교적인 삶을 영위하는 것은 선택의 문제가 아니라 하나의 의무라는 사실을 강조해야 한다. 기독교교육은 학생들로 하여금 이 세상 속에서 순종적인 삶을 살도록 준비시키고 또한 그리스도인 학생들로 하여금 이러한 삶 속에 들어가도록 촉구해야 한다.

둘째, 어떤 그리스도인들은 신앙을 문화적 활동 내에서의 인간 생활과 연관시키는데 어려움을 가지기도 한다. 그래서 신앙을 인간의 문화적 활동과 인간성으로부터 분리시키며 초월적인 영적 실체로서 이해하려고 한다. 신앙과 생활에 관한 이러한 견해가 기독교 학교의 교육과정 구성의 지도 지침적 원리로 작용하게 되면 교육과정은 영적인 영역과 세속적인 영역, 신앙적인 영역과 문화적인 영역, 초자연적인 영역과 자연적인 영역간의 이원론적이며 금욕주의적 구분이 모든 측면에서 두드러지게 나타나게 된다. 이러한 구분들은 교육내용의 구성과 조직, 단위 수업의 방법과 평가 등 교육과정의 모든 차원에서 적용되어진다. 이와 같은 이분법은 교과내용을 인간의 핵심적 기능인 신앙으로부터 분리시키며 결과적으로는 아동의 삶을 세속주의에 굴복하도록 만들어 버린다. 기독교 교육과정이 교과목 전체를 신앙의 관점에서 조망하도록 편성되지 못하면 그러한 교육과정은 그리스도인의 삶을 위한 교육목적을 성취하지 못한다.

"모든 내용을 기독교적 관점 아래 두지 않고 기독교적 내용을 교육과정상 분리된 몇몇 종교 과목에만 한정시키는 한, 그러한 교육과정은 아동들에게 이원론적이며 세속적인 관점을 심어줄 수 있을 뿐이다. 기독교 교육과정이 추구해야 하는 것은 지식에 추가되는 신앙이 아니라 생활 속에서 실현되는 신앙이다. 이와 같은 교육과정을 가지고 기독교 교육은 아동들의 전인격을 위해 교육하고, 그들이 문화적 순종을 다하도록 교육하면서, 인간의 삶은 신앙 안에서 하나님에 대한 그리스도인의 응답이라는 사실을 끊임없이 강조해야 한다."[20]

월터스톨프는 이와 같은 관점이 교육과정에 대해서 갖는 두 가지 함의점을 특별히 언급하고 있다.[21]

첫 번째 함의점은 사회과 교육과정을 편성할 때는 반드시 현대의 사회적인 문제를 기독교적 관점에서 접근할 수 있도록 해야 한다는 점이다. 월터스톨프는 자신이 받은 교육을 회상하면서 전통적으로 기독교 고등학교의 사회과 수업은 심리적 내향성과 유목생활과 같은 현상에 대해 많은 내용을 탐구하도록 했다고 지적하고 있다. 그러나 인종 문제, 가족 관계, 노동과 휴식, 사유 재산 문제와 사회복지 문제에 대한 기독교적 조망은 사회과 교육과정에 전혀 포함되지 않았다는 것이다. 이러한 교육과정은 학생들로 하여금 신앙의 삶을 살도록 구비시켜 주는 진정한 의미의 기독교적 교육과정이 되지 못한다.

두 번째 함의점은 기독교적 교육과정은 인간이 연구하고 있는 작업과 제도의 모든 과정 속에서 학생들에게 하나님에 대한 인간의 다양한 반응이 인간의 문화적 활동과 그 산물에서 어떻게 나타나고 있는지를 보여주려는 지속적인 노력을 기울여야 한다는 점이다. 예를 들면, 문학을 가르치는 경우에도 학생들로 하여금 운율과 리듬의 표층 근저에 작용하고 있는 궁극적인 충성심과 근본적인 관점이 무엇인지를 지각할 수 있도록 지속적으로 노력해야 한다는 점을 월터스톨프는 강조하고 있다.

셋째, 교육과정은 학생들로 하여금 기독교의 전통 및 현대의 기독교 사상과 활동에 대해서도 알 수 있도록 해 주어야 한다는 사실이다. 한 걸음 더 나아가 기독교 공동체가 갖고 있는 인간관계의 다양성과 그 모든 영역에서 공동체의 다양한 구성원들 가운데 진정한 이해를 도모할 수 있도록 도와주어야 한다. 기독교적 교육과정은 기독교 공동체의 구성원들 상호간에 이해하지 못하는 기독교인의 무능력을 지속시키거나 증가시키는 오류를 범하지 말아야 한다. 교육과정은 획일주의를 지양하고 학생 개개인의 독특한 재능과 능력을 개발시켜주려고 노력해야 한다는 사실이다. 기독교적 교육과정은 전통적으로 공통의 어떤 틀을 가지고 학생들을 획일적으로 제조해 내려고 해서는 안된다는 것이다. 기독교교육은 일치성과 획일성의 압력으로부터 엄청난 고통을 받았다. 월터스톨프는 사람들이 자신들의 자유를 구가해야 하는 기독교 공동체에서 학생들은 오히려 사회적 획일성의 압제에 시달려 왔으며, 이 동일한 압력을 다른 사람들에게도 짊어지게 만들었다는 것이다. 그러므로 이제 기독교적 교육과정은 이와 같은 획일주의적 압력을 제거하기 위해서 총력을 경주해야 한다는 것이다. 기독교교육은 각각의 학생들에게 독특한 것을 발전시키고 격려하고 보상할 수 있는 교육과정을 학생들에게 제공해 줄 수 있어야 한다고 그는 주장한다. 왜냐하면 그리스도인들의 공동체는 동일한 원자들의 집합이 아니라 유기체적 공동체이기 때문이다.

교육과정은 다른 모든 직업을 희생시키고 어떤 특정한 직업들만을 고양시키는 방법으로 구성되어서는 안된다는 사실이다. 예를 들면, 학자와 성직자의 생활을 다른 모든 직업보다 우위에 있는 것으로 고양시켜서는 안된다. 기독교공동체 안에는 열등한 직업도 없고 우월한 직업도 있을 수 없다. 모든 직업은 사역이며, 소명이다. 기독교적 교육과정은 기독교공동체의 구성원들로 하여금 자신들의 다양한 재능과 소명을 발전시켜서 공동체의 발전에 기여할 수 있도록 구성되어야 한다. 그러므로 기독교학교는 대학진학 예비학교, 전문직 예비학교, 또는 그 어떠한 형태든지 간에 직업예비학교가 되지 않도록 주의해야 한다. 기독교학교의 교육과정은 학생들로 하여금 이들이 어떤 직업을 선택하든지 간에 기독교 공동체의 구성원으로서 자신들의 미래적 삶을 영위할 수 있도록 구비시켜 주어야 한다.

넷째, 기독교교육은 단지 물리적 작용과 반작용만을 위한 능력이 아닌, 또 단지 영적인 사고와 명상을 위한 능력이 아닌, 또 그 성향에 있어서 현세적인 것도 내세적인 것도 아닌 것으로 아동의 인간성을 이해하고 양육해야 한다. 교사는 학생이 세상 안에서, 그리고 세상을 향한 자신의 부름을 받아들이도록 교육해야 하며 바로 이 부름을 위해서 교사는 학생에게 잠재되어 있는 영혼과 육체의 여러 가지 재능들을 양육함으로써 학생을 준비시켜 주어야 한다. 이렇게 함으로써 교사는 하나님께서 요청하시는 이해의 선택은 물론 그러한 행동을 하도록 학생을 가장 잘 준비시켜 줄 수 있을 것이다.

인간의 인격적 전체성과 그의 종교적 실존의 전체성에 관한 성경적 관점 역시 그리스도인의 삶이 인간의 자연적, 사회 문화적, 역사적 조건들과 분리시키는 교육과정을 요구하지 않는다. 일상적인 사회 안에서의 삶을 위한 교육목적은 인간의 자연적, 사회 문화적, 역사적인 제 조건들이 없이는 사회 속에서 영위되어야 하는 그리스도인의 사회 형성적인 삶이 불가능하다는 사실을 반영해 보여주는 교육과정을 요구한다. 그리스도인의 삶은 이 세상 안에서의 삶 자체가 신앙의 삶이 되어야 할 것을 강조한다. 이러한 삶은 신앙을 단순히 종교적이거나 윤리적인 영역에서만 표현하는 삶이 아니라 삶의 영역 전체가 신앙에 기초하고 있는 삶이다. 이것은 곧 학생들이 이 사회를 올바로 이해해야 한다는 사실을 의미한다. 학생들은 이 사회의 근원과 뿌리, 가치, 목표와 이상, 충성 등을 이해할 수 있어야 한다. 기독교 학교의 교육과정은 이러한 이해를 도모해 주어야 한다. 그래서 월터스톨프는 다음과 같이 말한다.

"학생들은 헤밍웨이(Hemingway)나 사르트르(Sartre)의 저술들을 읽어야 하며, 스트라빈스키(Stravinski)의 음악과 재즈도 들어야 하며, 피카소와 두부페트(Duvuffet)의 그림들도 보아야 한다. 이것은 결코 학생들이 안내자도 없이 이러한 숲 속에 내버려져야 한다는 것을 의미하는 것이 아니다. 그러나 기독교 학교는 움츠림이 없이 학생들이 자신의 삶을 영위해가야 할 이 세상과 친숙해지도록 만들어 주어야 한다. 이것이 위험스런 과업이라는 사실을 부인할 수 없다. 학생들로 하여금 그들의 문화적 표명에서 현대인의 궁극적 헌신과 충성과 친숙해지게 하는 것은 그것들의 유혹적인 매력에 학생들이 굴복될 수도 있는 모험을 감행하는 것이다. 그러나 기독교 학교는 이 과업에 관한 한 다른 선택의 도리가 없다는 사실을 알고 있다."[22]

다섯째, 월터스톨프는 그리스도와 문화, 하나님의 대한 봉사와 문화적 통치간의 이분법적 분리 위에 설립된 교육과정은 기독교적 교육과정이 아니라고 주장하고 있다.

"성경을 가르치되 단지 복음을 전파하고 기독교적 명맥을 유지하기에 필요한 정도로만 덧붙여 성경을 가르치는 그 어떠한 교육과정도 기독교적 교육과정이라고 할 수 없다. 신학과 도덕교육이 반드시 기독교 학교의 교육과정에 포함되어야 하듯이, 수학과 자연과학도 교육과정에 포함되어야 한다."[23]

왜냐하면 이 세상에서 기독교 공동체의 과업은 그 공동체의 다양한 구성원들이 기독교 문화의 건설이라는 하나의 총체적 과업의 다양한 국면들을 전문적으로 수행함으로써 궁극적으로 기독교 문화를 건설하는 일이기 때문이다. 문화적 순종의 삶을 위한 교육과정을 구성함에 있어서 월터스톨프는 창의성에 많은 강조를 두어야 한다고 강조한다. 이것은 모든 학생들이 예술가가 되기를 추구해야만 한다는 것이 아니다. 오히려 단지 학생들에게 강의하고 훈련시키는 대신에 학생들이 토론할 수 있도록 격려하여 주어야 한다는 사실을 의미한다.[24] 창의성은 모든 교과영역에서 신장되어야 한다. 이 점에 대해서 월터스톨프는 다음과 같이 강조한다.

"그리스도인이 직면하는 모든 사회문제에 대하여 가볍게 답을 주는 대신에 학생들이 문제를 생각할 수 있도록 격려해 주어야 한다. 미술 수업시간에 학생들이 그들의 어머니를 위해 종이 접시를 색칠하도록 요구하는 대신에 예술가로서의 매체를 통해 복음과 삶에 관한 감정과 구상들을 표현하도록 해야 한다.

과학수업에서는 학생들이 실험을 구성해 나가도록 격려해야만 한다. 성경 수업에서는 학생들이 그들 스스로 성경적인 메시지를 듣고 생각할 수 있도록 해야 한다. 교육과정을 통하여 다른 사람에 의해 생각되어진 것, 말하여진 것 그리고 행하여진 것을 학생들에게 단지 친숙하게 되는 것을 피하고, 학생들 스스로 그리스도인으로써 생각하고 말하고 행할 수 있도록 해야 한다. 학교에서 수동적이고 비창의적으로 훈련된 학생들이 졸업과 함께 갑자기 적극적으로 기독교 문화 형성에 이바지할 것이라는 생각은 단지 신앙적인 소원이며 보장되지 않는 희망일 뿐이다."[25]

교육과정 구성에서 강조되어야 할 또 다른 한 가지는 이 세상에서 인간의 과업은 아직도 인간이 창조 시에 부여받은 동일한 과업이라는 사실이다. 교육과정 입안자들은 이러한 사실들을 강조해야 한다. 이 세계는 하나님의 통치 하에서 인간의 감상과 활동을 위해 기다리며 존재한다. 인간은 문화적 존재로서 자기의 재능을 창조적으로 사용하여야 한다. 기독교적 교육과정은 학생들이 문화적 존재로서 완전하고도 심오한 기독교적 삶을 영위할 수 있도록 돕기 위하여 특별히 이러한 문화적 순종의 이상을 강조해야 한다. 그리고 교사들은 무엇보다도 학생들이 미래의 지도자로서 또는 공동체의 후원자로서든지 간에 이러한 문화적 순종의 과업을 받아들이고, 또 이 과업에 유능한 전문가가 되도록 하는 일을 가장 직접적으로 도와주는 그러한 교육과정의 유형들을 구성함으로 이 과업을 수행해야 한다. 월터스톨프는 기독교적 교육과정은 그리스도인의 삶을 위한 것이 되어야 한다는 점을 강조한다.

"기독교 교육과정은 신학적으로 세련된 사람을 훈련하기 위한 것도 아니며, 복음주의적인 교회들의 존속을 위한것도 아니며, 기독교적으로 고립된 집단들을 보존하기 위한 것도 아니며, 천국에 가기 위한 것도 아니며, 국가에 봉사하가 위한 것도 아니며, 공산주의자에게 이기기 위한 것도 아니며, 미국과 캐나다를 보호하기 위한 것도 아니며, 삶에 적응하기 위한 것도 아니며, 정신의 삶을 고양시키기 위한 것도 아니며, 학식도 있고 문화에 조건 지워진 사람을 만들어 내는 것도 아니다. 기독교 교육과정은 그리스도인의 삶을 위한 것이다."[26]

이것은 그리스도인들이 그들의 삶을 영위해 감에 있어서 직면하는 아주 논쟁적인 문제를 다루어야 한다는 사실을 의미한다. 아동들에게 단순히 추상적인 사회학, 철학, 심리학 등을 제시해 주는 것만으로는 충분하지 않다는 것이다. 만약 교육과정이 아동들에게 추상적인 학과목들을 제시해 주는 내용으로 편성된다면 이들이 생태학적 문제, 전쟁과 평화의 문제, 빈곤의 문제, 재물 사용의 문제 등에 있어서 책임성 있게 행동할 것이라고 올바로 기대할 수가 없다고 보기 때문이다. 기독교적인 교육과정은 사회 속에서 아동들이 특정한 방법으로 행동해야 하는 구체적인 이유를 제공해 주어야 한다. 추상적인 학과목을 기독교적 관점에서 학생들에게 제공해 준다고 해서 학생들이 그리스도인의 삶의 방식을 능동적으로 살아가는 것은 아니라는 것이다. 절대로 그렇게 되지는 않는다는 것이다. 그렇기 때문에 월터스톨프에 의하면 학교는 교육과정을 편성함에 있어서 다양한 교과목들에 대해서 추상적인 해석을 제공해 주려고 해서는 안 되며, 그리스도인의 삶에 있어서 어렵고 논쟁적인 문제와 영역에 관심을 가져야 한다.

요컨대, 기독교교육은 기독교적 삶을 위한 교육이지 단순히 기독교적 사고를 위한 교육이 아니다. 그러므로 기독교학교는 반드시 기독교적 삶을 구현하기 위한 교육과정을 구성해야 한다. 그러나 동시에 그리스도인의 삶은 단순히 교사들이 말하는 것과 교육과정에 의해서만 형성되는 것이 아니라, 교사들을 포함하여 학교 전체가 어떻게 행동하느냐에 의해서 형성된다는 사실을 인식해야 한다.

4. 정의와 샬롬을 위한 교육과정

 샬롬은 하나님 나라의 내용이며, 예수 그리스도의 죽음과 부활을 통해 성취하신 궁극적 실재이다. 또한 정의가 없이는 샬롬이 있을 수 없다. 한 걸음 더 나아가, 샬롬은 하나님, 이웃, 자연, 그리고 자신과의 모든 관계에 있어서 평안이며 조화인 동시에 기쁨이다. 샬롬은 문화의 성취를 정의와 해방의 의미와 결합시킨다. 하나님 나라의 삶은 샬롬을 위한 투쟁에 헌신하는 삶이며, 우리의 삶의 현장 속에서 이미 밝히고 있는 샬롬의 서광을 기뻐하며 거기에 헌신하는 삶이다. 샬롬은 또한 사회를 평화롭게 만들어 주는 조화와 질서의 상태이다. 그것은 멈춤과 휴식에서 생기는 평화가 아니라 역동적인 삶 속에서 향유하는 평화이다. 샬롬이 지배하는 사회는 살아있고 움직이며 박동하지만 그 진동과 역동성이 올바른 관계에서 생기는 것이기 때문에 평화롭다. 그것은 침체에서 생기는 평화가 아니라 활동적인 조화에서 생기는 평화이다.
 교육은 하나님의 나라, 즉 '샬롬의 나라'를 추구하고 구현해야 한다. 교육은 사람들이 하나님과 이웃 상호간, 자연, 그리고 자신과 함께 책임있고 조화로운 관계를 맺고 향유하면서 살아갈 수 있도록 도와주고 해방시켜 주는 힘이 되어야 한다. 그렇다면 이 샬롬을 위해 무엇을 가르쳐야 하는가라는 교육과정의 문제는 아주 중요하다.
 일반적으로 학교교육의 장에서 샬롬을 구현할 수 있는 교육에는 두 가지 가능한 형태가 있다고 말할 수 있다. 즉, 수업 원칙으로서의 평화교육과 하나의 학과목 혹은 한 학과목의 한 부분으로서의 평화교육의 형태가 있다. 첫 번째 형태의 평화교육은 샬롬의 구현을 위한 부여로서의 평화교육 형태로, 하나의 교육학적 원칙을 포함한다. 이 교육학적 원칙에는 가능한 비폭력으로 행동할 것, 학습 상황 안에서 지배를 해체할 것, 모든 학습 참여자들에 대한 존경, 그리고 모든 결정들에서의 동등한 참여 등이 포함된다.

두 번째 가능한 형태인 교육과정의 한 단위로서의 평화교육에 대해서는, 평화교육이 초등학교와 중등학교의 교과목의 규범들 속에 독립된 한 과목으로서 도입될 것인가 혹은 국어, 종교, 지리, 역사, 언어학, 자연과학 등과 같은 여러 학과들 속에, 특히 정치교육 속에 특수한 교육과정의 한 단위로서 도입할 것인가 하는 것이 문제된다. 그런데 평화교육을 하나의 학과목으로 도입하게 되면 평화교육의 의미를 교육과정 안에 제시된 내용과 목표에 국한해야 하고, 평화수립능력을 성적관리를 위해 점수로 평가해야 한다는 것을 의미하기 때문에 일반적으로 평화교육을 독립된 학과목으로서 도입하기보다는 주로 기존 교과목 속에 특수한 교과과정의 한 단위 형태로 도입하는 경향이 있다.[27]

월터스톨프는 샬롬을 위한 교육과정에는 또한 샬롬의 한 전제 조건인 정의가 없음으로 인해 고통당하는 사람들의 부르짖음을 실제로 듣고 볼 수 있는 내용이 필수적으로 포함되어야 한다고 주장한다.

월터스톨프가 제안하는 샬롬을 위한 교육과정 모델은 국어, 지리, 역사, 예술, 과학 등과 여러 과목들 속에 샬롬을 향한 비전을 포함시키면서, 특별히 이 세상의 도덕적 상처와 이와 같은 상처에 대한 인간의 반응을 포함시키는 모델이다. 그는 전통적인 교육과정 모델들은 그 어느 것도 이와 같은 샬롬의 문제를 고려하지 못했다고 지적한다. 전통적인 교육과정 모델들 중 그 어느 모델도 인간의 상처, 특히 도덕적 상처에 대해서 적절한 대답을 제공해 주지는 못한다고 비판하고 있다.

"학문중심 모델은 과학과 예술을 통해 창조 세계의 잠재력을 발전시키도록 요구하는 문화 명령을 상기시켜 준다. 그러나 포로된 자를 자유케 하라는 해방의 명령에 대해서는 어떻게 하는가? 기독교적 인간주의 모델은 인간의 거대한 문화적 대화에 기독교인으로서 참여하기 위해 개인의 문화적 특수성으로부터 자유해야 한다는 사실을 강조하고 있다. 그러나 음식을 먹지 못하기 때문에 대화할 기력마저도 없는 사람들에 대해서는 어떻게 하는가? 기독교 사회화 모델은 학생들을 그들의 직업적 소명 안에서 그리스도인으로서 일하도록 훈련해야 한다는 사실을 강조한다. 그러나 직업을 구하려고 해도 직장을 찾지 못하는 사람들에 대해서는 무엇을 하는가? 전통적인 모델들은 이 세계의 부정의에 대해서는 거의 아무런 이야기도 하지 않으며 자비와 정의를 향한 인간의 소명에 대해서는 거의 아무런 이야기도 하지 않는다."[28]

월터스톨프의 샬롬을 위한 교육과정 제안은 인문사회과학과 자연과학, 또는 직업전문교육이 샬롬을 위한 교육과 관계가 없다는 사실을 주장하는 것이 아니다. 그가 제안하는 것은 기존의 교육과정 모델들과 방향만 다소 차이가 있는 교육과정 모델이다. 다시 말하면 예술, 과학, 직업 전문 과목, 예배와 경건 활동 등을 인간의 상처와 통합해서 이들을 하나의 일관된 전체로 묶어내는 통합적인 교육과정을 강조하는 것이다.

샬롬을 위한 교육과정은 과학, 예술, 역사, 경건과 예배의식, 정의 등을 모두 포괄할 수 있다. 이와 같은 과목과 활동들을 샬롬을 위한 교육과정 속에 포함시킬 수 있는 조건은 이들 과목과 활동들이 성경이 말하는 샬롬을 번성하게 하는데 공헌하느냐에 달려있다. 그런데 월터스톨프에 의하면 인간은 하나님과 하나님의 세계에 있는 세상을 단순히 이해하는 데서도 기쁨을 발견하도록 지음을 받았다. 이것 역시 샬롬에 속한다. 그렇기 때문에 월터스톨프는 과학을 통해서 성취되는 실재에 관한 지식은 성경이 말하는 샬롬을 번성하게 하는 양태에 공헌한다고 확신한다. 창조 세계와 인류 문화에 대한 기쁨 역시 그리스도인의 삶의 한 구성 요소다. 삶이 무자비하고 냉혹할 때는 샬롬이 상처를 받는다. 예술이 없는 인간의 삶이 풍요하지 못하며, 시간과 장소가 다른 곳에 있는 인간이 어떠했던가에 대한 지식이 쇠퇴하면 인간성도 쇠퇴할 수밖에 없다. 그렇기 때문에 월터스톨프는 예술과목 역시 샬롬을 위한 교육과정에 포함시켜야 한다고 주장한다.[29]

요컨대, 샬롬을 위한 교육과정을 주장하는 월터스톨프의 기본적 관점은 샬롬에 '대해서(about)' 가르치는 교육과정을 의미하는 것이 아니라 샬롬을 '위한(for)' 교육과정을 의미한다. 이와 같은 그의 관점은 다음과 같은 그의 주장에서 잘 나타나고 있다.

> "이 세상의 도덕적 상처가 교육과정에 정당한 자리를 찾아야 한다고 말할 때 내가 의미하는 것은 정의에 대해서 가르쳐야 한다는 것이 아니다. 비록 정의에 관해서(about justice) 가르쳐야 하기는 하지만 내가 의미하는 것은 정의를 위해서(for justice) 가르쳐야 한다는 것이다. 우리가 생산해 내기를 원하는 졸업생은 정의를 실천하는 사람이어야 한다."[30]

5. 교육과정을 위한 함의점

해로 밴 브루맬런(Harro van Brummelen)은 기독교적 교육과정을 개발하는 주요 단계들을 다음과 같이 제시하고 있다.[31] 첫째는 교육과정의 바탕과 기초, 그리고 궁극적인 목적을 결정해야 한다. 둘째는 우리의 현대 문화의 요구가 무엇이며 이 문화 속에서 그리스도인들의 과업이 무엇인가를 탐구하고, 나아가 이것이 교육과정에 대해서 갖는 함의들을 분석해야 한다. 셋째는 지식의 성격을 검토해야 한다. 즉, 다양한 학문의 구체적인 특성과 독특한 공헌, 그리고 이 학문들의 상호관계와 분석적 사고의 성격을 탐구해야 한다. 넷째는 아동의 성격을 탐구해야 한다. 즉 아동 발달과 아동의 학습방법을 탐구해야 하며, 교육과정의 목적을 성취함에 있어서 도움을 주는 학급과 학교를 조직할 수 있는 방법을 탐구해야 한다.

기독교적 교육과정은 학생들로 하여금 마음과 뜻과 정성을 다하여 주 하나님을 사랑하도록 도와주어야 한다. 교육과정을 통하여 그리스도이신 진리(Truth)를 분별하는 것을 배워야 한다. 우리는 학생들의 마음의 헌신을 결정할 수는 없지만 학생들에게 나타나는 신앙이 양육될 수 있도록 교육과정을 구조화 할 수 있다. 그래서 신앙이 무엇이며 그 신앙이 우리의 삶을 어떻게 포괄하며 방향 지우는가를 보여줄 수 있다. 교육과정은 우리의 사고를 창조세계 속의 하나님의 역사로 방향 잡아주어야 한다. 교육과정은 하나님께서 우리가 발견하는 법칙 구조를 예수 그리스도 안에 있는 그의 은혜를 통하여 유지하고 보존하시는 신실하신 하나님이심을 보여주어야 한다. 뿐만 아니라. 교육과정은 성령을 통하여 하나님이 우리의 총체적인 삶(whole life)을 주장하신다는 사실 즉, 말씀은 우리 모두를 향해서 순종과 완전한 충성을 요구하신다는 사실을 보여주어야 한다.

우리는 "불"의 개념을 많은 다양한 방법으로 분석할 수 있다. 물리학자들은 불길이 왜 색깔을 갖고 있는지를 설명할 수 있다. 화학자들은 화학방정식을 사용하여 불을 기술할 수 있다. 북극 사냥꾼들에게 있어서 불은 생존을 의미한다. 시카고의 대 화재는 역사적으로 중요하다. 불은 심미적인 차원을 가지고 있다. 우리는 한 밤에 춤추는 듯한 불길의 아름다움을 감상할 수 있다. 불은 벽난로나 캠프파이어 주변의 어떤 분위기를 창출하는 사회적 기능을 가지고 있다. 불은 현대 사회에서 경제적인 필수품이지만 경제적인 혼란을 초래하기도 한다. 불은 불타는 떨기나무나 그리스도의 성령의 임재를 상징하는 불길과 같은 종교적인 의미를 가지고 있다. 이와 같은 다양한 측면들에 관해서는 아마도 한 권의 책을 저술할 수 도 있을 것이다. 그러나 이 모든 측면들을 다 기술한 이후에도 우리는 아직 불의 본질에 대해서 파악하지 못하고 있다. 그것은 우리가 분석할 수 있는 것보다도 훨씬 더 복잡하고 심오한 현상이라는 사실이다.[32]

하나님의 창조-구조(creation-structure)는 우리의 분석적 사고로는 완전하게 파악하거나 이해할 수 없는 완전성과 다양성을 나타내 보여주고 있다. 학생들은 분석적 사고가 많은 상황에 대한 통찰을 얻을 수 있게 하지만 동시에 신앙, 사랑, 공의와 같은 개념들을 포함하여 창조세계에 대한 자신의 경험적 지식이 자신의 분석적인 추론을 사용하여 설명할 수 있는 부분보다도 훨씬 더 깊다는 사실을 인식하도록 배울 수 있어야 한다. 그런데 이러한 경험적 지식을 가지고도 우리는 안경을 통해서 희미하게 보고 있다.

그러나 분석적 사고의 한계에도 불구하고 학교의 과업은 하나님의 우주의 통일성과 다양성이 자신에게 더욱 분명해 지도록 학생들의 분석적 사고를 발달하게 해주는 것이다. 지식은 결코 그 자체가 목적이 아니다. 학생들은 그리스도이신 진리(Truth)를 분별하는 것을 배워야 하며, 동시에 인류의 종교적 동맹을 평가하고 판단하는 것을 배워야 한다. 그래서 그리스도를 위한 풍요한 삶으로 인도하는 것이 무엇인지에 대한 완전한 의미를 파악할 수 있도록 해 주어야 한다.

오늘날 교육과정은 학생들로 하여금 삶(life)을 위해 준비시키기보다 오히려 대학이나 전문 연구소의 보다 전문화된 과목들을 위해 준비시키고 있다. 이러한 결과를 말미암아 교육은 위기에 처해 있으며 현대교육이 방향타, 지도, 또는 나침반 없이 표류하고 있다는 불안이 만연해 있다.

동시에 인본주의 교육과정은 한편으로는 학문중심 교육과정(discipline-centered)과 다른 한편으로는 아동중심 교육과정(child-centered) 사이를 진동하고 있다. 학문중심 교육과정에서는 인간의 이성(human reason)이 진리인 하나님의 말씀을 대신하는 거짓 우상이 되고 있다. 아동중심 학교에서는 인간의 퍼스낼리티(human personality)가 우상이 되고 있다. 관심사가 무엇이든지 간에 아동이 추구할 만한 가치가 되고 있으며, 이러한 방법으로 아동은 "진리"를 추구하게 되며, 따라서 그의 '신'(god)은 종종 과학적 방법과 테크놀러지가 된다. 양자 모두의 경우에 있어서 학교는 그리스도 중심이기보다는 인간 중심(man-centered)이다.

기독교교육의 궁극적 목적은 학생들이 삶의 모든 영역에서 하나님의 소명에 적극적으로 응답할 수 있도록 구비시키는 것이기 때문에 교육과정은 그들이 현재 직면하고 있고 앞으로 직면하게 될 과업과 책임을 위해서 학생들을 준비시켜야 한다. 학생들은 다음과 같은 여러 영역과 과업에서 자기 자신의 독특하고 책임성 있는 방법으로 기능을 발휘할 수 있도록 배워야 한다. 즉, 결혼과 가정에서 기독교적 신실성을 나타내 보이는 일, 직장의 세계에서뿐만 아니라 투표자와 시민으로서 자신의 책임성을 행사하는 일, 하나님께서 주신 경제적 자원을 개인적으로나 직장에서 책임성 있는 방법으로 사용하는 일, 공의와 자유, 성, 복지국가와 같은 개념들에 관한 기독교적 지성을 형성하도록 돕는 일, 음악과 매스 미디어, 여가 시간의 이용 등에 대한 기독교적 접근 방법 개발의 필요성을 인식하는 일, 가난한 자들과 병든 자들, 노인들, 정서적으로 병든 자들, 소수 집단들에 대한 기독교적 의식을 갖는 일 등에서 자기 자신의 독특하고 책임성 있는 방법으로 기능을 발휘할 수 있도록 배워야 한다. 이 모든 일을 위해서 학생들은 우리 문화의 기초적인 종교적 동인들뿐만 아니라 삶을 위한 성경적 규범을 이해할 수 있어야 한다.

    교육과정이란 그리스도인들로서 우리가 인간과 인간의 소명에 관해서 알고 있는 바를 학교교육 과정의 구체적인 프로그램으로 전환시켜주는 학습 계획이다. 교육과정은 학생들로 하여금 공동체에 대한 신앙의 삶을 준비시켜서 기독교학교가 우리 사회에서 문화형성의 힘이 되도록 하는 것을 목적으로 한다. 우리의 문화적 사명은 분명하다. 우리는 우리의 세계를 개발하고 발전시켜야 하며, 하나님의 창조세계를 개현해야 한다. 기독교교육의 궁극적 목적은 학생들로 하여금 오늘날의 문화 속에서 기독교적인 삶을 살도록 구비시켜서 하나님의 은혜로 하나님의 소명에 기꺼이 응답할 수 있도록 하는 것이다.

추천도서

신국원, "월터스톨프의 실천지향적 기독교 철학", 《신학지남》, 통권 제70권, 제1집, 2003년 봄호, 2003, pp.231-261.

신영순, "니콜라스 월터스톨프의 기독교교육 사상에 관한 연구", 《기독교 교육학과 고신대학교 대학원 박사학위 논문》, 2004.

Van Brummelen, Harro W., *Steppingstones to Curriculum: A Biblical Path*, Seatle, Washington:Alta Vista College Press, 1994.

_____, "Towards a Radical Break with the Public School Curriculum," John Vriend et al ed., *To Prod the "Slumbering Giant": Crisis, Commitment, and Christian Education*, Toronto, Ontario: Wedge Publishing Foundation, 1972.

Van Dyk, John., *The Craft of Christian Teaching: A Classroom Journey*, Sioux Center, IA: Dordt College Press, 2000, 《가르침은 예술이다》, 김성수 역, 서울:한국기독학생회출판부, 2003).

Stronks, G. and Clarence W. Joldersma, *Educating for Life: Relections on Christian Teaching and Learning*, Grand Rapids, Michigan: Baker Academic, 2002.

Wolterstorff, Nicholas P., *Educating for Shalom: Essays on Christian Higher Education*, Edited by Clarence W. Joldersma and Gloria Goris Stronks, Grand Rapids, Michigan: William B. Eerdmans Publishing Company, 2004.

토의문제

1. 오늘날 인본주의적인 교육과정과 혁신적으로 결별할 수 있는 기독교적 교육과정모델을 제시해 봅시다.

2. 구조와 방향의 관점에서 학문중심 교육과정과 아동중심 교육과정의 딜레마를 논의해 봅시다.

3. 공립학교 교육과정의 가장 중요한 요소인 과학적 방법(scientific method)이 하나의 거짓-신(pseudo-god)이 되어 창조의 구조에 관하여 잘못되고 일방적인 관점을 제시하고 있는 이유는 무엇입니까?

4. 통제신념 개념과 연관하여 모든 학문적 활동은 가치중립적일 수 없다는 진리를 논의해 봅시다.

5. 통합교육과정에 대하여 논의해 봅시다.

제7장
기독교교육 방법론

이 정 기

1. 교수-학습의 개념

교육이란 가르치고 배우는 과정이다. 교수는 학습을 전제로 하고, 학습은 교수에 의해 나타는 것이다. 그러므로 교수와 학습의 관계는 불가분의 관계에 있다. 교육의 핵심 활동은 교수-학습이다. 교수(teaching)는 교사 중심의 가르치는 활동을 말하며, 학습(learning)은 학생 중심의 배우는 활동을 의미 한다. 교수-학습에 대한 이론으로는 일반적으로 크게 행동주의(behaviorism), 인지주의(cognitivism), 구성주의(constructivism)로 나누어 볼 수 있다.

첫째, 행동주의는 학습을 외부환경의 자극에 의한 유기체 내부의 반응으로 설명한다. 즉, 행동주의는 반응으로서의 인간행동의 변화에 초점을 두고 그 변화를 촉진시키는 자극이나 강화를 정밀하게 계획할 것을 주장한다. 행동주의의 교육적 적용은 "관찰될 수 있고 수량화될 수 있는 학습자의 반응행동을 산출하여야 한다"는 행동주의 원리에 따라 교수를 설계한 데에서 찾아볼 수 있다. 행동주의 학습이론은 일반적으로 교육분야 특히, 교육방법 및 초기 교육공학의 성립에 상당한 영향을 미쳤으나 관찰가능한 행동과 학습결과에 대한 강조로 인하여 학습자의 내적 인지변화와 학습과정을 간과하였다는 비판도 받아왔다.

둘째, 인지주의는 행동주의가 배격하는 인간의 내적 사고의 과정, 학습자의 인지구조의 변화에 초점을 둔다. 즉, 자극과 반응을 조정하는 내적과정(internal process)에 중점을 둔다. 인지주의에 의하면, 학습이란 가시적 행동으로 표현되는 자극에 대한 반응이 아니라 그 행동으로 나타나기까지 또는 행동으로 나타나지 않더라도 학습자의 내부에서 발생하는 인지과정으로 본다.

셋째, 구성주의는 학습을 능동적인 지식 창출로 본다. 지식은 기존 경험으로부터 개개인의 마음속에서 구성되는 것이고, 학습자는 지식을 구성하는 능동적 존재라고 보며, 지식의 구성은 자신이 속한 사회의 구성원들에 의해 영향을 받는다는 것이다. 구성주의는 인간이 어떻게 지식을 구성하느냐에 일차적인 관심을 가지며, 지식을 구성하는 것은 어떠한 일이나 사건들을 해석하는데 사용하는 인간의 사전 경험, 정신 구조, 신념 등의 기능에 의해서 가능하다고 이해한다. 구성주의에 의하면, 인간은 외부 세계에 있는 실제의 본성을 경험에 의해 의미 있게 구성하고 학습을 이끌어내는 동시에 개인적인 학습목적을 추구하게 된다는 것이다.[1] 이상과 같이 설명한 교수-학습에 대한 대표적인 세 가지 이론인 행동주의, 인지주의, 구성주의를 비교하면 〈표 1〉과 같다.

〈표 1〉 행동주의, 인지주의, 구성주의 비교[2]

심리학적 조류 비교항목	행동주의	인지주의	구성주의
대표적 교수-학습이론	Skinner의 강화이론 Thorndike의 연합주의 Pavlov의 고전적 조건형성	Bruner 이론 Ausubel 이론	Piaget 이론 Vygotsky 이론
철학적 배경	객관주의	객관주의	구성주의(주관주의)
패러다임 초점	교수(teaching/instruction)	교수-학습	학습(learning)
학습의 정의(수업 목적/교사역할)	외현적 행동의 변화 (바람직한 행동변화 유도, 정보 제시자)	인지구조의 변화	주관적 경험에 근거한 개인적 의미 창출(학습환경 조성자)
학습자관	수동적 인간	적극적 인간	적극적 인간
학습의 생성	자극과 반응의 연결 및 강화	정보의 입수, 조직, 저장 및 인출 활동 강조	개인이 경험한 세계에 대한 새로운 의미 창조
학습의 영향요인	외현적 자극 및 반응의 체계적 배열	정보처리활동 촉진 위한 학습 자 정신적 활동 강조	학습 주체자의 학습활동과 학 습대상인 지식의 역동적 상호 작용, 상황적 맥락
효과적인 학습형태	변별, 사실의 기억, 개념의 획득 및 일반화, 적용	문제해결, 추론	복잡하고 비구조화된 학습과 제 및 문제영역
교수-학습전략	외현적 교수 전략	학습자의 내적 사고전략 교수자의 부호화 전략	학습환경 조성 및 상황적 맥 락과 실제 과제 제공

2. 교육방법의 의미

어떻게 가르칠 것인가? 어떻게 가르치는 것이 가장 잘 가르치는 것일까? 이러한 질문은 교육현장에서 가르치는 모든 자에게는 보편적인 의문이다. 잘 가르치기 위한 여러 조건 중에서 가장 중요한 것은 좋은 교수방법일 것이다.

교수란 용어는 문자 그대로 '가르쳐 주는 것'이다. 영어의 teaching을 교수로 번역하기도 하고, instruction을 교수로 번역하여 사용하기도 한다.

코레이(Corey, 1971)에 의하면,[3] 교수(instruction)란 학습이 발생할 수 있도록 하기 위하여 학습자들에 도움을 주는 의도적이고 계획적인 활동을 계획하고 관리하는 전체의 과정이다.

가녀(Gagne, 1975)는 "교수란 교수자의 언어 이외에도 다른 수단을 통하여 학습자에게 지知 정情 의意 를 포함한 특정한 학습목표를 달성하기 위하여 환경을 계획적으로 조작하는 의도적이고 유목적적인 활동"으로 정의하였다.[4] 일반적으로 교수란 교수자에 의한 가르침이며, 방법이란 특정한 목적을 달성하기 위하여 취하는 수단을 말한다. 따라서 교수와 방법을 합하여 간단하게 정의하면, 교수방법이란 '교수자가 학습자에게 교수내용을 가르치는 방법' 이다.

교육방법이란 무엇인가? 넓은 의미의 교육방법에는 교육목적의 탐구, 교육과정의 구성, 수업지도, 교육의 평가 등 모든 것을 포함한다. 전통적으로 교육방법은 교육내용을 제시하는 형태 즉, 교수형태, 교수방법, 수업방법, 교수전략 등 구체적이고 보다 좁은 의미를 갖는다. 교수방법(즉, 구체적인 의미의 교육방법)이란 교육목적이나 목표를 달성하기 위해 선정된 교육내용을 학습자들에게 효과적으로 전달하기 위한 수단으로 형태와 전략이 다양할 수 있다. 교수방법은 교수자가 학습자들에게 학습의 내용과 과제를 가르치는 일련의 방법이다.

또 다른 의미에서의 교육방법이란 교수-학습 활동에서 학습자의 개인적 특성과 효과적인 학습을 위한 비용과 시간적 여유에 대한 고려, 교육 내용과의 관련성, 그리고 학습 환경 등을 고려해서 수업목표에 도달하기 위한 학습의 설계, 계발, 적용, 관리, 평가의 제반 활동으로 정의할 수 있다.[5]

3. 기독교교육 방법론

기독교교육 방법론이란 기독교(예수 그리스도 복음)와 교육(인간의 문화행위, 전달행위, 관계성)이 합쳐진 형태이다. 예수 그리스도의 복음과 인간의 문화행위, 전달행위가 '복음+관계성'이라는 형태를 가지고 나타나는 매개체(채널, 통로)를 말한다.[6]

기독교적 교육방법

기독교교육 활동이 이루어지는 교육의 현장에서 자주 제기되는 질문은 '무엇이 교육방법을 기독교적으로 실행하게 하는가' 즉, 기독교적 교수방법이란 무엇인가. 이은실(2007)에 의하면, 기독교적 가르침이란 가르침에 관련되는 제 요소들을 성경의 원리에 입각하여 교육현장에서 실천하는 것이다. 즉, 교육의 목적, 배우는 자, 가르치는 자, 학습의 과정, 그리고 교과지식에 대한 성경의 원리가 적용되는 교육을 의미한다.[7] 따라서 넓은 의미에서 기독교적 교수방법은 기독교적 가르침의 목적 아래 교사, 학습자, 그리고 교육내용이 성경적 원리에 따르는 수업진행 방법이라고 정의할 수 있다.

기독교세계관 접근 교수방법

오늘날 기독교교육의 현장에서 가장 많이 언급되고 있는 기독교적 교수방법의 접근 중 하나는 기독교세계관으로 가르치기이다. 기독교세계관으로 접근할 경우, 교육적인 영역은 분명히 교수방법으로 구분하지만 내용적으로 보면 교수방법 측면보다는 교육내용의 구성적 측면이 주로 다루어진다는 것이다. 기독교세계관을 통한 교수방법에서는 교과내용을 구성하고 효과적인 교수-학습 전략을 탐색할 때 성경적이고도 교육적인 관점에서 고려해야 할 질문은 〈표 2〉와 같다.

〈표 2〉 교수-학습 계획시 고려해야할 세계관 질문[8]

	기독교학교 교사	일반학교 교사
창조	• 학습하고자 하는 특정 대상 혹은 영역에 대해 하나님이 창조시에 갖고 있었던 의도는 무엇이었을까? • 특정 피조물 혹은 피조세계에 대해 하나님이 갖고 계신 의도대로 취급 한다는 것은 무엇을 의미하는가?	• 학습하고자 하는 특정 대상 혹은 영역이 (예, 특정지역, 특정 사람 등) 완벽한 모습이라면 어떤 모습일까?
타락	• 특정 피조물 혹은 피조세계가 어떤 면에서 잘못되었는가? • 하나님의 창조시 의도가 제대로 드러나지 않는다는 것을 어떻게 알 수 있는가?	• 이 특정 대상 혹은 영역이 완전하지 못하다는 것을 어떻게 알 수 있는가? 무엇이 잘못된 것인가?
구속	• 특정 대상 혹은 영역을 바로잡기 위해 우리는 어떻게 해야 하는가? • 하나님의 구속의 능력에 기초하여 창조시 원래의 모습에서 타락하고 구부러진 것을 일부라도 바로 잡으려면 어떻게 해야 하는가?	• 이 특정 대상 혹은 영역이 가장 좋은 모습이 되도록 하려면 우리는 어떻게 해야 하는가?

교사로서의 최고의 모델이신 예수의 교수방법 및 기독교세계관을 단위교과에 통합하는 교수방법을 통해 기독교적 교수방법의 몇 가지 사항은 다음과 같다.

첫째, 기독교적 교수방법은 기독교교육의 목적과 불가분의 관계에 있다. 어떤 지식을 다루는가(내용), 어떤 환경에서 활용되기를 원하는가(환경), 언제, 어디서, 누구에게, 가르치는가(시간, 환경, 학습자 특성)를 함께 고려되어야 한다.

둘째, 기독교적 교수방법으로 수업을 하였다면 궁극적으로 학습자들이 어떤 면을 드러내야 하겠는가? 기독교적 가르침은 진리를 아는 것만으로 머물지 않고 내면화하여 행하는 것을 의미한다.

셋째, 기독교적 교수방법의 핵심요소중 하나는 다양성이다. 교수방법은 교육목적, 상황 및 현장, 교육내용, 교육대상에 따라 다양성을 추구해야 한다.

넷째, 기독교적 교수방법을 통해 강조하는 교육은 상호작용으로 가르치고 배우는 교육이다.

다섯째, 교육내용측면에서 볼 때 기독교적 교수방법은 기독교적 세계관을 교과에 통합하는 통합적 방법을 지향하게 된다.

구성주의와 기독교교육 방법

구성주의의 교수-학습의 원칙은 자아 성찰적 실천(reflective practice)과 협동학습 환경을 조성하고, 구체적 상황을 배경으로 한 실제적 성격의 과제(learning by authentic task)를 통해 학습자의 학습에 대한 주인의식을 갖게 한다. 구성주의에서 보는 교수-학습관은 학습 환경 설계에 많은 시사점을 주고 있다. 학습 환경은 학습자들이 문제를 해결하고, 의미를 구성할 수 있도록 풍부한 환경을 제공해야 한다. 학습은 개인의 경험에 의한 의미를 구성하는 과정이므로 학습의 중심은 교사가 아니라 배우는 학습자가 된다. 가르치는 자는 학습자의 의미를 구성할 수 있도록 보조하고 학습을 돕는 촉진자(facilitator) 또는 코치의 역할을 하며 의미를 구성하는 방법을 보여주는 모델이 되어야 한다. 전통적 기독교교육 현장에서 사용되어온 교수방법과 예수님의구성주의적 교수방법을 비교해 보면 〈표 3〉과 같다.

〈표 3〉 전통적 기독교 교수방법과 예수님의 구성주의적 교수방법 비교[9]

	전통적 교수방법	예수님의 교수방법
성경지식의 생성 및 학습	성경에서 존재하는 지식 및 정보의 발견 및 전달, 암기를 통해 저장	성경에 존재하는 지식의 이해와 개인의 마음속에서 구성됨
교육 패러다임	교수(teaching)	교수와 실천적 학습(learning)
학습의 정의	성경지식의 습득을 통한 행동의 변화 및 실천	성경 말씀에 대한 개개인의 의미의 변화 및 실천
학습의 원리	암기, 연습, 강화	개인적 경험에 근거한 의미 구성
학습자 관점	수동성	자주성, 적극성, 참여성
교사의 역할	말씀의 수호자 및 전달자	학습 촉진자(facilitator) 및 학습 안내자
교수 전략	연습과 훈련의 제공	실질적 과제와 상황적 맥락의 제공
전이의 형태	일반화	맥락화
교과 수업설계	구체적 목표의 진술, 학습내용의 명세화, 수업내용의 계열화, 목표 지향검사 활용, 강화를 통한 보상체제	학습상황의 분석, 학습과제의 맥락화, 협력적 학습활동, 다양한 문제 상황 제시, 학습과정 중심의 평가
교수 방법	교사 중심, 강의법	학습자 참여 중심, 실물이용법, 비유법, 대화법, 토의법, 질문법, 응답법, 상황교수법, 문제이용법, 상징이용법

교수방법적 측면에서 예수님의 교수방법의 현대적 의미를 윤관식(2005)은 다음의 다섯 가지로 제시하고 있다.[10] 첫째, 학습자의 개인차를 고려한다. 둘째, 학습자가 새로운 이해와 지식을 구성하도록 돕는다. 셋째, 학습자에게 구체적인 상황을 배경으로 한 실제적인 과제를 제시한다. 넷째, 학습자 중심의 학습 환경을 중시한다. 다섯째, 교사의 역할을 제시한다.

4. 교육방법의 선정기준

좋은 교육방법은 왜 필요한가? 좋은 교육방법의 필요성은 교수자와 학습자가 효율적이고 효과적이며 안전하게 교수-학습 활동을 한다면 학습자가 지적 영역의 학습에 필요한 시간을 최대한 줄일 수 있다는 가설을 바탕으로 하고 있다. 훌륭한 교사라면 좋은 교육방법을 선정할 때 주먹구구식으로 선정하는 않을 것이다. 교사 나름대로의 개인의 특성과 경험에 의하여 가장 적절한 교육방법을 선정할 것이다. 교육방법을 선정할 때 다음의 몇 가지 기준을 고려해야 할 것이다.[11]

교육내용

- 교육내용이 성격이 지식(인지적 영역), 운동기능(신체적 영역), 태도(정의적 영역) 중 어느 것인지를 고려해야 한다.
- 교육내용이 정확한 답을 요구하는 것인지, 아니면 논쟁의 여지가 있는지 혹은 교육의 목적이 기준을 명확히 잡는 것인지, 아니면 보다 나은 해결책을 찾는 것인지를 고려해야 한다.
- 교육내용이 일반적인 수준의 학습만 하면 되는 것인지, 아니면 자세히 학습해야 하는 것인지를 고려해야 한다.

교육대상으로서 학습자

- 개인차로서의 학습자의 학습 스타일이 적극적인지 논리적인지 고려해야 한다.
- 교육내용에 대한 학습자의 학습경험이 어느 정도인지 또는 학습자의 수준(연령, 학년, 학업성취도 등)은 어느 정도인지 고려해야 한다.
- 학습자의 수와 학습자의 위치를 고려해야 한다.
- 교육이 계속적으로 필요한지를 고려해야 한다.
- 학습자가 학습으로부터 얻고자 하는 기대의 정도를 고려해야 한다.

교육자원 및 환경

- 교육 기술과 경험을 갖춘 사람을 교수자로 요청할 수 있는지 고려해야 한다.
- 교과서를 비롯하여 오디오, 비디오, 신문, 멀티미디어 등 다양하고도 유용한 교육 보조 자료를 사용할 수 있는지 고려해야 한다.
- 교육을 위하여 활용할 수 있는 교수매체의 종류에는 어떤 것이 있는지 고려해야 한다.
- 교육을 실시할 장소 있는지, 있다면 어디인지, 어떤 교육기자재를 갖추고 있는지, 몇 명의 학습자를 수용할 수 있는지 등 기본적인 교육환경적인 요인을 고려해야 한다.
- 교육에 필요한 시간 중 어떤 제약이 있는지, 교육 시간이 오전, 오후, 아니면 저녁인지 고려해야 한다.

물론 위의 세 가지 선정 기준이 교육방법 선정에 있어서 다른 모든 고려사항에 우선하는 절대적인 기준의 근거는 아니다. 교수자의 교육적 신념이나 교수-학습 관점, 또는 교육방법에 대한 경험과 지식에 바탕을 두고 선호하는 교육방법이나 교수매체에 따라서도 교육방법 선정의 고려사항이 달라질 수 있다.

5. 교육방법의 유형

교육목표를 달성하기 위해 가르치는 자와 배우는 자가 상호작용하여 교수-학습이 이루어진다. 교육방법에 있어서 가르치는 자를 중심으로 하느냐 아니면 배우는 자를 교육의 중심에 두느냐에 따라 교육방법에 있어서 현격한 차이를 가져오고 있다. 교수-학습의 일련의 과정(process)중 학습의 주체가 누구에게 있느냐에 따라 교수자 중심 교육방법과 학습자 중심 교육방법으로 나누어진다. 교수자 중심과 학습자 중심 교육방법에서의 차이를 다음의 〈표 4〉에서처럼 구분할 수 있다.[12]

〈표 4〉 교수자 중심과 학습자 중심 교육방법의 차이

	교수자 중심	학습자 중심
가르침의 목적	• 학습자에게 지식과 기능 전수 • 교수자가 설정한 목표에의 변화	• 학습자의 생활과 학습 스타일에 중시 • 학습자의 자아계발 및 질적향상
특징	• 학습목표 설정 및 결과 중시 • 교수자가 학습자의 인지구조 정리	• 사례를 통한 중심의 문제해결 능력 • 사고력, 지식의 통합 강조
교수접근 방법	• 목표 성취 지향적인 관계 • 실체적 지식, 태도, 기능 강조	• 교수자와 학습자 간의 인간관계 형성 중시
장점	• 행정적으로 편리 • 시간과 시설의 효율적 운영	• 학습자 스스로 효과적인 학습능력 배양 • 학습자의 개인차 고려한 학습의 진도
단점	• 교수자의 능력에 지나치게 의존 • 개인차 인정치 않고 수동적 학습	• 예산과 학습에 소요되는 시간의 과다 • 다양하고 주제에 적당한 학습자료 준비 • 교사의 역할 변화에 대한 인식의 전환
교육방법 사례	강의법, 이야기법, 시범	협동학습, 신문활용교육, 자기주도학습 Journaling, 그룹토론, 액션러닝 등

교수-학습 방법의 미래지향적 관점에서 볼 때 교사의 교육방법에 대한 패러다임의 변화가 요구 된다. 교사와 학습자 모두에게 적용되는 최고의 교수법을 갖는다는 것은 쉽지 않다. 최적의 교수-학습 방법 탐색의 기본적인 출발점은 하나의 교육목적과 학습내용을 가르치는 교수-학습 방법의 다양성에 있다는 것이다. 이미 우리의 학습 환경은 E-learning, U-learning, Blended-learning 시대에 접어들었다. 이러한 학습 환경의 변화는 교수-학습 방법 실천을 변화시켜 왔고 학교의 교수-학습 방법을 변

화시키지 않으면 안되는 새로운 교육환경을 구축해 주고 있다. 전통적인 교육에서는 교육과정 운영에서 교과서 중심의 기본기능을 강조해 왔지만 E-learning, U-learning 환경에서는 인터넷 활용 수업과 웹기반 수업이 진행되고 있다. 또한 ICT 활용 수업, 멀티미디어/첨단매체 활용 수업을 통한 디지털 지식정보화사회에서의 교육목적과 교수-학습 활동이 전개되고 있다.

강의법 (Lecture)

강의법은 기독교 교육현장에서 사용되는 가장 넓게 사용되고 있는 교육방법 중 하나이다. 강의법은 교사 주도의 일방적인 수업방법이기 때문에 학습자가 교수자가 전달하는 학습내용을 수동적으로 받아들이는 단점도 있지만 대규모의 학습자를 대상으로 할 때에는 매우 효과적인 방법이며, 교사들이 발전시킬 수 있는 가장 효과적인 방법 중 하나이다.

강의법의 장점
- 모임의 크기가 어떠하든지 강의를 통해 효과적으로 가르칠 수 있다.
- 상당히 유연하고 전달은 교사의 의지에 따라 다양하게 변화될 수 있다.
- 새로운 단원 도입 시 효과적이며 전체적인 전망을 설명할 때 효과적이다.
- 시간을 절약 - 비교적 짧은 시간에 충분한 정보를 제공할 수 있다.
- 능력 있는 학생에게 효과적이다.
- 사실적 정보, 최근의 정보 다루기에 적합하다.

강의법의 단점
- 학습자의 능동적인 활동의 기회가 줄어들고 수동적인 학습형태로 발표력을 저하시킨다.

- 학생의 이력이나 학습능력은 측정하기 불가능하다는 것이다.
- 주의집중이 떨어진다. 따라서 강의법은 한 수업에서 일정한 정보나 지식, 개념 등을 설명하는 경우에 한하여 10-15분 내외로 사용하여야 하며 수업 내내 설명식 수업으로 일관하는 것은 학습자의 생활 현장과 경험 그리고 사회현상을 가르치는 교육의 수업 방법으로는 적합하지 않다.

강의법의 유의 사항
- 철저하게 준비한다. 일정기간의 강의계획과 자료 수집 및 분석이 요구된다.
- 지나치게 추상적인 개념이나 복잡한 관계를 설명할 때 교육공학적인 교수-학습법을 장려해야 한다.
- 학습자가 수동적인 자세가 되지 않도록 문제점을 제시하면서 수업을 진행한다.
- 질문할 수 있는 기회를 주고 요점을 정리하여 학습자의 이해 정도를 살펴야 한다.
- 효과적인 강의를 위해 강의자는 학습자의 마음을 얻도록 수업분위기를 조성해야 한다.

이야기법 (Storytelling)

이야기법(storytelling)은 '스토리(story)+텔링(telling)'의 합성어로서 상대방에게 알리고자 하는 바를 재미있고 생생한 이야기로 설득력 있게 전달하는 강력한 교육적 도구이다. 스토리텔링은 사전적 의미로 '이야기를 들려주는 활동'이다. 스토리텔링은 우리나라에서 흔히 '구연'이라는 용어로 많이 쓰이는데 구연이라는 말의 사전적 의미를 살펴보면 '문서에 의하지 않고 입으로 사연을 말하는 것'을 뜻한다. 전달되고 적절히 사용된 이야기는 학습자들의 관심을 끌어내고 상상력을 불러일으키며 마음을 어떤 특정한 교훈에 집중시키고 또한 정서적으로 다른 사람들과 가까워지게 해 준다.

이야기법의 기본 원리
- 가급적 읽지 말고 대화 형식으로 해야 하며, 많은 연습이 필요하다.
- 윤리적이고 도덕적인 스토리텔러가 되어야 한다(이야기의 출처에 대한 진실성, 실화, 타인 얘기는 사전 허락 후 사용, 자신의 이야기는 과장 금지 등).
- 학생들 스스로 결론을 내리도록 유도 한다(이야기의 연결점 발견).
- 적절한 음향이나 시각효과 자료를 이용(음성, 몸짓)한다.

이야기법의 구성요소
- 이야기의 무대(배경) : 언제, 어디서
- 등장인물 : 누가 등장하나, 둘 또는 그 이상이 대부분이나 너무 많으면 곤란하다.
- 플롯(줄거리, 무슨 일이 일어나는가) : 등장인물 상호간에 일어나는 사건의 과정
- 갈등 : 무엇을 요체로 하는가? 무엇이 인물들의 행동과 반응에 동기를 부여하고 있는가?
- 해결 : 어떻게 끝나는가? 결론은 너무 빨리 드러내지 않고 끝까지 가는 것이 중요하며 학생들의 지속적인 집중력 유지해야 한다.
- 교훈 : 요점은 무엇인가? 같은 이야기에서 다양한 의미(교훈)의 도출이 필요하다.
- 음성 : 어떻게 말해지는가?

이야기법의 장점
- 학습자의 집중력을 높이는데 효과적이다.
- 글을 모르는 유아·특수 아동에게도 사용할 수 있다.
- 다양한 매체를 통해 흥미를 끌 수 있다.
- 상상력을 일으키는데 효과적이다.

이야기법의 단점
- 교수자의 준비가 부실할 경우 진행이 지루할 수 있다.
- 교수자의 설명에 의존하므로 경우에 따라 학습자에게 학습효과가 없을 수 있다.
- 학습자가 이미 알고 있는 내용의 경우에 학습에 흥미가 떨어질 수 있다.
- 적용 가능한 교과가 제한적이다(국어, 영어, 도덕과목 등에 적절).

이야기법의 유의사항
- 읽기 활동은 내용 이해에 중점을 두고 진행한다.
- 학습자는 글이 아닌 그림을 먼저 본다.
- 항상 목소리에 유의해야 하며 편안한 환경을 조성해 주도록 한다.
- 짧고 재미있는 동시, 동요를 반복해서 들려주고 따라할 수 있게 하는 것도 좋다.
- 책만이 아니라 주제와 관련한 비디오테이프 등 다른 시청각 자료를 활용해 학습자의 흥미를 유지시키도록 한다.
- 학습자에게 맞는 질문방식과 대화방식으로 진행한다.

질문법 (Questioning)

질문법은 일명 문답법, 발문법, 대화법, 반문법 등 다양한 명칭으로 사용되고 있다. 질문법은 강의법과 더불어 오랜 역사를 가진 교수법으로 교수자와 학습자 사이의 상호작용을 전제로 교수자의 질문에 학습자가 답변하고 학습자의 질문에 교수자가 답변하는 교수-학습의 과정을 통해 학습에 대한 주의를 집중시킬 수 있는 방법이다.

질문법의 기본 원리
- 질문은 학습자가 이해하기 쉽도록 간결하고 명료하게 제시해야 한다.
- 질문은 수업 목표와 연관된 명확한 목적을 지닌 것이야 한다.
- 질문은 학습자의 지적 활동을 계발하며 사고 작용을 자극하도록 전개되어야 한다.
- 질문은 학습자 각 개인의 능력이나 흥미에 맞도록 해야 한다.

질문법의 4 단계 : 구조화 → 질의 → 반응 → 대응
- 구조화 : 교사가 실제 수업에서 논의될 내용을 간략하게 정리해 주는 것이다.
- 질의 : 학습자의 반응을 유도하기 위한 교사의 질문을 의미한다.
- 반응 : 교사의 질문에 대한 학습자의 응답 또는 대답을 의미한다.
- 대응 : 학습자의 반응에 대한 교사의 평가나 수정을 의미한다.

질문법의 장점
- 학습내용의 정리에 효과적이며, 학습에 자극을 주어 적극적인 학습활동을 하게 한다.
- 학습자 스스로 생각하게 하고 해결할 수 있는 기회를 제공함으로 학습자의 주체적인 학습이 가능하다.
- 교사와 학습자 간의 의사소통의 기회가 많고 학습자에게 학습동기와 참여를 고무시킨다.

- 각 학습자들의 특별한 능력과 흥미를 파악할 수 있고 수업의 도입, 요약, 복습에 유용하다.

질문법의 단점
- 교사중심으로 되기 쉽고 질문자의 관심에 따라 대답하려는 경향이 있다.
- 우수학습자 중심의 수업이 되기 쉽고 그 외 학습자들에게 좌절감을 줄 가능성이 있다.
- 학습자들은 질문의 내용을 충분히 생각하지 않고 대답할 수도 있다.

팀 티칭(Team Teaching)

팀 티칭이란 '교사의 조직과 그들에게 배정된 학생들을 포함한 수업조직의 한 양식'으로서, 2인 또는 그 이상의 교사가 협력해서 동일 학생집단의 수업 전반이나 중요 부분에 대해 책임을 지는 것'이라고 정의한다. 즉, 복수의 교사로 된 팀이 원래 학급의 수배에 해당하는 학생집단을 협동해서 지도하는 방법이다. 팀 티칭은 교원, 설비, 시간, 자료 아이디어 등을 효율적으로 사용하여 학습의 효과를 높이는데 주안점을 두고 있으며 각자 교수자의 재능을 발휘함으로써 학습자들에게 도움을 주는 교수-학습 방법이다.

팀 티칭의 기본 원리
- 유능한 교사와 경험이 적은 교사를 짝지어 각자의 지도력을 최고로 발휘할 수 있게 한다.
- 팀에서의 교사 직무에 따라 기존보다 높은 지위와 보수를 부여할 수 있도록 한다.
- 수업 목적에 따라서 학생을 대소의 집단으로 다양하게 편성하고, 다른 규모의 교실에서 다른 교사가 별개의 지도를 함으로써 수업의 개조를

도모한다.

팀 티칭의 장점
- 개별 지도의 기회 증대와 보다 나은 준비와 지도의 보장
- 학습 진단과 시간표 편성 및 학습 공간의 활용에 대한 유연성 증대
- 교수자의 특성 개발
- 팀 속에서의 상호작용에 의해 교수자의 직능적인 성장 기회 보장

팀 티칭의 단점
- 팀 티칭을 조직하는 것에는 많은 시간이 필요하다.
- 주의 깊은 계획으로 사전에 막아야 할 일이지만, 교사 간에 개인적인 충돌이 발생할 가능성이 있다.
- 팀 티칭을 효과적으로 진행할 수 있는 시설·설비가 준비되어 있지 않다.
- 팀 티칭은 교사의 협력과 노력이 필수 불가결한 조건이므로 학교 행정가로부터 압력을 받아 조직되는 것은 아니다.

팀 티칭의 교사들에게 요구되는 자질
- 교사는 협조적이어야 하며, 자기 의사를 명확하게 표현하여야 한다.
- 교사는 편견이 없어야 하며, 자신의 사고 및 의견을 항상 교정 또는 개선시킬 마음의 준비가 필요하다.
- 교사는 팀 구성원들의 평가를 겸허하게 수용해야 하며 자기 평가에도 관심과 노력을 기울려야 한다.
- 교사는 자기 전공분야의 전 영역에 대해 다른 교사를 지도할 수 있어야 한다.

구안법(Project Method)

구안법은 어떤 목적을 가진 경험을 통해 목적의식이나 행동의 목적을 갖게 하여 그 과정을 계속 진행해나갈 수 있는 동기를 부여하는 목적적인 활동을 통하여 학습하는 현실적이고 실제적인 활동이 중요시되는 방법이다. 구안(project)의 의미는 '던진다, 생각한다, 구상한다, 계획한다' 등의 의미로 사용되며 이것은 마음속에 품고 있는 것을 구체적으로 실현하며 형상화하기 위하여 자기 스스로 계획을 세워 수행하는 활동으로 볼 수 있다. 과제를 학습자에게 주고 학습자에게 자주적인 학습을 하게 하는 것이다. 구안학습법은 교사의 지도와 동시에 학습자가 생활에 가치있다고 생각되는 문제를 설정하고 계획해 가면서 문제해결을 하는 학습방법이다.

구안법의 기본 원리
- 학습 활동에 대하여 확실한 동기를 갖는다.
- 교육적 프로그램을 평가하는데 유용한 행동을 제시 및 표현할 수 있다.
- 학습자들 간에 개인적 차이 및 장점들을 고려하여 지도할 수 있다.
- 연구해야 할 내용과 과정에 대한 유용성과 현실성에 도움을 준다.

구안법의 장점
- 학습 활동에 대하여 확실한 동기를 갖는다.
- 활동에 대한 주도성과 책임성을 훈련하는데 중요하다.
- 창조적이고 구성적 태도를 함양시키는데 효과적이다.
- 학습에 융통성 있는 동기 유발을 일으키고 독창성과 책임감을 심어 준다.
- 협동정신, 인내심, 타인의 의견에 대한 솔직담백함과 관용성을 갖게 한다.
- 비판력과 창조적인 활동을 하도록 격려해 준다.

구안법의 단점
- 능력이 부족한 학습자는 시간과 노력 낭비로 끝날 수 있다.
- 해결하기 위한 다수 자료의 입수 곤란으로 성공하지 못할 경우가 있다.
- 학급 내에서는 학습활동이 일부 우수아에 독점되는 경향이 나타날 수 있다.

구안법의 지도상 유의사항
- 주제는 학습자에게 맞는 것이어야 한다.
- 계획된 세우는 습관과 태도를 길러주어야 한다.
- 사용할 재료 및 도구는 사전에 충분히 준비하여 수업에 지장이 없도록 한다.
- 주제는 단편적인 것이 아니고 연속적인 과정으로 발전되도록 하며 학교 조직의 계획과 조화를 이루어야 한다.

문제해결 학습법(Problem Solving Method)

문제해결학습법은 학습자에게 해결할 문제를 주고 학습자가 여러 상황에서 학습활동을 진행하면서 스스로 문제해결에 접근하도록 하는 교수-학습 방법이다. 문제해결법은 언어활동과 사고활동으로 제한되는 점이 있기는 하지만 인간이 지니고 있는 사고활동을 통해 어떤 문제를 파악하고 종합하여 최상의 해결안을 찾도록 하는 방법이다. 문제해결학습법의 가장 중요한 목적은 반성적 사고(reflective thinking)능력의 배양을 통한 문제해결 능력 함양에 있다.

문제해결학습의 기본 원리
- 학습자들에게 문제해결을 위한 유용한 기술을 배울 수 있는 교육적인

경험을 제공한다.
- 학습자들은 당면한 문제를 스스로 해결하려는 기본적인 태도를 배운다.
- 교육적인 상황과 일상생활 상황에서 발생하는 다양한 문제를 다룰 수 있다.
- 문제해결 접근을 위한 효과적이고 실제적인 수단이 된다.
- 학습자가 연역적, 귀납적 추론을 포함한 논리적 사고와 전략개발을 할 수 있게 한다.

문제해결학습의 장점
- 항상 기존의 지시을 단순히 적용하던 것에서 탈피하여 여러 상황들에 대해 지혜롭게 해결할 수 있는 능력을 향상시킬 수 있다.
- 교재의 논리적 체계에 구애받지 않고 학습자의 심리적 단계에 따라 학습되기 때문에 흥미에 맞고 이해하기 쉬우며 실제생활에 적응할 수 있는 학습이 된다.
- 학습자의 자발적인 활동에 의한 스스로의 힘으로 학습과제를 해결하는 것은 자율성과 능동적인 능력을 기를 수 있다.
- 협동적인 학습활동을 통해 민주적인 생활태도 육성과 전인적인 발달에 도움이 된다.

문제해결학습의 단점
- 학습자의 태도가 적극적이지 않을 경우 효과가 적다.
- 문제해결법은 체계적인 기초학력을 기르기 어렵다.
- 학습의 노력에 비해 능률이 낮으며 학문적인 지식을 빠른 시일 내에 학습하기가 어렵다.
- 수업상황이 어수선하여 일관성 있는 학습을 진행하기가 어렵다.

문제해결학습의 유의 사항
- 문제해결 상황을 만들 때 학습자의 능력이나 흥미, 경험 등을 고려해야 한다.
- 자율적인 학습 분위기를 형성하도록 한다.
- 학습자가 생각할 시간과 기회를 충분히 갖도록 배려한다.
- 문제에 연관된 상황을 분석 및 검토하고 명료한 가설을 형성시키며 적용할 수 있는 법칙이나 원리를 활동하도록 지도해야 한다.
- 가능한 많은 문제 상황을 접하도록 교육과정을 구성하다.

마인드맵(Mind Map)

마인드맵은 우리 두뇌의 활동 방식과 일치하는 방법이다. 마인드맵은 마음속에 생각하고 있는 것을 간단한 그림과 기호, 상징을 사용하고 색깔로 강조하며 짧은 낱말을 가지고 나뭇가지와 같은 가지를 그려서 그 위에 빠르게 표현하는 것으로 좌뇌와 우뇌 기능을 모두 활용하는 시각적인 도식이다. 두뇌의 활용도가 높아지기 때문에 우리가 기대하는 것보다 훨씬 흡족한 효과를 얻을 수 있게 된다. 이런 효과가 배움과 접목되면 흥미를 느끼고 또 집중하게 해주므로 지적 활동의 향상에 큰 몫을 담당하게 되며 실생활에 접목되면 이 학습 방법이 광범위하게 응용될 수 있다.

마인드맵의 기본 원리
- 논리적 사고와 창의적 사고를 동시에 개발할 수 있도록 격려해야 한다.
- 방대한 양의 정보를 한 장으로 조직화 하는 방법이 지도에 있어서 매우 중요하다.
- 짧은 시간 내에 독창적 아이디어의 나눔이 가능해 지도록 지도한다.
- 결과보다는 마인드맵의 과정이 중요하다.

- 그림, 이미지, 문자를 사용하면서 학습함으로써 학습에 거부감이나 책 읽기를 싫어하는 학생의 흥미유발을 도와야 하며 학습 분위기 조성이 학습의 효과에 지대한 영향을 미칠 수 있다.

마인드맵의 방법
- 먼저 한가운데 주제를 쓴다(그 주변을 네모나 동그라미 따위로 둘러싼다).
- 가운데에서 바깥으로 향하게 가지를 긋고 중요한 요점을 쓴다.
- 핵심단어나 핵심어구를 각 가지 옆에 쓰고 필요한 경우 가지를 더 그려 자세한 내용까지 첨가한다.
- 기호와 그림을 사용하며 읽기 쉽게 큰 글씨로 쓴다.
- 창의력을 발휘하여 특이하게 한다.
- 강조하고 싶은 부분이 있으면 여러 가지 다양한 모양의 기호를 사용하여 표시한다.
- 마인드맵은 종이를 가로 방향으로 놓고 그리는 것이 좋다.

마인드맵의 유형
교사가 활용할 수 있는 마인드맵
- 노트하기를 도와주는 마인드맵
- 연간, 학기별, 주간 학습 프로그램 마인드맵
- 학습 진도 마인드맵

학생들이 활용할 수 있는 마인드맵
- 학습 계획 수립할 때 : 학습 계획시 마인드맵을 통해 학습계획을 세운다.
- 노트할 때 : 마인드맵으로 내용을 정리할 경우 서술식 정리보다 시간이 절약되고 기억하기도 훨씬 쉽다.

- 과제 해결할 때 : 과제를 해결시 다른 사람의 의견과 종합할 때 어려움을 겪지만 마인드맵으로 하면 쉽고 편리하게 종합할 수 있다.
- 현장학습 보고서 작성할 때: 많은 내용을 다 기록하기엔 시간이 부족하므로 마인드맵으로 기록하면 많은 양의 내용을 빠른 시간에 기록할 수 있다.

학습-교수 방법에 따른 마인드맵의 활용
- 조사학습 : 조사내용의 정리가 아주 쉽고 내용의 첨가나 삽입이 쉬워 나중에 다시 정리를 할 필요가 없다.
- 인물학습 : 인물의 사진이나 이미지를 제시해 주고 완성하게 해 보면 총체적으로 이해가 쉬워진다.
- 토의학습 : 찬반 토의의 경우 찬성이나 반대에 대한 이유가 많을 때 쉽게 정리가 가능하며 모든 의견을 종합하여 발표할 때 매우 효과적이다.

마인드맵의 장점
- 자발적으로 학생들의 관심을 유발하므로 학생들이 내용을 빨리 이해하고 수업시간에 서로 협동하도록 만든다.
- 교사와 학생들 쌍방에게 수업은 더욱 자발적이고 창조적이고 재미있는 것이 된다.
- 마인드맵은 관계있는 자료만을 분명하고 기억하기 쉬운 형태로 제시하기 때문에 보다 많은 내용을 빨리 쉽게 파악하고 나아가 지식이 구조화 될 수 있다.
- 마인드맵은 사실만을 나열하는 것이 아니라 사실들 간의 관계를 보여주므로 학생들의 이해력을 심화시켜 준다.
- 기억력, 회상력, 창조력, 집중력, 독창성을 자연스럽게 향상시킬 수 있다.
- 두뇌의 활동의 조직성 및 효율성을 자연스럽게 향상시킬 수 있다.

마인드맵의 단점
- 정형화된 구조가 없다.
- 학습자가 잘못되었다는 사실을 깨닫기 전까지 자신의 생각이 옳다고 인식하는 경우가 있다.
- 학습자가 사실에 대한 정확한 정보를 습득하기가 어렵다.

신문활용교육(NIE, Newspaper in Education)

신문을 교재로써 수업에 이용하는 교육 활동으로 신문활용교육이라 한다. 즉, 우리 사회의 모습, 사람들의 살아가는 모습을 생생하게 보여 주는 신문의 정보를 활용하여 교육에 유용한 보조 교재와 교수 방법을 제공하는 프로그램을 NIE라고 한다.

NIE의 필요성
- 동기 유발이 가능하다.
- 신문은 전 생애에 걸쳐 지속적으로 읽게 될 교재이다.
- 세대와 국경을 초월하는 공감대를 형성할 수 있다.
- 살아있는 지식을 습득하고 정보를 수집, 선택, 활용하는 능력을 키운다.
- 자기 주도적인 학습 능력을 기를 수 있다.
- 총체적 언어 교육이 가능하다.
- 사회 문제로 대두되는 이슈를 통해 토론의 기회를 가질 수 있다.
- 신문은 창의성의 보고(寶庫)이다.
- 사회에서 지금 일어나고 있는 일들을 잘 알 수 있으며, 그것을 통해 자신이 속한 사회와 문화, 사람들에 대한 이해를 깊게 할 수 있다.
- 인간 중심의 인성 교육을 할 수 있다.
- 주제 중심의 통합교육이 가능하다.

NIE의 접근방법
- 처음엔 놀이로 시작하고 찾기를 많이 한다.
- 사진이나 그림을 이용하기도 하며 만들기나 그리기도 한다.
- 스스로 할 수 있도록 하며 칭찬을 아끼지 않는다.
- 열린 사고와 풍부한 감성을 갖도록 도와준다.
- 신문의 구성 요소를 모두 활용한다.
- 생각이나 느낌을 여러 가지 방법으로 표현하게 한다.

NIE 수업의 유형
- 신문기사 자체를 수업에 활용하는 경우
- 보조 자료로서 활용하는 경우
- 교육과정에 근거하여 신문자료를 재구성하여 수업할 경우
- 일반적인 신문 활용 학습으로 수업 할 경우

NIE의 문제점과 해결방안
- 학습자에게 있어서 신문은 너무 부담스러운 존재이다.
- 신문의 속성이 사회의 좋은 면이나 미담보다는 부정적인 사건 기사를 많이 다루므로 학습자가 사회에 대한 부정적인 시각을 갖기 쉽다.
- 신문의 활자가 작고 사용되는 전문용어나 문장이 어렵다.
- 언제 무슨 기사가 나올지 예측할 수 없어 장기적인 교육 계획안을 짤 수 없다.
- 학습자의 수준에 맞추어 자료를 선정하고 가공하는데 많은 노력과 시간이 필요하며, 그에 따른 교사의 능력이 요구된다.

효과적인 NIE 수업 전개를 위한 고려 사항
- 가능한 한 학생중심으로 진행한다.

- 재미있게 진행하되 유익하게 끝낸다.
- 활기차고 자유로운 분위기를 만든다.
- 가르치고자 하는 내용과 전혀 상관없는 데서 시작한다.
- 다양하고 체계적으로 전개한다.
- 신문자체에 활자(문자해독)효과를 기대하면 안된다.

자기주도적 학습법(Self-directed Learning)

자기주도학습은 학습자 스스로 학습을 선택하고 수행하는 학습이며 스스로 주도권을 가지고 자신의 학습 욕구를 진단하고 학습목표도 설정하여 학습을 수행하는 과정이다.

자기주도 학습의 기본 원리
- 학습자는 자신의 학습 필요와 욕구를 정확하게 파악하고 이를 심층적으로 진단하고 있어야 한다.
- 학습의 참여 여부와 참여 시기 등을 자율적으로 필요에 따라 적합하게 결정해야 한다.
- 자신의 학습 욕구와 필요에 따라 적정의 학습 목표를 명확하게 설정해야 한다.
- 학습 내용 및 방법을 자율적으로 선택해야 한다.
- 학습자의 자율적인 자기 판단과 자기 평가가 외부의 객관적 평가나 교사 및 전문가에 의한 평가보다 먼저 이루어지고 중시되어야 한다.

자기주도 학습의 장점
- 학습자중심 교수방법에서는 교사에게 의존하기보다, 다양한 학습 자료들을 많이 활용하게 된다.

- 기존의 방식에 따르지 않고 새로운 방식으로 문제를 해결하며 하나의 문제에 대해 다양성 있게 접근하는 능력을 지닐 수 있다.
- 개인교수나 상담, 학습안내 등 다양한 교수방법이 훨씬 손쉽게 제공될 수 있다.
- 학습자 스스로 효과적으로 학습할 수 있는 능력을 키울 수 있다. 학습자들은 스스로 성취했을 때 성취감을 맛볼 수 있게 되므로 학습동기를 높이는 결과를 가져온다.
- 학습시간을 조직하는 기술을 갖는다.
- 포기 하지 않고 해결하려고 끈기 있게 노력하며 학습에 대한 책임감이 생긴다.

자기주도 학습의 단점
- 학습자는 구체적으로 자신의 요구가 무엇인지 알 수 없을 때가 많으며, 알게 된 요구가 자신이 꼭 원한 것이 아닐 수도 있으며 학습 목표는 수시로 변경될 수도 있다.
- 학습자 중심 교수방법을 적용할 수 있는 코스의 범위와 종류가 비교적 제한될 수 있다.
- 학습자들의 동기와 더불어 시간과 예산이 많이 든다. 학습자 중심교수를 하기 위해서는 학습에 대한 동기가 높아야 하며 어느 정도의 지식을 갖추고 있어야 한다. 또한 전통적인 교육에 비해 예산과 학습에 소요되는 시간도 너무 많이 든다.

자기주도 학습 활성화를 위한 방안
- 교육정책에서는 현장에서 자기주도 학습을 할 수 있는 여건을 조성해 주어야 한다.
- 정규교과 시간에 학생중심의 수업을 전개함으로써 자기주도 학습을 실

시할 수 있다. 재량 활동이나 특별활동 시간을 최대한 활용하여 학생이 스스로 문제를 발견 및 설정하고 이를 해결해 나가는 능력을 기르기 위한 시간으로 만든다.
- 자기 주도적 학습은 열린교육학습과 구분되어야 한다.
- 학습자가 자기 주도적으로 활용할 수 있도록 게시판 등 자기주도 학습 환경을 전환한다.
- 자기주도 학습 활성화를 위해 사전에 자기주도 학습 방법에 대한 교육을 실시한다.
- 문제 인식 여부, 학습방법, 하고자하는 마음, 주의 집중, 참을성, 학습에 필요한 기초지식 등의 학생실태를 파악하고 시전에 지도해야 한다.
- 가정학습 방법을 지도한다. 주어진 과제, 선택한 과제, 설명한 과제이든 간에 자기주도 학습 과정 모형에 따라 가정 학습에서도 이와 똑같이 할 수 있게 하여야 한다.
- 주어진 자료나 학습내용을 지속적이고 집중적으로 학습하는 태도와 자세를 육성한다.

추천도서

권성호, 《하드웨어는 부드럽게 소프트웨어는 단단하게》, 양서원, 2002.
김희자, 《창의적인 기독교교육방법》, 대한예수교장로회총회, 2004.
이성은, 오은순, 성기옥, 《초·등교실을 위한 새 교수법》, 교육과학사, 2006.
이성호, 《교수방법론》, 학지사, 2004.
조벽, 《나는 대한민국의 교사다》, 해냄, 2004.
Galindo, Israel., *The Craft of Christian Teaching : Essentials for Becoming a Very Good Teacher*, Valley Forge: Judson Press, 1998.

토의문제

1. 기독교교육 방법론이란 무엇이며 최적의 교육방법을 선택할 때 고려해야할 사항은 무엇인가?

2. 기독교 세계관을 교과에 통합하는 통합적 교수방법과 기독교적 교수방법에 대해 논의해 봅시다.

3. 교수-학습 방법 측면에서 본 예수님의 교수방법의 현대적 의미는 무엇인가?

4. 강의법을 사용하는데 있어서 가장 강조하는 목적은 무엇입니까? 당신이 하였던 최근 강의를 생각해보고, 당신이 강의를 위해 하는 노력들을 나누어 보고 추천해 봅시다.

5. 지금까지 들어본 사람 중 최고의 스토리텔러(storyteller)는 누구이며 그 사람의 우수성은 무엇이라고 생각하는가?

| 제3부 |

기독교교육의 현장

제8장
기독교교육과 교육목회

임창호

1. 무엇이 부흥인가?

　모든 교회는 부흥을 갈망한다. 부흥을 위하여 교회들은 여러 방편들을 모색해왔다. 한국교회도 이 땅에 다시 한 번 1907년의 평양대부흥의 역사가 일어나기를 기대하는 열기와 소망이 전국적으로 가득 차 있다. 본 장에서는 교회부흥과 기독교교육과의 관련성을 교육목회라는 관점에서 다시 읽어보려고 한다. 특히 본 글은 평양 대부흥운동을 전후한 초기 한국교회부흥에 비중을 두면서 부흥의 의미와 교육목회를 살펴볼 것이다. 본 장의 핵심 용어는 평양대부흥, 교회부흥, 교회성장, 세속화, 기독교교육, 그리고 교육목회가 될 것이다.

교회부흥의 의미

우선 교회부흥에 관하여 생각해 보자. 부흥에 관하여 말할 때마다 늘 떠오르는 대표적인 구절이 있다. 하박국 3장 2절의 말씀이다.

"여호와여 내가 주께 대한 소문을 듣고 놀랐나이다. 여호와여 주는 주의 일을 수년 내에 부흥케 하옵소서. 이 수년 내에 나타내시옵소서. 진노 중에라도 긍휼을 잊지 마옵소서"

하박국 선지자는 본 절을 통하여 부흥에 관한 몇 가지 중요한 원리를 제시해 주고 있다. 우선 부흥되어야 할 대상은 사람의 일이 아니라 주의 일이라고 했다. 부흥을 이루시는 주체도 사람이 아니라 주님이시다. 수년 내라는 시간적 한계를 제시함으로서 부흥이 되기에 적절한 때가 있음을 말하고 있다. 마지막으로 하박국 선지자 자신이 이상과 같은 기도문을 보여줌으로서 부흥을 이룩하는 데 있어서, 인간 즉, 성도가 해야 할 일은 오직 기도하는 것밖에 없음을 지적하고 있다.

그 시대에 왜 부흥이 필요했었나?

하박국 1, 2장의 글을 통해서 알 수 있듯이, 유다왕국 말엽의 왕 요시야 당대, 이스라엘 백성들은 하나님의 진노를 피할 수 없을 정도로 타락(간악, 패역, 겁탈, 강포, 변론, 분쟁, 율법이 해이해지고, 공의가 사라지고, 악인이 의인을 에워싸고, 공의가 굽게 행하고, 마음이 교만하고, 정직하지 못하고)과 우상숭배(부어 만든 우상과, 돌과 나무로 우상을 새기고)의 깊은 죄악 가운데 있었다(1:3-4, 2:18-19). 놀라운 사실은, 바로 이런 때 오직 의인은 믿음으로 말미암아 살리라(2:4)는 하나님의 말씀이 선지자 하박국에게 임한 것이다. 간악, 패역, 겁탈, 강포, 변론, 분쟁, 율법의 해이함, 공의의 상실, 교만, 부정직, 우상숭배를 버리고, (회개하고) 이전의 믿음을 회복하라는 메시지요, 의인들(성도, 하나님의 사람들)이 믿음을 회복하는 그것을 하박국은 부흥으로 묘사한 것이다.

패커(Packer, J. I.)는 부흥을 "영적으로 죽은 이들을 그리스도를 믿는 살아있는 신앙으로 이끌고, 태만하고 활기 없게 된 그리스도인들의 내적 삶을 갱신하는 하나님의 말씀을 통해 하나님의 영에 의해 행해지는 하나님의 사역"이라고 정의 하였다.[1] 로이드존스(Lloyd-Jones, M. D.)는 이러한 부흥은 철저히 성령의 기름 부으심과 관계되는 일로서. "부흥이란 성령의 부어 주심이기에, 그것은 우리에게 임하는 것이요 우리에게 일어나는 것이다. 부흥에 있어서 우리는 결코 행위의 주체가 아니다. 우리는 그저 어떤 일들이 일어났다는 것을 자각할 따름이다" 고 하였다.[2] 아울러 로이드존스는 하박국의 예와 같이 부흥을 위해서 우리가 할 수 있는 것은 기도밖에 없음을 강조하였다.[3]

하박국을 비롯하여 패커와 로이드존스의 정의를 요약하면 부흥이란, 하나님의 교회와 성도들(인간들)에게 임해져서 자각할 수 있는 일로서, 영적으로 죽은 이들을 그리스도를 믿는 살아있는 신앙으로 이끌고, 태만(부패와 타락으로 인하여)하여 활기가 없게된 그리스도인들의 내적 삶이 갱신되어(회개함을 통하여) 영적으로 성장하는, 철저하게 하나님의 말씀과 하나님의 영에 의한, 하나님을 위한, 하나님의 사역이라고 말할 수 있겠다. 부흥은 다른 한편, 그리스도인들에게 있어서는 회개를 동반한 기도운동이라고도 할 수 있겠다.

한국교회의 부흥

이러한 부흥운동이 초기 한국의 기독교역사 가운데서도 있었다. 한국교회는 20세기에 들어오면서 1903년(원산부흥운동), 1907년(평양대부흥운동),1909년(백만인구령운동) 세 번에 걸쳐 놀라운 부흥운동을 체험하는데, 그중에서도 특히 1907년 평양대부흥운동은 한국교회 영적대각성운동을 상징하는 가장 중요한 사건인 동시에, 한국기독교 전래 100년 역사 가운데 한국교회를 특징짓는 중요한 사건으로 평가되고 있다.

원산 부흥운동

백낙준 박사는, 원산부흥운동을 촉발시킨 원산기도회와 1903년 8월 하디 선교사의 회심사건을 실제로 "한국 부흥운동의 기원"으로 보고 있다.[4] 1903년 8월 24일부터 30일까지 열린 기도회 기간 중, 처음에는 선교사들 앞에서, 그리고 후에 주일 오전예배 때 한국인들 앞에서 공개적으로 "교만, 심령의 강퍅함, 그리고 믿음의 부족" 등 자신의 죄악을 낱낱이 털어놓으며 눈물로 참회하고 회개하였다.[5] 하디의 고백은 모인 이들의 마음을 여는 계기가 되었고, 그가 고백한 죄악들은 모인 선교사들 대부분이 공감하는 부분이었다고 한다. 특별히 하디 선교사 자신이 개인적으로 경험한 "깊고 놀라운 경험"은 곧 주변에 모인 자들과 교회의 영적 기상도를 바꿔놓는 계기가 되었다.

평양 장대현교회 부흥운동

결정적인 한국교회 부흥의 기회가 된 것은 말할 필요도 없이, 1907년 1월 2일부터 16일까지 평양 장대현교회에서 열린 "평안남도 겨울 남자 도사경회"였다. 선교사들은 크리스마스 휴가도 반납한 채 매일 기도회로 모여 이 땅에도 웨일즈 지방과 인도에서처럼 놀라운 성령의 임재를 간절히 기도했고, 집회준비를 위해 온갖 수고를 아끼지 않았다. 첫 날 저녁은 남자만 1,500명이 참석하였다. 1906년 당시 전국의 조직교회 32개 교회에 교인들의 수가 2만7천명 밖에 안되었다는 점[6]을 생각해 보면, 이 날 저녁에 참석한 수는 당시로서는 엄청난 수의 모임이라고 할 수 있다. 그리고 14일과 15

일 밤 집회에서 성령의 역사적인 기름부음이 있었던 것이다.

사경회와 부흥운동

원산부흥운동과 평양부흥운동이 말씀과 사경회 가운데서 일어났다고 하는 사실은 매우 주목할 만한 일이다. 윌리엄 블레어(Blair) 선교사는 "50여 년이 넘도록 한국교회가 급격히 성장하고 지속적으로 부흥할 수 있었던 조건을 각자 나름대로 설명해 보라고 한다면, 나는 서슴없이 사경회라고 대답할 것이다"라고 고백한 적이 있다.[7] 백낙천 박사 역시 "사경회는 부흥회의 계기를 마련하였고, 부흥회는 구령운동에 나가려는 자극과 열정을 북받쳐 치밀어 오르게 하였으니, 전도운동은 ㄱ 북받쳐 오르는 감동의 표현이었다"고 하였다.[8] 초기 모든 한국의 서양 선교사들은 교파를 초월해 사경회가 "교회를 부흥시키는 참되고 성경적인 방법"이라고 확신했다.[9]

평양대부흥운동이 일어나기 2년 전 1905년 목포부흥운동을 주도했던 선교사 저다인(Gerdine, J. L)은, 웨일즈에서 일어난 부흥운동이 영국과 호주에서도 나타났고, 미국에서도 나타났다면서, 한국부흥운동도 영미에서 일어난 부흥운동과 같은 시기에 일어나는 것은 하나님의 뜻이라고 확신하고 있었다.[10]

로이 쉬러(Roy, E. Shearer)는 당시 평양대부흥운동은 말씀과 기도를 통한 회개로 특징지어지는 성령의 영적 각성운동이었다고 하였다. 쉬러는 "한국교회 사경회는 부흥운동의 진정한 수단"[11]이었음을 지적하고 있다. 곽안련의 보고에 의하면, 평양대부흥운동 이후, 신자이든 불신자이든 구별 없이 자신이 손해를 끼친 사람에게는 손해배상을 해 주었기에 성안에 소문이 자자했다고 한다. 이러한 변화는 성령의 은혜로 구원을 경험한 사람들에게 나타나는 복음의 속성이라고 보아야 할 것이다. 따라서 평양대부흥운동은 말씀을 통한 회개와 기도운동으로서 실생활의 회개를 가져온 영적이며, 도덕적 개혁운동이라고 말할 수 있는 것이다.[12]

평양대부흥운동은 한국교회에 영적인 지각변동을 가져왔을 뿐만 아니라, 외형적 성장도 실로 괄목할 만한 것이었다. 평양대부흥운동 후 장로교인의 숫자는 한해 동안만 34%가 증가하였고, 감리교인의 숫자는 118%로 증가하였다. 또한 기독교학교도 많은 영향을 받아 1906년 208개에서 1907년에는 344개로 늘어나, 130개 이상의 학교가 설립되었다.[13]

한국교회 부흥의 정체와 그 요인들

초기 한국교회가 부흥을 경험할 즈음의 한국정세는 내외적으로 매우 복잡하고 힘든 상태에 있었다. 포스터(J. W. Foster)가 적절히 지적해 주었듯이 한국은 당시 강대국들이 노리고 있는 "나봇의 포도원"이었다.[14] 한반도를 둘러싼 중국과 일본, 러시아와 일본의 패권주의로 인한 정치적 위기가, 오히려 한국인들로 하여금 복음을 받아들이기에 적합한 토양을 제공해 주었다고 볼 수 있겠다. 주지하듯이 우리 민족은 1894년 동학혁명, 1904년 러일전쟁, 1905년 을사조약, 1907년 고종퇴위, 1910년 치욕스러운 한일합병으로 이어지는 고난의 시대[15]를 맞이하고 있었고, 그 와중에 1907년 평양대부흥운동이 발흥하여 전국적인 부흥운동으로 확산되었던 것이다. 1904년 러일전쟁이 한반도 전역에 일어나고 있을 때, 원산부흥운동이 발흥하여 을사조약을 전후로 전국으로 부흥이 확산되었고, 1907년 고종 퇴위로 민족이 위기를 만나고 있을 때, 평양대부흥운동의 발흥으로 부흥운동이 절정에 달하였다. 전쟁과 부흥이라는 두 가지 상반된 주제가 당시 한국 땅에서 일어났던 것이다.

1907년 장대현교회의 평양대부흥을 시발로 하여 시작된 부흥의 불길은 1910년 한일합병과 1919년 민족적 3.1운동, 1930년대 신사참배 강요에 따른 박해를 통하여 더욱 연단되어갔으며, 한국교회는 쇠퇴하지 않는 부흥의 역사를 경험하며 성장해 갔고, 일제의 압제와 6.25전쟁이라는 국가적

비극을 뛰어넘어 1960, 70년대의 복음의 폭발의 불씨가 되어주었다. 통계상으로 보면, 특별히 1960년대부터 1980년대 중반까지 한국교회는 수적으로 급속하게 증가하면서, 전 세계를 놀라게 하였다. 수적으로만 본다면 교회수가 1960년도 5,011개에서 1990년도에는 35,869개로 30년 동안 615% 증가하였다.

교회부흥과 성장의 정체 현황

그러나 1980년대 후반부터 한국교회 성장률은 수적으로 확연하게 감소하기 시작한다. 2006년도 통계청자료에 의하면 한국의 기독교인 수는, 1985년 648만 명에서 1995년 876만 명까지 기파르게 증가한 것으로 나타나 있다. 그러나 2005년 기독교인 수는 861만6천명으로 기록되어, 1995년 이래 지난 10년간 14만4천명이 줄어들었다는 결과를 보였다. 10년 전의 같은 조사와 비교해 볼 때 불교는 3.9%, 천주교는 무려 74.4%가 각각 증가하였으나 충격적으로 개신교만이 유독 -1.6% 감소현상을 보인 것이다.

한국교회의 부흥과 성장이 정체되는 반면 타종교의 성장이 증가되고 있는 이유 중 하나가, 기독교가 타종교에 비해 상대적으로 대사회적 공신력을 잃어 버렸을 뿐 아니라, 사회에 비쳐진 이미지에서 부정적 평가를 받고 있었음이 밝혀졌다. 1998년 한국기독교목회자협의회가 한국갤럽에 의뢰하여 실시한 조사에 의하면, 한국인들이 한국교회에 대하여 매우 비판적이라는 사실을 알 수 있다. "한국교회가 영적문제에 해답을 주지 못하고 있다"에 응답한 비율이 81.4%, "지도자들의 자질이 부족하다"에 응답한 자가 76.0%, "한국교회가 진리추구보다 교세확장에 더 관심이 있다"에 응답한 자가 71.1%, "헌금을 지나치게 강조한다"고 대답한 자들이 69.9%나 되고 있고, 교회가 "봉사 등 사회적 역할을 못하고 있다"고 대답한 자가 62.9%나 되었다.[16]

요인들

　수치스러운 일이지만, 오늘날 한국교회들이 영적이며 본질적인 것에 주력하기보다, 오히려 비본질적인 것에 주력하였음을 보여주는 좋은 예라고 할 수 있겠다. 교회지도자들의 자질 부족에 대한 지적, 교회의 영적인 문제 해결능력 결여, 진리문제에의 무관심, 사회를 향한 구제와 봉사에의 인색함에 대한 지적 등은, 오늘날 한국 교회가 교회로서의 본질적 사명수행에 총체적으로 문제를 안고 있음을 보여주는 것이다. 그렇다면 총체적 문제의 내용은 무엇일까?

　황성철은 오늘날 한국교회 침체의 문제는 근본적으로 세속지향적 목회에 기인한다고 진단하고 있다.[17] 특히 1980년대 후반부터 미국으로부터 한국에 소개된 세속적 기업경영 원리에 기초한 교회마케팅론자들(조지바나와 더그머렌으로 대표되는)의 이론은 때를 같이하여 교회의 세속화에 기름을 부은 격이 되었다고 지적하고 있다. 세속기업들은 하나의 거대한 세계시장에서 오직 승자만이 살아남는 무자비한 경쟁을 벌인다. 냉혹한 생존의 각축장에서 경쟁기업을 밟고 이겨서 이윤을 얻는 기업은 살아남지만, 그렇지 못한 기업는 도태되는 것이 기업의 생리이다. 그러므로 기업들은 시장과 고객의 요구에 보다 더 잘 부응할 수 있는 유연한 조직을 만들고 유효한 수단과 방법들을 동원하여 더 많은 이윤을 내려고 한다. 교회도 외형적으로는 하나의 조직이므로 경영이론이 통할 수 있다는 것이 그들의 확신이다. 외형적으로 더 큰 교회로 성장하기 위해서는 더 체계화된 현대 경영이론을 도입해야 한다는 것이다.

　세속지향적 목회는 결국 교회를 성장시켜야 한다는 막연한 신화적 강박관념 아래 세속화해 가는 것이다. 황성철은 이러한 교회 안에서의 세속화 현상을 다음과 같이 세 가지로 분류하였다. 첫째는 교회 내에서의 업적주의이다. 모든 사역의 결과를 그래프와 도표로 눈에 보일 수 있도록 표시하여 그 결과 치에 의하여 평가하고 전략을 수립하는 교회 내의 업적주의가 그것이다. 둘째는 교회 내의 물질주의이다. 업적에 의해 평가받는 것은 교인이나 목회자나 마찬가지이다. 그러기에 목회자는 자연스럽게 교인 수, 헌금액수, 건물 등 교회의 외형적인 시설확충을 강조하지 않을 수 없게 된다. 셋째는 소비자 중심주의이다. 소비자 지향적인 마케팅원리에 따라서 교회성장을 추구하는 모든 교회는, 교회활동이 소비자(교인, 즉 평신도)들의 욕구를 중심하여 프로그램을 구성한다. 나아가 소비자들을 안락하게 해 줄 수 있는 시설, 즉 체육관 시설, 넓은 주차장, 세상에서 누릴 수 있는 편리함에 뒤지지 않는 교회내 시설제공 등에 관심을 갖지 않을 수 없는 것이다.[18]

세속화 현상은 결국 교회를 어떻게 변화시켰는가

교회 내에서의 업적주의, 물질주의 그리고 소비자중심주의는 결국 교회를 세속화로 몰아갈 수밖에 없다. 복음은 통속적 사회윤리와 입신출세를 위한 성공담화의 소재거리로 전락해가고, 교회문화는 세속문화에 동화되어 자연스럽게 경계선이 사라지며, 목회자들은 세속적 야망과 성공병에 빠져들게 되는 것이다. 세속지향적인 교회성장론은 소위 성공한 소수의 엘리트 목회자들을 제외하고는 대다수 목회자들을 상대적 패배자로 만든다. 그리스도의 몸인 교회를 분열시키고, 목회를 경쟁의 각축장으로 만들어 간다. 기독교의 가장 고귀한 목표들인 거룩함의 추구, 사랑의 완성, 이웃을 위한 희생과 봉사, 충성스러움과 섬김 등은 교인의 수, 건물의 크기, 예산규모에 의하여 퇴색되고 결국 사장되고 만다. 무엇보다 심각한 것은 많은 경우의 목회자와 교인들이 이러한 세속적 교회성장을 이루는 것이 하나님의 교회를 세우는 것이라고 착각하고 있다는 사실이다.[19]

2. 한국교회 부흥과 기독교교육

초기 한국교회 기독교교육의 실체는 교회의 주일학교운동과 기독교학교 교육에서 찾아 볼 수 있겠다. 한국교회 부흥의 본격적인 기원을 1907년 평양 장대현교회 사경회로 본다면, 한국교회가 교회에서 자녀들을 상대로 별도의 교육을 실시한 기독교교육의 기원 역시 평양으로 거슬러 올라간다. 평양은 참으로 한국의 예루살렘이라는 말을 들을만한 초기 한국교회 신앙의 발흥지였다. 본 장에서는 한국교회 초기 및 부흥성장기의 기독교교육과의 연관성을 주일학교운동에 제한하여 고찰해 볼 것이다.

초기 한국교회 부흥과 기독교교육

김득룡에 의하면 1887년 평양에서 6개의 주일학교가 생겨 기독교교육을 실시한 것이 한국 최초의 기독교교육의 시작이라고 기록하고 있다.[20] 평양 대부흥운동이 일어나기 20년 전의 일이다. 하지만, 1888년 1월15일 스크랜턴여사가 보낸 선교편지에 의하면 서울 정동 이화학당에서 여성들로만 구성된 12명(한국인 소녀 3명, 한국인 부인 3명, 일본인거류민 1명, 선교사 4명)의 학생들이 모여 스크랜턴 여사에 의해 최초의 주일성경학교가 시작되었다고 보고하고 있다. 이 모임은 좋은 소문을 내어 시작한 지 두 달 후에는 주일 저녁성경공부까지 열지 않으면 안 될 정도로 숫자가 증가되었다.[21] 1888년 3월 1일에는 아펜젤러 선교사의 인도로 배재학당 학생 중심의 남성중심의 영어 주일학교가 시작되었다. 벧엘교회(현재의 정동제일교회)라는 이름 하에 1887년 12월부터 계속 모임을 가져온 기도회 모임에 아펜젤러가 참석하여 주일성경공부를 시작한 것이다. 첫날 모임은 14명이 참석했고 영어로 30분간 성경공부를 인도했다고 기록하고 있다. 아펜젤러는 당시 주일학교에 참석했던 14명의 이름을 모두 기록하여 선교부에 보고하고 있다.[22] 당시 한국풍습에 의해 남녀가 함께 할 수 없었기에 여성들만의 주일학교, 남성들만의 주일학교가 별도로 시작한 것은 자연스러운 일이라고 할 수 있겠다.

1903년에는 다시 평양에서 주일학교가 유년부만을 따로 구분하여 교육하는 운동이 일어났으며, 1913년에는 세계주일학교협의회 실행총무인 하인츠(H.J.Heinz)가 한국을 방문하는 것을 계기로 전국 주일학교대회를 가졌는데, 이 때 모인 인원이 14,200 명이나 되었고, 1919년 말 주일학교의 수는 전국적으로 만 개교를 넘어섰다고 기록하고 있다.[23]

이 시기에는 이미 1886년 마가복음이, 1887년에는 교리문답이 한글로 번역되어 보급되어 있있기 때문에 주일학교에서는 이들 소책자를 교재로 사용할 수 있었던 것이다. 1905년에는 "신교선교사공의회"(The General Council of Protestant Evangelical Missions)가 결성되어 그 안에 주일학교 위원회를 두었는데, 여기에서 한글로 번역하여 만든 교재가 "주일학교 공부"이다. 이는 미국에서 사용되는 통일공과로서 한국 실정에 맞게 개조하여 번역한 것이다.[24] 1911년에는 신구약 성경이 한글로 번역되어 널리 한국성도들에게 읽혔는데, 특히 사경회마다 성인반 성경공부가 설치되어 성인들이 주일학교 교육에 적극적으로 참가하게 되었다. 1915년부터는 많은 청년들이 교회가 설립된 곳 뿐만 아니라, 교회가 없는 곳에도 찾아가 전도와 성경을 가르치는 일에 힘을 기울였다.[25]

한편, 1921년부터는 전국주일학교대회가 개최되어 한국주일학교운동의 붐을 조성한 계기가 되었다. 1921년 서울에서 제1회 전국주일학교대회(대회장 남궁억)가 개최되어 2천여명이 참석하여 성황리에 마쳐졌다. 이 대회는 매 4년마다 개최하기로 하였고, 한국 주일학교운동을 촉진, 통합하는 중요한 역할을 담당하였다. 1925년 제2회까지 서울에서 열렸고, 제3회는 1929년 평양에서, 제4회는 1933년 대구에서 각각 개최되었다.[26]

1922년 11월 1일 서울 종로구 성서공회회의실에서 조직된 조선주일학교연합회는, 한국의 주일학교운동을 확산시키는 산파적 역할을 하였지만, 1937년 총회를 마지막으로 일제의 탄압으로 인하여 폐회되고 만다.[27] 실로 조선주일학교연합회가 결성된 이후, 한국교회는 교회마다 주일학교운동이 폭발적으로 일어났다. 주일학교에 헌신한 교사와 지도자들이 많이 배출되어, 주일학교를 중심한 기독교교육을 통하여 한국백성을 개조하고 교회를 확장하여 한국을 기독교화하려는 의지를 강하게 보였고, 주일학교마다 매주 새로운 신입생들을 맞이하는데 모든 정성을 쏟았던 것이다.[28]

1924년에는 주일학교연장교육(Extention Sunday School)을 실시하여, 주일 오후에는 훈련된 교사들을 선교사의 차에 태워 농촌으로 가서 주일학교 운동을 돕고 그 지역의 어린이들을 대상으로 전도를 하였다. 한국교회 주일학교교육의 대명사가 된 하기학교(여름아동성경학교)는 1922년 이래 시작되었다. 기록에 의하면 북장로교 선천 선교부 마펫 선교사 부인이 처음 시작하였는데, 이 역시 빠른 속도로 전국에 퍼졌다.[29] 1922년 첫 번째 하기학교에는 100명이 참석하였는데, 1932년 전국 주일학교대회 기록에 의하면 1930년에 36,239명, 1932년에는 1,071개 하기학교에서 701,786명이 참석한 것으로 나타났다. 2년 사이에 20배가 증가하였다는 말이며, 하기학교가 태동된 지 10년 만에 7천 배의 수적인 성장을 보였다는 실로 놀라운 보고가 아닐 수 없다.[30]

그러나 한국교회 기독교교육의 산실이었던 주일학교운동은 1935년을 고비로 정체기에 들어가게 된다. 이는 물론 주일학교 뿐 아니라 한국교회의 부흥 성장의 정체기와 함께 한다. 일제의 신사참배 강요와 함께 이를 거부하는 기독교교회에 대한 박해가 시작되었기 때문이다. 1935년 가을, 평안남도 일본인 야스다께 도지사는 도내에 있는 중고등학교의 교장 회의를 소집하였고 그 자리에서 교장 일동은 평양신사에 참배하여야 한다고 명령하였다. 이때에 숭실학교 교장 윤산온(G. S. McCune)을 비롯하여 숭의여학교 등은 종교의 교리상 그렇게 할 수 없다고 거절하였다. 결국 일제는

1937년 평양의 숭실학교와 숭의학교 두 교장을 파면시키고 학교는 폐교되었다. 1938년 9월 평양 서문밖교회에서 개최된 제27차 조선장로교총회의 신사참배결의로 기독교계를 대표하는 한국교회가 일제의 강압을 이기지 못하고 굴복하고 만 것이다. 이후 해방되기까지 교회의 외형적 부흥과 성장은 정체될 수밖에 없었다. 실제로 대한예수교장로회총회록에 의하면, 1937까지 거침없이 증가해 오던 한국교회 유년주일학교 학생의 수는 1937년 당시 265,591명이던 것이, 총회에 의해 신사참배가결이 이루어진 1938년, 유년주일학교 학생 수는 거의 10만여 명이 줄어든 166,899명까지 내려갔다. 1940년에는 158,448명으로, 1942년에는 121,402 명까지 계속 줄어들었다. 장년주일학교 학생의 경우도 1937년에 183,195 명이던 숫자가, 1940년에는 173,864 명으로, 1942년에는 124,240명으로 줄어들었다.[31]

초기 한국교회의 기독교교육은 이상과 같이 장년을 포함한 주일학교운동과 사경회에서의 성경공부를 중심으로 발흥하였고, 교회부흥과 더불어 주일학교교육 운동도 힘차게 부흥되었음과 동시에 교회지도자들은 성도들이 주일학교를 중심한 기독교교육에 참여하도록 적극적으로 동기부여를 해주었다. 당시 교회부흥은 곧 주일학교 부흥과 직결된 것이었고, 주일학교 부흥은 곧 교회부흥을 의미하는 것이었다. 교회부흥과 기독교교육은 상호 역학관계에 있었다고 말할 수 있겠다.

부흥성장기의 한국교회와 기독교교육

본 절에서는 편의상 해방 이후 한국교회가 급속한 부흥성장을 보여 온 1980년대 전반기까지를 부흥성장기로 설정하여 개략적으로 살펴보려고 한다. 주지하는 바와 같이, 해방 이후 6.25 전쟁을 거치면서 1960년대까지 한국사회 뿐 아니라 한국교회는 질서회복을 위한 혼란의 시기를 통과한다.

한국사회는 총체적으로 전후 복구와 재건에 집중해야 했다. 교파별로 각각 주일학교연합회가 새롭게 조직되어 교파마다 교사교육 등 교리교육을 정비하는데 분주하게 된 것이다.

1947년 1월 서울 새문안교회에서 교회재건운동이 시작되었고, 1948년 3월 23일 제2회 조선주일학교연합총회에서 "조선주일학교연합회"는 "대한기독교교육협회"로 명칭이 바뀌어졌다. 이는 주일학교에 국한 되어 왔던 종전까지의 한국교회 기독교교육 개념에서, 교회가 보다 광범위한 교육적 안목과 비전을 가질 필요가 있음을 보여준 의미 있는 변화라고도 볼 수 있겠다.[32]

1960년 이후 한국교회는, 서서히 부흥의 궤도에 들어가면서 80년대 중반까지 세계기독교회사에 유례를 찾아보기 힘들 정도로 초유의 성장기를 맞이한다. 강용원은 1960년대에서 1980년대에 걸쳐 한국교회가 성장하게 된 다섯 가지 중요 이유(첫째, 대규모 전도집회, 둘째, 교파 간 경쟁적 교세확장, 셋째, 사회불안과 공포의식, 넷째, 도시화 산업화 가운데 정체성과 소속감을 찾는 외로운 군중들, 다섯째, 주일학교의 성장) 중 하나로 주일학교의 성장을 들고 있다. 특별히 60년대에서 70년대에 이르는 주일학교의 성장은 괄목할만한 것으로서 각 교회마다 성인수와 주일학교 학생의 수가 거의 비슷한 정도였고, 주일학교는 일반학교의 콩나물교실을 능가하는 수준이었다고 지적하고 있다.[33]

이 시기에 기독교대학에 기독교교육학과가 설치되기 시작했으며(1960년 숭실대학교에 최초로 기독교교육과 설치됨), 기독교교육이 학문적으로 다루어지기 시작했다. 1961년에는 한국기독교교육학회가 설립되었다. 각 교단별로는 교회교육에 대한 조직을 정비하고, 교육정책의 수립을 위한 각종 협의회를 실시하였으며, 특히 교재개발에 힘을 모았다. 주일학교라는 명칭이 70년대에 들어와서는 교회학교라는 명칭으로 바뀌면서, 유년부 어린이 뿐 아니라 중고등부(청소년)교육에 대한 관심도 증대되었다.[34]

60년대부터 80년대에 걸친 한국교회의 기독교교육은 양적인 성장과 더불어 학문적 성과가 두드러지게 돋보인 시기였다고 평가할 수 있겠다. 해외에서 유학을 마치고 돌아온 젊은 교수들을 중심으로, 대학원 기독교교육학 전공과정에서는 심도 있는 연구물들이 쏟아져 나오기 시작했다. 그러나 80년대 후반에 접어들면서 한국교회의 성장 감소현상과 더불어 기독교교육의 양과 질도 함께 추락하기 시작하였다.

한국교회 기독교교육의 정체요인과 그 대책들

오늘날 한국교회 기독교교육의 문제전과 그 대책을 제시한 몇 가지 예를 살펴봄으로서, 80년대 후반 이후 정체된 상황을 극복하면서 새 시대를 위한 기독교교육의 기본적인 방향을 가늠해 보고자 한다. 한춘기는 오늘날 한국교회 기독교교육의 정체와 문제가 되는 요인을 다음과 같이 다섯 가지로 분석했다. 첫째는 비전, 곧 이상과 목표의 부재. 둘째는 교육전문가의 부족 현상. 셋째, 자료의 부족. 넷째, 교회교육 중요성에 대한 교회지도자의 인식부족. 다섯째, 교회교육에 대한 투자에 대한 인색함 등이다.[35]

이를 극복하기 위한 대책으로서 한춘기는 첫째, 교육전문가(교육사와 교육목사를 중심한)의 양성, 둘째, 총회교육국이나 교회 교육전문가들이 모여서 교육정책을 수립해 나가야 할 것, 셋째, 교회교육을 담당할 교사에 대한 교육 강화 등이다.[36] 한춘기는 교육전문가 중심의 문제해결 방안을 제시했다고 볼 수 있겠다.

강용원은 최근 교회교육의 문제점을 다음과 같이 세 가지로 정리했다. 첫째로, 지도력의 부재와 일반적인 무관심이다. 목회자들이 성인목회에는 지대한 관심을 갖고 있으나, 교육에 대하여는 지나칠 정도로 관심이 적다. 부모들은 신앙교육보다 세속교육에 더 많은 관심을 갖고 있다. 교사들은 전문성이 부족하고 봉사기간의 단기화 등이 문제다. 둘째로, 통합적 교육을 이루지 못하고 있다. 가정, 교회, 학교교육이 통합을 이루지 못하고 있으며, 교회 내 각 부서 간에서도 통합이 이루어지지 않고 있다. 셋째로, 장기적이고 지속적인 목적을 가진 교육이 아니라, 유행을 따르는 교육의 모습을 보이고 있다. 성공한다는 프로그램은 무조건 무분별하게 도입하는 예가 많다.[37]

이를 극복하기 위한 대책으로서 강용원은 첫째, 교회와 교육의 유기적 연관성 강조, 둘째, 교회교육의 전문화에 대한 관심고조, 셋째, 물량적인 차원에서 질적인 차원으로의 변화(교회형성의 교육에서 기독교신앙과 문화형성의 교육으로), 넷째, 회중 포괄적 교회교육(학교식 교육에서 신앙공동체 교육으로), 다섯째, 제자도와 시민직의 조화(성경내용 중심에서 성경적 삶의 실천 강조), 여섯째, 교육목회 개념의 도입과 전개, 일곱째 정보화 시대에 대한 적극적 대응, 여덟째, 교회현장에서부터 나온 실천적인 저서출판, 아홉째 교회가 주도하는 각종 대안학교의 시도 등이다.[38] 강용원은 교육기관의 유기적 교류, 양에서 질로, 교육목회, 현장 중시의 자료 공유, 시대에의 적응, 기독교 대안학교에의 적극적 참여 등 다소 포괄적인 대안을 제시하고 있다고 볼 수 있겠다.

손원영은 새 시대의 새로운 기독교교육을 위하여 다음과 같은 제언을 하고 있다. 첫째로, 한국교회는 성장논리와 성숙논리를 함께 고려함으로서 목회 패러다임을 성장목회로부터 성숙(교육)목회로 전환할 필요가 있다. 둘째로, 한국교회는 기독교교육의 본래의 의미를 회복할 필요가 있다. 셋째로, 한국교회는 기독교교육의 체계적인 실천을 위해 과거의 이성 중심적 현대적 패러다임에서 열정적 형태로의 전환이 필요하다. 손원영은 성장에서 성숙에로의 전환, 기독교교육의 본래적인 사역에로의 전환, 열정적 성도를 키우기 위한 패러다임전환 등을 제안하고 있다.

윤응진은 새 천년을 위한 기독교교육적 과제를 다음과 같이 제시하고 있다. 첫째로 성숙한 신앙인 양성 및 교회 민주화의 과제. 즉, 외적 성장으로

부터 내적 성숙에로의 변화가 요구된다는 것이다. 둘째는 새로운 형태의 경건 및 영성훈련의 과제. 즉, 물질보다는 생명을 소중히 여기도록 돕는 교육이 요구되어진다는 의미이다. 셋째, 성숙한 시민양성 및 사회변혁의 과제. 즉, 기독교교육은 피교육자들이 신앙적으로만 아니라 정치 사회적으로도 성숙한 존재가 되도록 기여해야 한다는 것이다.[39] 윤응진 역시 성숙에로의 전환을 강조했으며, 특히 성숙한 시민에로의 강조가 돋보인다고 볼 수 있겠다.

3. 교육목회에로의 전환을 요구하는 한국교회

기독교교육 목적으로서의 영적성숙

지금까지 우리는 초기 한국교회의 평양 대부흥운동을 계기로 교회부흥과 기독교교육이 어떠한 관계 가운데서 전개되어 왔는지 개략적으로 살펴보았다. 우선 초두에서 밝혔듯이, 부흥이란 교회와 성도에게 발생하는 것으로서 영적 재활성화이며, 주체와 목적과 방법이 철저하게 하나님의 영에 의한 것이라고 했다. 부흥은 사람에 의해 계획되고 의도될 수 없는 것이다. 그것은 하나님으로부터 오는 결과일 뿐이다. 그렇다면 우리가 바라는 부흥은 무엇인가? 하박국이 보여주었던 것으로서, 하나님의 부흥을 기다리며 사모하는 가운데, 말씀을 통하여 철저하게 변화되는 회개의 삶과, 이 삶이 가능해지도록 기도하는 그 것이다.

영적 성숙이며 영적인 성장을 경험한 것이다. 그리고 그것은 곧 하나님의 부흥에로의 초대였고, 결과적으로 하나님의 교회는 양적인 부흥으로 인도된 것이다. 내적 성숙, 즉 영적 성숙이 외적인 성장을 가져온 것이다.

앞 절에서 소개한 4명의 교육학자들의 지적과 대안의 공통점이 있다면

이는 영적성숙에로의 과제를 한결같이 지적했다는 점이다. 교육을 통한 영적 성숙 혹은 영적 성장을 기독교교육의 본질적인 과제로 삼아야 함을 모두 공통적으로 인식하고 있는 것이다.

테드워드(Ted Ward)는 기독교교육의 궁극적이고 첫 번째 되는 목적은 영적성장이라고 했다. 기독교교육의 가장 중요한 특징이기도 하며 단순한 정의로서 영적칼라에 대한 강조이기도 하다.[40] 하나님의 교회가 본질적으로 지니고 있는 사명 가운데 하나인 "교육"은 하나님의 교회를 하나님의 교회되도록 하는데 도구로 쓰임을 받는 한 요소일 뿐이다. 하나님이 그러하시듯 하나님의 교회는 본질적으로 영적인 것이며, 교회에 속해있는 하나님의 백성들이 추구해야 할 출발점이며 또한 최종적인 목적지도 영적인 것일 수밖에 없는 것이다. 즉, 하나님의 교회는 시작이 영적이어야 하며, 최종 목적지도 영적성숙에 있다는 사실이다.[41]

영적성숙과 목회

목회란 무엇인가? 투르나이젠(Edward Thruneysen)의 목회에 대한 정의를 보면 "목회란 복음전달에만 책임을 다하는 것이 아니라, 신자 개개인을 접근하고, 이를 이해하고, 보살피며 신자의 마음 속에 그리스도의 형상이 이루기까지 수고하는 것이다"고 정의하였다.[42] 목회의 본질은 돌봄과 보살핌이며, 특히 신자의 영적돌봄을 의미한다. 신자가 영적으로 건강하게 성장하고 자랄 수 있도록 돕는 영적성장을 위한 돌봄사역을 뜻한다. 영적 성장을 꾀한다는 관점에서 볼 때, 기독교교육과 목회는 궁극적으로 같은 목적을 지니고 있다고 말 할 수 있겠다.

교육목회학은 목회학 영역인가 기독교교육학 영역인가?

최근 들어 현대 기독교교육의 대안으로서, 교회교육의 갱신을 꾀하는 새로운 접근으로서 교육목회를 말한다.[43] 그러면 도대체 교육목회란 무엇인가? 정웅섭은 교육목회를 "교회의 사역의 전 분야에 대하여 기독교교육적인 원리를 적용함으로써 회중 한 사람 한 사람을, 또한 그들이 속한 그룹들을 성장, 갱신토록 돕는 교육적 기능이다."라고 정의하고 있다.[44] 고용수는 "교육목회란(Educational Ministry)란 지금까지 개교회에서 수행해 오고 있는 전통적인 목회활동들(예배, 설교, 가르침, 교제, 봉사)을 목회의 기능으로 보기에 앞서 교회의 존재양태로 이해하면서 이들의 존재화를 위해 교육적인 관점(시각)에서 일관성 있게 구조화하려는 시도이다."[45] 박봉수는 "교육목회는 교인을 바람직한 그리스도인으로 이끌고자 하는 교육의 관점 하에서 드러나는 목회 그자체이다"[46] 라고 정의하고 있다.

이상의 세 정의를 분석해 보면, "교육적 원리를 적용하는 … 목회활동" "목회활동을 교육적 관점에서 구조화하려는 시도 … ", "교육목회는 … 목회 그 자체"로 요약할 수 있으며, 결국은 목회의 한 분야로서, 목회의 모든 분야에 교육의 원리를 적용해 가는 사역이라고 정의할 수 있을 것이다. 즉, 교육목회는 교육의 분야가 아닌 목회의 분야라는 것을 곧 알 수 있다.

여기에서 중요한 논의가 필요하게 된다. 교육목회는 교육과 목회라는 두 분야가 연합하여 이루어진 개념이다. 나아가서 이 두 개념이 서로 어디에 속하느냐에 따라 그 뜻은 완전히 달라질 수도 있다. 예를 든 위의 두 정의는 교육(기독교교육)의 원리를 목회에 적용하는 것으로서 교육목회는 자연스럽게 목회학의 한 분야로 이해된다. 그러나 반대로, 교육목회가 목회의 원리를 교육에 적용하는 것이라고 정의한다면, 교육목회는 기독교교육학의 한 분야로 이해되어질 것이다. 이를 영어로 이해한다면 'Educational Ministry'이나 'Ministry of Education'으로 표현할 수도 있겠다. 전자는 교육적 목회로서, 목회가 주가 되며, 후자는 교육의 목회라고 표현할 수 있으므로, 교육이 주가 된다.

  목회의 궁극적 목적이 영적성장(그리스도의 장성에 이르기까지)의 돌봄이며 기독교교육학의 목적도 이와 같다고 할 때, 목적론적으로는 문제가 없을 수 있겠지만, 학문영역을 구분하는데 있어서는 접근방법이나 연구방법에 혼란을 야기시킬 수도 있다. 교육학의 경우 교육사회학, 교육경영학, 교육심리학 이라는 분야가 있지만 모두 교육학의 한 분야로 취급한다. 교육목회학의 경우도 마찬가지라고 생각한다. 필자는, 교육목회학이 교육의 원리를 목회에 적용한다는 (목회학적) 입장보다, 목회의 원리를 교육에 적용한다(기독교교육학적)고 하는 편이 자연스럽다고 생각한다. 그럴 때 교육목회는 기독교교육학의 한 분야로서 여겨질 수 있기 때문이다.

4. 교육목회학은 기독교교육학 영역이어야 한다

  목회적 마인드를 가지고 교육을 하는 것과, 교육적 마인드를 가지고 목회를 하는 것은 많은 차이가 있다. 목회는 용어 정의에서도 밝혔듯이 영혼을 돌보며, 그리스도의 장성한 분량에 이르기까지 돕는 목자적 마음의 사역이다. 이는 교사가 갖는 마음 이상의 것이다. 교육사역이 사명이고 헌신이라면, 목회사역은 이보다 더 헌신된 것으로서 목숨까지 바쳐 자신의 양떼를 살리신 목자 예수님의 사역에 비유될 수 있을 것이다.

  초기 한국교회 원산부흥운동에서의 하디 선교사나, 평양대부흥운동에서 보인 이길함 선교사, 윌리엄헌트 선교사, 길선주목사는 교사로서의 사역이었다기 보다, 목회자로서의 사역이었다. 목회자로서 그들은 교사의 사역에 임한 것이다. 영혼을 사랑하고, 영혼을 돌보며, 영혼을 성숙하게 하는 목회자로서 교사의 사역에 임한 것이었다. 그러나 그들의 사역은 훨씬 교육적이었고 교육적 효과면에서 오늘날 우리들이 따라갈 수 없을 정도의 부흥도 맛보았다. 부흥에로 인도하신 하나님의 역사하심이 있었던 것이다.

초기 한국교회의 주일학교운동에 헌신한 교사들은 영혼을 사랑하고, 영혼을 살리려는 헌신된 목회적 마음을 갖고 아동들을 가르쳤기 때문에, 더욱 열정적일 수 있었고, 놀라운 역사가 일어날 수 있었다. 그 시대에 그들에게는 오늘날과 같은 고도의 기독교교육적 이론과 방법이 전수되지 않았다. 예수님시대도 마찬가지였다. 모든 교사들은 오히려 교육적이기보다 오히려 목회적이었다.

한국교회가 1980년대 후반기부터 부흥과 성장이 침체되고 정지된 것에 대해서 많은 원인분석이 가능하다. 그러나 필자의 관점에서 볼 때, 1960년대 이후 대학에 기독교교육학과가 설치되고 이론이 더욱 발달되었는데, 주지하다시피 아이러니칼하게도 교회교육과 기독교교육은 후퇴하기 시작한 것이다. 그 원인 중 하나가, 종전까지 목회적 마인드로 교육하던 주일학교, 교회학교가 발전된 교육학적 이론과 방법에 의존하는 양이 많아지면서, 상대적으로 목회적 마인드를 점점 상실하게 된 것은 아닐까 하는 생각이 든다.

교육은 일명 스킬이라고도 정의한다. 그러나 목회는 결코 스킬이 될 수가 없다. 목회는 생명을 바쳐 양을 지키고 양육하고 돌보는 것이다. 오늘날 한국교회 교회교육과 기독교교육이 침체되어 가고 있는 것은 다분히, 목사와 교사들, 혹은 교육에 종사하는 전문가들이 심정적으로 목회적이기 보다, 지나치게 교육적이기 때문인지는 아닌지 생각하게 된다.

평양대부흥의 열기를 다시 맛보기 위해서는, 교사, 교육학자, 목사, 교육지도자 할 것 없이 우선 그들이 가졌던 영혼을 사랑하고, 끝까지 돌보며 성장시키려는 뜨거운 목회적 마인드를 회복하는 일이 앞서야 할 것이다. 부흥은 그런 사역자들을 위하여 하나님께서 하시는 하나님의 사역이기 때문이다.

평양대부흥 운동에서 앞장서서 인도했던 초기 교육지도자들, 목회자들이 갖고 있는 목회적 마인드를 오늘날 침체되어가고 있는 한국의 기독교교육, 혹은 교회교육의 이론과 현장에 접목시키는 작업이 교육목회의 한 장르가 되었으면 좋겠다는 생각이 든다. 교육목회학은 그런 의미에서 교육의 목회적 적용이 아니라, 목회의 교육에로의 적용이어야 할 것이다.

추천도서

박봉수, 《교육목회의 이해》, 서울: 도서출판 에듀만, 2004.
이은규, 《교육목회의 New 파트너》, 서울: 크리스찬리더, 2002.
정일웅, 《교육목회학》, 서울: 도서출판 솔로몬, 1997.
De Graaff, Anold, *The Educational Ministry of the Church*, 《교육목회학》, 신청기 역, 서울: 기독교문서선교회, 1988.
Osmer, Richard Robert, *The Teaching Ministry of Congregations*, 《교육목회의 새로운 패러다임》, 장신근 역, 서울: 대한기독교서회, 2007.

토의문제

1. 성경에서 말하는 교회부흥의 진정한 의미를 말해 봅시다.

2. 기독교교육과 교회부흥의 관계성에 대하여 논의해 봅시다.

3. 목회적 마인드와 기독교교육의 관련성에 대하여 논의해 봅시다.

4. 목회와 기독교교육의 공통적인 목적은 무엇인가?

5. 교육목회가 왜 목회학 영역이 아니라, 기독교교육학의 영역이어야 하는지에 대한 이유를 설명해 봅시다.

제9장
기독교 가정교육

황지영

1. 기독교 가정교육의 의의

　가정은 만남을 통하여 최초의 기독교교육이 이루어지는 현장이다. 그 만남 안에서 최초의 기독교교육이 행해지고 이로써 인간의 신앙생활이 시작된다. 가정은 삶의 자리에서 신앙적 의미부여가 일어나는 현장이며 하나님의 임재를 경험할 수 있는 신앙적 만남이 경험되는 기독교교육의 현장이다.

　가정은 하나님이 직접 만드신 제도이며 우리에게 주신 최고의 선물이다. 하나님은 가정을 통하여 하나님이 주시는 은혜와 평안, 복을 누리기를 원하신다. 그리고 그 가정들이 하나님께 영광을 돌리기를 원하시며 하나님께서 주신 자녀들을 말씀으로 양육하고 번성하여 땅을 정복하기를 원하신다. 그리하여 하나님의 나라가 가정을 통하여 확장되기를 바라고 계신다. 인간은 성장하면서 예배공동체, 가정공동체, 학교공동체, 사회공동체를 통하여 기독교교육에 참여하게 된다. 그러나 가정은 하나님이 직접 제정하신 원초적 제도이다. 따라서 인간이 참여하게 되는 모든 기독교교육의 장중에 가정은 가장 원초적이고 기본이 되는 기독교교육 공동체이다.

가정이 이와 같이 중요하고도 기본이 되는 공동체임에도 불구하고 가정에 대한 연구는 19세기 중엽에 이르러서야 비로소 시작되었다. 사원(Margaret Sawin)은 "가정이야말로 인류 속에 가장 오래 자리를 같이해 오면서도 가정은 인간에 의하여 망각되어 온 그룹"이었다고 풍자하고 있다. 가정교육이 학문적인 연구대상으로 본격적으로 논의되기 시작한 것은 부쉬넬 이후이고 우리나라에서도 지금까지의 이론들을 살펴볼 때 연구의 양적 측면에서 전체 기독교교육 문헌들 중 가정교육 문헌이 차지하는 비율은 매우 적다. 그 이유는 지금까지의 기독교교육 이론들이 주로 '교회교육' 분야에 편중되어 연구되었기 때문이다.[1]

구약 잠언서는 "마땅히 행할 길을 아이에게 가르치라 그리하면 늙어도 그것을 떠나지 아니하리라"(잠 22:6)라고 말씀하신다. 신약 에베소서는 "또 아비들아 너희 자녀를 노엽게 하지 말고 오직 주의 교훈과 훈계로 양육하라"(엡 6:4)고 말씀하신다. 기독교 가정교육은 자녀들을 하나님의 거룩한 백성으로 살도록 하나님의 말씀에 근거하여 가르치고 양육하여 하나님의 일군으로 하나님께 쓰임 받도록 부모가 가정에서 자녀들을 교육하는 것을 말한다.

2. 기독교 가정교육의 역사

구약시대의 가정교육

구약시대에 이스라엘 백성들은 그들을 하나의 민족 공동체로서 연결시켜

주는 하나의 민족적 사건에 의해 여호와 하나님에 대한 언약사상을 부모세대에서 자녀세대로 전수해 주는 일에 전념하게 되었다. 초기 이스라엘 백성들의 교육사상은 쉐마(Shema) 본문에 잘 나타나고 있다(신 6:4-9). 쉐마는 하나님께서 부모에게 직접 부과하신 하나님의 명령이므로 가정교육의 원형이라고 말할 수 있다. 쉐마 본문에는 두 가지의 가정교육 지침이 발견된다. 그 중 하나는 여호와께서 가정교육 내용의 중심이 되신다는 점이고, 또 다른 하나는 생활 한 복판에서 자녀들에게 하나님의 계명을 다양한 자극을 통해서 꾸준하게 가르쳐야 한다는 점이다. 이 시기는 하나님의 뜻을 전달하는 전달자로서의 부모상이 요구되었던 시기였다. 히브리 가정은 하나님의 뜻이 생활 속에서 구현되는 통로였으며 히브리 어린이들이 생활의 변화를 가져온 종교교육의 장이 되어왔다.[2]

이 시기에 히브리인들이 실천한 가정교육 방법은 크게 네 가지로 나뉜다. 첫째, 직업훈련의 방법으로, 가정의 생산적인 활동에 자녀들을 참여하게 하였다. 둘째, 부권활용을 통한 통제(control)방법으로, 하나님의 뜻을 행하고 순종하는 구체적인 행위로서 아버지가 정한 규칙을 순종하게 하였다. 셋째, 구전 전승의 방법으로, 부모들은 자녀들이 진리를 알도록 직접 말로 가르쳤다. 넷째, 종교 예식(ritual)에 의한 것으로, 히브리 가정 공동체의 일원이 되는 할례(circumcision) 예식이 있다. 또 안식일(sabbath), 유월절, 장막절 등의 절기를 지키는 것을 통해 가정교육이 이루어졌다. 이러한 모든 종교의식들을 통하여 계승되어온 히브리인들의 교육은 종교적 사상이나 그들의 신앙을 추상적으로 전달한 것이 아니라 가정의 엄격하고도 부드러운 분위기를 장으로 하여 참여, 행위, 대화를 거쳐 경험의 차원에서 이루어져 왔다.[3]

유대인들의 신앙의 근원은 가정에서부터 시작되었다. 따라서 부모는 교사로서의 신분의식에 투철하여 출생에서부터 끊임없이 자녀들을 교육시키며, 삶의 모든 환경을 교육을 위한 교육환경으로 만들어 교육시켜야 한다는 사실에서 볼 때 구약시대의 가정교육의 중요성에 대한 인식을 살펴볼 수 있다.

신약시대의 가정교육

구약시대에는 가정이 교육의 핵심을 차지하고 있었지만 신약시대로 넘어오면서 랍비가 등장하고 회당이 생기며 교육의 여건과 방법에도 변화가 생기기 시작했다. 신약시대는 예수 그리스도에 의해 도래할 하나님 나라(the kingdom of God)의 소망이 그 시대의 교육사상이었다. 이 시기에 예수 그리스도는 유대 부모들에게 자신의 삶과 교육의 모본을 통해 부모가 어떤 모습을 지녀야 할 것인지에 대해 몸소 보여 주셨다고 볼 수 있다. 예수님의 이 가르침은 그대로 초대교회에 연결되었고 교육을 통한 복음 선포가 계속되었다. 초대교회 시대에는 예배를 통하여, 성찬을 통하여, 가정교회를 통하여 교육이 이루어졌다. 유대교 회당에서 기독교인들이 예배드리는 것을 금지 당하고 박해를 받기 시작하면서 가정은 하나님께 예배드리는 장소로 사용되었다. 로마 박해 시대에도 가정은 예배의 중심지였다. 이는 초대교회가 가정에서 시작되었다는 의미 이외에도 구약과 연결하여 생각해 볼 때 가정은 구원의 가장 작은 단위의 공동체였음을 알 수 있다.[4]

초대교회의 가정교육은 세 가지 형태의 교육현장을 통하여 이루어졌다. 오늘날 기독교 예배의 기저가 된 예배모임, 성만찬(Lord's supper)에 뒤이어 제공되었던 '공동식사'(common meal), 그리고 가정이었다. 구약시대부터 신약시대까지의 가정은 교육의 중심이었으며 부모를 통하여 신앙이 전수되어 왔다. 이 신앙은 가족구성원들을 응집시키는 원동력이 되었고, 삶 속에서 보여주는 살아있는 신앙교육이 되었다.

중세시대의 가정교육

중세시대는 학문이 극도로 경시되었고 미신이 팽배했고 봉건제도와 장원제도 등을 기초로 한 엄격한 신분제도가 확립된 시기였다. 기독교 공인 이후 신앙의 지적인 측면이 강조되자 가정은 점점 교육 영역으로서의 기능을 잃게 되었고 형식적 교육 현장이 종교교육의 중심지가 되었다.[5] 중세시대의 기독교교육은 하나님의 말씀을 강조하기 보다는 신비로운 하나님의 은총을 얻게 되는 유일한 통로로써의 성례를 지나치게 강조하였다. 이 시기는 하나님의 은총이 교회의 성례라는 통로를 통해서만 내려온다고 믿었기 때문에 가정교육의 필요성 자체가 무시된 것은 아니지만 그 중요성은 경시되었다. 중세시대는 자녀의 신앙을 위한 부모의 역할이 강조되지 못한 시기였다.

종교개혁시대의 가정교육

이 시기에는 중세시대에 침체되었던 가정의 교육적인 역할에 대한 강조가 이루어짐으로써 기독교가정교육의 기능이 회복되게 되었다. 기독교가정교육의 회복에 앞장 선 대표적인 인물로 루터(Martin Luther, 1483-1586)를 들 수 있다. 루터는 가정을 기본적 교육기관으로 보고 가정교육의 중요성을 피력하였다. 그는 가정, 교회, 학교를 표준적인 교육기관으로 여겼으나 그중에서도 가정이 교육 목표를 가장 잘 실현할 수 있는 교육의 장이라고 보았다. 아동 및 청소년들을 위한 교육의 일차적 책임은 부모에게 있으며, 학교와 교사들은 부모의 가르침을 위한 보충 역할을 하는 것에 불과하다는 것이다.[6]

칼빈과 낙스도 언약공동체 사상과 유아세례를 중심으로 기독교 가정교육의 중요성을 강조한 인물이다. 칼빈은 특히 자녀들이 언약 공동체에 포함될 수 있는 것은 오로지 부모의 신앙고백을 통한 유아세례로만 될 수 있고 그것에 의해서 수세자로 간주되고, 하나님의 축복을 상속받을 자들이라는 사실을 증명해 주는 표를 얻게 된다고 함으로서 부모의 신앙이 하나님으로부터의 언약에 의해 자녀에게로 전수됨을 강조했다. 낙스도 칼빈의 언약사상과 유아세례를 중심으로 하여 기독교 가정교육론을 전개하였다.[7] 낙스는 성례가 하나님과의 언약 관계를 형성하는 데 있어서 중요한 역할을 하며 부모들은 자기들이 고백하는 신앙의 원리를 자녀들에게 가르칠 책임이 있다고 하였다.[8] 이와 같이 루터, 칼빈, 낙스는 모두 가정의 교육적 기능을 강조하였고 가정에서의 신앙교육과 부모의 역할을 강조하였다. 또한 가정에서의 신앙교육과 부모의 자녀양육과 훈련의 책임자로서 그 역할과 위치의 회복을 강조한 시기였고, 목사들은 자녀를 가르치는 것 뿐만 아니라 부모를 감독하여야 한다고 말했다.[9]

근세시대의 가정교육

근세(17-18세기)시대에는 '자연주의적 가정교육'이 전개되었다. 코메니우스에서 시작된 자연주의적이며 아동중심적인 가정교육이 프랑케, 진젠돌프 등의 경건주의자들로 계승되었다.[10] 코메니우스는 인간이 하나님께서 창조하신 것들 중에서 가장 높으며, 가장 절대적이며, 가장 탁월하다고 주장하였다.[11] 코메니우스는 그의 저서《대교수학》(The Great Didactic)에서 한 인간이 태어나서 25세까지의 성장과정을 통하여 심리적 변화와 지성의 발달에 따라 효과적인 교육을 수행할 수 있는 학교제도를 사 계절의 특징과 비교하여 네 등급의 학교와 6년의 학년제로 조직되어 있다. 그것은 '어머니학교'(the mother school)와 '모국어학교'(vernacular school), '라틴어학교'(latin school), '김나지움'(gymnasium), '대학교'(university)였다.[12] 이중에서 코메니우스는 어머니의 무릎학교인 가정에서의 교육을 가장 강조하였다.

　프랑케와 진젠돌프도 종교를 통한 경건주의 운동을 전개하여 독일 국민의 대각성 운동의 새로운 전환기를 맞이하게 하였다. 프랑케는 코메니우스의 감각적 사실주의의 영향으로 아동의 자연스러운 종교적 성숙을 지향한 사람이다. 그는 그의 생활 체험과 신앙을 통하여 그리스도의 사랑과 희생이 기독교적 생활의 최상의 모범이 되어야 하는 경험적인 교육과 경건적 신앙교육을 주장하였다. 진젠돌프도 부모들이 자녀들에게 종교적 신앙을 가르칠 때 그들의 체험이나 형식적인 방법에 의하여 그것을 강요하거나 반복하지 말아야 한다고 주장한다. 그 이유는 성인들은 그들의 지식과 의사를 자녀들에게 강요할 권리를 가지고 있지 않으며 아동들이 종교적인 환경에서 성령으로 인도되어 스스로 활동하며 학습하도록 하여야 하기 때문이다.[13] 이는 인위적이거나 강압적인 교육이 아니라 자연주의적이며 아동중심적인 교육의 효시가 된 생각이다.

현대 이후의 부모교육

　19세기 중엽 부쉬넬은 《기독교적 양육》(Christian Nurture)에서 부모의 교육적 책임, 아동에 대한 교육적 관심과 배려를 주장하며 가정에서의 기독교교육을 강조하였다.[14] 그는 칼빈주의 언약공동체 사상에 근거하여 가정이 하나님과의 언약이 후대로 전달되는데 중심적인 역할을 감당한다고 주장하였다. 그는 언약적 공동체인 가정을 하나의 유기체로 보며, 부모가 자녀에게 미치는 모든 영향들 속에서 유기적 일체를 찾는다. 부쉬넬은 유아세례를 통하여 그 집의 부부들은 그 자녀를 신앙과 사랑으로 양육할 책임을 약속받게 된다는 것이다. 그는 언약 공동체로 맺어진 부모의 역할과 그의 삶 속에서의 모델링을 통해서 체험될 수 있는 신앙교육들에 대한 이론을 제시하고 있다.[15] 부쉬넬은 또한 부모가 가정의 분위기를 어떻게 조성해 주는가가 중요하다고 보았다. 자녀는 가정의 분위기를 호흡하고 부모의 눈을 통해 세계를 보게 되며, 부모의 삶과 정신이 그를 형성한다.[16] 따라서 가정의 유기적 작용이라는 것을 고려할 때 자녀는 자율적인 힘을 통하여 자신의 성격을 개발한다 할지라도 부모의 권위 하에 놓여 있으며, 점진적으로 완전한 인격체로 나아가는 과정에서 오직 부분적으로만 자신을 통제할 뿐이다.[17]

현대 이후 가정교육을 강조한 또 다른 학자로 밀러(Randolph C. Miller)를 들 수 있다. 밀러는 가정을 언약 공동체와 은총의 매개로서의 '구속적 세포'(redemptive cell)로 연결된 '유기적 통합체'(organic unity)로 설명하고 있다. 그는 부쉬넬의 양육론을 기독교교육으로 확장하였다. 밀러에 의하면 유기적 통합으로서의 가정은 부모가 권위를 강요하거나 영향력을 행사하는 곳이 아니고 자녀들이 자율적으로 마음껏 자랄 수 있는 분위기를 의미한다. 그리고 구속적 세포로서의 가정은 파괴되었던 관계들이 용서와 화해로서 치유됨을 상호 경험하는 장인 것이다. 밀러에 의하면 자녀는 부모와의 관계를 통해 신앙을 배우므로 아이에게 있어서 신뢰는 가정의 안정과 부모에 대한 신뢰감의 반응에서 자라간다고 보았다. 이 환경에 대한 믿음이 하나님에게도 적용되며 이 믿음은 결국 살아계신 하나님과 관계 맺는 단계까지 발전한다.[20]

부쉬넬이 경험적인 것을 강조한데 비해 스마트(James D. Smart)는 성경의 말씀을 교육의 근거로 하였다. 1954년 내놓은 《교회의 교육적 사명》(The Teaching Ministry of the Church)에서 스마트는 기독교교육의 중심 주제를 계시로 보았다. 그는 계시가 성부, 성자, 성령께서 인간과 역사 속에 자신을 드러내시는 하나님의 역사 형식이기에 그것이 기독교교육의 초점이 되어야 한다고 믿었다. 스마트의 공헌은 성경과 신앙을 기독교교육의 중심으로 다시 회복하였다는 사실이며 교회를 교육의 장으로 재해석하였다는 데에 있다. 스마트는 기독교교육이 실천되는 기관으로서 기독교 가정, 교회학교, 예배드리고 교제하는 교회를 들었다.[21] 스마트는 가정의 권위주의적인 모든 교리 암송식 교육을 죄악이라고 규정하고 어머니가 성경을 읽어주었던 가정교육이 사라지고 가정예배가 소멸된 것은 기독교교육이 위기에 직면한 것이라고 하며 가정에서의 교육의 회복을 주장하였다. 그가 말하는 가정을 장으로 하는 교육이란 구약의 가정을 중심으로 하는 가족 구조와 신약의 세례로 이어지는 가정 구조에 근거를 두고 있다.[22]

3. 기독교가정교육 이론

부쉬넬의 가정교육이론

가정에 대한 관점

신학적 가정교육학자인 호레이스 부쉬넬(Horace Bushnell)은《기독교적 양육》에서 가정을 장으로 하는 기독교교육의 가능성을 처음으로 신학적으로 풀이하였다.[23] 그는 기독교 가정을 한 인간이 태어나서 기독교인이 되는 데 필요한 것들을 배우는 가장 기초적인 통로로 보았고 하나님이 인간과 맺은 언약을 이루어 가는 원초적인 장으로 이해했다. 부쉬넬은 언약 공동체인 가정을 하나의 유기체로 보며, 부모가 자녀에게 미치는 모든 영향들 속에서 유기적 일체성을 찾는다. 부쉬넬은 부모가 하나님의 돌보심 아래 있어야 자녀들이 부모를 통해서 부모 속에 계신 하나님을 만날 수 있다고 보았다.[24] 이러한 견해는 가정에서의 부모의 신앙적 교육적 책임이 절대적임을 강조한 것이다. 하나님의 돌보심 안에 있는 부모의 권위는 하나님의 권위이며 이 권위는 '가정 치리'라는 방법을 통해 나타나게 되는데 이 권위는 사랑을 말하고 사랑이 모든 법 가운데 가정 우선적인 질서가 된다는 것을 말해주는 것이다. 따라서 교사로서 책임을 다하는 부모에게 기독교교육의 성패가 달려있으므로 부모는 철저히 기독교적인 삶을 살아야하는 것이다.[25] 부모 자신이 먼저 그리스도의 제자가 된 가정의 분위기는 자녀들의 양육에 매우 중요하다. 가정은 하나님의 말씀이 삶 속에서 살아 가르쳐지는 장소가 되어야 하기 때문이다.

부모의 역할

부쉬넬은 부모의 역할을 언약의 전달자로 이해하고 있다. 그는 말하기를 "자녀는 분명 자유의지를 가지고 있지만 자녀가 자치적 기능을 행하기 전에 부모의 편견이 지배한다. 따라서 자녀는 가정의 분위기를 호흡하고 부모의 눈을 통해 세계를 보게 되며, 부모의 삶과 정신이 그를 형성한다"[26]고 하였다. 이와 같은 점에서 부쉬넬은 가정에서의 부모의 역할을 강조하며 이러한 부모에게는 합당한 자질이 요구된다고 한다. 단순히 가족 훈련이나 다스림이 아니라, 가족훈련과 다스림에는 반드시 인격적, 종교적 자질이 필요하다는 것이다. 부모의 자질은 신앙의 방법으로만 얻어지는 것인데 먼저는 하나님을 향하여 온전하고 전적으로 신뢰하고 믿는 순전한 기독교인이 되는 것이며 다음으로는 복음을 전달하는 매개체의 역할을 하여야 한다.[27] 부모들은 자녀를 양육함에 있어서 경건한 모범과 함께 하나님의 말씀을 철저하게 가르쳐야 한다.

교육의 목적

부쉬넬은 교육의 목적을 '경건 안에서의 성장'으로 보았다. 여기서 부모는 단순히 지식의 전달자가 아닌 신앙의 방법을 가진 복음의 매개자로서 부모가 경건 안에서 성장을 통한 '거룩한 덕'을 함양하는 것을 목적으로 하고 있다. 부쉬넬이 말하는 경건의 개념은 첫째, 기독교인이 되어야 기독교적 선을 추구하기 때문에 기독교인이 된다는 것이다. 둘째, 거룩한 덕인 경건을 추구하는 것인데, 이는 성령 받은 사람의 상태 혹은 영적 은사라고 볼 수 있는 것이다. 어린이가 그리스도인으로 성장해야 성령 안에서 성품이 드러나는 것이므로 가정교육의 목적이라 할 수 있다. 셋째, 경건의 의미에 대해 부쉬넬은 '거룩한 덕'이라고도 불렀는데 이는 성령 받은 사람의 상태 혹은 영적 은사라고도 볼 수 있는 것이다. 이러한 영적 은사와 도덕적 생활의 거룩을 포함한 경건을 부쉬넬은 '기독교적 덕'이라고 하며 이것이 교육의 목적이라고 보았다.[28]

교육방법

부쉬넬은 바람직한 교육방법으로 가정에서의 모범을 통한 기독교교육의 가능성 실현으로 보았다. 즉, 부모 자신이 신앙적으로 사는 '신앙의 생활화'가 가장 중요한 방법이라는 것이다. 자녀에게는 '각인의 시기'(the age of impression)와 '지도적 감화의 시기'(the age of tuitional influences)가 있는데, 이는 부모의 의지 대로 훈련되는 시기와 어린이의 개인적 의지와 선택의 시기로 구분되기도 한다. 따라서 각인의 시기에 충분하게 근본적인 인상으로 부모로부터 받아야 한다는 것이다.[29] 부쉬넬은 가정교육이 경건한 부모를 중심으로 하는 '가정 정부'(family government)라는 방법으로 이루어진다고 보았다. 따라서 율법적 자세나 지나친 절대주의, 의미 없는 성경암송등이 아니라 부모가 진정한 기독교인이 됨으로,[30] 성령의 은총으로 이루어진 기독교화의 방법이 가정교육의 방법이라고 하였다.

볼스윅의 가정교육이론

가정에 대한 관점

심리학적 가정교육 이론을 펼친 볼스윅은 가정을 하나의 심리적 시스템[31]으로 이해하고 있다. 가정을 단순히 가족 구성원 개개인 행동의 총합으로 보지 않고, 오히려 가정을 상호 관련된 부분들의 한 단위로서 움직이고 있는 모든 가족 구성원의 상호작용으로 본다.[32] 볼스윅(Jack O. Balswick)은 가족관계를 다루는 최근의 신학들이 언약(covenant), 은혜(grace), 힘의 부여(empowering), 그리고 친밀감(intimacy)의 네 가지 요소를 통해 가족관계의 신학적 기초를 세우고 있다. 그는 가정에 대한 개념을 언약적 서약의 중심에 무조건적 사랑이 있는 하나의 체계로서 규정하고 있다.[33]

또한 볼스윅은 다원화된 현대의 가족관계를 다룸에 있어서 사회학적 조명을 통하여 가정의 회복을 시도하고 있다. 그의 가정에 대한 관점은 무조건적 사랑이 충만한 언약이 가정 중심에 있어 가족에게 안전을 가져오고 이런 안전으로부터 사랑은 은혜를 전개시킨다. 그리고 이 은혜의 환경 속에서 가족 구성원들은 서로에게 힘을 부여할 수 있는 자유를 갖게 되고, 힘의 부여는 가족 구성원들 사이의 친밀감으로 인도되어 더 깊은 수준의 언약적 서약으로 다시금 인도된다고 보았다.[34]

부모의 역할

볼스윅은 부모의 역할에 대해 힘을 부여해 주는 존재, 능력을 부여해 주는 존재, 떠나보낼 수 있는 존재로 보았다. 가정이 한 단계에서 다음 단계로 옮겨 갈 때 주요한 전이가 일어나야 하는데 표가 보여주는 단계들은 결혼 전 단계에서 시작한다. 왜냐하면 한 개인이 태어난 원가족(family of origin)으로부터 독립하는 것은 매우 중요한 과제이기 때문이고 이 과제는 반드시 결혼 전에 완수되어야 하는 것이다.[35]

창세기 2:24에 "이러므로 남자가 부모를 떠나 그 아내와 연합하여 둘이 한 몸을 이룰지로다"는 말씀의 떠난다는 개념은 지리적으로 이사하는 것 이상의 의미를 가지고 있다. 건강한 가족의 기초를 세우는데 가장 중요한 요소는 원가족으로부터 분화해야 한다는 사실이다. 이는 볼스윅의 힘의 부여(empowerment)와 연결된 개념이다. 이런 가정이 건강한 가정으로서의 역할을 할 수 있고 이런 가정의 부모가 건강한 부모역할을 감당할 수 있다.

볼스윅은 부모의 역할에 대해, 자녀가 성숙함에 따라 초기 언약이 상호언약(쌍무적 무조건적 서약)으로 발전할 수 있도록 하는 것, 부모자녀 관계가 상호 성숙할 수 있도록 하는 것이라고 보고 있다. 이러한 언약적 서약은 부모가 자녀에게 힘을 부여하고 자녀와 함께 새로운 단계의 친밀감에 이르게 하는 은혜와 용서의 환경을 조성하고, 친밀감을 가지고 어떤 당혹감이나 부끄러움도 없는 하나의 성숙한 지식으로 정의되는 것이라고 이해하고 있다.

교육목적

볼스윅은 상호작용을 통한 신앙의 성숙과 건강함을 추구하는 것을 교육목적으로 보고 있다. 이는 인간과 가정을 관계로 보고 있기 때문에 가족체계의 건강이 회복되면 발달적 성숙을 꾀할 수 있다고 보는 관점이다. 따라서 교육목적은 건강함을 추구하여 성숙을 지향한다. 가족체계가 건강하려면 응집력(cohesion), 적응성(adaptability), 대화(communication), 역할구조(role structure)가 경계 지워지는 것이 아니라 한 가정 안에서 복합적으로 나타난다. 따라서 건강한 부모는 훌륭한 자녀양육기술을 가진 자라기보다는, 부모가 되는 과정에 더 많은 관심을 가지고 부모-자녀간의 상호작용을 통해서 신앙을 성숙시키는 것을 교육목적으로 삼고 있다.[36]

볼스윅이 만든 〈표 1〉은 네 가지 요소를 이용해 건강한 가정과 약한 가정의 특성을 잘 보여주고 있다. 건강한 가정은 〈표 1〉에서와 같이 다른 구성들을 지지해 주지만 간섭하지 않는 범위 내에서 서로에 대한 관계와 관심을 보여주는 응집력이 있고, 가족구성원 간에 분명한 대화를 통하여 역할들을 합의하면서 적응하는 능력을 가지고 있다. 또한 부부간, 자녀 간에 누가 어떠한 역할을 하느냐보다는 각자의 역할에 있어 합의가 이루어졌는가에 관심을 둔다. 그러나 약한 가정은 서로에게 지나치게 간섭하거나 무관심해 버리고 대화의 단절로 인해 역할구조의 혼돈을 겪으며 안정성을 잃게 된다.[37]

〈표 1〉 강한 가정과 약한 가정의 특징[38]

	강한 가정	약한 가정
응집력	개체화, 상호관계성	그물화, 이탈
적응성	융통성, 안정성	경직성, 혼란
대화	분명한 대화	불분명한 대화
역할구조	역할들에 대한 합의, 분명한 세대 경계들	역할들에 대한 투쟁, 산만한 경계들

교육방법

볼스윅의 가정발전조직에서 중요한 영역은 응집력(cohesion), 적응성(adaptability), 대화(communication), 역할구조(role structure)이다. 따라서 이 네 가지 영역의 건강함을 이루어 가는 것이 가정교육의 방법이다.[39] 이 중 '대화'는 부모-자녀관계의 강화를 위한 탁월한 가정교육의 방법이다. 사실 대화는 부모-자녀 관계 강화의 중요한 방법이다. 또 대화에는 언어적 의사소통 뿐 아니라 억양 및 몸짓언어를 포함한 비언어적 요소가 훨씬 더 많이 차지하고 있다. 따라서 가족 구성원들이 솔직하고 분명한 태도로 서로의 감정, 견해, 바람, 욕구들을 나눌 때 자존감이 회복된 건강한 관계를 유지할 수 있다. 부모와 자녀의 관계가 원만할 때 부모가 전수하는 신앙이 자녀에게 역동적으로 전달될 수 있다. 이와 같이 볼스윅은 언어적, 비언어적 상호작용을 통해 원활한 의사소통과 자존감의 증진을 꾀하는 것을 교육방법으로 보았다. 이는 자녀의 특성과 발달단계를 이해하여 자녀와 의사소통을 하는 것을 포함한다.[40]

파브리지오의 가정교육이론

가정에 대한 관점

적용중심의 가정교육학자인 파브리지오는 가정에 대한 관점보다는 실제 생활에 대한 적용에 더 많이 집중하고 있다. 그녀는 가정생활에서 특별히 부모자녀 관계에서 발생하는 여러 가지 문제와 사례들을 그때그때 성경말씀에 따라, 혹은 기독교적인 가치관에 따라 적용하고 훈련시키는 것을 목표로 하고 있다. 따라서 훈련 중심이고 사례 중심이고 문제 중심이라고 볼 수 있다. 단편적인 성경모델에 따라 자녀들을 어떻게 훈련하고 적용할 것인지에 대한 실제적인 방법들과 지침들을 제시하고 있다.

부모의 역할

파브리지오(Pat Fabrizio)는 《그리스도인의 자녀교육》(*Children Fun or Frenzy*)[41]에서 "훈련은 가르침 이상이다"[42]라고 말하며 훈련을 통해 자녀에게 순종을 가르쳐 결국은 자녀가 하나님과 직접 대면하여 순종을 배우도록 하는 것이 부모의 역할이라고 역설하고 있다. 그는 가정의 핵심적 기능은 '훈련의 장'이고 '가르침'(teaching)보다는 '훈련'(training)이라는 말로 가정교육을 이해하고 있다. 기독교가정이 단순히 '가르침의 장'으로서의 역할을 하기 보다는 '훈련의 장'으로서의 역할을 해야 한다고 강조한다. 파브리지오는 훈련과 가르침 사이의 차이점을 강조하면서 자녀들을 가르치기는 하나 훈련하지 않는것이 가정교육의 문제점이라고 지적하였다. '가야 할 길을 배우기만 한 자녀'는 다른 가르침을 듣고 떠날 수 있으나, '훈련을 받은 자녀'는 늙어서도 그 길을 떠나지 않을 것이라고 했다.[43] 따라서 그는 부모의 역할을 훈련자로 보고 있다.

교육목적

파브리지오 이론의 교육목적은 훈련을 통한 신앙 태도의 변화이다. 그는 "가야할 길을 배우기만 한 아이는 다른 가르침을 듣고 떠날 수 있지만 자녀를 훈련시키는 부모에게는 늙어도 그것을 떠나지 아니하리라는 약속을 주셨다"[44]고 하면서 마땅히 행할 길을 가르치는 즉시 순종할 수 있도록 훈련시킴으로 자녀가 하나님께 순종하는 사람으로 평생 순종이 몸에 밴 사람으로 살게 하는 것이 목적이라고 주장하였다. 왜냐하면 훈련은 성격을 형성하는 것이고, 실천으로 가르치는 것이고, 연습하는 것이고, 명령에 순종하도록 하는 것이고 정확한 방향으로 가게 하거나 가리키는 것이고, 경쟁을 위해 준비케 하는 것이기 때문에 어렸을 때, 훈련을 통해 순종의 사람으로 신앙 태도가 형성되면 부모를 기꺼이 순종하고 신뢰하듯이 인격적으로 하나님께 순종하고 신뢰할 수 있게 된다고 보았다.

교육방법

파브리지오 이론의 교육 방법은 평상시의 긍정적 보상이나 강화, 매, 꾸중을 포함한 면책 등 징계를 통하여 규칙을 준수하게 하여 부모가 무엇을 요구하든지 아이가 반드시 순종할 것을 요구한다. 이기적인 사랑은 쉬운 것을 택하지만 희생적 사랑은 고통을 치르듯이 매가 주는 고통으로 인해 이기적인 의지의 생활로 인해 받는 고통을 없앨 수 있다면 부모는 기꺼이 자녀를 매로 훈련시킴으로 주의 율례를 가르쳐야 한다.[45]

지금까지 논의를 통하여 세 가지 형태의 주요한 기독교 가정교육의 각각의 특성들을 분석하였다. 그 내용을 요약하면 다음의 표와 같다.

〈표 2〉 기독교 가정교육이론의 형태와 특성

	부쉬셀	볼스윅	파브리지오
가정에 대한 관점	영적 유기체	심리적 시스템	일관적이지 못함
부모상	언약의 매개자	관계회복 증진자	훈련자
교육목적	경건의 덕을 함양	신앙성숙	신앙태도형성
교육방법	모범	상호작용	훈련(강화 및 소거)

4. 현대가정을 위한 적용

현대가정의 현실과 문제[46]

현대의 가정들은 매우 다양한 변화의 급물살을 타고 있다. 그것은 기독교인의 가정도 예외는 아니다.

첫째, 가정의 형태가 매우 다양하게 변화되고 있다. 2004년도 통계청 자료 중 '가구 구성/가구원수 별 조사' 결과에 나타난 한국 가정의 대표적 유형은 '부부' 가정이 13.5%, '부부+자녀' 가정이 47.3%, '한부모+자녀' 가정이 7.8%, '3세대 이상' 가정 7.5%, '1인 가구' 16.6%, '비혈연가구' 1%, '기타가구' 6% 이다. 이외에도 외형적으로 판단될 수 없는 가정의 유형까지 세밀히 분석한다면 현대 가정의 구성 방식이 얼마나 다양한가를 더욱 실감할 수 있다. 게다가 재혼, 분거, 입양의 가정형태들이 있다. 《2003년 여성의 삶 통계》자료에 의하면 2003년도에 결혼한 부부의 전체 숫자 가운데 '재혼 여자+재혼 남자'인 결혼이 차지하는 비율은 12.6%였다.[47]

다음으로 현대 가정 중에는 취업이나 자녀 교육 등의 이유로 인해 가족들이 서로 떨어져 생활하는 '분거' 가족이 많다는 점도 들 수 있다. 과거에는 선원이나 건축업자와 같이 특정 분야에 종사하는 사람들의 가정에 한정되던 분거 형태가 이제는 교통수단의 발달로 인한 주말 부부 형태와 한국 교육의 문제도 분거 가족 형성에 큰 영향을 미치고 있다.[48] 조기유학으로 인한 기러기 아빠의 수가 증가하고 있어 교육인적자원부에 따르면 2002년 외국으로 조기유학한 초, 중, 고생은 10,132명으로 2001년도의 7,944명에 비해 27.5% 증가했다.[49]

또 한국 사회에서 아직 보편화 되지 못한 상태이지만 꾸준히 증가하고 있는 입양추세에 관한 것이다. 아직 핏줄을 중요하게 여기는 가치관으로 인해 입양에 대한 두려움과 거부감을 가지고 있는 경우가 많지만 보건복지부의 자료에 의하면 국내에서도 입양을 하는 사람들의 숫자가 꾸준히 증가하고 있다.[50] 이와같이 현대 가정의 유형들이 다양하게 변화되고 있어 어떤 특정한 가족형태만이 아니라 매우 다양한 가족 구조속에 살아가고 있는것이 현실이다.

둘째, 현대 가정의 부부관계는 과거의 부부관계와 다른 점이 많다. 특히 부부의 힘과 역할 분배의 측면에서 차이가 난다. 특히 부부가 평등한 지위관계를 형성하면서 가사노동과 같은 역할을 공유하는 방향으로 변화되고 있다. 이전에는 남존여비라는 수직적 틀에 묶여 있던 부부관계가 이제는 민주적이면서도 평등한 지위구조를 형성해 가는 과정 중에 있다. 과거에는 가정안의 '힘'이 남성의 전유물이었지만 이제는 부부 공동의 의사결정으로 인해 '힘'이 남성과 여성의 중간지점을 향해 이동하고 있다. 이러한 가정 내 권력구조 변화의 원인으로 박경란과 그녀의 동료들은 여성의 교육수준 향상, 여성의 취업에 따른 경제력확보, 여성의 활발한 사회참여와 경험, 인터넷으로 인한 정보의 공유 등을 제시하고있다.[51]

셋째, '가정 붕괴' 또는 '가정 해체'라는 용어로 회자되고 있을 만큼 가정의 역기능적, 파괴적 문제는 심각하게 대두되고 있다. 현대 가정이 파괴되어 가고 있다는 점을 직접적으로 보여주는 것 중 하나는 이혼율의 증가이다. 통계청 발표에 따르면 한국의 이혼 건수는 2000년 119,982건, 2001년

135,014건, 2002년 145,324건, 2003년 167,096건으로 매년 증가되고 있다. '황혼이혼'[52]의 건수가 증가하고 있는 점도 주목된다. 황혼이혼건수는 2002년 22,800건으로 10년 전(3,300건)에 비해 무려 7배를 넘었다. 이혼의 원인은 다양한데, 의사소통상의 어려움, 부부간의 성격 차이, 가치관의 차이, 배우자의 폭력, 배우자의 외도, 친척과의 문제. 재정적인 문제, 음주, 가정에 소홀하거나 자녀를 돌보지 않는 것 등이 이혼 사유에 해당된다.[53] 예전에는 죽음만이 혼인 관계를 정지시킬 수 있었지만, 현대에는 다수가 비인간적인 삶을 살면서까지 혼인 관계를 지속시킬 필요는 없다고 생각한다. 이와 같이 현대 가정은 심각한 변화를 겪고 있고 가정이 문제에 노출되어 있는 상태에서 양질의 양육과 돌봄이 이루어질 수 있다. 따라서 조화롭고 성숙한 가족 관계를 위한 가정교육이 절실하다고 볼 수 있다.

현대가정의 문제를 위한 대안

안내(guiding)

올바른 신념을 전달하고 성경적인 가치관을 전달하는 일은 기독교 가정교육의 매우 중요한 과제 중의 하나이다. 강의는 학습자에게 주제에 대해 흥미를 자극하면서 동시에 빠른 시간 내에 많은 정보를 전달할 수 있는 좋은 교수법이다.[54]

안내(guiding)는 대집단으로 해도 되고, 소집단이나 개인적으로 해도 되는 방법이다. 본 장에서는 안내의 예로 멘토링, 부모지침서, 가족예배를 예로 들겠다. 첫째, 멘토링(Mentoring)은 멘토와의 역동적인 상호작용 속에서 일방적이고 지시적이지 않은 나눔으로 삶속에서 만나게 해 주는 방법이다. 또 이미 자녀를 양육해 놓은 부부를 젊은 부부와 의형제, 의자매, 혹은 대부, 대모와 같이 짝을 지워 멘토링[55]을 할 수 있도록 해 주는 방법이 있을 수 있다. 둘째, 부모 지침서를 만들어 배부하여 체크 리스트를 만드는 방법도 있을 수 있다. 이를 테면 '부모 십계명'[56] 같은 것으로 스스로 지키겠다고 헌신한 부모 지침이다. 셋째, 주일 예배 시간에 자녀들과 부모가 함께 드리는 예배 시간을 한 타임 정하여 가족예배[57]로 드리는 방법이다. 가족예배는 부모와 자녀가 함께 드리는 예배로 한 공동체 안의 한 지체로 나눔과 모범이 있는 예배순서이고 이 예배는 매주 부모와 함께 드리는 공식 예배이다. 이 예배를 통해 부모는 자녀교육의 주체가 부모 자신임을 깨닫고 모범을 보이고, 부모와 자녀의 관계가 회복되는 안내의 실제를 배우게 된다.

〈표 3〉 안내의 예1 : 부모 십계명

1. 자녀를 주의 교양과 훈계로 양육하라.
2. 부모의 사랑으로 하나님의 사랑을 자녀에게 보이라.
3. 자녀를 위해 날마다 축복기도를 하라.
4. Q.T.와 기도를 생활화 하라.
5. 서로 사랑하라.
6. 겸손하여 남을 나보다 낫게 여기라.
7. 모일 때 마다 기도하라.
8. 덕을 세우는 말만 하라.
9. 서로를 존중하는 경어의 아름다운 말을 하라.
10. 하나님 안에서 늘 순종하며 모든 일을 주께 하듯 하라.

〈표 4〉 안내의 예2: 가족예배 순서지

가 족 예 배

모든 가정은 영이신 하나님께 신령과 진정함으로 예배드립니다.

♪ 부모와 자녀들의 경배와 찬양
기독교가정을 위한 드라마(연극/동영상)

여 는 기 도		인 도 자
찬 양		다 함 께
	유아와 가족 소개	
	부모들의 신앙고백	
유 아 세 례	세례	십 례 자
	부모를 위한 권면	해 당 가 족
	축복송(회중)	
찬 송	_____장	다 함 께
말 씀		설 교 자
자녀를위한기도	부모님들이 자녀를 위해 축복의	부 모
	기도를 드립니다.	
찬 송		다 함 께
축 도		설 교 자

• 가족예배는 유치, 유년, 초등 자녀를 둔 부모와 자녀가 함께 드리는 예배로 한 공동체의 언약의 백성임을 확인하고 누리는 시간이다. 특히 이 시간의 설교는 어린이와 부모가 함께 공유하는 하나님의 말씀으로 이 말씀은 매일 적용되는 가정예배의 본문과 동일한 것으로 드려진다.

나눔(sharing)

나눔(sharing)은 부모가 하나님과의 관계 안에서 성장할 수 있도록 지원받고 도전받을 수 있는 기회를 만들기 위하여 신앙의 관계적 차원을 확립해 나가는 방법이다. 예를 들면, 부부대화법 훈련, 부모자녀대화 훈련, 부부

동산 등 성경공부와 제자훈련을 통하여 신앙의 관계적 차원을 확립해 나갈 수 있겠다. 사실 최근 기독교교육의 경향은 관계를 근거한 나눔이다. 또 이 방법에서는 인터넷 카페나 클럽을 개설함을 통해 일주일에 한번 모이지 않는 평소에도 서로 상호작용함으로 필요를 나누게 한다.

　나눔을 통한 관계 맺는 교육 방법으로 온라인(on line)과 오프라인(off line)을 동시에 활용하는 것이 도움이 된다. 다음과 같이 홈페이지를 통하여 나눔의 방법을 활용할 수 있다.

〈표 5〉 나눔의 사이버공간

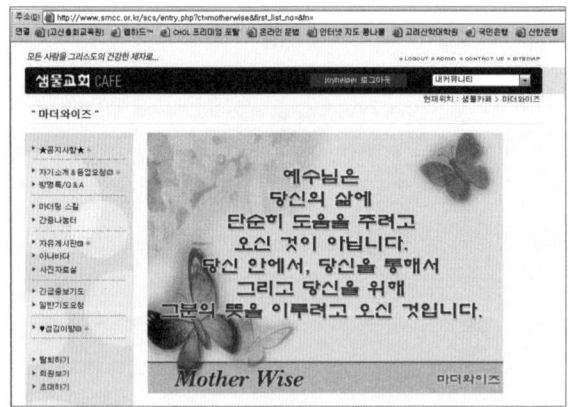

지지(Sustaining)

　지지하는 방법은 "함께 서서 도와준다"는 것을 강조하는 것으로 현재 처한 전체 상황을 변경할 수 없거나 혹은 최소한 현 시점에서는 변경할 수 없는 상태에서 활용 가능한 방법이다. 이 방법은 사별하여 혼자된 가정이라든지, 온전하던 것이 깨져 버리고 훼손을 입어 그 완전한 회복이 불가능할 때 용기와 격려를 줄 수 있는 교육방법이다. 예를 들면, 어려움을 먼저 경험한 가정이 어려움을 겪고 있는 가정 곁에 서서 지지해 주고 견뎌주는 방법이다. 사별이나 이혼, 장애아를 둔 가정, 입양아를 둔 가정의 곁에 먼저 그 일들을 겪는 가정이 함께 서 있어서 힘이 되어주는 것이다. 왜냐하면 그런 고난이나 어려움을 겪지 않고는 어떤 위로나 지지도 할 수 없기 때문이고, 오직 상처입은 치유자(wounded healer)만이 진정한 지지의 사역을 감당할 수 있기 때문이다.

  지지의 방법은 공동체의 크기가 크든 작든 모두 가능하다. 부모가 적절하게 양육에 대처하지 못할 때 공동체가 지탱해 줌으로 부모 역할을 할 수 있도록 지지하는 것이다. 부부 캠프나 부모자녀 캠프, 싱글맘들의 캠프를 통해 지지의 방법이 이루어 질 수 있다.

〈표 6〉 **지지의 예: 애찬식 순서지**

애 찬 식

- 싱글 부모캠프나 부모자녀 캠프의 애찬식은 나눔과 회복이 일어나는 절정이다. 애찬식은 성찬식과 조금 다르지만 성찬식의 의미를 가지고 하므로 성찬 테이블과 떡과 포도주, 성찬상보 등이 필요하다. 애찬테이블에 떡과 포도주를 십자가의 모양으로 진열해 놓고 부모자녀가 함께 둘러선다.

♬ 섬김 이들의 찬양
부모와 자녀가 애찬의 자리로 나아갑니다(등장)

여 는 기 도	인 도 자
찬 송 ········ 갈보리산 위에(135장)	다 함 께
참 회 의 기 도	부 모 와 자 녀
신 앙 고 백	다 함 께
말 씀	설 교 자
애 찬 나 누 기	서로가서로에게
찬 송	다 함 께
축 도	설 교 자

치유(Healing)

인도, 나눔, 지지의 방법을 다 해도 안 되는 사람들, 즉, 중독이나 파산, 정서장애 등 회복이 필요한 부모는 치유의 방법이 필요하다. 치유는 부모-자녀 관계인 가정을 유기체로 보았을 때 온전하게 만든다는 뜻이다. 본래의 조건들이 와해되었다가 다시 회복되는 일이 치료되는 일이고, 치료의 결과 반드시 원상태로의 복귀를 의미한다. 부모-자녀 관계를 하나님의 형상으로 보았을 때 온전하게 만든다는 말은 원래 지어졌던 그 형상의 관계성을 회복한다는 말이다. 사실 역기능적인 가정에서 자란 부모들은 자신의 부모가 했던 방식을 크게 벗어나지 못하고 자녀를 양육하는 경우가 많다. 중독자 가정의 자녀들은 부모의 증상이 자신의 잘못 때문이라고 믿기 때문에 괴로워하기도 한다. 역기능 가정의 자녀들은 가족의 행복에 대하여 책임감을 느끼기 때문에 부모나 가족의 행복에 대한 과도한 충성심과 책임감을 가지고 있다. 따라서 치유에서는 교육적 방법으로 되지 않은 가정을 위하여 그들이 이전 부모로부터 받은 상처와 역기능적인 요소들을 회복하고 치료하는 상담치유 사역이 보다 본질적인 접근이 될 수 있다.

예를 들면, 알콜 중독자 부부 모임, 동반 의존자 모임, 부부 집단 그룹 등의 지원그룹 혹은 치유그룹 등을 통하여 자신 속에 감추어져 있던 정서적 고통과 역기능적인 요소들을 만나고 회복 받는 일들을 경험하게 한다.

이와 같이 지시적이지는 않지만 올바른 가치관으로 인도하는 안내(guiding), 부모모임, 혹은 부부모임 같은 나눔(sharing), 공동체가 가정을 지탱해 주는 지지(sustaining), 위의 세 가지 방법으로 어려운 가정을 위한 치유(healing) 등의 기독교 가정교육을 통해 현대 가정의 여러 변화와 역기능적인 요소들을 위한 대안이 되기를 희망해 본다.

추천도서

은준관, 《교육신학: 기독교교육의 이론적 근거》, 서울:대한기독교서회, 1976. p. 88.

Gangel, Kenneth O. & Benson, Warren S., *Christian Education: Its History and Philosophy*, 《기독교교육사》, 유재덕 역, 서울: 기독교문서선교회, 1992.

Eavey, Canton B., *History of Christian Education*, Chicago: Moody Press, 1979.

Miller, R. C. 《기독교교육 개론》, 장병일 역, 서울: 대한기독교서회, 1961.

Bushnell, Horace, *Christian Nuture*, New Haven: Yale University Press, 1888.

Balswick, Jack O. and Balswick, Judith K., *The Family: A Christian Perspective on the Contemporary Home*, Grand Rapids: Baker Book House, 1991.

Pat Fabrizio, *Children fun or Frenzy*, 《그리스도인의 자녀교육》, 서울: 생명의 말씀사, 1980.

Richard R. Osmer, 《신앙교육을 위한 교수방법》, 사미자 역, 서울: 한국장로교출판사, 1997.

토의문제

1. 쉐마 본문에서 이미 나타났듯이 부모들이 자녀에게 일상생활을 통해 모범, 예전 등을 통해 생활 속에서의 교육이 일어나야 한다고 말씀하였는데 현대 가정의 현실에 비추어 실천 가능한 기독교가정교육의 방법들을 토의해 봅시다.

2. 현대 가정의 변화의 내용들을 토의해 보고 그 대안으로 제시할 수 있는 기독교 가정교육의 형태들을 토의해 봅시다.

3. 지금까지 교회교육 중심으로 진행되어 온 기독교 교육이 개혁주의자들이 주장하였듯이 가정을 중심으로 기독교교육이 회복되어 지려면 어떻게 해야 할지 토의해 봅시다.

제10장
기독교 학교교육

임경근

최근 한국에도 기독교학교가 생겨나기 시작했다. 기독교학교를 꿈꾸며 생겨난 여러 연구 모임이 10여년 만에 이룬 결실이다. 사실 '기독교학교'라는 개념은 한국에서는 생소한 개념이다. 기독교 대안학교도 아니고 미션스쿨도 아닌 기독교학교, 이제 기독교학교를 기독교 대안학교와 미션스쿨과 구별하여 설명하며, 왜 기독교학교가 필요한지, 또 그 정체성은 무엇인지 살펴본다.

1. 미션스쿨과 기독교학교 및 대안학교의 관계

한국 교육의 문제와 대안학교 운동

오늘 한국 사회의 가장 큰 관심 중 하나는 교육이다. 한국 교육의 문제는 어제 오늘의 일이 아니다. 입시 위주의 교육, 지나친 경쟁주의, 획일적 교육, 인성 교육의 부재, 과도한 사교육비 지출은 누구에게나 익숙한 단어들이다. 이 문제들은 단순히 교육 자체의 문제로만 머물지 않는다. 과도한 사교육비 지출은 가정 경제에 감당키 어려운 짐이 되었고 강남 8학군 문제는 집값 상승을 부채질하는 등 한국의 경제문제와 연관된다. 교육을 통한 사회 계층과 빈부 격차의 대물림 문제는 사회적 문제와 관련된다. 사립학교법 문제는 정치 쟁점화 되면서 풀기 어려운 문제 같아 보인다. 과도한 입시 경쟁 때문에 학생들의 문화생활은 없어졌고 정서적으로 불안한 학생들의 일탈 현상은 심각한 지경에 이르렀다. 학교 교육 자체도 문제이다. 학생들이 학원에서 더 많은 것을 배우기 때문에 교육적 기능을 상실한 학교는 위기를 맞았다고 말한다. 이른 아침부터 밤늦게까지 학교와 학원을 오가는 한국의 미래인 젊은 학생들은 교육 문제의 희생자들이다. 문제를 해결하기 위하여 수많은 대책이 만들어졌지만 교육 문제는 해결되기는커녕 오히려 더 심각해지는 것 같다.

이러한 파행적인 한국 교육 시스템에 대한 대안으로 등장한 학교들이 있다. 자유와 평등과 인성과 지성의 균형 잡힌 교육을 꿈꾸며 대안적인 교육을 시작하는 학교들이 생겨났는데, 이들을 '대안학교'[1]라고 부른다. '과외망국론'과 '입시 전쟁'으로 올인 하고 있는 한국 교육의 대세를 거부하고 지정의가 균형 잡힌 전인교육을 목표로 하는 대안교육은 인간다운 삶을 영위하기 위한 마지막 몸부림 같아 보인다. 누군들 전인교육을 원치 않겠는가? 그러나 자본주의 생존 사회에서 살아남기 위해 입시 위주의 교육 서열화 된 줄서기 대열에 들어가지 않을 수 없다. 이 치열한 경쟁이 조기유학을 양산했고 기러기 아빠라는 새로운 사회적 문제를 낳았다. 이를 해결하기 위해 나타난 것이 바로 대안학교 운동이다. 최근 대안학교들이 우후죽순처럼 생겨나기 시작하는 것은 이상한 일이 아니다.

기독교교육과 미션스쿨의 위기

한국에 기독교가 전파되면서 기독교교육이 한국 사회와 교회에 미친 영향은 엄청나다. 한국에 들어온 구한말 외국 선교사들은 선교에 앞서 병원과 학교를 세웠다. 선교를 위해 세운 미션스쿨은 기독교적 정신에 입각해 운영되었다. 또 조국의 앞날을 걱정한 기독교인 선각자들도 학교를 세웠다. 불신가정의 자녀들이 미션스쿨을 통하여 복음을 듣고 예수를 믿게 되는 일들이 수없이 일어났다. 미션스쿨에서 행해지는 채플과 성경수업에 대해 그 누구도 이의를 제기하지 않았다. 미션스쿨은 기독교 전파 외에 대한민국 사회를 개화하는 역할도 했다. 또 한국에 근대 교육을 도입하는 중요한 기능도 수행했다. 동양적 구태에서 벗어나 서양적 근대문명을 받아들이는 중심적 역할을 미션스쿨이 감당했다.

이러한 미션스쿨의 영향은 20세기 초 매우 강하게 나타났고 그 후 그 역할을 꾸준히 수행했지만 근래에 와서 그 기능은 쇠퇴하고 있다. 미션스쿨의 정체성이 점점 약화되었기 때문이다. 그 원인으로는 첫째로 일제강점기에 미션 스쿨에 대한 핍박의 영향을 들 수 있다. 대표적인 예로 일본은 신사참배를 강요했고 이것을 거부하는 학교는 폐교시켰다. 학교를 유지하기 위해서는 신사참배를 해야 했다. 선교사들이 세운 몇 개의 학교를 제외하고는 수많은 학교들이 이에 굴복함으로 미션스쿨의 정체성을 잃었다. 둘째로 독재 정권 하에서 학교 평준화를 인정하고 정부 지원금을 받음으로 학교의 독립성을 잃고 선교적인 기능까지 약화되었다. 셋째는 학교의 민주화 운동에 의해 인본주의적인 요소가 만연함으로 선교적인 기능에 제약을 받았다.[2] 현재 미션스쿨의 숫자는 20세기 초와 비교할 때 현저하게 적어졌다. 현재 '한국기독교학교연합회'에 소속된 미션스쿨은 132개 학교로 전체 학교의 1% 수준에 불과하다.

학교 평준화 결정 후 학생 자의가 아닌 무작위로 학교를 배정받아 미션스쿨에 오게 되면서 학생들에게 특정 종교를 강요하는 성경수업과 채플 참석은 오늘날 더 이상 통하지 않는다. 지난 2004년 전국적인 관심을 끌었던 대광고등학교 강의석 군 사건은 그 단적인 예이다. 현대인은 남들이 강요하는 그 어떤 것도 받아들이지 않는다. 다른 종교의 학생이 미션스쿨에서 기독교 종교의식을 강요당할 경우 과거에는 좋은 환경과 교육에 만족하여 그냥 넘어갔지만 지금은 반발한다. 사실 강의석 군 사건은 이미 예상되었던 일이다. 변화된 시대에 맞게 미션스쿨이 그 전략을 바꾸어야 했다. 이제는 미션스쿨이 그 기능은 다했다고 해도 과언이 아니다. 미션스쿨에서 기독교 선교의 역할은 과거에 비해 상대적으로 쇠퇴했다.

기독교 대안학교와 기독교학교

한국은 일반 공교육의 문제와 미션스쿨에서 행해지는 기독교교육의 위기를 극복할 새로운 대안이 필요하게 되었다. 공교육 문제를 해결하기 위한 시도로 일반 대안학교가 생겨났다. 여기에 기독교적인 접근을 시도하는 학교를 기독교 대안학교 라고 부를 수 있겠다. 최근 대안학교법이 국회를 통과하고 2007년 시행령의 효력이 발휘되었는데 매우 고무적인 일이다.[3] 현재 한국에는 수많은 종류의 대안학교들[4]이 생겨났는데 그 종류는 크게 일반 대안학교와 기독교 대안학교로 나눌 수 있다. 기독교 대안학교는 일반 대안학교와 달리 기독교인이 세웠거나 기독교 교과목이나 예배를 드린다거나, 학교의 정신이 기독교적인 성격을 가진다던가, 기독교적 특성을 지닌다는 점에서 차이가 있다. 그러나 이 기독교 대안학교들의 주요 관심사는 역시 공립학교의 문제점에 대한 대안적 교육 그 이상이 아니다.[5] 기독교 대안학교는 일반 대안학교라는 빵에 기독교라는 크림을 바른 케익과 같다.

두 번째 문제인 미션스쿨의 문제를 극복 해결하기 위한 접근은 무엇일까? 미션스쿨의 선교적 기능이 제 역할을 하기 힘든 현 상황에서 새로운 형태의 학교를 모색해 볼 필요가 있다. 선교 목적이 아닌 언약의 자녀에게 모든 교과목을 성경적인 세계관으로 교육하는 학교가 있다. 학교의 운영과 관리를 기독교적으로 행하는 학교가 있다. 엄밀하게 말해 이런 종류의 학교는 지금까지 한국에 없었다. 이 학교가 바로 '기독교학교'이다. 이 학교는 단순한 대안학교도 미션스쿨도 아니다. 기독교학교는 전혀 다른 차원의 학교이다.

일반적으로 기독교학교의 범주에 '미션스쿨'과 '기독교 학교'를 한 범주에 넣는다. 사실 이 분류는 매우 복잡하고 어렵다. '기독교학교'라는 용어가 역사적으로 '미션스쿨'과 혼용된 것도 사실이기 때문이다. 이에 대한 해결로 박상진은 '미션스쿨'을 '기독교계 학교'로 명명한다.[6]

알버트 그린은 그의 책 《기독교세계관으로 가르치기》[7]에서 현대 그리스도인은 대안의식을 가져야 한다고 주장한다. 그는 이원론적 세계관에 의해 살아가는 세상과 기독교인이면서도 이원론적 세계관 아래 살아가는 삶을 비판한다. 현대 사회는 모든 지식을 사적인 영역과 공적인 영역, 합리적인 것과 비합리적인 것, 객관적인 것과 주관적인 것, 사실과 가치를 분리시킨다.[8] 이러한 철학은 교육에까지 영향을 미쳐 심각한 문제를 양산하고 있다. 이에 대한 대안으로 기독교세계관에 기초한 기독교교육이 필요하다. 이 관점에서 보면 기독교학교는 세상과 기독교 영역에 대안적 방향을 제시하는 대안학교에 속한다.

그렇지만 기독교학교에서 이루어지는 교육은 여러 가지 선택 가능한 방법 가운데 하나의 대안이 아니다. 본래부터 있었지만 기독교 역사 가운데 잃어 버렸던 '원안' 교육이라고 할 수 있다.[9] 기독교학교는 학생들로 하여금 하나님에 대한 지식과 하나님을 향한 봉사를 가르치고 훈련시켜 창조세계를 탐구하도록 한다는 점에서 단순한 공교육의 대안적 교육을 한다는 개념과는 차원이 전혀 다르다. 기독교학교의 일차적 관심은 교육 자체나 혹은 학문이 아니다. 기독교학교의 첫 번째 관심은 아이들로 하여금 성경과 창조 세계를 통하여 하나님을 바로 알고 그 분에게 영광을 돌리며 그 분을 영원토록 즐거워하도록 하는 것이다.

미션스쿨과 차별화 되고 언약의 자녀를 신앙으로 교육하는 기독교학교가 한국에 생기기 시작한지 얼마 되지 않았다. 2006년도를 기준으로 43개 정도의 기독교 대안학교가 파악되고 있다.[10] 이 중 엄밀한 의미의 기독교학교는 몇 개나 될지 알 수 없다. 아직 한국에서는 '기독교 대안학교'가 '기독교학교'와 동일시되는 경향이 있지만, 기독교적 관점을 강조하는 기독교학교와 대안성을 강조하는 기독교 대안학교는 구분되어야 한다.[11] 기독교학교의 본래적 의미를 살린 학교가 필요하다.[12]

2. 기독교학교의 필요성

지금까지 한국에는 엄밀한 의미에서의 기독교학교는 존재하지 않았다. 그런 개념조차 없었고 필요성도 없었다. 한국은 얼마 전까지만 해도 기독교 피선교지였다. 일반 공립학교와 미션스쿨에서 학원 전도를 통해 믿는 자들이 점점 늘어나는 것을 지난 교회 성장기에 경험했다. 그렇지만 이제 한국 개신교는 더 이상 성장하지 못하고 있다. 선교와 전도 일색으로 달려온 한국 교회는 교회 내에 있는 언약의 자녀들에 대한 교육에는 무관심했다. 교회는 주일학교 교육으로 만족했고 사회에서는 미션스쿨에서의 기독교교육으로 충분하다고 생각했다. 그러나 21세기 한국 사회의 상황은 많이 달라졌다. 전 국민의 25%가 기독교인이라는 자부심을 가질 정도로 기독교 인구가 많아졌지만 기독교인이 스스로 언약의 자녀들에게 기독교교육을 하지 않고 있다. 가정에서 신앙교육이 이루어지지 않고 있으며 학교에서는 무신론을 교육받고 있다. 일주일에 1시간 주일학교 교육만으로는 기독교교육이 제대로 이루어질 수 없다.

한국 교회는 외적 성장에 관심하며 내적 성숙에 무관심했다. 하나님께서 믿는 자에게 명령하신 자녀교육의 의무를 가볍게 생각하고 일반 교육 기관에 아무런 의심 없이 언약의 자녀를 맡겨 버렸다. 이로 인해 한국 교회는 심각한 위기를 맞고 있다. 서구 교회가 이미 이 길을 걸어갔다. 성경에 나오는 사사시대가 바로 이 점에서 심각한 문제점을 드러냈다. 한국 교회는 이제 다시 일어서야 한다. 자녀들에게 전심을 다해 기독교 교육을 시작해야 한다. 이 일은 가정과 교회와 학교에 의해 가능하다. 그 중에 아직 진정한 의미의 기독교학교가 생소한 현 한국 상황에서 기독교학교 운동은 절실하게 요청된다.

교육은 명령

하나님은 이스라엘 백성들이 가나안 땅에 들어가기 직전 모든 백성들을 모아 놓고 가나안 땅에 들어가 살게 될 때 하나님을 버리고 우상을 섬기게 될 것을 염려하셨다(신 8:12-19). 하나님은 대책을 세우셨다. 그것은 바로 교육이라는 방법을 사용하는 것이었다. 신명기 6장에 보면 그 유명한 '쉐마교육'에 대해 말씀하신다.

> "이스라엘아 들어라! 우리 하나님 여호와는 오직 하나인 여호와시니, 너는 마음을 다하고 성품을 다하고 힘을 다하여 네 하나님 여호와를 사랑하라. 오늘날 내가 네게 명하는 이 말씀을 너는 마음에 새기고, 네 자녀에게 부지런히 가르치며 집에 앉았을 때에든지 길에 행할 때에든지 누웠을 때에든지 일어날 때에든지 이 말씀을 강론할 것이며, 너는 또 그것을 네 손목에 매어 기호를 삼으며 네 미간에 붙여 표를 삼고, 또 네 집 문설주와 바깥문에 기록할지니라."
> (신 6:4-9)

하나님은 이스라엘 백성들이 가나안 땅에서 살게 될 때에 어떤 방법으로 자녀들의 신앙을 보존하여 복을 받을 수 있는지 친절히 가르쳐 주셨다. 그것은 다름 아닌 자녀를 신앙으로 교육하는 방법이었다. 자녀의 신앙교육은 선택 사항이 아니다. 이것은 명령이다. '쉐마'는 '들어라!' 라는 히브리어 명령형이다. 하나님은 '들어라! 이스라엘아!' 하시며 강하게 명령하신다. 이 말씀대로 언약의 자녀를 말씀으로 양육하면 대를 이어 신앙을 유지할 수 있고 복을 받게 된다. 가정에서 부모가 신앙 훈련을 시키고, 교회에서 목사가 성경과 교리에 대해 가르치고, 기독교학교에서 기독교세계관으로 교육한다면 하나님의 나라는 왕성해 갈 것이고 희망이 있다.

교회의 위기

한국 교회는 선교 역사에서 경이로운 성장의 모델이 되었다. 그러나 최근 개신교는 지난 10년간 성장을 멈추고 감소하기 시작했다. 서구 교회는 이미 한 세대 전에 세속화의 물결이 불어 닥치면서 교회가 몰락하기 시작했다. 교회의 위기이다.

한국 교회의 문제

한국 개신교회는 세계 교회 역사에 유래가 없을 만큼 교회 성장을 거듭하다가 2005년 당시 인구센서스 자료[13]에 의하면 지난 10년 간 약 15만 명의 교인을 잃었다. 매우 충격적인 모습이다. 같은 기간에 천주교가 거의 78% 성장했다는 사실에 개신교 교회는 온갖 대책을 내어 놓지만 아직까지 별다른 성과를 보지 못하고 있다. 더 이상의 성장은 버거워 보인다. 2007년 평양대부흥 100주년을 맞아 150여개의 거대한 행사를 계획하며 새로운 부흥을 고대하고 있지만 행사를 한다고 교회를 떠난 사람들의 마음이 쉽게 움직일 것 같지는 않아 보인다. 2002년 당시 조사에 의하면 5년 동안 대한민국 일반 청소년 인구가 11%나 감소했는데 교회 청소년은 36%, 곧 세 배나 더 빨리 감소했다. 도시 주일학교는 무려 69%나 감소했다고 한다. 심각한 징조가 아닐 수 없다.

학원복음화협의회 조사에 의하면 한국 대학 학적기록부 종교란에 '기독교'라고 적은 사람들 가운데 교회에 출석하고 있는 사람은 10% 밖에 되지 않았다고 한다. 부모가 교회에 다니는 경우나, 과거 군대나 혹은 주일학교에 다녀 본 사람도 포함된 것이겠지만 성인이 되면서 교회를 떠나는 비율은 매우 심각한 수준에 이르렀음을 볼 수 있다.

서구 교회의 몰락

최근 미국 교회 몇몇 대형 교회는 성장을 거듭하고 있는 것처럼 보이지만 전반적으로 미국 교회는 심각한 정체 현상을 보이고 있고 그 미래도 어두워 보인다. 미국 성도의 자녀 가운데 고등학교를 졸업하고 부모의 품을 떠나 대학을 가면서 더 이상 교회에 가지 않는 숫자가 100명 가운데 65명이나 된다고 한다. 무려 청소년의 65%나 성인이 되면서 교회를 떠나고 있다. 이것을 어떻게 설명해야 할까?

유럽의 교회는 그 정도가 더욱 심각하다. 독일, 영국, 스웨덴, 노르웨이, 덴마크, 네덜란드 등 유럽 교회는 지금 몰락하고 있다. 고딕식 건물의 웅장한 교회에는 늙은 노인들만 20-30명 모여 예배를 드리고 있을 뿐 관광객들로만 붐비는 경우가 허다하다. 어떤 교회는 유지가 힘들어 카페나 혹은 술집으로 팔리는가 하면 어떤 교회 건물은 이슬람 사원으로 변하기도 한다. 지금 유럽에는 기독교가 쇠퇴하고 이슬람은 약진하고 있다. 몰락해 가는 서구 교회는 속수무책이다 그 원인도 모르고 대책도 세우지 못하고 있다. 한국 교회도 이대로 간다면 유럽 교회의 전철을 밟게 될 날이 멀지 않았다. 한국 교회는 원인을 알고 대책을 세워야 한다.

사사시대의 교훈

출애굽 한 이스라엘 백성들은 그렇게 원하고 바라던 가나안 땅을 정복하고 마침내 좋은 집을 얻게 되었고 풍성한 젖과 꿀을 얻을 수 있었다. 지겨운 만나와 메추라기를 더 이상 먹지 않아도 되었다. 기름진 땅에서 나는 곡식으로 음식을 만들어 먹을 수 있게 된 것이다. 한층 업그레이드 된 생활을 하게 된 것이다. 한국 사람들이 그렇게 바라던 선진국가와 복지국가를 경험하게 된 것과 같다.

> "백성이 여호수아의 사는 날 동안과 여호수아 뒤에 생존한 장로들 곧 여호와께서 이스라엘을 위하여 행하신 모든 큰일을 본 자의 사는 날 동안에 여호와를 섬겼더라."(삿 2:7)

여호수아는 갈렙과 함께 광야 생활의 마지막 증언자였다. 여호수아 뒤에 살았던 장로들은 가데스바네아 사건 이후 태어난 사람들이기 때문에 광야 생활과 가나안 정복에 참여했던 자들이다. 이들도 하나님의 큰일을 경험한 자들이다. 하나님의 도움이 없이는 살 수 없다는 것을 삶을 통해 뼈저리게 경험한 자들이다. 그런데 30년 후 그 다음 세대의 상황은 어떤가? 안타깝게도 한 세대가 지나면서 이스라엘 백성들의 자녀들은 하나님을 알지 못하고 하나님을 버렸으며 가나안의 우상을 섬기기 시작했다. 성경은 이렇게 말한다.

> "그 세대 사람도 다 그 열조에게로 돌아갔고 그 후에 일어난 다른 세대는 여호와를 알지 못하며 여호와께서 이스라엘을 위하여 행하신 일도 알지 못하였더라."(삿 2:10)

이 한 구절이 사실상 350년의 사사시대의 신앙적 모습을 전부 설명하고 있다고 해도 과언이 아니다. 동시에 이 구절은 오늘 이 시대를 향한 매우 중요한 경고의 말씀이다. 부모가 아무리 신앙이 좋아도 자식의 신앙을 어떻게 할 수 없다. 성도의 자녀들이 성인이 되도록 하나님을 만나지 못할 수도 있고 전혀 모를 수도 있다. 안타깝게도 현재 한국과 미국과 서구의 상황이 바로 이 상황과 크게 다르지 않다. 부모의 신앙은 좋은데 자식들의 신앙은 그렇지 않은 경우를 어떻게 설명해야 하겠는가? 그 원인이 무엇일까?

사사시대 가나안 정복 2세대가 하나님을 알지 못하고 우상을 섬기게 되어 영적으로 멸망하게 된 이유가 여러 가지 있겠지만, 그 원인의 핵심은 '쉐미교육'의 부재에 있다고 볼 수 있다. 신명기 6장 4-9절에 나타난 신앙교육을 자녀에게 하지 않아서 생긴 문제이다. 물론 먼저 부모들이 하나님의 말씀을 마음에 새기지 않았고 하나님의 말씀에 순종하지 않았다. 두 번째 경제적으로 좋아진 생활 가운데 하나님을 멀리하게 됨으로 자녀들을 신앙으로 교육하는 것을 게을리 한 것이다. 신앙이 별로 없고 화석화 된 신앙의 형식만 남아 있던 부모들이 자녀들에게 하나님의 말씀을 가볍게 생각하고 열심히 신앙을 가르치지 않아 생긴 문제이다.

그 증거를 엘리 제사장의 가정에서 발견할 수 있다. 엘리 제사장은 이스라엘의 마지막 사사였다. 그의 아들인 홉니와 비느하스는 '불량자'였고 '여호와를 알지 아니'하였다(삼상 2:12). 그들은 '여호와의 제사를 멸시'하였다(삼상 2:12-17). 그들은 성막에서 돕는 여자들과 동침하였다(삼상 2:22). 아버지가 야단을 치지만(삼상 2:22-25) 그들은 아버지의 말에 순종하도록 훈련 받은 적이 없다. 아버지는 두 아들의 잘못을 지적하기 전에 미리 자녀들을 부지런히 교육하고 훈련하지 않았다. 하나님은 사무엘에게 엘리 제사장과 아들들의 죄에 대해 밝힐 때 엘리 제사장이 자녀들의 잘못에 대해 금하지 않았다고 지적한다(삼상 3:13). 하나님의 사람이 엘리에게 찾아와 그의 잘못을 지적했다. "… 네 아들들을 나보다 더 중히 여겨 …"(삼상 2:29) 잘못된 멸망의 길로 걸어가고 있었던 자녀들을 엘리 제사장은 목숨 걸고 훈계하지 않았고 말리지 않았다. 그는 하나님보다 자녀들을 더 두려워했다. 훈계하는 흉내는 냈을지 모르지만 일관성 있는 신앙 교육과 훈련을 하지 않았다. 자녀들의 인격과 그들의 자율성을 길러준다는 명목으로 자녀들의 신앙교육을 포기하는 오늘의 상황과 크게 다르지 않다. 아버지로서 자녀 교육을 포기한 것이다. 가정에 돈 벌어주는 아저씨는 있지만 참 신앙을 책임지는 아버지는 찾아보기 힘든 오늘의 상황과 다르지 않다.

사사시대 당시 영적인 지도자인 사사 혹은 제사장이 이 정도였다면 보통 성도들의 삶이 어떠했으리라는 것은 짐작할 수 있다. 사사시대의 영적인 침체는 바로 신앙 교육과 훈련의 부재에서 온 것이다. 이스라엘 백성들의 신앙을 다음 세대에 전수해 주지 않음으로 인해 그 다음 세대는 하나님을 알지도 못하고 하나님이 하신 일도 인정하지 않고 모두 자신들의 공으로 돌리는 배은망덕한 백성이 되고 말았던 것이다. 바로 이 사사 시대의 상황이 앞서간 서구 교회의 상황이다. 한국 교회도 이러한 전철을 밟고 있다면 심각문제가 아닐 수 없다.

기독교교육과 기독교학교

한국 교회도 자만하지 말아야 한다. 왜냐하면 한국 교회도 사사시대와 같이 급속히 망할 수 있기 때문이다. 만약 한국 교회가 자녀들을 신앙으로 훈련하지 않으면 한국 교회의 미래는 어두울 것이다. 세계 역사에서 찾아 볼 수 없을 만큼 급성장한 한국 교회가 갑자기 몰락하는 교회가 되지 않도록 대책을 세워야 한다.

그것은 네 가지 영역에서 총체적으로 이루어져야 한다. 첫째, 가정이 말씀으로 회복되어 자녀의 신앙 교육에 몰두해야 한다. 둘째, 교회는 언약 공동체로서 자녀들에게 성경과 교리를 가르쳐야 한다. 셋째, 건강한 사회적 환경이 조성되어야 한다. 넷째, 기독교학교를 세워 성경적 세계관으로 창조 세계를 가르쳐야 한다.

가정

현대 가정은 경제적 기능이 가장 발달되어 있고 다른 것들은 상대적으로 희생되고 있다. 국가나 사회라는 대의명분 속에 가정은 희생당하고 있다. 부모는 교육을 일반학교와 학원에 맡겨버렸다. 신앙 교육도 교회에 맡겨 버렸다. 모든 것들이 부모의 손에서 전문가들의 손으로 넘어가 버렸다. 부모의 역할은 전문가들에게 맡겨진 교육비용을 부담하는 정도이다. 현대 사회와 국가는 가정이 본래의 기능을 다하지 못하도록 몰아 부치고 있다. 교회도 마찬가지이다. 한국 성도들의 신앙 형태는 가정 중심이 아니다. 교회 중심으로 신앙생활을 하면서 가정에서의 신앙 교육이 위협받고 있다. 한국 교회는 가정에서의 부모의 역할을 회복시켜야 한다. 가정은 하나님이 세상에 만드신 최초의 기관이다. 하나님은 아담과 하와에게 이렇게 명령하셨다. "생육하고 번성하고 땅에 충만하라. 땅을 정복하라 … 모든 생물을 다스리라."(창 1:28) 이 문화명령은 자녀를 낳고 교육시키는 것도 포함한다. 자녀 교육에 대한 책임과 권리는 가정에 주어졌다. 이것은 다른 어떤 기관이 빼앗아 갈 수 없다. 가정은 이 책임과 권리를 되찾아야 한다.

교회

한국 교회와 성도들은 주일학교에서의 교육으로 만족한다. 혼잡하고 짧은 주일학교 시간동안 목이 터져라 아이들에게 복음을 전한다. 주일학교 부흥을 위해 온갖 흥미로운 방법을 도입해 보지만 재미있고 흥미 있는 것은 세상이 더 앞서 있다. 교회보다 훨씬 재미있는 꺼리들이 컴퓨터에서, 텔레비전에서 제공되고 있다. 책과 영화에서 배우는 것이 무엇인가? 진화론에 근거하여 하나님을 대적하는 내용들이 주다. 이런 상황 가운데 우리의 아이들이 주일학교 한 시간으로 신앙을 지켜낼 만큼 강인하기를 기대할 수 있을까? 일주일에 한 시간 성경을 배우면 충분하다고 생각하는 사람은 아무도 없을 것이다. 주일학교는 믿지 않는 아이들을 전도하는 좋은 방편이다. 그렇지만 일주일에 한 시간 성경에 대해 듣는 것은 언약의 자녀들을 위한 기독교교육의 측면에서는 절대적으로 부족하다. 교회는 부모들에게 자녀 교육에 헌신하도록 권면해야 한다. 자녀의 신앙 교육을 위해 시간과 물질을 투자하고 헌신해야 한다. 이것이 없이는 그들의 미래는 어둡다. 교회는 언약의 자녀들에게 성경을 잘 가르치며 부모들에게 설교를 통하여 신앙 교육을 하도록 격려하고 권면해야 한다.

사회

주위에 만연한 죄의 영향을 막아야 한다. 지금 한국 사회는 교육과 관련해 온갖 문제를 양산하고 있다. 입시 위주의 교육, 지나친 경쟁주의, 획일적인 교육, 지식 전달 위주의 교육, 성공주의적이고 물량주의적인 자본주의에 기초한 약육강식의 환경, 과도한 사교육비의 지출, 문화적·경제적 사대주의로 인한 영어교육의 과열, 기러기 아빠, 자살과 가정 파탄 등 각종 사회 문제가 발생하고 있다. 교육 때문에 우리의 젊은이들이 고통하고 있다. 아침 일찍 일어나 밤늦게까지 공부하는 중노동에 시달리고 있다. 학생에게는 공부가 일이고 노동이다. 어른들도 힘든 하루 대략 열다섯 시간의 중노동을 아이들에게 강요하고 있다. 이것은 심각한 문제이다. 사회에서는 신앙적으로 배울 수 있는 것이 없다. 젊은이들이 놀 수 있는 건전한 시설도 취약하다. 그들의 컴퓨터 문화, 그들의 놀이 문화는 심각한 수준이다. 멀티미디어가 주는 유익도 있지만 그 폐해가 너무 커 아이들로 하여금 그러한 매체로부터 분리시키는 것도 적극적으로 고려해야 할 필요가 있다. 좋은 학생 문화를 만들어 갈 필요가 있다. 그것은 기독교인들이 기독교적인 가치관으로 접근할 때 가능하다. 그렇지만 이것은 한 순간 이루어질 수 없다.

이 부분은 기독교인들이 쉽게 바꿀 수 없는 부분이다. 기독교인들이 소금과 빛으로서 사회에서 역할을 해야 한다.

기독교학교

이 모든 것에 더하여 성경적 세계관으로 교육하는 기독교학교가 필요하다. 일반 공립학교에서는 기독교적인 세계관으로 가르치지 않는다. 중립적인 가치관을 가르친다고 하지만 하나님을 가르치지 않는 모든 지식은 반기독교적인 것이다. 즉, 아무리 좋은 공교육도 기독교적인 가르침을 거부하게 된다. 신앙적으로 훈련받지 않으면 비 신앙적으로 훈련받는 것이다.

믿음의 자녀와 언약의 자녀들을 하나님 나라의 일꾼으로 양육하고 훈련할 학교가 필요하다. 언약의 자녀들이 일반학교에서 비신앙적인 세계관에 물들어가고 있다. 유일한 대안은 기독교학교를 세우는 일이다. 기독교학교는 믿는 부모가 신앙으로 가르치라는 하나님의 명령을 수행하기 위한 수단이다. 기독교학교 교사는 기독교 세계관으로 무장된 신실한 기독교인이어야 한다. 교과목은 기독교세계관으로 조명하여 가르쳐진다. 학생들은 믿는 자들의 자녀여야 한다. 교육의 목적은 세상적인 입신양명이 아니라 하나님 나라의 제자를 만드는 것이다.

미국에서 피터 차(Peter Cha)가 한 1994년 한국 이민 교회에 대해 연구한 결과[4]를 보면 충격적이다. 한인 2세들은 대학을 졸업한 후 90%가 교회를 떠난다고 한다. 10년 동안 뉴욕시에 살고 있는 한인 성도들을 조사한 1997년 연구 결과에 의하면 한인 1세대는 75%가 교회에 출석하는데 비해 2세대는 대학 졸업 후 95%가 교회를 떠나고 5%만 교회에 남는다는 통계도 있다.[15] 미국 일반 기독교인의 자녀들 중 65%가 교회를 떠난다는 수치와 비교할 때 놀라지 않을 수 없다. 이러한 현상은 미국에 거주하는 한국인 그리스도인들 모두가 체감하는 것이다. 이것은 한국 교회의 미래를 보여주는 한 예가 될 수 있다. 이렇게 간다면 이십년 년, 삼십년 후 한국 교회는 그 존

재가 아주 미미해 질 것이 분명하다

미국 미시간과 오하이오 주 주변에는 네덜란드계 이민자들이 모여 산다. 그들은 이주하여 정착한 후 기독교학교를 먼저 세워 100년여의 역사를 자랑한다. 이미 좋은 미국 공립학교들이 있었지만, 정부 지원도 받지 못하는 기독교학교를 따로 세운 것은 신앙으로 자녀들을 교육하기 위함이었다. 이들은 기독교학교를 세우고 유지하기 위하여 시간과 재정과 노력을 투자했다. 그 전통은 지금까지 이어져 오고 있다. 이 지역의 기독교학교 졸업생들은 고등학교를 졸업하고 대학에 간 후에도 90%가 교회에 남는다고 한다. 이 사실은 우리에게 많은 것을 말해 준다. 물론 여러 가지 다른 요인들이 더 있겠지만 기독교학교와 교회의 존립, 성장이 상관관계에 있음을 쉽게 발견할 수 있다.

한국 교회가 살 길은 기독교학교를 세우는 것이다. 기독교학교는 선택이 아니라 자녀의 신앙 교육에 대한 하나님의 명령에서 볼 때 필수이다. 오늘날 한국 공교육의 문제 때문에 대안학교를 세울 것이 아니라, 공교육의 비신앙적 혹은 반신앙적 교육 때문에 기독교학교를 세워야 한다. 문제를 제대로 진단하고 올바른 학교를 세워야 한다. 문제를 잘못 보면 처방도 달라진다. 나쁜 교육에 대한 대안 교육을 원한다면 대안 학교를 만들게 될 것이다. 비록 기독교라는 이름을 앞에 붙였다 하더라도 그것을 언약의 공동체가 신앙적인 결단으로 세운 기독교학교로 보기는 어렵다. 여호와를 경외하는 것이 지식의 근본이라는 고백을 한다면 신앙적 목적을 위하여 기독교학교를 세워 기독교교육을 해야 한다.

3. 기독교학교의 정체성

기독교학교는 구체적으로 무엇인가? 그 정체성이 무엇인가? 한국에서는 기독교학교의 실례를 찾아보기가 힘들다. 기독교가 먼저 전파된 서구 교회에서 그 정신과 정체성을 찾아 볼 수 있다. 기독교학교는 모두 성경 말씀 위에 세워진 학교이다. 그렇지만 성경에 대한 해석과 그 적용에서 차이를 보이면서 각 기독교 학교마다 다른 특징이 드러난다. 여기에서 소개하는 기독교학교 개념은 기독교학교를 가장 먼저 시작한 네덜란드계 개혁교회의 모델이다.

부모와 교육

하나님은 자녀를 각 가정에 맡기셨다. 부모는 하나님이 주신 생명을 맡아 책임을 진다. 아이는 부모의 것이 아니라 하나님의 것이다. 그러므로 아이가 성인이 되어 하나님과 사람 앞에서 독립적으로 살아갈 때까지 부모의 보호와 교육과 훈련 아래 있다. 그런데 언제부턴가 현실은 그렇지 못하다. 가정은 자녀교육의 기능을 전문기관인 학교에 맡겨버렸다. 이러한 경향은 미국 공립학교의 창시자로 알려진 호레이스 만(Horace Mann) 이후 더 분명하게 나타나기 시작했다. 가정은 그 본래의 기능인 자녀교육의 권리와 의무를 되찾아야 한다.

학교는 부모의 고유 권한인 자녀교육의 요소를 침해해서는 안된다. 부모는 학교에서 배우고 가르치는 것을 모니터해야 한다. 자녀교육의 최종 책임은 부모가 가지고 있다. 기독교학교는 자녀교육에 대한 부모의 책임을 존중하면서 학교의 고유한 역할에만 충실하려고 노력한다. 이 점이 분명하지 않을 때 좋은 기독교학교가 되기 힘들다. 부모가 자녀들의 인격 훈련을 학교에 맡긴다는 것은 부모 스스로 자녀 교육의 책임을 회피하는 것이다. 또 학교가 기숙사를 지어 부모의 역할을 하겠다고 하는 것은 부모의 권한을 침해하는 것이다. 자녀 교육의 일차적 책임은 가정과 부모에게 있다.

하나님 나라와 기독교학교

예수님은 교회를 세우시기 이전에 하나님 나라를 선포하셨다. 예수님은 주기도문을 가르쳐주시면서 교회보다 하나님 나라를 구하라고 하셨다(마 6:10). 하나님 나라는 교회의 개념보다 넓다. 교회는 하나님 나라의 일부이다. 교회는 현존하는 하나님 나라의 모습이요 앞으로 오게 될 하나님 나라의 도구이며 그 결과이다.[16] 교회는 궁극적으로 임하게 될 하나님 나라를 향하여 나가가야 한다. 교회는 말씀으로 하나님 나라를 선포해야 한다. 교회는 본질적으로 현재성을 가지지만, 하나님 나라는 현재와 미래를 모두 포함하고 있다. 이것이 하나님 나라의 현재성과 미래성이다. 하나님 나라는 이미(already) 세상에 임했지만, 아직 완전히 이루어진 것은 아니다(not yet).[17] 이것은 교회의 말씀 선포 사역을 통하여 더 역동적으로 이루어져가고 있다. 하나님 나라는 구체적으로 가정, 정당, 국가, 학교, 직장, 병원, 학문의 각 영역에서 이루어져야 한다. 교회의 말씀 선포로 인하여 예수 그리스도를 구주로 고백한 성도들이 하나님의 백성으로서 하나님의 통치와 주권을 인정함으로 삶의 각 영역에서 하나님 나라를 확장시켜 간다.

하나님 나라는 교회뿐 아니라 학교에도 임해야 한다. 이를 위해 부모는 자녀들이 다니는 학교가 어떤 학교이며 무슨 교육철학으로 가르치는지 관심을 가져야 한다. 학교에도 하나님의 통치하심이 나타나야 한다. 학교 경영과 가르침이 성경적이어야 한다.

문화명령과 기독교학교

문화명령(창 1:28)은 창조 때 주어졌지만 타락으로 인해 왜곡되었다. 그러나 예수 그리스도 안에서 새롭게 회복되었다. 문화명령은 하나님이 만드신 모든 피조물을 개발하고 보존하고 다스리는 모든 작업을 말한다. 네덜란드 교육학자인 워터링크는 '문화란 하나님께 찬양하고 인간 생활이 부요하게 되는 형식으로 창조의 선물을 나타내 보이는 것이다' 라고 했다.[18] 그리스도인의 삶 가운데서 문화명령이 수행되어야 하는데 특별히 기독교교육을 통하여 이 문화명령을 이루어 갈 수 있다. 교육은 문화명령을 이룩하기 위한 가장 중요한 방법이다. 존 볼트가 얘기한 것처럼 교육은 두 가지 요소를 포함한다.[19] 하나는 문화의 전달자 역할이며, 또 다른 하나는 창조적 역할이다. 문화명령에는 이 두 가지 요소가 모두 포함되어 있다.

하나님은 이스라엘 백성들에게 하나님의 말씀을 자녀들에게 부지런히 가르치라고 명령하셨다. 이 가르침의 내용에 문화 명령이 포함되어 있다. 하나님 나라의 확장을 위해서는 문화명령을 충실하게 행해야 한다. 이것이 교육을 통해 이루어진다. 학교는 학생들에게 하나님의 창조 세계를 성경적인 관점에서 바르게 가르쳐야 한다. 성경 시간에만 하나님에 대해 얘기하고 수학, 국어, 영어, 미술, 음악 시간에는 하나님을 배제한다면 이는 옳지 않다. 학교의 모든 학과목이 하나님의 영광을 선포하고 있음을 가르쳐야 한다. 학문에 대한 하나님의 주권을 인정함으로 왜곡되고 어그러진 세상 학문을 회복시켜야 한다. 이것이 기독교학교의 수업 시간마다 일어나야 한다. 학생들이 공부를 통하여 하나님을 노래하고 즐길 수 있어야 한다. 이런 것들은 교회에서는 할 수 없다. 이런 가르침과 학습이 일어나는 곳은 바로 기독교학교이다.

대위임령과 기독교학교

마태복음 28:19-20은 교회에 너무나 잘 알려지고 강조되고 있는 성경 구절 중의 하나이다. 많은 한국 교회는 이 구절을 단순하게 선교와 전도를 위한 구절로 알고 있다. 물론 이 성경 구절은 전도와 선교를 위한 예수님의 명령이다. 그러나 이 대위임령은 전도와 선교만을 위한 것이 아님을 본문에서 알 수 있다. 본문 내용을 헬라어 원문으로 보면 흥미로운 사실을 발견하게 된다. 한국어 본문에는 '가라', '제자삼아라', '세례를 주라', '가르쳐 지키게 하라'고 하여 네 개의 명령이 나온다. 그러나 헬라어에는 명령어가 하나 밖에 나오지 않는다. 그것은 '마세튜사테'(matheteusate), '제자를 만들라'이다. 나머지는 분사구문으로 되어 있다. 제자를 만들기 위한 수단으로 세 가지가 동원되어야 한다. 첫째, 문화와 언어가 다른 곳으로 복음을 들고 가야 한다. 둘째, 복음을 전해 주를 고백하게 함으로 세례를 주어야 한다. 셋째, 예수님의 말씀을 가르쳐 삶 속에서 행하도록 한다. 예수님이 요구하시는 제자도는 가서 복음을 전하는 것만이 아니다. 세례를 받았다고 끝나는 것도 아니다. 제자도는 말씀을 가르쳐 지키도록 하는 것까지를 포함한다. 가르쳐 지켜 말씀대로 살게 될 때 제자도가 완성된다. 기독교학교는 바로 여기에서 의미를 찾을 수 있다. 기독교학교는 예수 그리스도의 명령인 제자 만드는 일에 동참한다. 예수님의 관심은 주기도문에도 나타난 것처럼 하나님 나라가 임하는 것이다. 예수 그리스도를 믿는 백성 가운데 하나님 나라가 이루어지는 것이 창조의 본래 목적을 되찾은 것이다. 하나님 나라는 대위임령을 행할 때 임한다. 즉, '전도'(선교)와 '교육'을 통해 하나님 나라가 완성될 것이다. 기독교학교는 교육의 역할을 감당한다. 물론 이 일은 가정과 교회를 통해서도 이루어질 것이다.

    문화명령과 대위임령은 분리된 별개의 명령이 아니다. 문화명령이 창조 때 하나님의 계획을 성취하기 위해 주어진 것이라면 대위임령은 타락으로 인해 왜곡된 세계에서 하나님을 영화롭게 하며 문화를 회복하라는 선포이다. 그러므로 문화와 선교는 하나님의 나라의 완성을 위한다.[20] 하나님은 예수 그리스도의 사역을 통하여 하나님 나라를 회복하기 원하셨다. 예수님도 그의 사역을 시작하시면서 하나님 나라의 도래를 선포하셨다. 이 하나님 나라라는 대명제 속에 선교가 포함되고 더 나아가 문화도 함께 포함된다. 기독교학교에서는 제자를 만드는 마지막 단계인 '가르쳐 지키게 하는 단계에서 문화명령을 성취하는데 이것은 교육이라는 수단을 통해 가능하다. 이것이 기독교학교의 역할이다.

언약과 기독교학교

하나님의 언약을 중요하게 생각하는 교회는 교육에 많은 관심을 가진다. 하나님의 언약은 천대까지 복을 주시겠다는 것(창 17:7-8, 출 20:6, 34:7, 신 5:10, 7:9)이다. 대를 이어 복을 받는 길은 말씀을 자녀들에게 부지런히 가르치는 길밖에 없다. 많은 복음주의 교회는 이 언약 신앙보다는 개인적인 차원에서 믿음으로 구원 얻는 것에만 신경을 쓴다. 그래서 전도와 선교에는 열심이지만 교육은 등한시 하는 경우가 많다.

유아세례는 언약 신앙의 좋은 예이다. 유아세례 때 부모는 자녀를 신앙으로 가르칠 것을 약속한다. 가정에서 부모들이 자녀들에게 최선을 다해 신앙으로 가르쳐야 하는 까닭이 바로 여기 있다. 더 나아가 유아세례는 부모의 책임만 밝히고 끝나지 않는다. 유아세례 마지막 질문은 교회 공동체 전체에게 주어진다. 교회 공동체를 향해 유아세례를 받는 아이의 신앙 교육과 양육의 책임을 함께 질 것인지 묻는다. 언약의 공동체는 공동체 일원의 신앙적 양육에 책임이 있다. 신명기 6장 4-9절의 교육 명령은 사실 이스라엘 공동체에게 주신 것이다. 이스라엘 백성 전체가 언약의 자녀에 대한 교육을 공동으로 책임져야 했다. 신약 시대의 교회 공동체 역시 언약의 자녀들을 열심히 교육해야 한다. 부모로서 가정에서 자녀의 신앙 교육에 전념하는 것은 너무도 당연하다. 더 나아가 교회 공동체와 학교도 이에 전념해야 한다. 비록 성경에 학교라는 개념이 등장하지 않지만 공동체는 신앙 교육을 위해 학교 교육도 포함시켜야 한다.

학교의 영역도 하나님의 통치가 필요하고 하나님께서 영광을 받으셔야 한다. 오늘날 공립학교가 있지만 하나님에 대해 가르칠 수 없다. 공립학교는 가치중립적인 지식을 가르친다고 하지만 그것은 사실이 아니다. 하나님의 말씀으로 교육하는 것이 아니면 비신앙적으로 훈련받는다는 것을 안다면 기독교학교가 얼마나 중요한지 알게 된다.

가정, 교회, 학교: 교육의 삼각관계

교육은 학교에서만 이루어지는 것이 아니다. 교육은 일차적으로 가정에서 이루어진다. 가정에서 부모는 자녀들의 신앙과 품성과 삶에 직간접적으로 관련된 지식을 가르친다. 부모가 학교에 모든 것을 맡기는 것은 옳은 자세가 아니다. 자녀 교육의 책임은 궁극적으로 부모에게 있기 때문이다. 부모는 학교에서 일어나는 모든 일에 관심을 가지고 살펴보며 학교가 설립 목적에 맞게 운영되고 있는지 살펴 교정하는 일을 해야 한다. 부모의 역량이 허락한다면 봉사활동도 해야 한다.

교회는 각 삶 가운데 그리스도의 제자로 살도록 원리를 가르쳐주고 격려하는 역할을 한다. 반면 학교는 그리스도의 제자로서 각 교과목을 어떻게 가르치고 배울 것인가에 관심을 가진다. 학교에서 기회가 될 때 선교 대명령에 대해 가르치며 학생들을 격려할 수 있지만, 이것이 학교의 주 사역은 아니다. 학교에서 예배를 드리는 것은 교회의 영역을 침입하는 것이다.

가정과 교회와의 관계도 중요하다. 교회는 부모들이 가정에서 자녀들을 잘 양육하도록 가르쳐야 한다. 나아가 더 좋은 교육을 위해 자녀를 기독교학교에 보내도록 격려해야 한다. 교회는 가능한 가정의 본래적 기능을 되찾도록 도와야 한다. 과도한 교회의 프로그램을 줄이고 가정 중심으로 신앙생활을 할 수 있도록 도와야 한다. 어린 자녀들이 자라는 시기에 부모들은 가급적 가정에서 자녀들을 양육하는데 혼신의 힘을 기울여야 한다.

이렇게 가정, 교회, 학교가 삼각관계를 이루어 언약의 자녀의 교육을 위해 힘쓴다면 한국 교회의 미래는 밝을 것이다. 다음 세대를 위해 한국 교회가 할 일은 바로 교육이다. 기독교학교는 바로 이 일을 위하여 필요하다.

일반은총과 기독교학교

전통적으로 칼빈의 신앙을 따르는 개혁신학자들(Reformed Theologians)은 이교 사회나 불신자 세계에서 발견되는 과학과 예술과 문화의 우수한 발전을 인간의 선함으로 해석하지 않는다. 칼빈주의자들은 그것을 '일반은총' 측면에서 설명한다. 인간의 선한 열매들은 인간이 선하기 때문이 아니다. 인간은 죄인이지만 사랑의 하나님께서 선한 행위를 하도록 허용하신 것이다. 곧 일반은총은 하나님의 인자하심과 은혜로우심의 표현이다. 인간이 근본적으로 선하기 때문에 선을 행하는 것이 아니라, 하나님께서 악을 억제하는 수단으로 일반은총을 통해 선을 행하도록 하시는 것이다.

학교에서 가르치고 배우는 모든 지식은 하나님의 것이다. 일반 공립학교에서 가르치고 있는 내용도 하나님의 것이다. 가르침의 방법론도 '기독교'라는 단어가 들어있지 않더라도 얼마든지 일반은총의 차원에서 좋은 것일 수 있다. 각종 아동발달에 관한 이론들도 마찬가지로 하나님의 것일 수 있다. 어떤 그리스도인들은 특별히 어떤 방법론이 기독교적이라고 고집하기도 하지만 그것은 하나님을 제한하는 우를 범하는 것이다. 하나님은 어떤 하나의 지식과 방법론에 얽매이지 않는 분이다. 교육과정에 대한 부분도 마찬가지 원리가 적용된다. 어떤 시대에는 이런 과정이 적합하고 다른 시대에는 다른 과정이 필요할 수 있다. 굳이 어떤 것이 특별히 기독교적이라고 말할 수 없다. 하나님은 파라오나 고레스 왕도 당신의 일을 위하여 사용하시는 분이시다. 기독교학교는 비그리스도인들이 발명하고 발견해 놓은 물건과 지식을 하나님의 것으로 감사함으로 사용할 수 있다. 비록 비그리스도인에게 발견된 수학 공식도 하나님의 지식이다. 일반은총의 영역에서 역사하시는 하나님의 지식이다. 기독교학교는 기독교 단체가 아닌 다른 단체가 만든 재료일지라도 사용할 수 있다. 교재의 선택과 제작에서 얼마든지 자유로울 수 있다. 왜냐하면 일반은총 가운데 역사하시는 하나님을 믿기 때문이다.

많은 기독교학교 담당자들은 너무 쉽게 기독교적 방법론을 발견했다고 주장하며 다른 이론을 기독교적이지 않다고 판단하는 경향이 있다. 언어 교육에 있어서 음운론(Phonics)이나, 열린 교육과 협동 학습, 고전적 교육 모델등을 특별히 기독교적이라고 주장하는 경우이다.[21] 이것은 일반은총의 차원을 생각하지 않는 편협한 생각이다.

그리스도인들은 비그리스도인들이 만들어 놓은 일반은총의 지식과 물질을 하나님의 영광을 위하여 얼마든지 사용할 수 있다. 기독교학교에서도 학생들에게 가르칠 재료들을 다양한 영역에서 찾아 활용할 수 있다.

하나님이 교회뿐만 아니라 온 우주를 다스리시는 분이라는 것을 인정하고 삶 속에서 구체적으로 실천하는 교회와 성도는 많지 않다. 대부분의 교회와 성도들은 교회와 세상, 성과 속의 이원론적인 사고에 젖어 있다. 전통적으로 개혁교회는 신앙인의 삶의 범위를 교회를 넘어 온 세상으로 넓혔다. 세상은 썩어 없어질 가치 없는 것이 아니라, 하나님의 선하신 창조물이기에 다시 회복되고 구속되어야 할 대상임을 믿는다. 이러한 교회와 성도들은 학교에서 가르치는 내용을 매우 중요하게 생각한다. 이들은 대체로 칼빈의 신학적 노선을 따르는 네덜란드 개혁교회와 그 성도들이다. 이 교회와 성도들은 기독교학교를 세웠다. 이들이 미국과 호주, 뉴질랜드 그리고 캐나다와 남아프리카 공화국으로 이민을 가서 기독교학교를 세웠다. 기독교학교는 이들의 헌신과 노력으로 전 세계에 퍼지게 되었고 지금은 개혁교회를 넘어 많은 복음주의 교회에서도 기독교학교를 세우고 있다.

이제 한국 교회도 기독교학교에 눈을 떠야 한다. 지금까지는 전도와 선교에 전력을 기울였다. 그러나 이제 다음 세대를 생각해야 한다. 한국 교회 성도들의 자녀들이 교회를 떠나는 현실을 직시하라. 이들은 가정에서 신앙적으로 교육받고 훈련받지 못했다. 사회적 환경은 아이들의 영적인 세계를 파괴하는 것들로 가득하다. 교회의 주일학교만으로는 신앙적으로 훈련하기에 역부족이다. 일반 공립학교에서 무신론으로 세뇌당한 그들은 입신양명을 목표로 교육 받고 결국 세상적으로 성공하기 위해 교회를 떠나고 있다. 심각한 문제가 아닐 수 없다. 한국 교회는 성경 사사기의 교훈에서 배워야 한다. 가까운 서구 교회의 몰락에서도 배워야 한다. 지금 기독교 학교를 준비하여 세우라. 아이들이 기독교학교에서 기독교적 세계관으로 학문을 배우게 될 때 온 우주 가운데 계신 하나님을 찬양하고 영광 돌리는 교회의 미래로 자라게 될 것이다.

추천도서

Richard J. Edlin, 《기독교 교육의 기초》, 그리심, 2004.
노르만 E. 하퍼, 《그리스도의 제자 만드는 기독교 교육》, 이승구 역, 토라, 2005.
존 반 다이크, 《가르침은 예술이다》, 김성수 역, IVP, 2000.
얀 워터링크, 《기독교 교육 원론》, 김성린, 김성수 역, 소망사, 1978.
박상진, 《기독교 학교 교육론》, 예영 커뮤니케이션, 2006.

토의문제

1. 한국 공교육, 미션스쿨, 기독교 대안학교, 기독교학교의 현 주소에 대해 논의하고 비판해 봅시다.

2. 대위임령(마 28:19-20)에 대한 오해가 기독교교육에 미친 영향에 대해 토론해 봅시다.

3. 기독교학교의 필요성과 정체성에 대해 나의 경험을 가지고 정리하고 나누어 봅시다.

제11장
기독교 문화교육론

이민경

1. 기독교 문화교육을 열며

개혁주의 문화교육은 전인성의 회복을 위한 교육활동이며, 그리스도인들의 삶이 지향해야 할 궁극적 비전인 샬롬을 성취하기 위해 변혁을 지향하는 이론적이며 실천적인 활동이다. 지금까지 문화교육은 대체로 실천적인 예술활동에 초점이 맞추어져 있었다. 문화이론에 대한 연구가 전무했던 것은 아니나, 20세기에 이르러서야 문화인류학을 비롯한 연구방법의 변화와 성과에 힘입어 문화에 관한 연구가 학문적 탐구의 영역에 영입되었다. 그 후 문화에 대한 이론적 연구는 어니스트 반 덴 하그(Ernest Van Den Haag), 드와이트 맥도날드(Dwight MacDonald), 아브라함 카플란(Abraham Kuyper) 등을 비롯한 심미적 비판의 접근, 프랑크푸르트 학파를 비롯한 정치 사회적 비판의 접근, 윤리적 비판의 접근 등 다양한 관점에서 수행되어졌다. 그러나 지금까지 문화이론은 대부분 정치 이데올로기적 관점을 통해 부각되었기에 문화가 가진 본질적 속성과 현상이 통합적인 관점에서 연구되지는 못했다.

이와 같은 지적 풍토 속에서 칼빈(Calvin), 카이퍼(A. Kuyper), 헨리 반 틸(Henry Van Til), 도예베르트(Herman Dooyeveerd) 등을 비롯한 기독교 학자들은 문화에 대한 성경적 이해에 기초하여 문화활동을 그리스도인의 본질적인 한 사명으로 인식하였다. 그럼에도 불구하고 기독교 문화와 세상 문화간의 근본적인 반립과 갈등으로 인해 그리스도인들은 문화일반에 대한 적극적인 개방과 실천을 주창하지는 않았다. 오히려 케네스 마이어스(Kenneth A. Myers), 피터 크리프트(Peter Kreeft)와 같이 문화전쟁의 개념을 옹호하는 입장에서는 영상 미디어가 가지는 커뮤니케이션의 형식이 그리스도의 비전을 제시하기에는 부적절하다는 비판을 제기하기도 했다. 그럼에도 불구하고 로버트 존스톤(Robert Johnston)과 같이 영화를 통해 치유와 변화의 삶이 가능하다는 진취적인 수용은 그나마 문화에 대한 개혁주의적인 접근에 긍정적인 영향을 미쳤고 《그리스도와 문화》를 통해 문화에 대한 기독교적인 관점에서의 분류와 기준을 설정하려고 시도했던 리차드 니버(H. Richard Niebuhr) 또한 문화에 대한 개혁주의적 접근에 긍정적으로 작용하였다.

반 세기 전부터 시도되었던 문화에 대한 이와 같은 개혁주의적 접근은 퀸틴 슐츠(Quentin J. Schultze)나 윌리엄 로마노프스키(William D. Romanowski) 등에 의해 영상과 대중문화에 대한 연구로 이어졌다. 그러나 체계적이고 통합적으로 정립된 정교한 개혁주의적 문화이론 확립을 위한 연구는 지금도 극히 미미하며 국소적인 단계에 머물러 있다.

오늘날 문화는 개인의 삶과 정체성을 형성하는 차원에서나 공동체 형성에 아주 중요한 역할을 차지하고 있다. 대중문화를 비롯한 문화에 대한 이해의 부족은 현대사회에서 의사소통을 단절시키거나, 다음 세대에게 전달할 공동체적 전통마저도 소실하게 만드는 결과를 초래할 수도 있다. 다양한 세계관이 충돌하고 수용되며 개현되는 장이 바로 문화의 장이기에 문화는 인간의 삶을 형성하는 장이며, 인간의 정체성을 형성하는 활동이다. 문화공간은 자신이 누구이며 무엇을 할 수 있는 사람인지를 인식시켜 주는 곳이며 사람들이 자신의 삶의 기초와 삶의 형식을 형성하는 곳이기도 하다.

기독교교육은 인간이 자신을 사회 속에서 형성해가는 문화적 공간의 중요성을 인식해야 하며 각종 커뮤니케이션과 담론의 중요성을 인식하고 이를 비판적으로 수용하며 대처해야 한다. 왜냐하면 문화에 무관심하거나 왜곡된 관점을 갖는 그리스도인의 삶은 결국 이원론적 신앙과 이분법적 삶의 양태를 가질 수밖에 없기 때문이다.

오늘날 한국 기독교는 양적 성장을 통하여 사회적 영향력을 행사할 수 있는 주요한 집단으로 등장하고 있는데, 이와 같은 영향력은 사회변혁과 문화변혁의 방법으로 행사되어야 한다. 기독교의 진정한 사회적 영향력은 참된 그리스도의 비전인 샬롬의 이상을 세상 가운데 구현하기 위한 변혁적 삶과 실천을 통해서 가능하다. 문화시대를 맞이하여 한국 기독교는 문화와 문화교육의 본질과 인식에 대한 체계적인 연구의 중요성을 간과해서는 안 된다. 한국교회는 1970년대 근대화와 산업화의 과정을 통해 교회성장과 복음전파에 주로 관심의 초점을 맞추었고 사회적 변혁활동과 실천적 삶에는 별다른 관심을 두지 못한 것이 사실이다. 이제 포스트모더니즘의 문화가 지배하는 현대사회에서 기독교는 자신의 영향력과 해야 할 말을 문화를 통해 제시해야 한다. 문화에 대한 무관심이나 부정, 회피하는 식의 그리스도인의 태도는 사회와 문화의 참된 구속과 변혁의 삶을 통한 샬롬의 비전 추구와는 관계가 없다.

문화 교육은 변혁을 지향한다는 점에서 교화적 기능을 갖고 있다. 문화교육은 또한 공동체의 경험과 전통을 보존하며 전달하는 문화전승의 기능과 아울러 사회를 비판하고 변별하며 새 공동체를 형성하는 사회변혁의 기능도 가진다. 문화교육은 다양한 문화현상과 문화활동의 핵심적인 영역이다.

전통적으로 학습자를 교육하고 양육하는 기구는 가정, 학교, 교회였다. 그러나 현대사회에서는 문화의 각 현장이 더 중요한 교육의 역할과 기능을 담당하고 있다. 문화의 각 현장이 가정이나 학교와 교회의 교육적 기능에 버금갈 정도로 강력한 영향력을 가지게 되기까지 형식적 교육기구가 교육의 본질적 기능을 제대로 수행하지 못했다는 사실에 대한 반성이 필요하다. 그럼에도 불구하고 그리스도인들은 문화변혁을 위한 교육의 필요성조차 인식하지 못하고 있다는 비판을 받고 있다. 변혁은 이론적 연구로만 가능하지 않다. 변혁은 실천적 활동을 통해 개현되며 교육을 통해 지속될 수 있다. 문화의 변혁을 위해 건전한 이론과 문화에 대한 체계적이고 구체적인 분석, 비판이 필요하듯이 문화교육의 필요성은 변혁의 주체인 그리스도인들을 구비해나간다는 측면에서 절실히 요구된다. 문화교육은 문화의 변혁을 지향하게 하는 원동력인 셈이다.

특히 개혁주의적 문화교육은 인간의 모든 삶을 문화적인 활동으로 간주하며 하나님의 주권 아래 있다는 통합적 관점을 토대로 이루어져야 한다. 이러한 통합적 관점은 그리스도인 개개인에게 지적, 감성적, 실천적 전인성의 회복과도 동일한 맥락을 가진다. 문화변혁을 위한 교육은 이론적인 지적 학문활동, 창조세계의 풍요로움을 누리며 개현하는 감성적 활동과 더불어 실제적인 샬롬의 방식으로 이루어지는 실천활동을 통해 전개되어야 한다.

오늘날 다원주의 사회에서 그리스도인들은 단순히 문화 도피적이거나 무비판적 문화수용과 같은 소극적인 자세에서 벗어나 적극적인 태도를 가지고 문화변혁에 참여하는 그리스도인 양성을 위해 문화교육에 적극적인 관심을 가져야 한다. 그리스도의 비전인 변혁을 이루기 위한 샬롬의 방법들을 문화교육에서 추구할 수 있을 때 대립과 갈등과 부조화의 문화적 상황 속에서 화목과 조화와 즐김의 샬롬의 이상을 실현시킬 그리스도인들이 구비되며 세상은 변화될 것이다. 특히 문화의 속성들이 인간의 속성과 교육에 미치는 영향에 깊은 연관성을 가진다는 점을 감안한다면 개혁주의적인 문화적 이해를 기반으로 한 지적, 감성적, 실천적인 전인교육은 현대교육이 가진 주지주의적이며 이분법적인 교육현실을 극복할 수 있는 한 구체적 대안이 될 수 있다.

2. 개혁주의적 문화교육의 기초

모든 문화는 의식적이든지 무의식적이든지 간에 문화가 기초하고 있는 세계관의 표현 과정과 그 소산물이다. 세계관이 인간의 삶 속에 얽혀 있는 제반현상과 문제들의 근본적인 동인을 암묵적으로나 명시적으로 표출하고, 문제의 해결방향을 제시한다고 하면 문화 역시 마찬가지이다. 그러므로 문화관은 인간의 근본적인 문제를 다루는 신학적인 주제들을 동일하게 다룰 때가 있다. 문화와 문화관을 연구할 때 창조, 타락, 구속, 일반은총 등을 언급하는 이유가 바로 여기에 있다. 문화관은 본질상 세계관에 근거해 있기 때문이다.

창조, 타락, 구속의 문화관

개혁주의는 문화의 기원이 하나님임을 고백한다. 성경의 가르침을 통해 문화는 하나님의 창조 행위로부터 비롯되었다는 것을 알 수 있다. 창세기 1장과 2장은 우주만물의 창조와 하나님의 형상으로서의 인간의 창조, 그리고 '문화명령'(cultural mandate) 등 문화에 대한 기초적인 성경적 가르침을 제시한다. 신국원은 하나님이 태초에 만물의 창조와 함께 문화에 대한 발전계획을 가지셨고 창조세계에 내재된 가능성들을 개발하여 있는 그대로의 보존상태를 목표로 하는 것이 아니라, 하나됨의 영광을 위하여 완성으로 나아갈 것을 염두에 두고 계셨다고 보았다.[1] 창조는 문화를 통해 완성으로 나아가는 시작이며 인간에게 주어진 문화의 가능성 또한 창조에서 비롯된다.

문화는 창조주이신 하나님이 인간에게 부여한 창조 활동이다. 창조활동으로서의 문화의 의미는 땅을 갈거나 경작한다는 의미로 사용된 문화의 어의에서 먼저 찾아볼 수 있다. 하나님이 아담을 에덴동산에 두시고 '다스리게' 하였다는 성경적 이해는 창조 활동으로서의 문화를 보는 관점에서 성립된다. 창세기 2장 15절에서 인간이 씨를 뿌리기 위해 땅을 갈고 하나님의 언약 안에서 풍성한 소산을 내기 위해 일하는 장면은 그 행위가 일종의 문화적 활동이었다는 것을 알 수 있다. 반틸은 사람이 창조의 세계를 개발과 개척의 대상으로 할 때 얼마든지 확대해서 문화적 행위를 적용할 수 있을 것으로 보았다.[2]

문화명령에 대한 성경적 이해는 문화대리인이자 동역자로서의 인간과 하나님의 관계에 대한 이해를 먼저 수반한다. 문화대리인으로서 인간이 하나님과 맺는 관계에 따라 그 문화활동의 방향성도 결정된다. 즉, 문화명령에 대한 소명을 인지하고 책임을 가지며 순종하게되면 인간의 문화활동은 하나님이 원하시는 방향과 뜻을 향해 개진되고 하나님 나라의 확장에 기여하게 된다.[3] 문화 명령은 창조세계에 대해 대립되는 관계와 대항하는 관계를 의미하는 것이 아니라 문화 활동의 주체로서 인간이 창조세계를 경작하고 돌보며 가꾼다는 측면으로 이해해야 할 것이다.

그래서 문화활동은 인간이 문화적으로 하나님께 순종하는 응답의 삶이다. 이 응답의 삶은 문화명령의 대리인이자 수행자인 인간에게 뿐만 아니라 문화명령의 대상들에게까지 요구된다. 결국 하나님께 응답적인 존재로서 개현되어져야 하는 인간의 문화활동은 문화적 순종을 통해 창조활동의 모방이나 제작이 아니라 하나님의 영광에 초점을 맞춘다. 문화적 순종은 또한 문화 활동이 소명이라는 차원에서 비로소 이해가 가능하다. 카이퍼는 문화란 하나님께서 은혜로 주신 선물인 동시에 그리스도인에게 주어진 소명이라고 했다. 소명에 순종할 때 진정한 문화 활동이 가능하다. 모든 문화 활동이 소명에 근거한 것은 아니다. 문화의 각 구조와 방향의 회복은 문화 활동의 성경적 회복에 있어 근간이 되기 때문이다. 그러나 그리스도인의 문화 활동에 대한 소명으로의 이해는 문화 활동의 제2의 주체로 그리스도인 모두가 해당된다는 것을 제시해준다. 결국 인간의 문화 활동은 문화적 순종으로 말미암는 활동이며 문화 활동의 주체자인 하나님과 대리인인 인간과의 관계를 명시하는 인간의 순종적인 응답이다.

그러나 문화 활동의 다양한 창조적 가능성에도 불구하고 타락으로 인하여 문화 활동의 방향성은 왜곡되고 뒤틀렸다. 시각의 분열뿐만 아니라 문화의 타락은 이미 인간의 마음에서부터 시작된 것이었기에 문화는 이제 자율적인 방향성을 띠게 되었다. 하나님의 규범을 무시한 문화활동은 창조대상을 창조주체로 바꾸는 우상숭배에 밀접하게 관련된다. 또한 문화명령의 대리인인 자신의 뜻이 문화명령의 기준이 되고 문화활동의 규범이 되기에 인간의 삶 전체가 하나님에게서 벗어나고자 하는 자율성을 띠게 되었다. 창조주 하나님으로부터의 분리로 인해 나타난 인간의 모든 활동은 진정한 생명을 상실하고 하나님과의 관계단절을 의미한다. 문화적 활동과 소산물로 인해 하나님께 영광을 돌리는 것은 더 이상 문화의 목적이 될 수 없었다. 문화적 소산물과 활동은 인간 자신의 욕구표현과 만족을 위한 활동에 지나지 않게 되는 것이다.

이렇게 죄의 영향력으로 말미암아 인간은 하나님과 분리되었고 하나님, 창조세계, 타인 그리고 심지어는 자기 자신과의 모든 관계가 왜곡되며 분리되었다. 인간은 하나님과의 관계회복을 위해 예수 그리스도의 구속이 필요했다. 예수 그리스도를 통해 구속된 인간은 존재뿐 아니라 자신의 문화 활동을 포함한 모든 활동에서도 회복의 길이 열리게 되었다. 예수 그리스도를 통한 구속은 새로운 문화공동체 형성과 더불어 죄로부터 구속된 순종적 문화를 창출하게 한다. 예수 그리스도를 통한 구속의 문화가 바로 그리스도인의 구속이후에 주어진 문화적 가능성이다. 구속은 문화명령의 대리인인 인간이 죄로부터 구속받아 새로운 피조물이 되고, 인간의 창조된 본래의 사명과 목적을 위해 회복되는 것을 의미한다. 구속된 인간은 다시금 하나님의 동역자로서 문화대리인의 소명을 회복 받게 된다. 구속의 목적에는 이러한 문화명령에의 회복도 포함된다.[4]

제레미 벡비(Jeremy Begbie)는 개인적 차원을 넘어선 구속의 의미를 다음과 같이 표현했다.[5]

"진정 자유로워진다는 것은 우리 외부에 있는 것들과 온당한 관계를 맺게 된다는 뜻이다. 하나님이 자신의 아들인 예수 그리스도를 이 땅에 보내신 것은 모든 인간뿐만 아니라 만물이 그에게로 돌아오기까지 구속하기 위한 것이었다. 그러므로 구속의 대상은 모든 창조세계와 창조활동의 영역들을 지칭한다."

그러므로 감정, 성, 정치 등의 영역도 억압, 무시, 거부의 대상이 아니라 회복의 대상이다. 음악, 미술, 미디어 등 문화의 영역도 이런 맥락에서 회복과 화목의 대상인 것이다.[6] 이와 같이 세상으로부터 도피하거나 세상을 거부하고 무시하는 것이 아니라 하나님의 나라가 이 땅 가운데 임재한 것을 세상 속에서 현실화시키는 것이 구속의 과정이다.[7]

구속의 또 다른 의미는 칼빈 씨어벨트(Calvin Seerveld)가 잘 제시해 보여주고 있다. 씨어벨트는 구속의 본질을 '화해'(reconciliation)로 보면서 화해의 의미를 다음과 같이 설명한다.

"화해는 불의한 손으로 하여금 그것이 무엇이든 바삐 만들고 있는 것에서 손을 떼게 하고 다시금 하나님 앞으로 데려가는 것이다. 그러므로 화해한다는 말은 창조세계를 회복하기 위해 우리가 가진 모든 활동 특히 예술적 재능을 포함한 문화적 활동과 소산물을 하나님께 드리는 것을 포함한다."[8]

씨어벨트는 이러한 문화적 행동이 일어나는 곳을 성령이 역사하는 현장이라고 표현하며 문화적 활동은 성부, 성자, 성령의 구속활동이라는 것을 암시했다. 구속적인 문화 활동은 창조세계의 완벽한 모방이나 창조세계의 완전한 복귀를 지향하는 것도 아니다. 사실상 음악이나 회화, 조각, 춤 등으로 구속 그 자체를 표현한다는 것은 용이한 일이 아니다. 그러나 구원을 상징하는 이미지, 분위기, 그리고 의미와 가치를 수반하는 문화활동은 다분히 현대사회에서 구속적인 문화활동이 될 것이다.

변혁과 샬롬의 문화관

개혁주의적 문화관의 한 본질적인 핵심은 삶과 문화의 '변혁'이다. 변혁은 그리스도인이 구속된 후 시작되는 내적이며 외적인 삶의 형태이며 지향점이다. 문화는 이러한 삶을 반영하며 또한 형성해 가기에, 그리스도인은 문화를 통해 그리스도인다운 공동체의 비전을 표현한다. 이러한 공동체의 비전을 통해 그리스도인의 문화는 세상의 문화와 다를 수 밖에 없다는 사실이 드러난다. 그러므로 세상을 향해 변혁의 책임을 지고 있는 그리스도인 공동체는 문화를 통해 하나님 나라의 확장을 이루어가야 한다.

하나님의 궁극적인 창조과정은 영광 중에 오실 부활하신 예수 그리스도의 오심을 향한다. 예수 그리스도의 재림의 날은 영광 중에 모든 사물이 변화될 그 날이다. 계시록에서 보여주고 있는 새 하늘과 새 땅의 아름다움은 현재 이 땅의 삶과 예술작품에서도 부분적으로 반영된다. 하나님은 그리스도인을 부르실 때 세상의 빛과 소금으로, 세상을 변화시키는 부르심으로 부르셨다.

그러기에 그리스도인의 삶은 창조적인 예술가로서의 변화를 시도하는 삶이 되어야 한다. 특별히 삶의 모든 영역에서 하나님의 창조사역을 함께 진행하며, 문화명령을 이행해가는 청지기로써 영광 가운데 부름받은 변혁의 삶을 살아야 한다. 이 변혁의 삶은 곧 '변형'의 삶이며 변화의 삶이다. 예수 그리스도의 영광 가운데 모든 피조세계가 변형되어지는 것이다. 궁극적인 문화교육의 지향점이 바로 이러한 변형의 삶이며, 온전한 변화의 삶, 그리스도와의 연합된 삶이다.

그리스도인으로써 문화변혁의 삶을 살아가는 형식과 태도, 즉 문화명령의 이행에 있어서 가장 중요한 것은 그리스도의 몸된 교회인 그리스도인들 모두가 어디에서든지 예수 그리스도의 영광을 드러내는 것이다. 문화명령은 하나님의 영광을 가리게 하는 모든 그리스도인의 불순종과 하나님의 형상을 부수며 무의미하게 하는 활동을 중지하고 적극적으로 삶을 통한 변혁의 추구를 요구하며 영광 가운데 변화되어가는 삶을 추구하는 그리스도와의 연합된 삶을 지향한다.

변혁과 함께 샬롬은 하나님 나라가 궁극적으로 지향하는 비전이다. 성경에서 제시된 하나님의 나라는 '어린양과 사자가 뛰노는' 샬롬의 완성이며 '의와 화평과 희락'의 샬롬이 구현되는 하나님의 통치가 펼쳐지는 곳이다. 그러므로 하나님 나라의 문화적 변혁을 시도할 때 샬롬은 변혁의 지향할 바이며 정의와 함께 궁극적으로 지향해야 할 문화의 지표가 된다.

구원이 전인적인 회복과 함께 그 개인의 모든 영역에서의 회복을 의미한다면 개혁주의 문화는 개개인뿐만 아니라 사회내의 모든 계층 특히 소외계층을 향해 영육간의 구원뿐 아니라 사회적인 회복, 공동체 내에서의 회복, 나아가 공동체 자체가 회복되는 데까지 나아가야 한다. 뿐만 아니라 전인적인 구원과 더불어 공동체 내에서의 구속의 삶, 샬롬의 삶을 문화적으로 구현하기 위해 문화교육은 필요하다. 문화가 삶이듯이 문화교육은 삶의 교육이다. 학습자가 전인으로서 하나님께서 부르신 소명과 초대에 응답하는 삶을 살기 위하여 문화교육에 대한 개혁주의적인 이해가 필요하다.

3. 개혁주의 문화교육의 세 가지 국면과 교육적 함의점

문화교육은 전통적으로 예술적 경험을 통한 감성의 발달을 강조했던 교육이었다. 그러므로 아동의 잠재적인 능력의 개발, 창의력 신장, 교육환경의 개방과 자유 등에 치우쳐 균형잡힌 전인교육을 시도하지 못했다. 개혁주의적 문화교육의 감성적 측면은 이러한 관점에서 벗어나 감성의 회복을 통해 조화로운 전인성을 구비한다. 특히 감성적 측면의 문화교육은 예술의 정당성과 적법성을 통해 인간이 창조시에 심미적 존재라는 인간의 정체성을 토대로 이루어진다. 심미적 존재로서의 인간은 창조주 하나님의 미적 의도와 창조세계의 미적 요소들을 지각함으로 감성이 회복되며 창조세계의 다양한 미를 풍부하게 누리고 자유롭게 경험한다.

창조세계를 풍성하게 경험하는 삶은 인간의 창조성과 깊은 관련을 가진다. 창조적인 존재로서 획일적이고 규격화된 몰개성적인 삶을 사는 것은 인간의 삶을 향한 하나님의 본래적인 의도가 아니다. 하나님은 일상적인 삶속에서도 창조적인 삶을 구현하는 사람으로 구비되기를 원하신다. 특히 창조성있는 상상력은 현대 교육의 주요한 영역으로 대두되고 있다. 이제 비밀된 탐구영역이나 제한된 경험분야로 통제되었던 상상력마저 그리스도인에게는 문화변혁의 비전을 이룰 수 있는 요소가 된 것이다. 라이켄의 '상상의 승리'처럼 하나의 상상력을 통해 전쟁이나 테러, 정치, 경제적인 요인이 이룰 수 없는 세계변혁적인 삶을 주도하는 것이 현대 다원주의 문화사회에서 현실화되고 있다. 상상력 또한 하나님의 창조세계에서 인간이 풍성하게 경험하고 누려야 할 영역이다.

또한 문화교육의 감성적 측면을 통해 학습자는 감성을 풍성히 누리고 전인으로서의 온전한 정서를 가질 수 있다. 이 정서를 통해 학습자는 창조세계의 미적 개현으로 인도되어지며, 일상 속에서 창조세계의 감상자로 경이로움과 감사의 삶을 살 수 있도록 구비된다.

개혁주의적 문화교육은 근본적으로 실천지향적이다. 문화교육의 실천적 측면은 세상에 존재하나 세상에 속하지 않는 그리스도인의 확고한 정체성을 공적으로 드러내는 문화변혁의 근거와 방향을 토대로 한다. 물론 문화전쟁을 방불케하는 대립과 긴장이 문화활동 속에 내재되어 있다. 그러나 민주 시민사회에서 그리스도인은 소속사회의 시민으로서 공적인 대화에 참여하는 적절한 용기를 가져야 한다. 문화교육에서는 그리스도의 문화변혁의 비전을 위해 마우의 '시민의식', '교양', '대화'와 뉴비긴의 '적절한 용기', 월터스톨프의 '샬롬'와 같은 그리스도를 닮은 온유함과 두려움으로 세상을 대하는 자세와 태도를 그리스도인들이 겸비하도록 가르쳐야 한다. 무관심과 개인적인 유익과 이기적인 동기로 일관된 현대사회에서 축제와 같은 문화활동을 통해 공동체를 형성하며 그 공동체의 방향성을 주도하는 것이 그리스도인의 책임이고 소명인 것을 가르쳐야 한다. 또한 그리스도인은 샬롬을 통한 문화변혁을 삶 속에서 구현하도록 온전하게 구비되어야 한다.

개혁주의적 문화교육은 교육의 본질을 회복하기 위한 하나의 대안으로서 제시되었으며, 창조세계를 향한 문화명령의 온전한 회복인 샬롬을 지향한다. 또한 개혁주의 문화교육은 문화명령을 통해 세상의 문화변혁에 참여하도록 학습자를 구비시키는 활동이다. 그러므로 문화에 대한 개혁주의적인 이해와 개혁주의적 문화관에 기초하여 문화교육의 교육적 함의점을 찾아볼 수 있다.

개혁주의적 문화교육은 학습자가 창조세계에서 하나님의 형상으로 온전하게 구비되어지기 위해 전인적인 측면에서 그 교육목적적 함의점을 찾아야 한다. 전인적인 측면에서의 교육목적은 학습자의 지성, 인식, 사고, 개념의 활동을 문화활동으로 간주할 때 그 활동을 통한 변화를 의미한다. 학습자는 지성을 통해서만 변화되지 않고 감성 또한 지각의 변화를 가져오며 문화활동은 감성의 변화를 통해 하나님 나라의 부요를 풍성하게 누리도록 하는 교육목적을 가진다. 또한 지성과 감성적 측면이 가진 교육목적은 실천적인 교육목적을 통해 하나님 나라의 문화변혁과 확장을 완성시킨다.

문화교육의 지성적 국면이 갖는 교육적 함의점

개혁주의적 문화교육은 지성의 변혁을 목적으로 하는 교육이다. 개혁주의 문화교육은 문화활동의 지성적 측면을 통한 문화변혁을 지향한다. 종래의 문화활동이 비지성적이라는 오해에서 벗어나 모든 학문활동이 문화명령에 속한다는 이해를 가질 때 문화교육은 전인적 변화로의 토대가 된다.

문화명령으로서의 학문활동은 보편적으로 이론지향적 혹은 실천지향적이지만 이것은 대립적인 관계가 아니라 상호보완적이며, 모든 학문활동이 실천지향을 목적으로 하는 이론화작업이다. 그러므로 문화활동에는 모든 이론지향적 지식활동이 포함된다. 이 지식활동은 단순한 정보의 축적이 아니다. 참된 변화의 능력을 가진 지식의 활동을 의미하며 모든 지식이 수용하는 인간의 통제신념에 의해 선택되며 결정된다는 근거를 제시한다. 지식은 신념의 활동이며 종교성을 수반하고 있다. 그러므로 문화교육은 참된 신념과 종교를 토대로 하는 지식과 지성적 활동이다. 이 지식과 지성적 활동을 통해 인간에게 부여된 문화명령이 참된 변혁의 문화활동과 학문활동으로 일어나도록 해야 한다. 즉, 문화교육은 이론만을 강조하며 지식추구만을 강조하던 종래의 학문활동에서 벗어나 인간이 변화되고 세상이 변혁되는 문화명령의 이행자로서 온전히 구비되도록 하는 교육, 즉 지성의 변혁을 목적으로 하는 교육이 되어야 한다.

개혁주의 문화교육은 문화활동을 통해 하나님이 누구이신지를 분명히 아는 지성의 변혁을 거듭하게 된다. 하나님이 누구신지를 알아갈 때 하나님으로부터 온 문화명령에 대한 지식적 이해가 새로워지기 때문이다. 그러므로 문화교육은 문화명령에 대한 이러한 지식적 변화와 이 지식적 변화를 통해 전인적인 변화를 도모하며 문화를 통한 세상의 변혁을 도모한다.

문화교육의 감성적 국면이 갖는 교육적 함의점

개혁주의적 문화교육은 감성의 변혁을 목적으로 하는 교육이다. 개혁주의적 문화교육은 문화활동의 감성적인 측면을 통해 문화변혁을 시도한다. 개혁주의는 감성이 하나님의 선물이며 인간이 풍성하게 누려야 한다는 신념을 가진다. 문화활동에서 감성은 인간이 행하는 모든 문화에서 일어나는 상호작용의 일환이며 예술가와 작품, 창조주 하나님과 창조세계, 인간과 창조세계, 창조주와 인간 사이에 감성은 일어난다. 그러므로 모든 작품에서 인간은 감성을 지각하며 감성을 통해 더 구체적으로 창조활동을 개현하려는 목적을 분명히 이행하게 된다.

인간은 문화활동을 통해 하나님이 원하는 인격과 성품으로 변화된다. 왜냐하면 문화활동의 소산물을 통해 그 활동의 주체자인 인간이 가진 인간됨이 드러나기 때문이다. 그러므로 문화활동의 진실성은 문화를 행하는 수행자이며 문화활동의 응답자들이 가지는 삶의 진실성과 신실성에 밀접하게 결부되어 있다. 작품이 인간의 감성을 움직이는 것이 아니라 작품을 통해 투영된 예술가의 진실성에 의해 인간의 마음은 변화된다. 왜냐하면 인간은 심미적이며 감성적 존재이기 때문이다.

또한 개혁주의는 인간이 심미적 존재라는 사실을 고백한다. 창조주 하나님이 창조세계에서 구현하는 미의 모습과 활동은 하나님의 형상인 인간이 심미적 존재라는 사실을 명확하게 보여주고 있다. 그러므로 문화교육은 심미적 존재로서 인간이 자신의 창조적 근원인 하나님의 아름다움에 대해 인식하고 고백하며 창조세계의 미를 개현시켜나가기 위한 목적을 가져야 한다.

근대 및 현대 문화교육에서 특히 미적인 영역의 교육에 대해 쉴러(F. Schiller), 몰렌하우어(K. Mollenhauser), 벡커(E. Beckers)는 교육을 통한 예술세계의 확장을 강조하였다. 무엇보다 교육학에서 예술교육에 대한 연구가 활기를 띤 것은 1970년대 말 독일의 교육학자 몰렌하우어를 통해서였는데 현대사회의 인간관계, 친밀성, 매체의 문제 등을 예술교육을 통해 해결할 수 있다고 믿었다. 벡커(E. Beckers) 또한 현대사회에서 학교교육의 위기를 지적하며 산업화, 기계화된 사회에서 교육은 점차 제도화된 공교육의 모습으로 자리매김을 하고 있다고 주장하였다. 제도화된 공교육으로 해결되지 않는 사회적인 난제들이 교육의 위기로부터 말미암았다고 여겨지기에 그는 인간의 창조성의 발편과 자아형성의 한 형태로 예술교육을 주장하였다. 이들에 의해 현대의 예술교육은 소리, 움직임, 맛, 냄새, 느낌, 색깔 등의 모든 직접적인 감각으로 학생들이 세계를 경험하고 표현하는 문제를 다루며, 이와 같은 예술활동을 할 수 있는 문화적인 존재로 학습자를 교육하는 활동으로 제시되었다.

그러나 현실적으로 공교육에서 심미적 세계를 탐구하는 교육은 예술교육의 한 주제로서 교육의 주변적인 위치에 머물고 있다. 이러한 상황에 대해 개혁주의 문화교육은 문화활동을 통해 하나님의 형상으로서 인간이 온전한 미적 존재로서 구비되도록 하며 현대의 문화교육 특히 예술교육이 가진 심미적 환원주의와 참된 변화를 지향하지 않는 개인주의적 전인성의 추구에 대해 개혁주의적 문화관의 관점에서 비판하며 현실을 변혁시키는 기능을 감당하는 교육이 되어야 한다.

또한 개혁주의는 창조의 목적에 구비되는 하나님의 형상으로서 인간이 창조적 존재라는 진리를 고백한다. 인간의 창조성은 창조주 하나님의 형상이기에 존재론적인 당위성을 가진다. 특히 창조적 상상력을 통해 인간은 창조세계를 지각하며 문화명령을 이행한다. 상상의 세계까지도 하나님의 문화명령에 응답하게 하는 교육이 개혁주의적 문화교육이다. 이 창조적 상상력을 통해 인간은 창조세계에 대해 더욱 감성적으로 풍성히 누리게 된다.

현대의 교육에서 창의성에 대한 본격적인 연구는 1940년대 사회적, 문화적인 급격한 변화로 인해 파생된 문제들을 학습자들이 잘 다루어나가도록 도와주기 위해 제시되었다. 길포드는 창의성을 집중적으로 연구했고 의성함양을 위한 예술교육의 이론적 근거로 창의성의 주제를 사용하였다. 그러나 창의성 개발을 위한 교육은 미적 감성을 위한 교육과 더불어 제대로 이루어지지 않고 있다. 공교육기관의 사정상 학급구조의 경직성, 교사의 권위적인 가르침과 형식적인 사제관계, 획일적인 교과과정과 내용, 획일적인 교과내용평가 등이 그 주요한 원인들이었다.

페스탈로찌, 헤르바르트, 프뢰벨 등의 경우는 창의성을 아동의 발달에 대한 적절한 교육이라고 주장하여 예술교육의 필요성을 주장했고 프뢰벨은 창작활동을 교육의 유일한 형식이라고 할 만큼 창조성을 띤 교육을 중요시했다. 이들은 예술교육을 통해 창조적인 표현으로 학습자의 속성과 본성을 자율적으로 개발하고 발현하며 미적 감각과 경험을 통해 미적 인식을 도모하고 미적 능력발달을 통해 이성과 감성의 조화로운 발전이 이루어지는 전인적 교육을 목표로 삼았다.

그러나 그러한 감성위주의 교육은 감성 자체를 환원화시켜 교육에 도입하였으며, 아동에게 잠재되어 있는 본능에 대한 자각의 통로로 감성을 사용하기도 했다. 결국 그러한 감성위주의 교육은 감성에 대한 창조적인 의미를 바로 구현하지 못하며 인간의 죄성에 대해서 부인하는 인본주의적 교육과도 같았다. 개혁주의 문화교육은 감성위주의 교육이 아니다. 하나님의 형상으로서 전인성을 추구하고 풍성한 감성을 누림으로써 인식의 변화와 삶의 변화를 주도하고 문화변혁의 삶을 살게 하려는 목적을 가진다.

문화교육의 실천적 국면이 갖는 교육적 함의점

개혁주의적 문화교육은 실천적 변혁을 목적으로 하는 교육이다. 개혁주의적 문화교육은 지성과 감성적 측면을 통해 교육적 함의점을 도출하고 실천지향적인 목적을 가진다. 베버슬루이스(N. H. Beversluis)는 문화교육의 실천지향적인 목적에 대해 하나님의 뜻과 특정한 소명에 대한 이해가 일치하고 하나님의 형상에 따라 지음받은 자로서 창조하며 변혁하며 세상에 참여하는 것이라고 했다.

이것은 월터스톨프의 그리스도인에 대한 정의와도 동일한 맥락을 가진다. 그리스도인이 된다는 것은 월터스톨프가 강조한 대로 하나님의 백성이라는 공동체의 한 구성원이 된다는 것을 의미한다. 그리스도인은 개별적인 존재로 혼자서 하나님 앞에서만 살아가는 존재가 아니다. 그리스도인은 하나님의 백성들과 함께 살고 함께 공통적 과업을 이행하며 그 소명에 헌신하는 자가 되는 것이다.

그리스도인의 공통적인 과업은 무엇보다 '변혁'이며 개혁주의적 문화교육의 목적도 본질적으로 '변혁'을 지향한다. 여기서의 변혁은 현대 다원주의 문화에서 긴장과 대립의 태도로 문화전쟁을 이루는 결과를 암시하는 것이 아니다. 변혁은 샬롬으로 창조세계를 통치하는 하나님의 방법에 대한 순종이며 샬롬을 지향하는 대화로서 구현하는 변혁이다. 이것은 경쟁이나 대립은 아니며 무조건적인 수용도 아니다.

현대교육은 변화보다 지식과 정보의 축적이나 경험의 다양성을 통한 자유와 창의성에 초점을 맞추고 있다. 그러므로 전인적 인간의 형성이라는 교육의 본질에서는 멀어지고 있는 것이다. 그러나 개혁주의적 문화교육은 교육의 목적으로 변화를 제시한다. 여기서의 변화 혹은 '변혁'은 개인적일 뿐 아니라 공동체적 변혁을 지향한다. 축제는 이런 공동체적 변혁의 의미에서 문화적으로 공동체를 형성하게 하며 문화경험을 도출하는 활동으로 문화교육 역시 일종의 축제이다. 협동이나 협력학습 또한 이러한 공동체성을 지향하게하는 문화교육의 한 발로이다. 이러한 공동체에 참여하면서 자연스레 학습자는 문화명령의 소명을 확인하고 자신에게 부여된 직무와 과업에 대해 책임감을 가지게 된다. 책임감 있는 그리스도인으로서 교육된다는 것은 개혁주의적 문화교육의 두드러진 목적 중의 하나이다.

개혁주의적 문화교육은 아동을 무조건적인 복종적 인격으로 구비시키고자 하는 교육이 아니다. 전인적인 인간됨은 단순히 시키는 대로 한다고 하여 이루어지지 않는다. 이것은 몰개성적이고 획일화된 오히려 비규범적인 문화적 양상을 도출하며 비인간적인 교육이 될 것이다. 창조성과 상상력과 미에 대한 감각과 실현 등은 의무와 명령, 그리고 책임만으로는 되어지지 않는다.

개혁주의적 문화교육은 기독교교육이라는 공동적인 주제를 함께 고찰하고 실현할 교육공동체를 요구한다. 이 교육공동체는 샬롬의 비전을 구현하도록 부름받았을 뿐 아니라 샬롬을 위한 교육을 실천하도록 부름받았다. 문화교육이 수행될 때 학생들은 샬롬의 전제조건인 정의와 함께 부정의의 문제를 인식할 수 있도록 교육받아야 한다. 부정의가 있는 상황에서 분명한 그리스도인으로서의 공적 정체성을 제시할 수 있어야 한다. 또한 부정의가 정의로 구현될 수 있도록 학생들로 하여금 그들 자신이 문화적인 존재로서 실현할 수 있는 참여와 대화, 실천적 삶을 적극 격려해 주어야 한다.[9]

개혁주의적 문화교육은 월터스톨프가 제안한 정의와 샬롬을 위한 교육목적에 대한 효율적 실천방안에 근거하여 교육방향을 분명하게 제시할 수 있다. 개혁주의 문화교육은 학생들로 하여금 문화적 상황과 활동을 통해 샬롬이 구현되게끔 가르쳐야 한다. 그러나 인간의 힘으로 완전한 샬롬이 구현될 수는 없다는 것도 가르쳐야 한다. 물론 이 인간의 힘에는 문화적인 형성력을 반드시 포함한다. 그럼에도 불구하고 개혁주의 문화교육은 학생들로 하여금 샬롬이 자신들의 총체적인 삶가운데, 특별히 문화적인 삶가운데 실행될 때 축제하며 이를 누릴 수 있고 안식할 수 있도록 가르쳐야 한다. 무엇보다 샬롬이 없는 곳에서 샬롬의 없음을 애통하도록 가르쳐야 한다.[10] 월터스톨프의 샬롬이 "구현되게 하라, 기도하게 하라, 향유하게 하라, 애통하게 하라"는 요구는 개혁주의적 문화관의 목적 및 실천방향과 동일한 맥락을 가진다.

개혁주의적 문화교육은 학생 개개인의 삶에서 직면하게 되는 부정의의 문제에 대해 아주 구체적인 부분에서부터 시작할 수 있도록 학생들에게 '애통의 문화'를 보여주어야 한다. 문화교육을 실행할 때 교사는 기뻐해야 할 것을 기뻐하고 애통해야 할 것을 애통할 수 있는 모델이 되어야 한다. 교사는 세상의 문화 다원주의적인 모습으로부터 자유로워져야 한다. 준거점이 분명한 규범성있고 그리스도인다운 품격을 지닌 문화활동으로 자신의 삶을 풍요하게 하는 교사가 있어야 한다. 이미 교실에서 교사는 형식적인 커리큘럼 외에 암묵적으로 학생들이 '애통의 문화'에 젖어들 수 있도록 실천해야 한다. 한 걸음 더 나아가 교사는 학생들에게 애통의 문화를 들려주는데 만족하지 않고 보게 해 주어야 한다. 그리고 학생들은 애통의 문화를 듣는 것에 만족하지 않고 실행해야 한다.

그러므로 학교는 인간다운 인간을 지향하는 전인적인 학교로 변화될 것이다. 월터스톨프 또한 기독교학교의 모델들이 가진 결점을 숙고한 후 좀 더 '포괄적'이고 '더 전인적인' 교육과정 모델을 요구하도록 종용한다, 이때 학교는 샬롬의 공동체를 이루게 된다. 부정의로 인한 자연스러운 애통이 실현되며 인간의 힘으로가 아니라 의존적인 창조성과 문화형성력을 가지고 하나님 나라의 문화를 구현하는 것이야말로 개혁주의적 문화교육이 지향하는 바이다.

이러한 점에서 개혁주의적 문화교육의 목적은 삶의 총체적인 국면에서 문화명령에 대한 책임성있는 응답적 존재로서 샬롬을 지향하는 문화변혁의 목적을 위해 인간을 구비하는 것이다. 그러므로 일상적인 삶 속에서도 문화명령의 수행이 이루어지며 인간이 세상에서 문화명령에 삶으로 응답하는 세상 속의 존재방식 자체에 교육내용의 함의점을 가진다.

개혁주의적 문화교육의 교육방법은 샬롬의 교육을 위해 수업시간에 샬롬을 실현할 수 있는 구체적인 방법들을 제시해야 한다. 학습자들을 책임성있는 존재로 형성하기 위해 학생들은 자신이 창조세계를 만든 하나님의 자녀인 것을 인식하고 창조세계를 돌보고 사회 속에서 일어나고 행해지는 일들에 대해 관심을 가지며, 대화와 토론으로 참여하도록 해야 한다. 또한 그리스도인으로서 상상력을 올바로 다루기 위해 세계관 비평적인 기초의 틀을 제시하고 창조적인 상상력에 대한 격려와 활용에 관심을 가져야 한다.

이러한 교육방법들은 대부분 그리스도인으로서의 온전한 삶을 형성하고 구현하기 위한 방법들이기에 세계관비평적인 기초와 함께 교사의 자세, 태도, 사고방식과 더불어 모델링, 상담, 그리고 암묵적인 커리큘럼이 방법으로 제시된다. 또한 실제 수업시간에 이러한 교육과정이 진행될 때 교사의 재량과 수업의도에 따라 많은 다양한 방법들이 구체적으로 제시될 수 있다.

그러나 무엇보다도 개혁주의적 문화교육은 학교뿐 아니라 학생의 모든 삶에서 총체적인 문화변혁이 일어나도록 하는 것이다. 학생이 문화변혁의 주체자로서 지적, 감성적, 실천적으로 온전히 구비되어 창조세계의 책임성있는 존재로 샬롬을 구현하도록 되어야 한다. 문화교육을 통해 학생들은 하나님의 창조세계 가운데 자신의 위치와 인간됨을 바르게 발견하고 자신의 인간됨을 각 문화적 양상과 활동을 통해 실천할 수 있어야 한다. 이 때 아동들은 하나님을 알고 세상을 알고 또 자신을 아는 샬롬을 성취하게 된다. 샬롬을 구현하는 문화활동을 통해 학생들은 자신의 삶을 받아들이는 방법과 자신의 삶을 내어 보이는 방법을 배우게 된다. 그리고 자유롭게 그리고 자신에게 주어진 문화적 재능으로 예술경험을 실현하는 풍성한 삶을 사는 것을 배우게 된다. 샬롬을 위한 문화교육은 샬롬을 가장 효율적으로 명확하게 보여주고 행할 수 있는 교육이다.

추천도서

신국원, 《문화이야기》, 서울: IVP, 2002.

NEWBIGIN, L., *Foolishness to the Greeks: The Gospel and Western Culture*, Grand Rapids: Eerdmans, 1986(《현대 서구 문화와 기독교》, 서울: 대한기독교서회, 1989).

NIEBUHR, H. R., *Christ and culture*, New York: Harper & Row, 1951(《그리스도와 문화》, 김재준 역, 서울: 대한기독교서회, 1986).

PEUSEN, C. A. V., *Cultuur in stroomversnelling*, Leiden: Martinus Nijhof, 1987, (《급변하는 흐름 속의 문화》, 강영안 역, 서울: 서광사. 1994).

ROOKMAAKER, H., *Modern art and the death of a culture*, Leicester: InterVarsity Press, 1970(《현대예술과 문화의 죽음》, 김유리 역, 서울: IVP, 1993).

Van Til, H. R. *The calvinistic concept of culture*, Baker Book House, 1959(《칼빈주의 문화관》, 이근삼 역, 성암사, 1977).

토의문제

1. 기독교 문화교육의 지성적 측면, 감성적 측면, 실천적 측면을 활용할 수 있는 실제적인 교육학습 방법을 토의해 봅시다.

2. 현 한국의 대안학교 및 기독교학교에서 문화교육에 대해 가지는 인식과 커리큘럼을 비롯한 실제적 교육방안들에 대해 토의해 봅시다.

| 제4부 |

기독교교육의 실천

제12장
기독교교육 교사론

소 진 희

1. 기독교교육에 있어서 교사

    기독교교육이란 무엇인가? 기독교적 가르침이란 어떤 독특한 영역인가? 기독교교육은 특정한 장소, 특정한 무리들에게만 적용되는 것인가? 기독교교육을 감당해야하는 교사로서 이러한 질문에 대한 대답은 교육의 목적이나 방향을 결정할 뿐 아니라 교사의 역할과 사명에도 영향을 준다. 더욱이 기독교교육자로서 '기독교교육'에 대한 이해나 '기독교적 가르침'에 대한 명확한 이해 없이 기독교교육을 할 수는 없는 것이다.
    '교육'이라는 활동은 교사가 학습자를 '어떠한 사람으로 형성하기 위해 무엇을 어떻게 가르칠 것인가?' 라는 질문으로 요약할 수 있는데, 이 질문에는 교육의 기본요소인 교육목적, 교육내용, 교육방법이 내포되어 있다. 교사는 자신이 학습자를 가르치는 목적을 확실하게 설정하고, 목적에 타당한 교육내용을 선정, 학습자들의 발달을 고려하여 효과적인 교육방법을 선택하여 교육활동에 임해야 한다.

가르침이란 가치중립적일 수 없으며, 본질적으로 종교적 성질이기에, 일련의 교육활동, 즉 '학습자를 어떠한 사람으로 형성하기 위해 무엇을 어떻게 가르칠 것인가?'라는 질문에 대한 대답은 교사가 견지하고 있는 세계관의 영향을 받게 된다. 기독교적 세계관의 관점에서 교육활동을 하는가, 아니면 다른 종교적 신념, 또는 비록 종교가 아니라 하더라도 여타 다른 세계관의 관점에 의해 교육을 하는가에 따라 교육의 목적과 방향이 달라진다.

기독교교육과 여타 다른 교육과의 차이는 바로 이것이다. 교사가 기독교의 신념 내지 기독교 세계관을 견지하고 교육활동에 임하는 것이 기독교교육이다. 교사가 기독교 세계관에 입각하여 교육활동을 한다면 학습자들이 기독교 전통에 있든지 그렇지 않든지 기독교교육이 가능하다. 기독교학교 또는 미션스쿨의 교사라 해서 반드시 기독교교육을 하는 것도 아니요, 기독교인이지만 공립학교의 교사라 해서 기독교교육을 할 수 없는 것도 아닌 것이 바로 이 이유이다. 따라서 기독교교육에 헌신하는 교사는 자신이 신앙하는 바, 기독교의 진리를 내면화 하고, 성경의 진리를 통해 세상과 만물을 바라보는 안목, 즉 기독교 공동체가 지녀야 할 성경적 세계관을 명료하게 인식해야만 한다.

성경적 세계관에 입각하여 교사가 일차적으로 견지해야 할 바는 하나님의 진리가 사적인 영역에만 국한되는 것이 아니라 공적영역에서도 진리로 작동한다는 것을 아는 것이다. 공적인 가르침과 교사 자신이 믿고 있는 기독교의 진리를 별개의 문제로 인식하는 이원론을 배격하여야 한다. '만물이 그에게서 나오고 그로 말미암고' 라는 성경말씀은 세상에 속한 어느 것 하나라도 하나님의 통치에서 예외가 있을 수 없음을 나타내는 것이며, 교육의 영역 또한 예외가 아니다. 교사가 믿는 기독교의 진리는 가르침의 전제가 되기 때문에 교육은 가치중립적일 수 없는 것이다.[1]

기독교세계관에 입각하여 교육활동을 하는 교사는 교육의 영역에서 하나님의 통치를 인정해야 하며, 그리스도의 주되심을 선포해야 한다.

2. 교사: 직업인가, 소명인가?

'교사'가 된다는 것은 무엇을 의미하는가? 생계를 해결해 주는 여러 직업 중의 하나인가, 자아성취를 하기에 적당한 분야인가, 아니면 다른 무엇인가? 교사직을 통해 생계를 유지할 수도 있고, 자아성취에 적당할 수도 있다. 그러나 여기서는 좀 더 본질적인 문제에 대해 논의해 보도록 하자.

반 다이크(Van Dyk) 교수는 그의 책 *The Craft of Christian Teaching* 에서 기독교적 가르침을 구체적으로 설명하기에 앞서 제일 먼저 교사의 '소명'(calling)의식을 언급하고 있다.[2] 반 다이크 교수가 기독교적 가르침, 즉 기독교교육에서 교사의 소명의식을 우선적으로 설명하는 것은 무엇 때문일까? 그것은 앞서 살펴본 바와 같이 기독교교육에서의 주체는 교사이기 때문이다. 교사의 신념이 교육활동의 방향을 결정하기 때문에 기독교 세계관으로 교육을 바라볼 수 있어야 하는 교사는, 교육활동에 임하기 전에 기독교 세계관의 관점에서 교사직에 대한 올바른 이해도 수반되어야 할 필요가 있다.

일반적으로 통용되고 있는 교사직에 대한 개념과 기독교 세계관으로 바라보는 교사직은 차이가 있는데, 그것은 교사를 하나의 직업으로 생각하는 반면, 기독교인에게 교사직은 '소명'이라는 것이다.[3] 소명이란 누군가가 당신이 어떤 일을 하기를 원해서 부른 것을 의미한다. 환언하면, 하나님께서는 당신이 가르치는 일을 하기를 원해서 당신을 교사로 부르신 것을 인식해야 한다. 많은 기독교인들이 소명에 관해 약간의 오해를 가지고 있는 듯하다. 소명이란 전임 사역자들, 선교사, 그리고 교회를 중심으로 이루어지는 일들에 헌신하는 사람들, 때로는 소명을 직업으로 연결시켜 특정 직업을 가진 자에게만 적용된다고 생각하는 것이다. 그러나 모든 사람들은 소명을 받은 소명자이다. 그것은 특정 부류 또는 특정 직업과 동일하게 이해되어서는 안된다. 하나님은 우리를 자녀로, 부모로, 교사로 또는 여타 다른 모습으로 부르신 것이다. 예컨대, 필자는 한 남자의 아내이며, 두 아이의 어머니이며, 학생들을 가르치는 교사이며, 부모님의 딸이다. 이 밖에도 나의 위치를 설명할 수 있는 것은 많이 있다. 하나님께서는 나를 이 모든 위치에 부르셨으며, 나는 아내, 어머니, 교사, 자녀 등의 소명을 잘 감당해야 할 의무와 책임이 있다.

교사가 된다는 것은 직업인이 되는 것을 의미하지 않는다. 그것은 하나님의 부르심에 신실히 순종하는 것이며, 하나님께서 교사로 부르신 목적을 향해 매진하는 것이다. 교사는 왜곡되어진 교육의 영역을 하나님이 창조하신 원래의 모습으로 변혁시키며 발전시키도록 하나님의 부르심을 받은 자들이다. 소명자로서 교사가 되는 것은 직업인으로서 교사가 되는 것과 비교할 수 없는 큰 차이가 있다. 하나님은 교육의 영역에서 당신과 함께 동역하기 원하신다!

3. 교사의 권위: 권력인가, 섬김인가?

유치원 시절부터 지금까지 어떤 형태로든 자신을 가르쳤던 교사들을 떠올려보라. 아마도 많은 군상들이 머리를 스치고 지나갈 것이다. 긍정적인 기억과 부정적인 기억이 교차되어 떠오를 것이다. 아마도 부정적인 기억 속에 남겨진 교사가 더 뚜렷이 떠오를지도 모른다. 전혀 생각조차 나지 않는 교사도 있을 것이다. 그렇다면 긍정적인 기억으로 남게 된 교사와 부정적인 기억 속에 남아 있는 교사는 근본적으로 어떤 차이점을 가지고 있는

가? 교사가 되기 위해 준비하는 지금, 자신의 모델로 삼고 싶은 이상적인 교사와 그렇지 않은 교사와의 차이는 과연 무엇인가? 과목에 대한 전문적인 지식, 교수방법, 학생 지도요령, 언행 등 많은 요인이 있겠지만 그 중에 비교적 큰 비중을 차지하는 것이 교사로서의 권위 사용에 있어서의 태도일 것이다.

권위! 권위라는 단어가 다소 부정적인 어감을 줄 것이다. 억압, 힘, 권력, 지배 등의 다소 무거운 단어와 잘 연결되는 듯하다. '권위'가 부정적인 느낌을 주는 것은 권위 자체의 문제라기보다 권위를 잘못 사용하는데서 기인하는 것이다. 가르치는 자로서의 권위는 학습자보다 연장자이기 때문에, 더 많은 지식을 가졌기 때문에, 또는 여타 이유로 저절로 생기는 것이 아니다. 권위는 우리를 부르신 하나님께서 그 직분을 잘 감당할 수 있도록 하나님께서 부여하신 것이다. 따라서 권위는 직분을 감당하기 위해 반드시 필요한 것이며, 본질적으로 하나님과 사람들을 섬기기 위해 주어진 것이다. 교사의 권위가 없는 교실을 한 번 상상해 보라. 학습자가 교사가 가진 지식의 권위를 인정하지 않는다면, 그리고 학습자를 지도하고 통솔하는 권위를 인정하지 않는다면 교수-학습은 불가능하다. 마치 환자가 의사의 권위를 인정하지 않고는 수술대에 오를 수 없는 것과도 같다. 교사가 학생들을 가르치기 위해서는 교사로서의 권위가 반드시 필요하다.

교사의 권위는 학습자들을 통제하거나 억압하기 위해 주어진 것이 아니다. 오히려 학습자들이 자신의 재능을 발견하고, 하나님의 부르심(소명)을 깨달아 하나님의 신실한 청지기가 되도록 도와주는 사역을 감당하기 위해 주어진 것이다. 학습자들의 필요를 충족시켜 주고, 할 수 있다는 격려를 해주어야 하며, 그들이 재능을 드러내어 하나님과 이웃을 섬길 수 있도록 하는 것이다. 결국 가르치는 자로서의 권위는 교육의 영역에서 하나님을 섬김과 동시에 학습자들을 섬기기 위함이다. 그러나 권위를 부여받은 교사가 하나님과 학습자가 아닌 자신을 섬길 때 합당한 권위는 조잡한 권력으로 바뛰게 된다. 조잡한 권력으로 무장된 교사를 만나본 적이 있는가? 앞서 언급한 바와 같이 우리의 기억 속에 부정적으로 자리 잡고 있는 교사의 모습은 대부분 조잡한 권력을 남용하는 교사였을 것이다.

권위를 부정하는 현대 포스트모더니즘 세대를 살고 있는 학습자들과 조잡한 권력으로 학습자들을 지도하는 교사 사이의 크고 작은 문제는 현재 교육현실에서 심각한 문제로 드러나고 있다. 학습자들은 교사가 가르치는 자로서의 권위가 있음을 인정해야 하고, 교사의 가르치는 권위는 섬김으로 드러나야 함을 인식할 필요가 있다. 권위를 섬김으로 인식하지 않고 조잡한 권력으로 남용하는 한, 현대를 살아가는 학습자들과 과거를 살아온 교사들이 겪는 세대간의 갈등은 해소되기 힘들 것이다.

4. 교사의 학생관: 미성숙한 존재인가, 하나님의 형상인가?

교사의 학생관은 교육활동에 있어 중요한 요소로, 교육의 목적 진술과 교육의 방향에 영향을 미친다. 오늘날 서구사회에서 교육에 우위를 점하는 사조는 '성숙론'과 '사회화이론'이다. 성숙론자들은 학습자들을 미성숙한 인간으로 보고, 교육을 개인의 욕구, 관심, 동기가 만족할 수 있도록 학습자들에게 영양분을 주는 것으로 본다. 반대로 사회화 이론을 주장하는 자들은 학습자를 사회적 존재로 보고, 교육은 학습자들이 사회화 되도록 순차적으로 만드는 것이며, 학습자들은 사회 구성원으로 적절하게 기능하고, 사회에 공헌할 수 있도록 사회의 규칙과 역할을 익혀야 한다고 본다. 성숙론자들은 학습자를 미성숙한 개인으로, 사회화 이론자들은 학습자를 사회적 존재로 보는 관점은 그들의 교육활동의 목적과 방향에 이정표 역할을 하고 있다. 그렇다면 기독교교육에 헌신하는 교사들은 학습자들을 어떠한 시각으로 보아야 하겠는가?

하나님의 형상

교사는 학습자를 미성숙한 인간, 또는 사회에 적응하여 살아가야 할 존재로 보기 전에 하나님의 형상대로 창조된 존재로 인식해야 한다. 학습자 뿐 아니라 모든 인간은 하나님의 형상으로 창조된 의미 있는 존재들이다. 하나님의 형상으로 창조되었다는 것은 인간은 하나님의 속성을 반영하는 거울과도 같다는 의미이다. 하나님께 지식이 있으므로 인간도 이해하고 사유할 수 있는 능력이 있는 것이고, 옳고 그름을 판단하시는 하나님이시기에 인간에게 양심이 있다는 것이다. 하나님께서 말씀하시므로 인간에게 언어가 있고, 또한 하나님이 창조주이시므로 인간도 부분적으로나마 창조적인 일을 할 수 있는 것이다. 환언하면, 인간을 통해 하나님이 자신을 드러내고 있음을 의미한다. 우리 각 사람은 하나님을 드러내고 있는 것이며, 우리가 가르치고자 하는 학습자들 또한 하나님을 드러내는 하나님의 피조물들인 것이다.

하나님의 형상대로 지어졌다는 것은 또한 서로를 향한 우리의 태도가 어떠해야 할 것인지를 결정하는데 근본이 되는 것이다. 그래서 칼빈은 우리는 어떤 사람이 더 가치 있는 사람인가를 생각해야 되는 것이 아니라 우리 모두 안에 있는 하나님의 형상을 바라보아야 한다고 주장한다.

학습자를 하나님의 형상으로 인식하는 것은 교사가 학습자들을 대하는 방식에 있어 시사하는 바가 크다. 하나님을 드러내고 있는 학습자들을 교사의 개인적인 감정이나 즉흥적인 판단으로 대할 수는 없는 것이다. 학습자들의 부족이나 실수에 인격을 모독하는 언행을 할 수 없으며, 학습자들의 무한한 가능성을 일축해 버리는 일은 있을 수 없다. 무엇보다 하나님께서 그의 선하신 뜻대로, 의미 있는 존재로, 목적을 가지고 창조한 학습자들을 교사의 편견과 조잡한 권력으로 무능한 존재로 전락시키는 것은 하나님이 원하시는 바가 아니다.

학습자는 그 자체로 가치 있는 존재이며, 상대적으로 취급될 수 있는 존재가 아니다. 학습자를 어떠한 이유에서건 분류하여 다른 잣대로 대하는 것은 옳지 않은 일이다. 학습자들의 능력, 생김새, 자라온 배경, 성향, 체격, 건강 등은 그들의 가치를 결정하는데 어떠한 영향력도 행사할 수 없는 것들이다. 심지어 월터스톨프는 모든 사람은 하나님의 형상을 공유하는 독특하고 의미 있는 존재들로, 서로를 사랑해야 하는 의무를 가진 존재라고 말한다.[4] 그리고 하나님의 형상을 공유하는 것은 다른 모든 사람은 '내 자신의 육과 혈'이라는 것이며, 이것은 인간을 바라볼 때 항상 거울 속에 있는 자신을 바라보아야 한다는 것이다. 교사가 학습자를 대할 때, 학습자의 어떤 모습에도 불구하고 사랑의 마음으로 대하며, 자신을 바라보듯 대하는 것, 이것이 학습자를 하나님의 형상으로 인정하는 교사의 태도일 것이다.

개별성: 평등주의의 모순

현대 사회는, 모든 사람들은 평등하게 대우받을 권리가 있고, 교육의 현장에서도 동일해야 한다고 생각한다. 앞서 언급한 바와 같이 인간은 그 자체로 가치 있는 존재이기 때문에 평등한 대우를 받을 권리가 있다. '평등한 대우'. 이 말의 참 의미는 무엇일까? '교사는 모든 학습자들을 평등하게 대우해야 한다.' 이것은 바른 생각이며, 모든 교사가 견지해야 할 바인가? 한 교실에 지능이 다소 떨어지는 학생이 있다고 가정해 보자. 다른 학생들과 동일한 과제를 제시하고 동일하게 평가하는 것이 과연 평등한 것인가! 과제를 해결할 시간을 똑같이 제시하고 시간 내에 과제를 마무리 할 것을 요구하는 것이 평등한 것인가! 각각 다른 재능을 지닌 학습자들을 평등주의라는 기치아래 획일적으로 다루는 것에 관해 생각해 보자.

평등주의 철학은 모든 학생이 성취 수준과 학습 방식에서 기본적으로 동일하다고 가정한다. 모든 학생은 똑같이 취급된다. 교사가 제시하는 것을 모든 학생이 동일하게 처리할 수 있으며, 따라서 동일하게 책임지울 수 있다고 가정한다. 이와 같은 평등주의는 획일주의를 조장한다.[5] 독특성과 차별성을 무시한 채 획일성과 동일성을 강조하는 평등주의는 학습자들의 재능, 필요, 학습 방법의 다양성을 무시하고, 모든 학습자들을 정해진 틀에서 찍어낸 같은 모양의 공산품으로 취급하는 것이다. 이러한 평등주의를 옹호하는 교사들은 표면적으로는 공정성과 평등성이라는 구실 하에 모든 학생들을 동일한 기초에서 취급하고 평가하는 오류를 범하게 된다.[6]

기독교교육에서 평등주의는 주의 깊게 재고할 필요가 있다. 그것은 하나님은 모든 사람들을 자신의 형상대로 창조하시되, 모두 독특한 존재로 창조하셨다는 사실에서 기인한다. 하나님은 모든 사람들을 각기 다른 재능으로 창조하셨으며, 주신 재능을 세상 속에서 십분 발휘하며 살도록 촉구하신다. 저마다 다른 특기와 흥미를 가진 학습자들을 학교라는 이유로, 한 명의 교사가 다수의 학생들을 관리해야 한다는 이유로 평등주의 원칙을 적용하는 것은 모순이다. 교사는 학습자들이 저마다의 개성과 재능을 가진 독특한 존재라는 사실을 인식하고 개별성의 원리로 그들을 지도 할 필요가 있다. 학습자들을 독특한 존재로 바라볼 때, 학급 운영의 원칙은 학습자의 개성을 인정하고, 저마다 다른 재능이 서로 유기적으로 작동하는 생명의 공동체 형성에 주력해야 할 것이다. 하나님의 창조원리에서 볼 수 있듯이 각각의 다양함은 함께 어우러져 아름다운 하나를 만드는 것이다.

5. 교사의 사명

앞에서 교사는 교육의 영역에서 하나님의 동역자로 부르심을 받은 소명자들임을 밝혔다. 여기서 주목할 것은 하나님께서 교사를 세우신 이유는 교사를 통해 교육의 영역에서 성취하시고자 하는 일이 있기 때문이다. 그것은 단순히 가르치는 것이 아니라, 기독교적 가르침을 통해 교육의 영역에서 그리스도의 주되심을 선포하는 것이다.

하나님의 선하신 창조세계는 죄로 말미암아 아주 완전히 망가져 버렸다. 죄는 이 세상을 완전히 오염시켰으며, 세상에 물질의 형태로든 이념의 형태로든 존재하는 모든 것은 죄의 영향을 받지 않는 것은 전혀 없다. 교육의 영역 또한 심각하게 왜곡되어 있다. 교육의 목적, 내용, 방법이 세속주의를 표방하고 있으며, 교사의 가르침도 예외는 아니다. 참된 진리를 가르쳐야 할 교육은 그릇된 사상으로 점철되어 있으며, 이런 교육은 본질적으로 세상을 섬기며, 자신을 섬기도록 조장하고 있다. 하나님의 진리는 사적인 영역으로 치부되는 교육 현장에서 그리스도의 주되심을 선포하는 것은 교육의 영역을 변혁시키는 것이며, 종국에는 샬롬의 세상을 위해 섬기며 헌신하는 학습자를 구비시키는 것을 의미한다.

변혁과 발전의 사명

기독교교육에 헌신하는 교사의 일차적 사명은 왜곡되어 있는 교육 영역을 잘 경작하여 변혁시키고 발전시키는데 있다. 세상의 죄로 인해 자연만물이 하나님의 아들에 의한 구속을 기다리고 있듯이, 교육 또한 구속을 애타게 기다리고 있다. 때로 이 과업은 '문화 명령'이라고 일컬어진다.

교사는 어떠한 지식을 가르치는 자이다. 교사가 지식을 가르침에 있어 기독교적 가르침이 언제나 독특한 형태를 야기하지는 않는다. 오히려 전제에 대한 기독교적 해석을 동반한다. 예컨대, 과학은 하나님의 창조섭리를 드러내는 것이며, 예술은 하나님과 창조세계의 아름다움을 표현하는 도구이며, 스포츠는 건강을 유지함과 동시에 재창조(recreation)를 위한 것 등. 그러나 죄로 인해 왜곡된 교육은 그것을 창조한 하나님을 전적으로 배격한다. 과학은 저절로 이루어지는 자연법칙의 발견이며, 예술은 인간의 욕구와 인간에게 내재된 아름다움에 대한 표현이며, 스포츠는 프로 스포츠를 만들어 협동과 친화보다는 경쟁에서의 승리를 조장하고 있다.

교사는 교육현장에서 하나님의 진리와 창조세계를 펼쳐서 보여줄 수 있어야 하며, 학습자들에게 하나님의 진리가 어떻게 왜곡되고 있는지, 그리고 이 진리가 어떤 형태로 변혁되어야 하고 발전되어야 하는지 교수할 수 있어야 한다. 교사는 학습자들에게 기독교적 사고방식으로 사물과 실제를 바라볼 수 있게 교육함과 동시에, 하나님께서 통치하시는 각 영역에서 문화 명령을 수행할 수 있도록 문화적인 힘을 길러주는 것에 초점을 두어야 한다. 기독교교육에서 교사는, 하나님 나라의 능동적인 시민을 위해 학생들을 구비시켜 주는 것이어야 하며, 이 목적을 위해 학습자들에게 시민생활에 필요한 지식과 기술은 무엇이나 가르치고, 학생들이 기독교 세계관을 이해하고 기독교 세계관에 근거한 삶을 살 수 있도록 가르치는 것이다.[7]

이를 위해서 교사는 자신의 전공 분야의 지식을 정확히 습득함은 물론, 기독교 세계관으로 비판할 수 있는 안목을 지녀야 하고, 자신의 전공 분야를 향하신 하나님의 계획이 무엇인지 알아야 한다. 기독교교육에 헌신하는 교사는 드러난 사실만을 가치중립적으로 가르치는 같은 분야의 일반교육에 종사하는 교사보다 몇 배의 연구와 노력이 필요하다.

샬롬의 세상을 향한 사명

교사는 자신이 속한 분야에서 변혁적 삶을 추구함과 동시에 상처받고 고통받는 사람들을 치유하는 사명을 감당해야 한다. 지금까지 기독교교육에서 교사의 사명은 학습자를 변혁 즉, 하나님의 창조세계를 개현하고, 발전시키는 신실한 청지기를 길러내는 것에 초점을 두었다. 죄로 인해 왜곡된 교육의 영역에서 그리스도의 주되심을 선포하는 것이다. 그러나 죄로 인해 어두워져 있는 현대사회는 변혁과 발전만으로는 하나님이 원하시는 세상이 이루어지지 않음을 보여준다.

이 시대는 고통 받는 자들, 소외되어 울부짖는 자들에게 귀를 기울이기보다 사회 각 영역의 발전에 더 많은 시간과 물질을 투자하는 시대이다. 현대사회가 낳은 부조리와 몰개성, 비인간적인 양상으로 인해 진정한 평화가 없는 시대이며, 경제 성장이라는 동인에 따라 움직이는 정의가 상실된 시대이다. 이러한 현실에서 하나님 나라의 대리인으로 부름 받은 그리스도인들에게 필요한 교육은 문화 명령에 대한 순종을 강조함과 동시에 샬롬[8]의 세상을 구현하기 위한 교육이다.

성경에서 말하는 샬롬은 정의로움을 전제로 하고 있는데, 단순히 마음의 평화 정도에 그치지 않고 실제적인 고통까지도 해결되는 것을 말하며, 이유를 막론하고 약한 자의 편에 서도록 촉구한다.[9]

샬롬의 세상을 위한 교육을 감당해야 하는 교사의 사명은 크게 두 가지 형태로 이루어진다. 첫째는 교육과정에서의 샬롬의 구현이다. 교사는 자신의 전공 분야를 기독교 세계관에 입각하여 개현함과 동시에 샬롬의 세상을 위해 그 분야가 어떤 공헌을 할 수 있는지를 함께 보여주어야 한다. 또한 학습자들이 자신의 분야에서 소외되고, 고통받는 사람들에게 실제적인 도움을 줄 수 있는 방안을 모색하도록 격려해야 한다. 예컨대, 학습자가 교사가 되기를 원한다면, 교육의 영역을 변혁시키고 발전시킴과 동시에, 배우고 싶으나 여러 가지 환경적 이유로 교육에 소외되어 있는 사람들을 섬길 수 있도록 구비시키는 것이다. 의사가 되기를 원한다면 의학분야의 변혁과 발전은 물론, 물질적인 어려움으로 질병을 치료하지 못하는 사람들을 섬길 수 있도록 가르치는 것이다. 결국 교육과정 속에 변혁과 샬롬을 통합시키는 것이다. 변혁과 샬롬이 통합된 교육과정이 없는 현 한국 교육의 현실에서 교사가 이러한 사명을 감당하는 것은 쉬운 일이 아니다. 그럼에도 불구하고 수업상황에서 변혁과 샬롬을 통합하여, 학습자들을 변혁과 샬롬의 세상을 위해 구비시키는 교사들의 헌신으로 인해 교육의 영역에서 그리스도의 주되심이 선포될 것이다.

둘째는 교육현장에서의 샬롬의 구현이다. 기독교교육의 현장은 정의가 물같이 공의가 하수같이 흐르는 정의로운 곳이어야 하며, 약한 자가 보호받고, 소외된 자가 없는 평화의 공동체이어야 한다. 교육현장에서 교사의 개인적 견해로 인해 학습자가 부당한 대접을 받고, 약한 학생들이 친구들의 집단 따돌림을 당하고, 성적 부진아가 용납되지 못하는 곳은 평화의 공동체가 아니다. 교육현장에서의 샬롬의 구현을 위해 교사는 교실이 정의로운 곳이 될 수 있도록 끊임없이 노력해야 한다. 성적중심에서 인간중심으로, 경쟁적 학급분위기에서 협동적 학급분위기로, 각자의 재능을 발휘할 수 있는 온정적 교실로 만들어야 할 사명이 있다. 학습자는 하나님의 형상대로 창조된 독특한 존재로서 인식되고, 부족한 학습자는 돌봄을 받고, 재능과 체력을 가진 학습자는 친구들을 섬기는 자가 되는 곳. 이러한 평화 공동체를 위해서 교사는 샬롬과 정의를 기저로 한 잠재적 교육과정을 십분 발휘하여야 한다. 교사가 정의를 추구하고, 언제나 약한 자의 편에 서는 모습을 보여주는 것만으로도 학습자들은 샬롬의 교실, 샬롬의 세상을 알아가게 된다.

6. 교사가 직면한 도전들

과학주의, 이성주의를 신봉하는 교육의 영역에서 기독교교육자의 사명을 감당한다는 것은 쉬운 일이 아니다. 더군다나 많은 교육학자들은 작금의 한국 교육은 위기에 처해 있음을 토로한다. 그것은 교육의 무목적성, 입시중심의 교육, 성공지향적인 교육관, 경쟁적 학습 분위기, 가치는 배제된 지식중심의 교육 등 때문이다. 교육이 제 기능을 발휘하지 못하고, 수단으로 전락해 버린 현 세대에서 기독교적 가르침을 실천해야 하는 교사들에게는 많은 도전들이 직면해 있다.

상대주의적 가치관

현대는 상대주의적 가치관이 지배하고 있다. 모든 것의 가치는 그 자체로서가 아니라 상대적으로 평가되고 있는데, 이런 상대주의적 가치관이 교육에 미치는 영향은 실로 크다고 할 수 있다. 상대주의적 가치관이 지배하는 시대 속에서 좀 더 가치로운 삶을 위해서는 다른 사람보다 더 좋은 것을 더 많이 누리고 살아야 한다. 상대방과 비교하여 좀 더 가치롭게 여겨지기 위해 더 많은 소비가 조장되기 때문에, 소비가 미덕인 사회이다. 소비를 하기 위해 물질주의가 팽배해져 있으며, 더 많은 물질을 위해 직업선택을 잘 해야 하며, 좋은 직업을 선택하기 위해서는 일류대학 졸업장이 필요하다. 이러한 연유로 입시중심의 교육이 팽배해져 있다.

이러한 상대주의적 가치관을 지닌 학습자와 부모를 대상으로 절대주의 교육을 표방하는 것은 쉬운 일이 아니다. 교사는 끊임없이 갈등을 겪을런지도 모르고, 신임교사로 부임한지 얼마되지 않아 기독교적 가르침의 열정은 사라질지도 모른다. 그러나 기독교교육에 헌신하는 교사는 상대주의 가치관에 지배당하는 학습자들을 절대주의 가치관을 지닌 주님의 제자로 거듭날 수 있도록 격려하며 도와주어야 한다. 모든 사람은 각기 다른 재능을 가지고 각기 다른 소명을 이루도록 창조되었기에, 상대적인 관점으로는 자신의 가치와 자신의 능력을 제대로 이해할 수 없다. 상대주의적 가치관의 세상에서 절대주의적 가치관으로 교육한다는 것은 그 자체가 영적인 전쟁이며, 교사는 교육의 영역에서 영적 전쟁터에 서 있는 것과 같다.

포스트모더니즘의 공격

공동체보다 해체를 주장하고, 권위를 부정하며, 진리의 다양성을 인정하고, 이성보다는 감성을 내세우고, 인간의 영적 능력을 부각시키는 포스트모더니즘은 그것에 노출되지 않으려 해도 이 시대를 살아가는 것만으로도 우리는 영향을 받고 있다. 기독교교육에 있어 도전이 되는 포스트모더니즘의 공격은 공동체의 해체와 유일한 진리의 부정, 그리고 권위의 부정이다.

기독교교육은 평화와 샬롬의 공동체를 지향하며, 다양한 은사와 재능을 가진 자들이 공동체 안에서 서로 유기적으로 관계하도록 격려해야 한다. 그러나 포스트모더니즘은 개인의 재능이나 개성은 인정하나 그것으로 공동체를 섬기며, 유기적인 관계를 이루어야 한다는 것은 거부한다. 각자의 개성대로, 각자의 방식대로 사는 시대에서 서로를 섬기며, 공동체 속에서 유기적 관계를 유지하도록 고무하는 것 또한 기독교교육에 헌신하는 교사들이 직면한 어려움이다.

기독교 전통에서 자라온 학습자들이라고 해서 포스트모더니즘의 공격을 받지 않는 것이 아니다. 오히려 기독교 진리와 자신들이 살아가는 현실에서 통용되는 진리의 상충으로 인해 더 많은 갈등과 혼란 속에 살아가고 있다. 현대는 진리는 하나가 아니라고 말한다. 근세를 지나 실용주의가 대두된 현대에 접어들면서 이전까지 통용되었던 보편타당한 진리마저 부인하는 시대이다. 이러한 시대를 살아가는 학습자들에게 진리의 다양성을 부정하고, 하나님의 진리에 입각한 교육을 묵묵히 감당해야할 사명이 교사들에게 있다.

권위를 부정하는 현 세대의 풍토 또한 교사들에게는 도전이다. 교사들이 권위를 조잡한 권력으로 남용하는 것에도 문제가 있지만, 교사에게 마땅히 있어야 할 권위조차 부정하는 학습자들에게 지식과 함께 가치를 가르쳐야 하는 기독교 교육자들에게는 힘든 일이다.

기독교교육에 있어 교사는 기독교교육을 가능하게 하는 주체이며, 자신이 행하고 있는 기독교적 가르침이 하나님 나라의 활동임을 알아야 한다. 교사는 교육의 영역이 죄로 인해 오염되기 전, 하나님께서 의도하셨던 바로 그 교육으로 변혁시키고 발전시키기 위해 전력 질주하여야 하는데, 하나님이 이것을 위해 당신을 교사로 부르신 것이다.

기독교교육에 헌신하는 교사는 날마다 자신의 소명을 새롭게 해야 하며, 교사의 직분을 잘 감당할 수 있도록 성령님의 도우심을 간구해야 한다. 또한 학습자들이 지식과 능력을 겸비한 하나님의 제자가 될 수 있도록 하나님께서 주신 권위를 섬김으로 드러내야 한다. 교사는 교사로서의 권위가 조잡한 권력으로 변화되지 않도록 항상 자신을 겸비하고 돌아보아야 한다.

학습자들을 미성숙하거나 사회에 필요한 존재로 인식하는 것이 아니라, 하나님 나라의 신실한 사역자로 부르심을 받은 사명자로 볼 수 있어야 하며, 이 사명을 감당하기 위해 저마다 독특한 재능을 가지고 있음을 알아야 한다. 이러한 이유로 기독교교육에서의 교사는 학습자들을 획일화를 조장하는 평등주의 원칙으로 관리하고 통제하는 것을 피해야 한다.

교사는 학습자들에게 하나님의 세계를 개현해 주고, 샬롬의 비전을 제시하여 변혁과 샬롬의 세상을 위해 하나님과 이웃을 섬기는 자로 구비시켜야 할 사명자이다. 현대 세속적인 가치관에 물든 다음 세대들을 기독교의 진리 위에서 교육해야 하는 기독교 교사의 사명과 책임의 중요성은 아무리 강조해도 지나치지 않다. 비록 힘겨운 일이지만 교사의 섬김과 희생은 죄로 얼룩진 교육의 영역에서 그리스도의 왕되심을 선포하게 될 것이다.

추천도서

파커 팔머, 《가르침과 배움의 영성》, 이종태 역, 서울: IVP, 2006.
반 다이크, 《가르침은 예술이다》, 김성수 역, 서울: IVP, 2003.
강수돌, 《강수돌 교수의 나부터 교육혁명》, 서울: 그린비, 2003.
해로 반 브루멜른, 《교실에서 하나님과 동행하십니까?》, 서울: 기학연교육연구모임 역, IVP, 2000.
진 에드워드, 《세 왕 이야기》, 허령 역, 서울: 예수전도단, 2003.
필립 메이, 《어떤 교사가 될 것인가?》, 정애숙 역, 서울: IVP, 1999.
니콜라스 월터스톨프, 《정의와 평화가 입맞출 때까지》, 홍병룡 역, 서울: IVP, 2007.

토의문제

1. 교사직이 소명인 이유는 무엇인가?

2. 교사가 학습자들을 지도할 때 평등주의 원칙을 적용하는 것은 정당한 것인가?

3. 교육의 영역을 변혁시키고 발전시킨다는 것의 의미는 무엇인가?

4. 교육의 영역에서 샬롬의 세상을 구현해야 할 교사가 구체적으로 실천해야 할 것은 무엇인지 토의해 봅시다.

제13장
기독교교육과 인간이해

강 연 정

"인간이란 어떤 존재인가?" 이것은 아마 인류의 역사만큼이나 오래된 질문일 것이다. 이렇듯 인간은 역사 이래 자신이 어떠한 존재인지에 대해 끊임없이 탐구하며 질문하고 답해왔다. 고대 희랍 신화에 나오는 스핑크스의 수수께끼는 "아침에는 네 개의 다리, 낮에는 두 개의 다리, 저녁에는 세 개의 다리로 걸어 다니는 동물은 무엇이냐?"라는 질문을 통해 인간의 모습을 관찰할 수 있게 한다. 즉, 인간은 유년기, 청년기, 장년기, 노년기라는 단계를 거치면서, 나고, 자라고, 늙고, 병들어 죽어가게 되는, 생명과 죽음을 맞이하는 변화하는 유한한 존재라는 것을 설명하고 있는 것이다.

인간을 바라보며 불교의 싯다르타는 인생의 생로병사의 섭리를 깨닫고, 고해와 무상의 존재인 인간의 끊임없는 고행과 수행을 통한 해탈을 추구하였다. 그러나 기독교는 인간의 구원이 자신의 노력으로 되는 것이 아니라 믿는 자를 향하신 하나님의 은혜와 선물임을 강조하며, 하나님께 영광을 돌리며 살아가는 것을 인생의 목적이라고 가르치고 있다. 이렇게 인간을 어떠한 관점에서 보느냐에 따라 그 사람의 인생관이 달라질 뿐 아니라, 종교와 철학 및 학문의 실천 영역에서의 접근방식 또한 완전히 달라지는 결과를 초래하게 된다.

기독교교육은 인간변화를 목적으로 하는 유목적적 활동이기에, 인간에 대한 바른 이해가 기독교교육 활동의 가장 기본적 전제가 됨을 결코 부인할 수 없을 것이다. 특히, "인간은 사회적 동물이다", "인간은 정치적 동물이다" 등의 인본주의적이며 환원주의적 인간이해가 팽배해 있는 이 시대에, 우리는 기독교교육을 함에 있어 기독교적이며 전인적인 인간이해를 기독교교육의 기초로서 정립해야 할 필요성과 사명감을 다시 한 번 느끼게 된다.

본고에서 필자는 기독교교육학에서 인간을 어떤 관점으로 바라보아야 하는가에 관해 정리해 보고자 한다. 헤르바르트(J. F. Herbart)는 과학적 교육학의 기초를 철학과 심리학으로 보았는데, 기독교교육학에서의 인간이해를 위하여 먼저 기존의 인본주의적 인간이해의 흐름 가운데 주요한 철학적, 심리학적 인간이해에 관해 살펴보고, 기독교적 인간이해와 전인적 인간이해를 정립함으로써, 기독교교육학에서의 인간이해에 관해 정리해 보기로 하겠다.

1. 인본주의적 인간이해

철학적 인간이해

생물학적 존재[1]
생물학적 관점에서 볼 때, 인간은 무생물보다는 생물에 가깝고, 생물 중에서도 식물이 아니라 동물류에 속한다고 할 수 있다. 인간이 동물에 속한다면, 인간은 다른 동물들과 어떤 점에서 비슷하고, 어떤 점에서 다르다고 할 수 있을까? 인간과 동물을 비교하는 일반적인 두 가지 방법이 있는데, 하나는 유사점을 찾는 것이고, 다른 하나는 차이점을 찾는 것이다. 유사성의 관점에서 인간을 바라보는 대표적인 입장이 진화론적 관점이라고 할 수 있는데, 다윈 등의 고전적 형태의 진화론자들은 인간이 유인원으로부터 진화하였다고 굳게 믿고, 인간의 진화는 오랜 세월을 거쳐 오는 동안 차츰 기능적으로 낮은 것에서 높은 것으로, 단순한 것에서 복잡한 것으로 발전해 왔다고 본다. 따라서 이들의 관점은 인간 존재의 본질적 의미를 상실한 채, 인간이 다른 동물들에 비해 보다 발전된 형태의 복잡한 신체구조와 기능을 가진 존재라는 것에 그 강조점을 두어 설명하는 오류를 범하고 있다.

인간과 동물의 차이점을 연구하는 대표적인 입장으로 포르트만(A. Portmann)과 겔렌(A. Gehlen) 등의 관점을 들 수 있는데, 이들은 인간이 다른 동물들과는 근본적으로 다른 존재로서, 매우 미약하게 태어나 여타 동물들과는 달리 출생 후 성장하는 기간이 매우 길 뿐 아니라, 본능적 적응력만으로 살아갈 수 없는 전문화되어있지 않은 존재이기에, 인간은 다양한 방식으로 생존을 위한 방법들을 연구하고 생각과 상상을 발휘하여 도구를 개발, 제작, 이용함으로써 문화적 존재가 되었다고 주장한다. 즉, 약한 본능과 적응력과 비전문성이 오히려 인간으로 하여금 더 다양한 방식의 적응과 발전을 이루어 문화적 존재가 되도록 하였다는 것이다.

막스 쉘러(M. Scheler)는 생명적 존재를 식물적 존재와 동물적 존재로 분류하였고, 동물에는 동물과 인간이 포함된다고 설명한다. 식물적 존재는 자신의 존재를 완전히 잃어버리고 환경에 몰입하여 살아가지만, 자기 위치를 마음대로 옮길 수 없는 존재로 살아갈 수밖에 없다. 동물적 존재는 환경에 직면하면서 반복적인 충동과 행동을 통한 적응은 할 수 있지만, 환경을 대상화할 능력은 없는 존재들이라 하겠다. 그러나 인간은 환경을 대상화하여 그것을 바꾸어 변화시키고 자신의 삶의 영역을 열어가는 개방성을 가진 존재이며, 변화의 가능성을 가진 존재로서, 동물들과는 전적으로 다른 특징을 보여준다. 쉘러는 인간과 동물을 구분하는 결정적 차이를 인간의 형이상학적 차원의 능력, 즉 정신(Geist)에서 찾고 있는데, 이 정신은 인간의 개방성을 가능하게 하며, 생의 근본 현상과 본질 내용에 대한 직관을 갖게 하고, 이성적 사유는 물론 정서적, 의지적 작용도 포괄하도록 하는 인간의 본질이라고 보았다.

이성적 존재[2]

소크라테스(Socrates)는 델포이 신전 현판에 씌어져 있던 "네 자신을 알라"라는 명제를 제자들에게 자주 인용하여 가르치면서, 그 당시의 철학적 관심의 초점을 우주론적 자연철학에서 인간 존재로 돌려놓는 데 기여하였다. 소크라테스는 희랍 철학이 인간이라는 존재를 철학적 논제의 중심에 두어 탐구하도록 하는데 영향력을 미쳤으며, 정신철학으로의 전환은 플라톤(Platon)이나 아리스토텔레스(Aristoteles) 등으로 이어져 이성을 인간의 본질로 보는 철학적 입장을 발전시켰다. 이러한 이성적 인간관은 인간이 동물과 다른 것은 이성을 가지고 있기 때문이며, 인간이 진리를 추구할 수 있는 것도 이성을 가지고 있기 때문에 가능한 것이라고 본다. 희랍 철학자들은 보편적 진리인 로고스를 추구하며, 이에 합치되게 살아가는 것이 인간의 정의이며, 이러한 정의를 실현하기 위해서는 인간은 이성의 명령에 따라야 한다고 주장했다. 또한 이성은 이데아를 인식할 수 있는 능력이며, 인간의 최고선이라 할 수 있는 행복 또한 이성적 생활을 통해서 찾을 수 있게 되는 것이라고 보았다.

이성적 인간관은 중세 기독교 시대에 와서 인간의 이성만으로는 신의 은총의 섭리를 깨달을 수 없으며, 신의 계시가 함께 하지 않으면 진리를 깨달을 수 없다는 중세 기독교사상의 지배 아래에서 "인간이 무엇인가?"를 탐구해 갈 수밖에 없었다. 그러나 근세에 이르러서는 다시 이성적 인간관이 되 살아나게 되는데 이것은 이성을 바탕으로 한 자연과학의 발전과 이에 대한 신뢰가 점차 높아졌기 때문인 것으로 이해할 수 있으며, 자연과학은 인간을 신학에서 해방시켜 이성을 사용한 많은 산물과 지식을 제공해 주었고, 이성이야말로 진리를 발견하는 첩경이라 생각하게 되었다.

데카르트(R. Descartes)는 "나는 생각한다, 고로 나는 존재한다"는 대명제를 통해 이성을 사용하여 사유할 수 있음이 인간됨의 가장 본질이라는 것을 강조하였다. 인간의 이성이란 모든 인간에 공통된 보편적인 것을 의미하며, 이러한 이성은 객관성을 요구하게 된다. 즉, 인간의 이성이 절대 보편과 절대 객관을 유지할 때, 인간의 이성을 진리를 추구할 수 있게 되며, 이러한 인간의 이성이 인간을 인간되게 하는 가장 큰 본질적 요인이라는 것이다. 그러나 이성적 인간관은 절대 보편과 절대 객관이라는 문제에 부딪혀 비판을 받게 되었다. 즉, 절대 보편이란 인간의 사유 내에서만 가능한 것이지 구체적 인간으로서 개인에게는 가능한 것이 아니라는 경험철학에 기초한 포이에르바하(L. Feuerbach) 등의 실증적, 감성적 인간관과 인간은 자신의 육체와 그 육체를 둘러싸고 있는 물질적 사회적 환경을 토대로 하는 노동을 통해서 그 의미를 찾을 수 있다는 마르크스(K. Marx)의 자연주의적 유물론적 관점의 인간관의 공격을 받게 되었다. 이후 인간의 삶 속에는 과학적 이성적 사유로서는 다룰 수 없는 비합리적 요소가 존재하기 때문에 진정으로 인간을 이해하기 위해서는 각자의 삶 속에서 자기 존재의 내면적 직관을 통해 이해해야 한다는 키에르케고르(S. A. Kierkegaard) 등의 실존주의적 인간관이 등장하여 새로운 인간이해의 관점을 제시하게 되었다.

실존적 존재[3]

실존주의는 현실적이며 구체적 존재로서의 인간 실존을 강조하는데, 실존주의적 인간이해의 첫째 개념은 인간의 독자성을 인정하는 데 있다. 인간은 실존적으로 단독성을 가진 존재이므로 그 어떤 다른 것으로 대체되어질 수 없다. 인간은 그 자체로서의 고유한 독자성과 독특성을 가지고 있기 때문에 결국은 신 앞에서도 인간은 단독자로 나아가야 한다고 키에르케고르는 주장한다. 둘째로, 실존주의 인간이해는 인간의 선택과 결단의 자유를 인정한다. 자유로운 인간은 실존적이며 주체적인 결단을 할 수 있는 존재이며, 실존적 인간은 보편적 진리를 추구하는 것이 아니라, 자신의 독자적인 주체성과 개인적인 고유한 진리를 위한 선택과 결단을 추구하는 존재이다.

키에르케고르는 인간의 실존이 세 단계로 발전한다고 보았는데, 첫째 단계는 미적 실존의 단계로서, 실존의 가장 직접적인 존재 방식으로서 향유 가운데 자기를 상실하게 되며, 둘째 단계는 윤리적 실존의 단계로서 현실 속에 참여하여 의무와 책임을 수행하며 양심을 바탕으로 살아가는 단계를 의미하고, 셋째 단계는 종교적 실존의 단계로서 신앙에 의거하여 살아가는 인간은 '하나님 앞에 선 단독자'로서 비로소 자기 고유의 실존을 터득하게 되는 것이다. 야스퍼스(K. Jaspers)는 다른 관점에서 인간의 실존을 파악하였는데, 인간은 현실을 그 근원에서 보면서 사고(思考)라는 자신과의 내적 행위를 통하여 실존적 의미를 발견한다고 보았다. 즉, "인간이란 무엇인가"하는 질문은 인간이 진실로 실존함으로서만 터득할 수 있는 일종의 '깨달음'을 통하여 풀릴 수 있는 문제라는 것이다.

또한 야스퍼스는 인간 실존은 '삶'의 상황과 이를 통해 맞닥뜨리게 되는 한계 상황에 대해 경험하게 되는 좌절 가운데, '어떻게' 대처하며 살아갈 것인가 하는 문제에 봉착하게 되는데, 이러한 인생의 문제에는 죽음, 우연, 다툼, 죄책감 등이 있으며, 이러한 좌절은 신 앞에 나아가는 인생의 상징(symbol)이 된다. 즉, 인간 실존은 객관화할 수 없는 인간 자신의 존재이며, 철학적 결단 앞에 선 자기 자신의 존재이고, 한계 상황에 직면하여 초월자와 관계 가능한 인간 존재를 의미한다고 하겠다. 그러므로 실존적 인간이란 자기에게 주어진 독특한 환경과 유일한 생의 기회 앞에서 어떻게 살아갈 것인가를 판단하여 자신이 원하는 삶을 선택하고 결단하고, 책임감과 주체성을 가지고 살아가는 자기 각성적 삶을 영위하는 사람이라고 할 것이다.

심리학적 인간이해[4]

결정론적 존재[5]

제1의 심리학이라고 불리며, 현재까지 심리학계에 가장 큰 영향력을 미치고 있는 프로이드(S. Freud) 등 정신분석학자들은 인간을 생의 초기 경험의 영향력 아래에서 지배당하며 살아가는 존재로서, 인간의 행동은 무의식적 동기와 생물학적 욕구와 충동, 그리고 생후 약 5-6년간의 생활 경험에 의해 결정된다고 보았다. 또한 성 에너지 리비도(libido)의 집중과 활성화라는 관점으로 인간의 성격의 발달이 이루어진다고 보는 성-심리학적 관점을 가지고 있다. 이것은 매우 결정론적이며 환원주의적인 관점이라고 할 수 있으며, 다른 심리학파 뿐 아니라, 프로이드 학파 내에서도 비판을 받는 요인이 되기도 한다.

인간의 성격은 원욕(Id), 자아(Ego), 초자아(Super-ego)로 구성되어 있으며, 이러한 인간의 성격 형성에는 원욕과 초자아를 적절하게 통합할 수 있는 자아의 기능이 가장 중요하며, 구강기-항문기-남근기-잠복기-성기기에 이르는 성격의 발달 단계에 따라 원만하게 발달되지 않을 때 고착이 일어난다고 보았다. 생의 경험은 개인의 무의식세계 속에 저장되어지는데, 심리치료의 과정은 무의식 속에 있던 기억을 전의식을 통해 의식의 세계로 의식화 시키는 과정을 통하여 이루어진다. 이러한 결정론적 관점은 융, 애들러, 랭크, 호나이, 프롬, 설리반 등 신 프로이드 학파의 반발에 부딪히게 되었으며, 이들은 인간의 성격 형성과 발달에는 생물학적, 결정론적인 요인보다 사회적, 문화적, 대인관계적 요인이 더 영향력을 미치는 것으로 보았다.

요즘 활발하게 연구되고 있는 대상관계심리학 이론에서도 인간의 성격 형성이나 심리적 문제가 생의 초기 경험, 특히 영유아 시절의 경험에 기초하고 있다는 관점을 가지고 있으며, 이 시기의 중요한 타인인 부모나 양육자 등 초기대상과의 관계와 역할이 그 어떤 요소보다 가장 중요한 것으로 보고 있다. 그러나 이들은 기존의 결정론적 관점과는 다소 다른 수정된 관점의 초기 경험의 영향력을 주장하는데, 생의 초기 대상과의 관계의 문제를 지금 현재 경험하고 있는 후기대상과의 관계 속에서 해결할 수 있도록 도와주면서, 현재의 후기 대상이 좋은 대상이 되어줄 수 있을 때, 상담과 치료가 가능하다고 본다. 그러므로 초기 프로이드 정신분석학의 결정론적이며 환원주의적 인간관은 시간이 가면서 다른 요인도 첨가되어가며 조금씩 수정, 보완되고 있음을 알 수 있다.

수동적, 기계론적 존재[6]

제2의 심리학이라고 불리며, 현재 교육현장에서 가장 많이 활용되고 있는 행동주의 심리학은 인간의 행동이 자연 현상과 마찬가지로 일정한 법칙성이 있다고 보았으며, 중립적 존재인 인간은 환경의 자극에 상호작용하면서 환경이 제공하는 강화의 형태와 빈도 등에 의해 행동의 변화를 이루어가는 존재로 보았다. 파블로브(I. P. Pavlov), 스키너(B. F. Skinner) 등 초기 행동주의 심리학자들은 인간은 수동적, 기계론적인 존재로 보면서, 동물실험의 결과를 인간에게 그대로 적용하고자 하였다.

행동주의자들은 일관적 법칙성을 가지고 있는 인간의 행동은 행동에 영향을 줄 수 있는 변인과 이 변인들을 통제할 수 있는 법칙을 밝혀낼 수 있다면, 인간의 행동은 예측되고 수정될 수 있다는 기계론적이며 결정론적인 입장을 취하면서, 인간에 대한 관점을 다음과 같이 정리한다. 첫째, 인간은 좋지도, 나쁘지도 않은 중립적인 상태로 이 세상에 태어났다. 둘째, 인간은 환경의 자극에 대해 반응하는 유기체이다. 셋째, 인간의 행동은 유전과 환경의 상호작용에 의해서 형성된다. 넷째, 인간의 행동은 학습된 부정적 혹은 긍정적 습관으로 구성된다. 다섯째, 인간의 행동은 생활환경이 제공하는 강화의 형태와 그 빈도에 의해 결정된다.

이러한 초기의 행동주의 이론의 인간관은 시대가 지나면서 점차적으로 바뀌고 있는데, 초기에는 주로 인간을 환경에 반응하며 형성되어지는 수동적인 존재로 본 반면에, 최근에는 차츰 인간을 자유를 추구하며 선택을 하는 능동적 존재요, 적극적 존재로 보는 관점으로 변화하고 있는데, 이 관점의 대표적인 학자가 반두라(A. Bandura)이다. 그는 인간에 대해 첫째, 인간의 행동은 부분적으로 환경을 창조할 수도 있으며, 환경도 인간의 행동에 영향을 미칠 수 있고, 둘째, 환경에 영향을 줄 수도 있고 받을 수도 있는 인간은 자기를 지도할 수 있는 능력이 있다고 정리하고 있다.

이를 통해 볼 때, 행동주의 심리학의 인간이해는 초기의 환경에 의해 영향을 받기만 하는 수동적 입장의 기계론적인 관점으로부터 환경에 영향을 줄 수도 있다는 면이 강조되면서 인간의 자유와 의지적 선택을 중심으로 하는 인간의 능동적인 측면과 인간의 정서와 인지과정의 변화, 감정통제 및 전인적 변화 등을 중요시하며 강조하는 경향으로 나아가고 있으며, 인간을 단지 사회문화적 산물이라는 결정론적 관점으로 보지 않고, 인간이 자기 자신의 환경을 산출할 수 있는 주체라는 관점으로 변화하고 있는 추세에 있음을 알 수 있다.

자아실현적 존재[7]

제3의 심리학이라 불리는 인간주의 심리학은 인간을 사회적이고 미래지향적인 존재이며, 합목적적이고 전진적이고 건설적이며 현실적 존재인 동시에 아주 신뢰할만한 선한 존재라고 이해한다. 로저스(C. Rogers)는 프로

이드와는 달리 인간을 반결정론적인 입장에서 자유롭고 선한 존재로 보았으며, 인간주의 심리학의 기본 가정은 인간은 자신을 이해할 수 있으며, 또한 지도하고 규제하고 통제할 수 있는 선천적 능력을 가지고 있기 때문에 내적 불안으로부터 자유로울 수 있으며, 개인의 부적응으로부터 건강한 상태로 회복할 수 있는 존재이다. 그러므로 인간은 스스로 자신의 능력을 최대한 발달시킬 수 있으며, 스스로 자기 문제를 해결할 수 있는 능동적인 존재로 본다.

로저스는 개인의 자유에 방해가 되는 것을 경계하였으며, 인간의 자유의지를 신뢰하고 인간이 선천적으로 선하며 합리적인 존재라고 확신하였기에, 인간은 조금만 도와주면 충분히 스스로 문제를 해결하고 성장하고 발전할 수 있는 존재라고 생각하여, 자신의 상담이론을 내담자중심 상담이론이라고 부르기도 했다. 로저스는 모든 유기체 속에는 자체의 고유한 가능성들을 끊임없이 성취하려는 움직임이 있으며, 인간 존재 속에는 보다 복잡하고 완전한 발달을 위한 자연적 경향성, 즉 실현 경향성(actualizing tendency)이 있는데, 이것은 인간의 다른 모든 동기들의 원인이 되는 유일한 동기가 된다고 보았다.

로저스의 이론에서 가장 중요한 것은 자아의 기능이라고 할 수 있는데, 자아는 개인의 전체적 현상적 장 또는 지각적 장에서 분화된 부분으로서, 개인의 존재 각성 또는 기능 작용의 각성을 의미한다고 할 수 있다. 인간은 현재의 자아의 모습을 자각할 뿐 아니라, 자기가 되고자 하는 것까지 포함하는 이상적 자아를 지향하며 살아가는데, 자신이 갖고 있는 고유한 가능성들을 건설적인 방향으로 성취하고자 하는 실현경향성을 가지고 자아를 실현하는 사람을 충분히 기능하는 인간(the fully functioning person)이라 부르며, 가장 이상적인 인간으로 보았다.

로저스는 충분히 기능하는 인간이 되어가는 과정에 대해, 첫째, 경험에 대한 개방성이 증가되어 가는 과정, 둘째, 삶의 순간순간을 보다 충실하게 살고자 하는 경향, 즉 실존적 삶의 태도가 증가되는 과정, 셋째, 자신의 유기체에 대한 신뢰를 증대해 가는 과정 등으로 정리하여 설명하고 있는데, 한 인간이 충분히 기능하는 상태가 된다는 것은 가장 적당한 심리적 적응, 가장 적당한 심리적 성숙, 완전한 일치, 그리고 경험에 대한 완전한 개방성 등과 동의어로 볼 수 있다고 하였다.

인간주의 심리학은 실존주의 심리학과 함께 인간 존재를 스스로 사고하고 판단하며, 충분히 기능하는 자아실현적 삶을 추구하는 자충적 존재로 이해한다. 이러한 관점은 인간의 자율성을 증진시키고, 책임감을 고양하며 자아실현의 노력을 하게 하는 좋은 측면이 있는 반면에, 구원과 선함과 성장과 발전의 자충적 측면을 지나치게 강조하고, 인간의 죄 문제나 한계 등에 관해서는 언급하지 않음으로써, 하나님이 필요 없는 인간의 세상과 낙원을 건설하고자 한다는 비판을 받고 있다. 특히 이 시대의 풍조나 문화와 맞물려서 가장 활발하게 발전하고 있는 인간이해의 관점으로 보여지며, 기독교교육자들이 가장 경계하고 대비해야 할 인간이해가 아닌가 여겨진다.

2. 기독교적 인간이해

기독교적인 관점에서 인간을 이해하기 위해, 개혁신학 특히 칼빈의 기독교 강요에 기초하여, 창조(Creation)-타락(Fall)-구속(Redemption)의 관점에 입각한 인간이해를 각 단계에 따라 정리해 보고자 한다.

창조되어진 하나님의 형상, 인간(창 1-2장)[8]

피조물로서의 인간(창 1:26)

하나님에 의해 창조되어진 모든 피조물은 전적으로 하나님께 의존되어 있는 존재이므로, 피조된 존재인 인간도 예외는 아니다. 인간은 스스로 존재하는 신적 존재도 절대적인 존재도 아니며, 우연히 생겨난 존재도 아니라는 사실을 정확하게 기억하며, 피조물로서의 자신을 돌아볼 수 있어야 한다. 하나님은 인간의 창조주이실 뿐 아니라, 피조된 인간을 보살피고 돌보시는 섭리주가 되신다. 피조물로서의 인간은 창조주이시며, 섭리주가 되시는 하나님 앞에서 항상 자신의 위치를 기억하며 겸손히 행해야 할 것이다. 또한 흙으로 지어진 보잘것없는 존재인 인간은 이러한 흙으로 만들어진 존재에게 생명을 불어넣어주시고, 영원한 생명을 주신 하나님의 크신 관대하심을 기억해야 한다.

문화명령의 수행자로서의 인간(창 1:28)

인간은 피조물 가운데 하나이지만, 다른 피조물들과의 차이점 가운데 하나는 인간을 창조하신 하나님께서 피조세계를 다스리는 사명을 인간에게 부여하신 점이다. "생육하여 번성하고 땅에 충만하라. 땅을 정복하고 다스리라"는 하나님의 명령을 받들어 첫 번째 인간 아담은 동물들의 이름을 짓는 일부터 순종하였다. 하나님은 자신이 창조하신 이 피조세계를 자신을 대신해서 인간들로 하여금 다스리고 돌보도록 명령하시고, 인간들이 하나님의 청지기로서의 역할을 잘 수행하는지 관심을 가지고 지켜보고 계시는 것이다. 인간은 문화명령의 수행자로서 하나님 나라의 청지기로서의 역할과 사명을 충실하게 수행해야 하며, "맡은 자에게 구할 것은 충성"이라고 하신 말씀처럼 이 사명을 맡겨주신 분 앞에서 부끄럽지 않은 신실한 문화명령의 수행자가 되는 것이 하나님께서 인간에게 허락하신 문화명령의 의미라 할 것이다.

하나님의 형상으로서의 인간(창 1:27)

모든 인간은 연령, 성별, 인종에 관계없이 하나님에 의해서 하나님의 형상(Image of God)으로 창조되어졌다. 하나님의 형상이란 하나님으로부터 아담이 부여받았던 하나님의 속성과 하나님과 교제할 수 있는 능력 등 완벽함과 탁월함을 갖춘 인간 본성 전체의 완전성을 의미한다. 바울은 에베소서 4:24에서 하나님의 형상을 첫째로 지식, 둘째로는 순결한 의와 거룩함이라고 말하고 있는데, 이러한 하나님의 형상은 복음을 통하여 회복되어짐으로써, 그 모습을 확인할 수 있게 되는데, 영적 중생은 다른 말로 표현하지면 하나님 형상의 회복이라고 표현할 수 있을 것이다. 이렇듯 인간은 다른 피조물과는 구별되게 하나님의 형상으로 창조되어진 존재이기에 그 존재 자체로서 존귀하다 하겠다. 인간의 존귀성의 근원이 인간됨에 있는 것이 아니라, 인간이 하나님의 형상으로 창조되어졌다는 사실에 그 기초를 두고 있다는 것을 기억할 때, 인간의 존귀성은 복음 안에서 하나님의 형상적 본질을 회복하고 성화의 삶을 살아가면서 더 가치있게 그 모습을 드러내게 될 것이다.

타락한 죄인, 인간(창 3장)[9]

죄인으로서의 인간

아담 이후 모든 인간은 죄인으로 태어나게 되었다. 칼빈은 이에 대해 "부모의 불결이 자녀에게 전달되어, 모든 사람은 예외 없이 날 때부터 이미 오염되어 있다는 말을 듣게 되었다"라고 설명하고 있는데, 아담의 부패는 인류의 부패였으며, 인간의 뿌리로부터의 부패였음을 기억해야 한다. 인간의 죄는 교만과 불순종과 불신앙이다. 선악과를 먹지 말라고 하신 창조주의 명령은 아담과 하와에 대한 믿음과 순종을 시험하는 것이었다. 야심과 교만의 유혹에 넘어간 인간은 하나님의 명령을 불순종함으로써, 그들의 믿음 없음을 입증하게 되었던 것이다. 이러한 죄악의 결과, 인간은 죄를 유전으로, 죽음을 유산으로 물려받게 되었으며, 죄의 본성으로 말미암는 또 다른 죄악을 저지르는 삶에서 결코 자유로울 수 없는 사망의 존재가 된 것이다.

훼손된 하나님의 형상으로서의 인간

인간의 타락 이후 하나님의 형상은 인간에게서 사라져 버렸는가? 칼빈은 하나님 형상의 특징들은 비록 희미하지만, 인간 안에 남아 있으나, 아담 이래 인간의 타락으로 하나님의 형상은 너무나 오염되고 훼손되었으며 파손되어 버렸다고 설명한다. 그러나 종교의 씨앗은 남아 있는데, 이것은 인간 안에 남아 있는 하나님 존재에 대한 지식으로서 모든 인류의 토속 신앙부터 고등 종교의 미신 또는 신앙의 형태로 나타나고 있다. 하나님께서는 원래 인간에게 영원한 구원을 받을 수 있는 초자연적인 은사와 인간 지성의 건전성과 마음의 합리성 등의 자연적인 은사를 선물로 주셨는데, 초자연적인 은사는 인간의 타락으로 말미암아 완전히 타락하였지만, 자연적인 은사는 부패되었으되 인간 안에 남아 있다. 그러나 초자연적인 은사가 없이는 자연적 은사 또한 부패되고 오염되어지기 때문에, 중보자로서 성육신하신 구속주 예수 그리스도가 아니면 인간은 결코 초자연적인 은사를 회복하는 것은 불가능하며, 자연은사 또한 제대로 회복되어 발휘될 수 없다고 설명한다.

피조세계의 파괴자로서의 인간

하나님께서 인간에게 부여하신 하나님의 형상의 파괴는 초자연 은사의 소멸과 자연은사의 불완전성로 이어지게 되고, 이 영향력은 피조세계 전체로까지 확장되어 우주 전체에 편만하게 되었다. 이 말은 창조주 하나님께서 창조하신 모든 피조물들을 본래의 창조 질서대로 유지하고 배양하는 의무와 능력을 인간에게 주셨으나, 인간 안에 있는 창조 시의 하나님의 형상이 불순종의 죄로 인하여 훼손되어 모든 피조 세계에까지 미치게 되었다는 것을 의미하며, 역으로는 인간의 죄로 인하여 창조주와 섭리주 하나님의 창조질서를 위배할 경우, 이 위배는 동시에 인간을 파멸에 이르게 할 것(창 3:17-18)이라는 뜻이다. 인간의 죄는 인간 자신을 포함한 모든 피조물들을 허무함에 굴복하고 예속하게 했지만, 이러한 굴복 아래 있는 모든 피조물들은 신음하고 참으면서 기다리는 순종의 본을 보이고 있는데 이 순종은 구원의 소망 가운데 생겨난 것으로서, 구속주 예수 그리스도의 오심으로 말미암아 인간은 하나님의 형상이 회복되고, 모든 피조물들과 피조세계는 또한 그 본질이 회복됨으로써 그 영광의 광채를 드러내게 될 것(롬 8:20-21)이다.

구속의 대상, 인간(창 3:15)[10]

중생과 영생의 소유자로서의 인간

하나님 나라에 들어갈 수 있는 하나님의 자녀가 되기 위해서는 인간은 다시 태어나야 한다. 이 중생은 성령의 사역이다. 중생은 인간이 새로운 몸을 입는 것이 아니라, 성령의 은혜에 의하여 영과 정신과 마음이 새로워질 때, 비로소 거듭나게 된다. 육적으로 난 것은 인간의 몸뿐 아니라 영혼 모두가 죽음의 상태에 있기 때문에 원래 창조된 인간의 모든 특성들이 제 기능을 할 수 없으므로 인간의 순전하고도 올곧은 본성의 유일한 창조자이신 성령 하나님에 의해 다시 태어나야 한다. '완전한 구원'은 그리스도에게서 발견되므로 인간도 그 구원에 참여할 수 있기 위해서 그리스도께서는 우리들에게 성령과 불로 세례를 주시고, 그의 복음을 믿는 신앙의 빛으로 우리를 인도하시며, 우리를 중생하게 하셔서 새로운 피조물이 되게 하신다. 또한 세상의 더러운 것을 씻어 버리고 깨끗하게 된 인간을 하나님의 거룩한 성전으로 성별하시는 성령께서는 인간을 중생시키는 영이시기 때문에, 칼빈은 성령을 '성결의 영'으로 부르며, '양자의 영'으로, 인간의 기업에 대한 '보증'과 '인'이라고 부른다.

하나님의 형상의 회복자로서의 인간

성령께서 인간을 중생시키실 때, 인간은 하나님의 형상으로 회복되는데, 이 때 회복될 하나님의 형상의 내용은 어떤 것인가? 칼빈은 예수 그리스도는 하나님의 형상이므로 우리가 그 형상과 같이 될 때, 우리도 그와 같이 참된 경건, 의, 순결, 지성에 이르기까지 하나님의 형상을 지니게 된다고 말한다. 이는 완전하신 하나님의 형상이신 예수 그리스도를 바로 알 때, 하나님의 형상이 회복된 우리 자신에 관한 지식을 갖게 된다는 것을 의미한다. 또한 중생한 인간은 "새 사람을 입었으니 이는 자기를 창조하신 자의 형상을 좇아 지식에까지 새롭게 하심을 받은 자"(골 3:10)가 되는데, 이런 의미에서 우리는 성령 하나님의 지식으로 인하여 하나님의 형상이 회복된 인간에 대한 지식을 알 수 있게 되는 것이다. 중생은 회개를 수반하게 되는데, 이 회개는 일회성 사건이 아니라, 평생의 과정을 걸쳐 일어나며 완성되어져야 한다. 칼빈은 "선택받은 사람들은 평생을 통하여 회개를 실천하며, 사람이 하나님의 형상에 가까워질수록 하나님의 형상은 의안에서 빛나게 되며, 신자들이 이 목표에 도달할 수 있도록 하나님께서는 그들에게 회개의 경주를 하게 하시며, 평생을 두고 달리게 하신다"고 표현한다.

피조세계의 청지기로서의 인간

하나님의 형상에 훼손되어진 인간의 죄악은 인간만을 죽음에 이르게 한 것이 아니라 창조주와 섭리주 하나님에 의해 창조되어진 피조세계의 훼손을 초래하게 되었다. 그러나 구속주 하나님 예수 그리스도 안에서 성령 하나님의 역사로 '살리는 영'을 소유하게 됨으로써 하나님의 형상이 회복된 인간은 피조세계에서 청지기의 사명을 수행할 수 있게 된다. 하나님의 형상이 회복된 인간이 피조세계의 청지기로서 그 사명을 감당할 수 있는 원칙은 창세기 2:15에 "여호와 하나님이 그 사람을 이끌어 에덴동산에 두시사 그것을 다스리며 지키게 하사"에서 찾을 수 있는데, 인간은 하나님께서 부여하신 자연의 경작과 노동과 관리의 책임을 다하며 청지기로서 자연환경을 다스리며 지키는 사명을 감당해야 하는 것이다. 피조세계의 청지기로서의 역할을 감당하는 중생한 그리스도인들은 피조물의 고대하는 바를 기억하면서 훼손의 아픔과 고통의 마음을 품고 해방과 회복의 그 날을 소망하며 인내심을 가지고 기다려야 한다. 아울러 신자들은 장차 올 복된 회복의 날에 대한 기대와 소망의 마음을 가지고 현재의 고난들을 극복하며 현재의 모습이 아닌 장차 회복되어질 자신들의 모습을 생각하며 희망을 품고 청지기 사역을 감당해야 할 것이다.

3. 전인적 인간이해

이원론적 관점[11]

역사적으로 기독교 진영 내에서의 인간에 대한 관점은 인간이 '영'과 '혼'과 '육'으로 구성되어 있다고 보는 삼분법(trichotomy)과 '영혼'과 '육체' 두 부분으로 구성되어 있다고 주장하는 이분법(dichotomy) 등과 같은 입장이 일반적으로 수용되어져 왔다. 삼분법의 최초 주장자는 이레네우스(Irenaeus)인데, 그는 비신자들은 몸과 혼을 가지고 있는 반면에, 신자들은 이에 덧붙여 성령에 의해 창조된 영혼을 갖게 된다고 주장하였으며, 인간은 몸을 통해서는 환경과 관계를 맺으며, 혼을 통해서는 다른 사람들과 관계를 맺고, 영을 통해서는 하나님과 관계를 맺는 존재라고 보았다.

인간에 대한 또 다른 견해는 이분법인데, 이 견해는 삼분법보다 훨씬 더 폭넓게 주장되어져 왔다. 인간을 몸과 이성을 지닌 영혼의 복합체로 이해하는 이러한 이원론적 인간관은 육체는 물질적, 우주내적, 현세적이며 죽음을 초월할 수 없는 어떤 것으로 간주하는 반면, 영혼은 신적, 초우주적,

초현세적, 불멸의 특성을 가진 것으로 간주한다. 따라서 영혼은 더 높고 고귀하며 거룩하고 영광스러운 부분이지만, 육체는 영혼보다 차원이 낮은 부분으로서 평가절하되어 왔던 것이 사실이다. 이러한 이원론적 인간관은 희랍 철학, 특히 플라톤과 아리스토텔레스의 구조에 기독교 교리를 종합한 데서 유래되었고, 영지주의를 통해 번성해왔다.

플라톤은 영혼과 육체는 두 개의 구별된 본체, 즉 신적 기원을 갖는 사고하는 영혼과 육체라는 견해를 제시하였다. 육체는 질료(matter)라 불리우는 열등한 본체로 구성되어 있기에, 형상(form)인 영혼보다 저급한 가치를 갖는다. 임종 시 분해되어 버리나 이성의 영혼은 만약 그 영혼의 행위의 과정이 올바르고 존경받을만했다면, '하늘'로 되돌아가서 영원히 계속적으로 존재한다. 영혼은 본질상 파괴될 수 없으며, 보다 우수한 존재로 생각된 반면에, 육체는 영혼보다 열등하여 죽게 되어 있으며 완전 파멸의 운명을 갖고 있다고 본다. 그러므로 헬라의 사고 속에는 육체의 부활의 여지가 전혀 없다고 할 수 있다. 이렇듯 성경적 관점에 분명히 위배되는 이러한 헬라인들의 이분법적 이해를 볼 때에, 이분법 혹은 삼분법과 같은 견해는 성경적 견해의 정확한 기술이라고 볼 수 없을 뿐 아니라, 인간을 하나님의 형상이자 전인으로 바라보는 개혁주의적 관점에서 도저히 수용할 수 없는 관점이라 하겠다.

신학적 관점의 전인성[12]

성경은 인간에 대한 그 어떠한 이원론적 견해도 제시하지 않는다. 인간은 영혼과 몸, 곧 서로 다른 두 부분의 복합체가 아니라, 서로 분할할 수 없는 복합적 통일체이다. 그러므로 구약과 신약에 등장하는 인간을 지칭하는 용어들의 의미를 살펴봄으로써, 인간의 전인성에 관해 살펴보고자 한다.

구약에 등장하는 인간을 묘사하는 용어들을 살펴보자면, 먼저, '혼

(soul)'이라 번역되는 히브리어 '네페쉬'는 '인간 그 자체', '살아있는 존재' 등 궁극적으로 전인을 의미하는 단어이다. 또한, '영(spirit)'으로 번역되는 '루아흐'는 '움직이는 공기, 숨, 호흡' 등의 의미로서, 네페쉬와 중복적으로 사용되기도 하는데, 이 단어는 인간의 분리될 수 있는 부분으로 생각되어서는 안되며, 오히려 어떤 한 관점으로부터 보여지는 전인으로서 생각되어야 할 것이다. 일반적으로 하나님과의 관계 속에 비추어 인간에 대한 언급이 있게 될 때는 '루아흐'라는 단어를 사용하며, 보통의 인간의 삶을 살고 있는 사람과 관련되어 인간에 대한 언급을 할 때는 '네페쉬'를 많이 사용하지만, 이 두 경우 모두 전인적인 개념을 포함하여 사용된다.

다음으로 '마음'이라 번역되는 히브리어 '레브'와 '레바브'의 의미는 '속사람', '내적 혼', '정신', '의지의 결정', '양심', '도덕성', '인간 자신', '욕망의 자리', '감정의 자리', '용기의 자리' 등 다양한 의미로 사용되어지는데, 이 단어는 전인적 차원에서 다루어지며, 현저한 종교적 중요성을 가진 단어로 이해되어진다. '육체'라고 번역되는 히브리어 '바사르'는 '육체', '혈연', '혈족', '인류', '연약한 인간' 등 인간 본성의 외적인 육의 측면을 가리키는 단어로 사용되는데, '바사르'와 '네페쉬'는 인간 존재의 완전히 상이한 두 측면이 아니라, 둘 사이의 상호유기적인 몸과 마음의 관계를 나타내는 것으로 이해되어져야 한다.

신약에 등장하는 헬라어 '프쉬케'는 대부분 '혼'으로 번역되며, '생명의 원리', '인간의 내적 생명의 좌소', '땅의 것들을 초월하는 삶의 자리와 중심', '생명을 가진 피조물' 등의 의미로 이해되어지는 한 인간 전체의 참된 삶을 묘사하는데 사용되어지는 용어이다. 그러므로 '네페쉬'와 같이 '프쉬케'도 전인을 상징하는 의미로 사용되고 있다. 다음으로 '루아흐'의 헬라어 표현인 '프뉴마'는 대부분 '영'으로 번역되는데, 이는 '사람의 인성의 한 부분으로서의 영', '한 인간의 자아', '정신의 성향이나 상태' 등으로 사용되며, 이 단어는 전체로서의 인간을 나타냄으로써 육체적인 본성보다는 심적 본성에 더 많은 강조가 주어질 수도 있을 것이다.

　신약에서 '마음'을 의미하는 헬라어 '카르디아'는 '육체적, 영적, 정신적 생명의 자리'라는 뜻으로 사용되는데, 이는 인간의 지, 정, 의를 포함하는 인간의 모든 내적 삶의 중심과 원천이며 성령의 내주하시는 장소이며, 인간의 최고 중심으로서 그 안에 종교적 삶이 뿌리를 박고 있으며, 인간의 내적 삶의 중심부요, 이성과 감성과 의지의 원천이다. 히브리어 '바사르'의 의미로 쓰이는 헬라어 '사륵스'와 '소마'는 '육신'으로 번역되며, '사륵스'는 몸', '인간 본성', '인간', '육체적 한계', '삶의 외적 측면,' '죄의 의지적 도구' 등으로 이해되며, '소마'는 '살아있는 몸', '부활체', '크리스챤 공동체 혹은 교회'라는 의미로 사용되는데, 이 둘 모두 전인적 인간이라는 개념을 공통적으로 포함한다.

　인간은 단일체로 이해되어야 하며, 육체적인 측면과 정신적 혹은 영적인 측면을 갖고 있으되, 이 둘을 분리시켜서는 안되며, 인간은 육체를 가진 영혼, 또는 영혼을 가진 육체로 이해되어야 한다. 그러므로 인간은 상이한 부분들의 복합체가 아니라, 인간의 전체성에 비추어 이해되어져야 한다는 것이 구약과 신약, 즉 성경신학적 인간이해라고 할 수 있다.

　개혁주의 신학적 관점의 인간학은 현세적 몸의 존재인 인간에게 있어서 예컨대 영혼과 몸, 마음과 몸, 영적인 것과 물질적인 것, 정신적인 것과 신체적인 것, 마음과 몸 등 어떠한 종류의 이원론도 철저히 배격한다. 전인적 존재인 인간은 단지 임의적으로만 몸과 영혼으로 나누어질 수 있기 때문에 참된 의미에서 인간학에 있어서 이원론은 잘못된 가정이라 할 수 있다. 개혁주의 신학은 철저히 통전적인 인간이해를 강조한다. 인간은 몸을 가지고 존재하는 동안 철저하게 전인적인 존재, 혹은 단일하여 분할될 수 없는 존재라고 주장한다. 인간은 존재 자체와 삶 전체에서 하나님의 형상이다. 성경은 언제나 하나님과의 관계 안에서 실제로 존재하는 전인적 존재를 묘사하고 있는 것이다.

양상이론적 관점의 전인성[13]

개혁주의 기독교 철학자인 도예벨트(H. Dooyeweerd)는 기독교적 실재론 특히 양상이론(Modality Theory)을 근거로 인간에 대한 전인적 개념을 발전시켰다. 양상(법 영역, 측면, 혹은 차원) 이론은 인간의 복잡한 다면적 차원들을 밝혀주는데 크게 기여하였다. 양상이론을 기초로 인간을 묘사할 때, 인간은 양상(aspects)으로 결정된 존재로 간주된다.

인간에 대한 기독교 철학적 관점은 인간을 마음을 중심으로 통일된 전인적 존재로 보면서 동시에 다차원적인 존재로 이해한다. 전인적 인간관은 인간이 다양한 측면을 소유하고 있다는 의미가 아니다. 인간은 무엇보다도 화학적, 물질적, 생물적학, 심리학적 측면을 가지고 있는 존재이며, 인간은 문화를 창조하고, 역사를 만들고, 사고하고, 말하고, 사회적으로 교제하고, 예술을 창조하고, 공의와 신의을 유지하며 신앙을 실천할 줄 아는 존재이다.

도예벨트는 창조세계의 양상들을 열 다섯 가지로 열거하여 설명하였다. 가장 하위 양상부터 열거하면, 수적, 공간적, 운동적, 물리적, 생명적, 심리적/감각적, 논리적/분석적, 역사적, 언어적, 사회적, 경제적, 심미적, 법적, 윤리적, 신앙적 양상 등으로, 여러 다양한 국면들 사이의 구별은 물질, 식물, 동물, 인간을 구분하는데 도움을 줄 수 있다.

첫째, 물질 : 처음 네 가지 양상(수적, 공간적, 운동적, 물리적) 만을 보여준다.

둘째, 식물 : 물질의 네 가지 양상에 생물학적 기능을 추가한다.

셋째, 동물 : 더 복잡한 피조물이며, 느끼고 경험할 수 있으므로, 식물의 다섯 가지 기능에 감각적 측면이 추가된다.

넷째, 인간 : 가장 복잡한 피조물로서 만물의 영장이므로, 동물이 갖고 있지 못한 아홉 가지(논리적, 역사적, 언어적, 사회적, 경제적, 심미적, 법적, 윤리적, 신앙적) 기능이 추가된다.

실재의 다양한 양상들은 프리즘을 통과하는 빛이 다양한 색상을 드러내는 것과도 같다고 설명할 수 있다. 그래서 모든 양상들은 함께 하나의 분리할 수 없는 통합성을 형성하고 있고(영역의 보편성 원리), 동시에 어떤 개별 양상도 다른 개별 양상으로 환원할 수 없다(영역의 주권 원리). 따라서 실재의 개별 측면은 고유한 의미와 법을 가지고 있으면서, 다른 측면들과 통합성을 이루면서 존재하고, 각 측면은 그 자체 다음의 측면을 지향하고 있다. 세상에 존재하는 모든 실체는 이 양상들의 각각에 있어서 주체 혹은 대상의 역할을 한다. 단지, 인간만이 모든 양상에 있어서 주체적 역할을 한다.

그러므로 사회적 존재, 이성적 존재, 정치적 존재, 도덕적 존재, 경제적 존재 등 인간이 가지고 있는 열 다섯 가지 기능들 중 어느 한 가지 관점에서만 인간을 규정하려는 시도는 인간이 무엇이냐에 대한 단순화, 또는 환원주의적 이해방식이라고 할 수 있다. 실재의 모든 양상들은 인간 안에서 발견되어지는 것들이며, 인간의 각 측면은 구별되어 그 자체로서의 법을 가진 환원할 수 없는 양상들이다. 인간 존재의 모든 양상은 똑같이 중요하며, 그 양상들 가운데 어떤 것도 과대 강조되거나 환원되어서는 안 된다. 인간의 양상들 혹은 구조들 각각은 학문적 탐구에서 개별적으로 탐구될 수 있다. 인간의 경험은 다양한 측면들의 복합체로 나타나며, 인간은 다양한 기능의 복합적이고 역동적인 구성을 특징으로 하는 다면적인 존재라고 할 것이다.

동시에 인간은 양상의 통합성의 기본적 특성을 보여준다. 인간 몸의 구조는 현세의 모든 기능들의 통합된 전체구조로서, 그 안의 모든 구조들이 나눌 수 없는 통합적 일치를 이루면서 인간 고유의 본질을 드러내고 있다. 각각의 구조는 다른 구조와 분리된 채 작동할 수 없다. 인간 존재의 모든 양상은 인간의 종교적 응집점이라고 할 수 있는 마음 혹은 자아에 집결된다. 그러므로 인간 몸의 구조와 현세에서의 삶과 행동은 마음에 응집되거나, 마음에서 통합되고 마음에서 흘러나오는 놀라운 통전성을 드러낸다.

인간은 나눌 수 없는 전체성 혹은 복합성의 특징을 가지고 있다. 통일체, 전체성, 복합성 등의 용어가 부분들의 결합, 혹은 그 내부에서 여러 가지를 열거할 수 있는 산술적 개념을 내포하고 있으므로 인간의 복합성은 '전인성' 혹은 '통전성'으로 칭해진다. 동시에 몸의 구조들과 양상들은 인간의 내적 실체나 구성요소들이 아니라, 기능구조 곧 내적 법에 의해 통제되는 기능구조일 뿐이다. 따라서 인간은 하나님이 인간의 생명에 부여하신 특별한 네 가지 법의 기능적 구조를 통하여 상호작용적 통전성을 드러내 보이는 몸이라 할 수 있다. 인간은 존재의 각 차원에서 하나님의 규범에 복종하고 응답하는 다면적인 종교적 존재라고 정의할 수 있다.

4. 교육학적 인간이해

교육의 대상으로서의 인간[14]

교육은 인간을 변화시키고 형성하는 힘을 가지고 있다. 변화와 형성을 도모하는 교육의 보편적 목적이 성취되어야 할 대상은 바로 학습자라고 할 수 있는데, 학습자는 교육의 수혜자이며, 학습자에 대한 이해는 모든 교육 행위의 중심에 있다고 보아야 한다. 학습자를 어떻게 이해하느냐에 따라 교육의 결과는 달라질 수밖에 없기 때문에 학습자에 대한 성경적이며 통전적인 이해는 교사만이 소유할 지식이 아니라, 교육의 계획에서부터 교육 내용, 교육방법, 교육과정, 교육평가 등 전체 교육활동 전반에 이르기까지 끊임없이 요구되는 필수적인 지식이라고 하겠다.

전통적으로 학습자를 보는 교육철학적 관점은 다양하게 존재해 왔다. 근본적으로 선한 존재로 보는 관점, 근본적으로 악한 본성을 가진 존재로 보는 관점, 백지와 같아서 그리고 쓰는 대로 만들어지는 존재로 보는 관점, 진흙과 같이 빚고 조형할 수 있는 존재로 보는 관점, 가능성과 잠재력을 씨앗을 가지고 있어서 조금만 옆에서 도와주고 북돋아주면 제 기능을 발휘할 수 있는 존재로 보는 관점 등 각기 다른 관점으로 학습자를 이해해왔다.

일반적으로 사용하고 있는 '학생' 또는 '학습자'라는 단어의 의미가 자리잡게 된 것은 현대적 의미의 학교교육이 시작된 때부터라고 할 수 있으며, 이 때 '학생'이란 "규칙적으로 학교에 다니면서 학습을 주된 일로 삼는 사람"[15]으로 이로 정의할 수 있다. 그러나 이러한 전업 학생들 외에도 교육 현장과 사회 현장에서 배우는 위치에 있는 다양한 종류의 사람들이 있다. 이런 관점에서 본다면, 위에서 언급한 학생의 정의는 좁은 의미의 정의로 보아야 할 것이다.

그러나 인간의 발달이 평생 지속되며, 평생교육과 사회교육의 필요성이 갈수록 강하게 대두되고 있는 이 시대에 넓은 의미에서 보면 인간은 끊임없이 배우는 존재이며, 배워야 하는 존재라 할 수 있다. 이제 배운다는 것은 더 이상 선택의 문제가 아니라, 생존의 문제이며 삶의 질과 관련된 문제이다. 이러한 배움, 혹은 학습은 학교교육이나 계획된 교육을 통해 계획적으로 이루어지기도 하고, 가정, 사회, 기타 삶의 상에서 간접적으로 이루어지기도 한다. 인간은 학습하는 존재라는 관점에 근거해 볼 때, 모든 인간은 좁은 의미에서든 넓은 의미에서든 학생의 범주에 포함되어 있는 존재라고 정리할 수 있을 것이다.

또 하나 짚고 넘어가야 할 사실은 모든 인간은 잠재적인 학생인 동시에 잠재적 교사라는 것이다. 관계 속에서 살아가는 인간의 삶은 본질적으로 상호교류적 성격을 띠고 있기에 학생으로서 인간은 동시에 교사의 역할을 수행하고 있음을 보게 된다. 즉, 본질적으로 인간은 교수(Teaching)와 학습(Learning)이 변증법적인 관계를 맺으면서 서로 교류하는 가운데 배우며 변화하며 성장하는 존재이며, 잠재적인 학생인 동시에 잠재적 교사의 역할을 수행하는 교육적 존재라고 정리할 수 있겠다.

여기에서, 교육의 대상으로서의 인간을 이해하기 위해서는 먼저 교육적 변화의 제 차원에서 관심을 가져야 할 요인들에 관해 간략하게 살펴보기로 하겠다.

심리적 차원

학습자의 전인으로서의 중심인 마음의 역동을 통찰하고, 마음의 방향성을 파악하는 것이 중요한데, 특히 기독교교육에서는 학습자의 마음의 방향성이 누구를 향하고 있는가 하는 것은 매우 중요한 주제가 된다. 학습자의 마음의 기본적인 동기와 정서를 파악하며, 관심과 흥미에 맞는 학습내용과 학습방법을 개발하여 정서적으로 만족하고 긍정적인 상태를 유지할 수 있도록 세심한 배려와 돌봄이 필요하다.

인지적 차원

학습은 인지적 구조(Schema)의 변화과정이라는 피아제(J. Piaget)의 말과 같이 학습자가 학습한 것을 기억하고 저장하였다가 적절한 상황 가운데 활용하고 적용할 수 있을 때, 학습의 효과가 있었다고 할 수 있다. 기억과 인지학습에서 가장 중요한 것은 효과적으로 기억하는 것인데, 최근의 정보처리이론 등 인지학습 원리들을 활용하여 기억을 증진시키고, 학습자의 지능이 개발되도록 하여야 한다. 발달단계에 따른 학습자의 지적 능력이나 정보의 처리능력 등을 증진하도록 하는 것은 모든 교육활동에서 고려해야 할 문제이며 과제이다.

행동적 차원

모든 교육활동의 바람직한 방향으로 학습자의 행동과 삶에서의 변화를 도모하는 목적을 가지고 있다. 이러한 변화는 전인적인 차원에서 이루어질 수 있겠지만, 특히 학습자의 말과 행동, 태도와 자세, 생활 습관, 타인과의 관계 등 외형적으로 관찰 가능한 구체적인 삶의 변화를 보게 될 때 효과적이었다고 말할 수 있게 된다. 학습자의 내적인 변화와 외적인 변화 모두 교육에서 목표로 하는 것이겠지만, 구체적이고 현실적이며 관찰 가능한 외적 행동의 변화가 이루어질 수 학습자의 변화를 도모해야 할 것이다.

영적 차원

기독교교육은 한 사람을 온전케 하며, 제자삼는 사역을 하도록 부르시고 기르시는 성령님의 사역이라 할 것이다. 따라서 학습자가 세상의 지식만을 획득하고, 인지적, 행동적인 변화가 나타나는 것만으로 결코 만족할 수 없다. 기독교교육자는 학습자에게 모든 학문활동에서 성경적 관점을 견지할 수 있도록 도와야 하며, 궁극적으로 성령님과의 인격적인 만남을 체험하고 그 가운데에서 자신의 학문활동 뿐 아니라, 인생의 방향과 계획을 세워갈 수 있도록 도와야 한다. 학습자가 자신의 인생과 학문활동 안에서 성령님을 만나고 체험함으로써, 인생을 방향을 재정립할 수 있을 때, 진정한 기독교교육이 이루어졌다고 할 수 있을 것이다.

전 생애 발달적 관점의 인간[16]

교육의 대상인 인간을 보다 잘 이해하기 위하여, 전 생애 발달적 관점의 인간이해가 필요한데, 이 관점은 교육의 대상인 인간을 생의 초기부터 시작하여 노인기까지 연령과 발달에 따라 발달과제 및 특성, 그리고 교육의 내용 및 과제 등에 관해 연구하는 것이다.

태내기(임신-출산까지 약 40주간)

모태에서 인간 발달에 필요한 가장 기본적인 작업이 이루어지는 시기로서, 어머니의 안정된 심리상태와 양호한 건강상태를 통하여 신체적으로 심리적으로 건강하고 안정된 생명이 탄생된다.

영아기(출생-2세 경)

제1차 성장의 급등기로서 급격한 신체발달에 따른 운동발달, 감각 및 지각발달, 언어발달, 애착형성, 기본적인 의사소통발달이 이루어지는 시기로서, 어머니의 무릎학교에서 초기대상이 어머니와의 관계 형성이 인성의 기초 형성에 가장 중요한 영향을 미치는 시기이다.

유아기(3-6세 경)

유아기 전기에는 기억능력, 언어발달 등 인지능력이 급격히 발달하며, 창의성, 상상력의 발달 및 자율성 형성의 초보적 단계이므로, 스스로 경험하고 학습할 수 있도록 도와주어야 한다. 유아기 후기에는 또래관계에서 성 차이를 경험하며, 부모의 행동에 대한 모방과 동일시를 통한 성역할을 학습하는 시기이며, 도덕과 신앙의 발달이 이루어지는 시기이므로 이에 맞는 교육이 필요하다.

아동기(7-12세 경)

초등학교 재학의 학령기로서, 학교생활 속에서 새로운 인간관계를 경험하며, 공동사회의 규칙 및 질서를 학습하게 된다. 학교 사회의 다양한 과제를 성취해야 하며, 부모, 교사 등 권위자와의 관계 형성 등을 원만하게 해결할 수 있도록 도와야 하며, 직면하는 문제들을 스스로 사고하고 판단하여 처리할 수 있는 문제해결능력을 길러주도록 해야 할 것이다.

청소년기(13-18세 경)

제2의 신체변화의 급등기로서, 급격한 신체변화로 인한 심리적인 불안정과 2차 성징 등 신체적, 심리적 변화를 대처하도록 도와야 한다. 신체적으로는 거의 성인의 수준에 도달해 있지만, 심리, 정서, 사회적으로는 아직도 미성숙의 특징들이 많이 남아있으며, 이 시기에는 자아중심적 사고, 양극단 사고 등 인지적 왜곡의 치료 및 자아정체감의 확립 등이 주요한 발달과제라 하겠다.

청년기(19-35세 경)

청소년기를 갓 벗어나 완전한 성인으로서의 자신을 준비하는 마지막 단계이며, 자신의 적성과 능력에 맞는 직업을 찾아야 하며, 이성과의 애정관계를 통하여 남성과 여성으로서의 정체성을 확립하는 시기이다. 결혼에 대한 준비를 하는 시기로서 부모로부터 심리적, 정서적, 정신적, 경제적 독립을 해야 하는 과제를 안고 있다. 직업을 얻고 가정을 이루는 일을 통해 하나의 독립된 인간으로서 자신을 확립하고 어엿한 한 사회의 시민으로서 사회에 대한 책임과 의무를 감당할 준비를 갖추어가는 시기이다.

장년기(36-60세 경)

흔히 성인기 혹은 중년기로 불리우며, 장년기 초기에는 자녀 양육의 책임과 자신의 직업 수행에 있어서 가장 생산적인 단계이지만, 일에 대한 부담이 가장 큰 시기이다. 후기로 갈수록 자녀의 독립과 일에 대한 전문성의 확립, 신체적 노화의 문제 등으로 인한 심리적 혼란을 겪게 되는 시기이다. 그러나 이때는 다음 세대를 위한 헌신의 책임을 지고 있는 시기이며, 후대를 위해 자신의 많은 부분을 내어놓을 때 진정한 행복과 만족을 경험하게 된다.

노년기(60대-사망까지)

인생을 정리하고 마무리를 잘해야 하는 시기로서, 경제적인 문제, 건강에 대한 염려와 죽음에 대한 두려움, 소외와 고독의 문제 등 심리적 갈등과 위험 요인을 많이 경험하게 된다. 그러나 그 어느 세대보다도 풍요롭고 여유로운 생활을 추구하며, 자신의 남은 생을 통하여 보다 생산적인 삶을 살고자 하는 욕구가 강한 세대로서, 갈수록 노령화되는 이 사회 가운데 노인들이 인생의 보람과 행복을 경험하며 살아갈 수 있도록, 가정 뿐 아니라, 사회 전체가 종합적인 대책을 마련해야 할 것이다.

기독교교육의 주체[17]

교육은 가르치는 자와 배우는 자 사이에서 발생하는 활동이다. 위에서 언급한 바와 같이 교사는 교육의 대상인 학습자의 전인격적, 전생애적 관점에서 보다 정확하고 통찰력있게 이해하고 학습자의 변화를 통한 학습의 목표를 향해 나아가야 한다. 그러하기에 교사는 항상 교육의 최전선에 있으며, 가르치는 사역의 책임과 노력을 다함으로써, 학습자의 변화를 도모한다. 그러나 교사 혼자 교육활동을 할 수 없다. 학습자의 협력과 도움이 무엇보다도 필요하며, 순종과 실천이 이루어질 때 교육의 효과는 배가될 수 있다. 교육에서 기르치는 자는 교사 뿐 아니라 가정의 부모와 영적 지도자, 멘토, 사회 지도자, 대중매체 등 교육활동에 참여하여 영향을 미치는 모든 대상이 포함될 수 있다. 기독교교육에 있어서 가장 주요한 교육의 주체로 학습자와 교사, 부모, 그리고 성령님을 꼽을 수 있다. 학습자에 대해서는 이미 앞에서 충분히 살펴본 바 있으며, 교사와 가정의 부모, 그리고 기독교교육의 보이지 않는 주체가 되시는 성령님의 사역에 관해서는 이 책의 다른 부분에서 충분히 설명을 해주리라 믿는다. 따라서 각 주체에 대한 설명은 생략하지만, 여기에서 본 저자는 각각의 교육의 주체들이 합심하고 협력하여 바람직한 교육활동이 이루어지도록 노력해야 한다는 점을 강조하고 싶다.

교육은 어느 한 사람 만이 애쓰고 노력한다고 되는 것이 아니다. 학습자만의 문제도 아니고, 교사만의 책임도 아니고, 부모의 역할 만으로 되는 것도 아니며, 성령님의 초자연적인 역사로 가능한 것도 아니다. 본래 자녀에 대한 교육의 책임을 하나님께로부터 부여받은 부모들이 자녀들을 사랑과 관심, 적절한 관여와 위임 등으로 양육하고, 그리스도인의 삶으로 본을 보이며, 그리스도인 교사들은 성실하게 최선을 다하는 사랑과 헌신의 가르침을 실천하고, 학습자의 소질과 능력의 개발을 위해 힘쓰며, 학습자와 함께 성령님의 가르침을 받들어 그분께로 나아가는 기독교교육의 목적과 방향성, 내용과 방법들이 함께 하나되어 어우러질 때 바람직한 기독교교육은 효과적으로 이루어질 수 있으리라 확신하는 바이다. 본고에서는 교육의 대상인 인간을 이해하기 위하여, 철학적, 심리학적 관점의 인본주의적 인간이해와 창조-타락-구속의 기독교적 인간이해, 그리고 전인적 인간이해와 교육학적 인간이해를 정리해 보았다. 기독교교육학을 함에 있어서 인간이해와 통찰의 작업이 작은 학문적 기초가 되기를 바란다.

추천도서

서철원,《인간, 하나님의 형상》, 서울: 총신대학교출판부, 2007.

이형득,《인간이해와 교육》, 서울: 중앙적성출판사, 1998.

조성국,《기독교 인간학: 하나님의 형상인 전인적 인간》, 부산: 고신대학교 기독교교육연구소, 2000.

A. Hoekema,《개혁주의 인간론》, 류호준 역, 서울: 기독교문서선교회, 1990.

Fowler, S., *A Christian Voice among Students and scholars*, Potchefstroom: IRS, 1991.

Spier, J. M., *An Introduction to Christian Philosophy*, Nutley, New Jersey: Craig Press, 1976(《기독교철학개론》, 문석호 역, 서울: 크리스찬다이제스트, 2001).

토의 문제

1. 기독교교육의 현장에서 나타난 인본주의적 인간관의 영향력과 문제점은 어떤 것이 있는지 나누어 봅시다.

2. 개혁주의적 교육철학적 관점의 인간관에 기초하여, 교육의 대상으로서의 인간존재에 관해 자신의 견해를 나누어 봅시다.

3. 기독교교육의 주체로서 자신의 역할에 맞게 할 일이 무엇인지 나누어 봅시다.

제 14 장
기독교교육과 상담

류 혜 옥

1. 기독교교육과 상담

　기독교교육이란 통전적(holistic)방법으로 기독교인을 양육하는 것으로서 하나님의 의를 가지고 변화시키는 은혜를 받는 수단이라 할 수 있다. 이 은혜는 하나님의 양육에 전적으로 자신을 위탁하고 자신이 배운 바대로 실현하며 매일의 일상적인 행동이 되도록 하는 놀라운 은혜다. 이런 은혜의 과정을 통해서 기독교교육이 목표로 하는 기독교적 성숙은 진행 된다. 개인적, 신앙적, 인간적 성숙을 위한 체계적 접근이 기독교교육이며 상담인 것이다. 기독교교육은 기독교세계관의 관점을 가지고 하나님의 형상으로서 그 개인에게 주어진 달란트를 잘 사용하여 모든 사람의 유익을 위하여 개현시켜 나가는 것이라고 한다면[1] 상담은 각 개인이 지닌 내적자원을 중심으로 긍정적인 변화를 도모하는 것으로 볼 때 기독교교육에 있어서 상담이란 절대관계라 할 수 있다.

상담은 내담자로 하여금 정신적으로 더 행복하고, 삶의 방식을 보다 풍부하게 스스로 탐색하고 발견하여 자신에 관해 잘 이해하고 삶의 여러 상황들에 대해 효율적으로 대응케 하는 힘과 자원을 발견케 하는 것이다. 즉, 기독교교육에 있어서의 상담은 개인이 가진 갈등이나 문제에 초점을 맞추는 것보다 하나님께서 그에게 주신 잠재력을 찾아 활성화시킴으로서 자신의 삶을 하나님의 삶에 합당하게 조절할 수 있도록 하는 것이다.

기독교교육의 궁극적 목표는 예수그리스도의 품성을 본받는 것이라고 한다면 그의 품성을 본받기 위한 가장 탁월한 방법으로서 상담을 들 수 있다. 기독교적 상담의 관점에서 말한다면 상담은 하나님의 변화시키는 힘, 곧 은혜를 받도록 돕는 한 방법이 되어야 하며 이는 바로 기독교교육이기도 하다. 이러한 관점에서 기독적인 상담이란 기독교상담이라는 이름으로 실천되고 있다. 기독교상담의 목적이 예수그리스도와 함께 하나님과의 관계를 발전시키고 하나님께로 나아가며 예수님을 닮아가는 것이라면 기독교상담의 방법이 성경적이어야 하며 성경에서 찾는 것은 당연하다. 기독교상담의 방법이 종교적 문제에 심리학적 원리를 적용한다고 하는 심리모형들의 출현으로 기독교 상담에 성서적 내용이나 신학적 내용 뿐 아니라 개인의 심리와 인간관계에 대한 심리학적 지식이 중심을 차지하게 되었다.[2] 콜린스(Collins)는 심리학이 기독교 상담을 만드는데 중요한 기여를 하고 있으며 심리학을 기독교적으로 바꾸려고 노력하는 학자로서 성경이나 기독교와 맞지 않는다면 버릴 것이 아니라 비교를 통해서 심리학을 기독교적으로 고쳐야 한다고 믿는다.[3]

크랩(Crabb)은 근본적으로 성경의 내용을 중심으로 하되 심리학과 기독교의 통합을 주축으로 하고 있다. 그의 상담이론은 '성경적 상담'으로 명명하고 기존의 심리학적 연구결과들은 성경의 내용을 명확히 전달하고 이해시키기 위한 도구로서 사용된다는 것이다.[4] 하나님의 말씀에서 벗어나지

않는다면, 문제해결에 필요한 자료로서 심리학은 받아들여질 수 있다는 것이다.[5]

기독교상담의 정체성을 찾아 가는 것은 심리학과의 통합의 과정으로 이해되어지며 이는 기독교상담의 역사라 할 수 있다. 이는 수용의 역사, 거부의 역사, 통합의 역사로 이해되어지며 심리학과 신학 그리고 성경의 상호 보완을 강조한다. 일반상담과 기독교상담의 경계 없는 혼용된 적용 속에서 기독교상담의 정체성을 확고히 할 필요가 있다.

기독교상담이라는 단어 자체가 기독교(Christianity)와 상담(Counseling)이라는 단어의 조합이 아니라 기독교적인 상담(Christian Counseling)이라는 사실을 통해 기독교라는 종교가 그 종교를 심리치료화 하는 프로젝트의 일환으로 기독교상담을 제시하는 것이 아니며 기독교적이란 하나의 속성과 방법의 문제로서 이 특징이 바로 기독상담의 정체성을 해결하는 중요한 열쇠가 된다.[6]

성경적 인간관에 기초한 기독교상담은 인간을 하나님의 형상을 따라 창조된 피조물로 보는 확고한 관점을 가지고 있다.[7] 모든 피조물 가운데서 오직 사람만이 하나님의 형상이다. 인간이 하나님의 형상이라는 점은 인간이 책임적, 반응적, 응답적 존재(responsible being)라는 의미이다. 인간은 책임적이며 응답적 존재인 것이다. 상담자는 내담자의 반응의 본질을 하나님의 형상이라는 맥락 안에서 이해할 수 있어야 한다. 인간의 죄성은 인간의 삶이 본질적으로 하나님과 그의 창조질서에 대한 반응적 삶을 망각하게 만든다. 그러나 기독교 상담자는 그리스도의 구속적 사역을 통해서 다시금 원리적으로 하나님과 그의 창조 질서를 향한 온전한 반응이 가능하다는 사실을 직시한다.[8]

즉, 기독교상담은 기독교세계관, 기독교가치관, 인간관에 입각한 정의를 내릴 수 있다. 한 인간이 하나님의 자녀로 살고 한 인간으로 성장하며 그리스도 안에서 보다 성숙한 인간이 되도록 그의 숨은 가능성을 개발시켜 주는 인간 대 인간의 관계다. 크랩은 내담자로 하여금 죄인임을 인식시키고 잘못된 사고의 체계를 그리스도께 고백하고, 그리스도 안에서 정립시키는 과정이며 성경적 사고관에 입각한 행동이 나오도록 하는 일련의 과정이라고 하였다.[9] 전용복은 기독교 상담이란 상담자가 신학적 배경과 성령의 도우심으로 한 인간이 그리스도 안에서 보다 성숙한 인간이 되게 하며 자기 자신을 스스로 발견하고 이해하게 하며 더 나아가 그가 가지고 있는 문제를 성경적 원리에 따라 해결할 수 있도록 도움을 주는 한 과정이라고 한다.[10]

학자들의 견해를 종합해 볼 때, 기독교 상담은 상담자와 내담자 사이에서 일어나는 문제해결 과정이나 조력들이 하나님 안에서 하나님의 능력으로 회복되며 선한 창조질서 대로 살지 못한 무능력을 삶의 다양한 영역에서 하나님과의 관계회복의 과정이라고 할 수 있다. 그러므로 상담자는 상담활동을 통하여 내담자로 하여금 그리스도와 개인적 만남을 갖도록 하며 확고한 기독교 신앙에 근거한 믿음을 가지고 상담에 임할 때 윤리, 삶의 의미, 죄, 신앙, 하나님과의 관계를 가지게 되는 것이다.[11]

성경적 상담을 예로 들자면 첫째, 격려로써 삶의 위기와 곤경에 직면하여 고통당하고 있는 사람에 대한 사랑에서 우러나오는 위로이며 원조이다. 둘째는 권고로서 삶의 문제에서 직접 해결해주는 방법이며, 셋째는 교화이다. 교화를 통해 내담자는 자기 자신에 대한 잘못된 이해와 인생과 하나님에 대한 그릇된 개념들이 삶에 어떠한 결과를 가져다주는지 이해할 수 있도록 한다.[12] 여기서 상담자는 반드시 내담자가 순종의 길로 들어가도록 도우는데 하나님과의 깊은 관계를 통해 예배와 봉사를 통해서 더욱 효과적으로 하나님을 기쁘시게 하며 비로소 개인적인 문제해결은 일어난다는 것이다.[13] 즉, 성경적 상담의 목표는 보다 풍성한 예배의 경험과 효과적인 봉사의 생활 가운데 들어가도록 도움으로써 그리스도인의 성숙을 증진시키는 데 있다. 여기서 그리스도인의 성숙이란 바로 일관된 성경적 방식으로 환경에 대처하는 것과 그리스도의 인격에 근거된 성품을 발전시키는 것으로써 내담자의 사고를 변화시키는 것이고 이 사고들은 성경적 원리와 신념 안에서 변화되는 것으로써, 순종과 성숙의 목표를 향해서 살아 갈 수 있는 것이다. 성경적 상담에서는 인간은 기본적으로 의미와 사랑, 중요성(significance)과 안전(security)을 요구하고 있으며 대부분의 문제들은 이 두 가지의 요구들이 결핍되어 생겨났다는 것이다. 예수 그리스도는 이 두 가지 욕구를 충족시켜주는 완전한 분으로서 인격적인 부요함으로 보다 풍성하게 들어가도록 사람을 돕는다는 것이다.[14]

2. 상담관계 형성과 상담윤리

상담은 상담자와 내담자 간에 이루어지는 관계 안에서 형성되므로 관계형성은 상담에 있어서 중요한 열쇠가 된다. 상담이라 말할 때 만남이라는 과정으로부터 떨어 질수 없기에 인간을 자유롭게 하는 만남의 과정으로서 그 모든 과정은 하나님께 영광 돌리기 위한 활동으로 정의한다. 상담목표에 이르기 위해서는 상담자와 내담자간에 이루어지는 친밀정도나 신뢰정도는 상담의 성공과 실패를 좌우하게하기도 한다. 이러한 관계형성을 위해 상담자는 내담자로 하여금 신뢰감을 줄 수 있어야 내담자는 편안하고 안정된 마음으로 상담에 임할 수 있게 된다.

상담자의 자질

상담자는 상담에서 중요한 변인으로 작용한다. 상담자의 인간관, 철학, 신념과 기법은 상담과정에 영향을 미칠 수 있기 때문이다. 최근에는 상담의 기법이나 이론에 관한 연구들에서 벗어나 상담자가 어떤 자질을 갖추고 있어야 하는가와 상담자가 상담과정에 미치는 영향에 관련된 연구들이 진행되고 있다. 스트롱(Strong, 1968)은 높은 수준의 전문성(Expertness: E), 호감(Attractiveness: A), 신뢰감(Trustworthiness: T) 즉, EAT를 가지고 있으면 상담의 효과가 높다고 하였다.[15] 상담자는 다음과 같은 점을 유의해야한다.

윤리적 책임감

내담자가 상담하려는 문제 중에는 남에게 말 못할 갈등이나 고민도 있다. 심각한 문제가 아니라 하더라도 내담자는 상담과정에서 상담자를 믿고 말한 많은 내용이 제3자에게 알려지는 것을 바라지 않는다. 그렇기 때문에 내담자는 상담자가 자신의 비밀을 완전히 보장해 주리라고 기대하고 상담에 임한다.[16] 그러므로 상담자는 내담자의 비밀을 보장해 주기 위해 노력해야 한다. 예외의 경우 외에 상담에서 가장 중요한 내담자의 비밀을 유지하고 보장해 주는 것은 상담자의 인간성을 드러낼 뿐만 아니라 내담자를 존중하는 것과도 관련된다.

친밀감 & 신뢰감

촉진적 상담관계 형성을 위해서는 상담자와 내담자가 서로 친밀해야 한다. 상담관계에서 상담자는 내담자가 자신의 고민이나 그와 관련된 자신의 감정을 솔직하게 털어놓을 수 있는 분위기를 마련해 주려고 노력해야 한다. 이를 위해 상담자는 내담자의 어떠한 행동이나 감정에 대해서도 무조건적 긍정적 관심을 보이면서 이들을 수용하고, 공감해 주고, 그 내담자를 한 인간으로 존중해 주려는 노력을 아끼지 않는다. 이러한 과정에서 상담자와 내담자는 인간적 친밀감이 증진되고 이와 더불어 성적친밀감도 증대되기 쉽다. 이럴 때 주의할 점으로는 내담자가 호소하는 문제가 이성문제이거나 성적 불만을 포함한 성과 관련된 것일 수 있는데 이런 경우 상담자와 내담자간의 성적인 접촉은 상담의 효율성을 감소시키는 원인이 된다는 연구보고들이 있다. 또한, 신뢰감을 줄 수 있어야 한다. 내담자를 조력하는 과정에서 상담자가 내담자로부터 신뢰할 수 있는 사람으로 인정받지 못한다면 상담은 효율적일 수 없게 된다. 가장 신뢰할 수 있어야 안전감을 가지고 편안한 가운데 진행할 수 있다. 반드시 친밀감을 유지해야하지만 너무 밀착되어서도 안 되는 가운데 신뢰감을 줄 수 있는 균형을 유지해야한다.

전문성

전문지식을 가진 상담자는 풍부한 경험과 실습으로 체계적인 진단과 평가를 할 수 있고 변화를 위한 구체적인 절차와 방법 및 이론을 동원해서 효율적인 상담을 진행 할 수 있다.

성숙

성숙한 사람은 온유하며 평화감을 유지하고 있기 때문에 대처능력이 뛰어나다. 그렇기 때문에 자신의 한계성도 알고 자신의 역량도 잘 파악하고 있다. 내담자의 문제가 자신의 능력 밖이라고 여겨질 경우는 동료 상담자의 도움을 요청하거나 다른 상담자에게 의뢰해야 한다. 상담자는 자신이 소지한 이상의 능력이 있는 것처럼 행동해서는 안 되며, 혹시 그렇게 오해되었을 때에는 수정해야 할 의무가 있다. 상담자는 내담자의 무리한 요구를 거절할 권리가 있는데 이는 상담관계에서 내담자 뿐 만 아니라 상담자도 보호받을 권리가 있음을 말해주고 있다.

영성

상담자의 자질과 경험의 유무, 그리고 효과적인 기술을 논하기에 앞서 상담자는 영성이 있어야 함을 강조한다. 영성이란 실제적인 존재이신 하나님에 대한 우리의 경험에 응하여 우리의 삶을 형성하는 즉, 하나님과의 교제를 통하여 자신이 고침을 받아 하나님의 형상을 회복하고 하나님의 구원활동에 참여한다는 확신인 것이다.[17] 목적이 분명한 상담방법의 차별화는 시대적으로 '영성'이라는 개념이 모호해지고 있는 현실에서 더욱 영적이며 깊이 있는 하나님과의 만남을 통해 성찰하는 것이야말로 진정한 상담으로서의 기능을 가질 수 있을 것이다. 그러므로 기독상담자란 헌신되고 성령의 인도를 받는, 그리고 성령 충만한 예수 그리스도의 종으로서 하나님이 주신 능력과 기술, 훈련, 지식, 통찰력을 다른 사람들을 돕는 일에 적용하여 그들로 하여금 온전함에 이르고 대인관계에 있어서 자신감을 갖게 해주며 정신적인 안정과 영적인 성숙을 이룰 수 있도록 돕는 사람이다.[18]

효과적인 상담자

- 내담자와 상호작용시 용기와 힘을 보여주어야 하는데 직관과 신념에 따라 직접적이면서 정직하게 행동한다.
- 개방성, 존중, 수용, 개방성 등의 지도자 행동은 내담자들에게 모델링이 된다.
- 정서적으로 안정되어 있다.
- 온화한 친절감을 소유하고 있다.
- 상담 과정 중에 일어나는 저항이나 공격에 방어하지 않는다.
- 상담자 자신이 무엇을 생각하고 느끼고 말하고 진행하고 있는지를 자각하고 있다.
- 적절한 시기에 적합한 유머의 사용을 할 줄 안다.
- 창의성을 지닌 상담자는 흥미와 호기심에 대하여 개방적이며 비판적일 수도 있는 유연성과 융통성을 갖고 있다.[19]

3. 상담의 과정

도입단계

상담의 목적과 성격에 관한 오리엔테이션을 하는 단계로써 첫 번째 만남에서 상담자가 중요시해야 할 일들 중 하나가 바로 어떻게 상담을 시작하느냐의 문제다. 상담자는 이해성·온정성·신뢰성을 전달함으로 내담자가 상담자에 대하여 좋은 인상을 갖도록 하는 한편, 상담을 통하여 도움을 받을 수 있을 것 같은 느낌을 경험하도록 해야 한다. 이를 위하여 이 단계에서는 주로 다음과 같은 내용을 취급한다.

상담자 소개와 예상불안의 취급

면접 첫 시간에는 내담자뿐만 아니라 상담자도 기대와 함께 예상불안을 경험하게 된다. 따라서 상담자는 이 예상불안을 감소시키고 긴장을 풀어줌으로 신뢰롭고 안정된 상담 분위기를 조성하는데 힘써야 한다. 상담자는 내담자를 환영하는 내용, 상담자로서의 자신의 기질, 경력 및 상담에 대한 열의와 기대 등을 말한 후, 그럼에도 불구하고 매번 새로운 내담자를 만날 때는 예상불안을 경험하게 된다는 사실을 진솔하게 노출함으로 시범을 보여야 한다. 그리고는 내담자로 하여금 가벼운 유도질문을 한 다음, 반응하는 내담자의 느낌을 공감 또는 반영을 해준다. 이 도입단계에서는 내담자로 하여금 불안감이나 두려움에 대하여 말할 수 있도록 하여 안정된 상담분위기를 조성할 필요가 있다.

상담의 구조화

상담의 구조화는 전 과정을 통하여 이루어져야 하지만 내담자가 무엇을 해야 할지 또는 어떻게 행동하는 것이 바람직한지 궁금해 하고 불안해하는 상담 초기에는 더욱 필요하다. 그렇지만 처음부터 지나치게 구체적으로 많이 하는 경우 내담자에게 부담감과 의존성을 갖게 하여 성장과 자율성을 저해할 가능성도 있다. 그러므로 이 단계에서는 상담의 성격과 목적, 상담자와 내담자의 역할, 상담의 진행절차, 그리고 지켜야 할 기본적인 행동 규준과 유의사항 등에 관하여 적절히 설명해 줌으로써 내담자로 하여금 효과적인 상담경험을 위한 준비를 하게 하는데 치중한다.

상담목표 및 기간의 설정

상담의 구조화에 이어 상담자는 내담자와 함께 목표 및 상담기간의 합의작업에 들어간다. 구체적인 목표의 설정은 상담의 효과와 이에 대한 평가를 위하여 필수적이다. 다시 말해서, 분명한 목표와 기간이 설정되었을 때, 상담자와 내담자는 무슨 이유로 상담에 임하고 있으며, 무엇을 어떻게 할 것인지를 명확히 알 수 있게 될 뿐 아니라, 어느 정도의 성장과 또는 행동변화를 가져왔는지에 대한 평가도 할 수 있게 된다.

상담목표의 설정은 내담자가 도움을 받고자 하는 특정문제나 상담에 응하고자 하는 주된 이유를 탐색함으로 시작할 수 있다. 흔히 내담자들은 모호한 생각이나 기대로 상담에 응한다. 그러므로 상담자는 내담자로 하여금 광범위하고 막연한 목표를 보다 실현가능하게 구체화하도록 도와야한다. 목표 설정시 상담자가 특히 유의할 점은 경청, 반영, 명료화 및 해석 등 여러 기술을 활용하여 가시적이고 구체적이며 조작적인 행동목표로 재진술하도록 돕는다. 구체적인 목표가 합의 설정된 다음에는 상담기간 합의에 들어간다. 상담자의 전문적 견해와 내담자의 사정을 고려하여 잠정적으로 어느 정도의 회기를 정할 수 있다.

준비단계

이 단계에서 성취해야 할 기본적 과업은 안정되고 신뢰로운 상담분위기를 조성함으로써, 다음에 이어질 작업 단계를 준비하는 일이다. 안정감과 신뢰성이 결여될 때, 상담관계는 피상적일 수밖에 없고 깊이 있는 자기 노출, 진솔한 피드백과 직면도 불가능하다. 그러므로 이 단계에서 내담자는 있는 그대로의 느낌과 생각을 개방하고 새로운 행동을 실험할 수 있는 안전하고 신뢰로운 상담관계를 경험할 수 있어야 한다. 이를 위하여 상담자는 자신의 느낌과 말에 일치되는 행동을 한다. 내담자에게 바라는 행동을 솔선수범하는 동시에, 온정적·긍정적·수용적 태도로써 내담자를 대한다. 이 단계에서 상담자가 특별히 유의해야할 과제로서는 신뢰감과 안정감을 발달시키며 의존성 처리, 저항과 갈등을 처리한다.

신뢰성의 발달

신뢰성은 내담자가 경험하게 되는 상담자와 상담에 대한 매력과 친밀감을 내포한다. 상담자를 믿고 가까워져도 될 것 같은 기분을 갖는 것으로서 상담자는 이 준비단계에서 내담자와 신뢰관계를 형성하는 일에 특히 힘써야 한다. 이를 위하여, 상담자는 내담자의 말과 행동에 관심을 기울이고 적절한 공감과 자기노출의 기술을 발휘하여 내담자로 하여금 상담자로부터 이해·수용·인정을 받고 있다는 경험을 하도록 해야 한다.

의존성처리

도입단계에서 상담자가 거의 주도적으로 임했기 때문에, 내담자는 이 단계에서도 상담자에게 의존하려는 경향을 갖는다. 대부분의 내담자들은 상담자가 상담을 주도하고, 지시하고, 충고하고, 평가해 주기를 기대한다. 상담자는 내담자의 이와 같은 심리적 상황이나 욕구에 유의할 필요가 있다. 점차로 자신의 문제를 스스로 해결해 나가려는 태도를 발달시키도록 돕기 위하여 상담자는 정보를 필요로 하는 질문을 제외하고는 공감이나 반영을 통하여 내담자가 자신을 이해하고, 수용하고 개방하도록 돕기 위한 기초 작업을 하는데 힘써야 한다.

저항 및 갈등의 처리

내담자는 부담감과 불안감을 경험하게 되어 조심하고 주저하게 된다. 그 결과 내담자는 침묵을 지키거나 질문을 하거나 지적인 내용에 호소하거나 자기를 개방하려 하지 않는다. 상담자의 행동에 불만을 품은 내담자가 보다 적극적인 역할 수행을 요청하지만, 상담자가 이에 응하지 않을 때, 내담자는 적대적이 되고 반항적이 된다. 그 결과 내담자는 상담자에게 불만을 나타내고 상담의 목적과 효과에 의문을 제기한다.

비록 이와 같은 내담자의 저항과 갈등의 표현이 상담자에게 불쾌감을 일으킬 가능성이 있으나, 내담자에게는 자율성을 위한 최초의 시도로 볼 수 있다. 그러므로 상담자는 분노하거나 움츠려드는 대신 이를 공감하고 수용함으로써 저항과 갈등반응을 피하거나 숨기지 않고 생산적으로 처리하는 기회로 삼아야 한다. 내담자가 나타내는 저항과 갈등의 반응은 상담관계의 발달과정 상 필연적인 것이며 잘 관리할 경우 신뢰성을 강화하는 계기가 된다는 사실을 인정하고 상담자는 이를 성공적으로 처리하는 능력을 길러야 한다.[20]

작업 단계

저항과 갈등을 표현 할 수 있고 생산적으로 처리하고 나면, 상담관계는 점차로 신뢰감과 안정감이 발달되고 내담자는 상담자에게 자신의 문제를 진솔하게 내어놓고 도움을 받을 준비가 되고, 내담자는 자신의 삶에서 겪고 있는 심각한 문제까지도 상담자에게 개방하고 취급할 수 있게 된다. 그러므로 상담자는 이 단계에서 내담자로 하여금 자신의 문제를 탐색하며 이해하고 수용하며 노출하는 과정을 통하여 바람직하지 못한 행동을 버리고 보다 생산적인 대안행동을 학습하도록 돕는데 힘써야 한다. 이를 위하여 이 단계에서는 다음과 같은 과정을 거친다.

자기노출과 감정의 정화

내담자는 위협적인 문제까지 내어놓을 수 있을 정도의 상담관계를 발달시켰기 때문에 의미 있는 자기노출을 감행하기 시작한다. 내담자가 사적으로 의미 있는 문제를 노출하면 상담자는 공감과 자기노출 기법을 활용하여 그 문제와 관련돼 여러 가지 감정적 응어리를 토로하도록 도울 필요가 있다. 대체로 내담자는 문제의 원인을 타인 또는 환경으로 돌려 상대방을 탓하는 경향을 띤다. 그러므로 처음에 나타나는 감정적 응어리는 상대방에 대한 부정적 정서(답답함, 섭섭함, 원한)로 이루어지며, 그 책임도 상대방에게 전이시켜 그를 비난한다. 이때 상담자는 위로하고 지지하는 반응과 공감과 사기노출을 통하여 그 감정의 응어리를 풀어내도록 돕고 그로 하여금 충분히 이해 받고 수용되는 경험을 하도록 도와야 한다.

부정적 감정의 응어리를 정화하는 것은 그 자체로서도 치료적이다. 정서의 해소는 내담자로 하여금 자유감을 느끼게 한다. 내담자가 부정적 감정의 응어리를 지니고 있는 한 자신이나 타인 또는 환경에 대하여 객관적인 지각이나 통찰을 할 수 없다. 그러므로 상담자는 내담자의 문제를 취급할 때, 그의 감정을 공감해 주어 충분히 정화하도록 촉진해야 한다. 공감은 관심과 돌봄을 전달해 주는 한편, 상대방의 입장에서 그를 이해하게 한다.

비효과적 행동의 취급

문제와 관련된 감정의 응어리가 충분히 정화되어 내담자가 여유를 가지게 되었으면, 상담자는 내담자로 하여금 그 문제 상황에 연루 되고 헤어나지 못하게 만드는 자신의 비효과적 행동을 탐색·이해·수용하도록 돕는 작업을 시작한다. 지금까지 내담자는 주로 타인이나 환경 쪽에 초점을 두고 상대편의 문제점과 이에 관련된 감정을 토로하는데 치중해 왔다. 그러나 이제 그는 자기 쪽으로 시선을 돌려 스스로의 행동을 탐색·이해·수용해야 한다.

상담자는 여기에서 피드백과 직면을 통하여 내담자의 당면문제가 욕심을 품음―죄를 지음―사망, 즉 하나님·타인·자연과의 관계단절의 악순환과 관련이 있음을 탐색하고 이해하고 수용하도록 도와야 한다. 현재 내담자가 겪고 있는 문제가 무엇이든 간에 그것이 위에서 제시된 악순환의 고리의 일부에 깊이 연루되었을 뿐만 아니라, 결국에는 순환적 고리로 연결되기 때문에 인간의 힘으로는 해결할 가능성이 없다는 진실을 성령의 역사와 말씀의 활용으로 이해·수용하도록 돕는 것이 핵심과제다.[21]

내담자는 오랫동안 지녀온 자신의 행동을 이해·수용하는데 어려움을 느낀다. 처음에는 상담자의 피드백과 맞닥뜨림을 거부하거나 회피하려고 한다. 그러므로 상담자는 피드백과 직면을 할 때 문제를 여기-지금의 문제, 즉 상담자와 내담자관계에서 나타나는 행동과 연관 지우는 것이 효과적이다. 실제로 밖에서의 비효과적인 행동은 상담 장면에서도 나타나게 마련이다. 그렇지만 대부분의 내담자는 지금까지 고수해온 행동을 그것이 비록 비효과적이라고 하더라도 솔직히 인정하고 받아들이기가 쉽지 않을 것이다. 그러므로 상담자는 내담자가 자신의 비효과적인 행동을 탐색하고 이해하고 수용하기까지는 부인, 분노, 타협, 의기소침과 같은 과정을 거친다는 사실을 명심하고 조급하거나 무리하게 임하는 대신 여유와 믿음을 가지고 상담과정의 흐름에 따라 인내하는 태도를 견지할 필요가 있다.

대안행동의 취급

내담자가 자신의 비효과적 행동을 깨닫고 인정한 다음에는 대안행동에 들어간다. 대안행동을 효과적으로 취급하는 것이 작업단계의 또 다른 핵심적 과제이기 때문이다. 비효과적 행동이 자신의 문제를 일으킬 뿐 아니라 현재에도 지속시키고 있다는 사실을 진정으로 이해하고 수용한다면, 내담자는 스스로 그 문제에서 헤어날 대안을 찾고자 할 것이다. 이때 상담자는 내담자를 도와 그의 문제해결에 도움이 될 바람직한 대안, 즉, 예수 그리스도의 구속적 원리를 믿음으로 정죄함 없음-하나님의 자녀가 됨-범사에 감사하고 자유를 누림으로 이어지는 새로운 삶의 형태를 학습하게 한다. 이를 위하여 상담자는 내담자로 하여금 그리스도 안에서 시각의 변화를 체험하도록 도와야 한다. 내담자가 기독교의 진리를 깨닫고 수용한다.

상담자의 도움과 지지로 내담자가 새로운 시작으로 삶을 볼 수 있게 되었다면, 상담자는 그로 하여금 상담 밖의 문제 상황에 새로 익힌 시각을 적용해 보도록 돕는다. 상담 장면에서 학습한 행동이 효과를 거두려면 일반화가 되어야 한다. 학습의 일반화는 내담자가 새로 익힌 대안을 실제 생활에서 실험하는 과정을 통하여 성취된다. 이를 위하여 상담자는 내담자에게 과제를 부여하고 과제 수행에 필요한 행동을 상담 장면에서 역할놀이를 통하여 예습시킨 후, 다음 기회에 실행여부와 그 결과를 보고하도록 한다. 내담자의 보고를 들은 상담자는 성취한 것에 대하여 충분한 인정과 격려를 해주되, 미비한 점은 다시 논의하고 연습하는 과정을 반복하여 마침내 새로운 대안을 완전히 학습하게 도울 수 있다.

종결단계

내담자가 상담을 통하여 비효과적 행동을 버리고 새로운 대안행동을 학습하므로 상담 목표를 달성했을 때, 상담은 종결단계에 접어든다. 이 단계에 도달하면 내담자는 자신의 문제를 해결하게 되어 자기노출을 줄이는 반면, 이제까지 맺어 온 상담관계로부터 분리되어야 하는 아쉬움을 경험하게 된다. 도입단계가 중요한 것처럼 이 종결단계도 상담과정에서 매우 중요한 위치를 차지한다. 이 단계가 적절히 다루어지지 못하면, 내담자는 학습한 것을 활용하는데 지장을 받을 뿐 아니라 상담자체에 대한 부정적 감정을 지니고 떠날 가능성이 크다. 그러므로 상담자는 내담자로 하여금 학습결과를 잘 정리하므로 이를 실천하겠다는 의지와 희망을 갖는 동시에 상담에 대한 긍정적 시각을 가지고 떠나도록 도와야 한다. 이를 위하여 상담자는 최소한 다음과 같은 몇 가지 문제를 효과적으로 취급할 필요가 있다.

상담경험의 요약

종결단계에서 취급해야 할 최초의 과업은 상담의 전 과정을 개관하고 요약하는 일이다. 상담자는 내담자로 하여금 전체 상담과정에서 자신에게 특별히 의미가 있었거나 도움이 되었던 경험을 회상해 보고 말하도록 한 다음, 상담자가 최종적으로 종합 정리한다.

내담자의 변화에 대한 사정

상담의 주된 목적이 내담자의 행동변화에 있다면, 종결단계에서 그 변화를 사정해 보는 일은 필수적이라고 할 수 있다. 그러므로 상담자는 내담자로 하여금 그의 변화를 상담의 시작 시점과 현재를 비교하여 살펴볼 뿐 아니라, 그것의 적용가능성도 알아보도록 도와야 한다. 이를 위하여 상담자는 상담을 마무리하기 전에 지금까지의 상담경험을 통하여 변화를 가져왔거나 학습한 것에 관하여 그리고 앞으로 그것을 어떻게 삶에서 적용하겠는지에 관하여 과거, 현재, 미래의 관점에서 생각해 보고 이야기해 보자고 제안할 수 있다.

종결에 대한 준비

도입단계에서 내담자가 예상불안을 경험했었다면, 종결단계에서는 이별에 대한 아쉬움을 경험한다. 어떤 내담자에게는 이 상담경험이 그의 삶에 있어서 매우 특별한 사건이 될 수 있다. 상담자와 형성한 관계가 그에게는 이때까지 경험한 인간관계 중에서 가장 친근한 관계일 수도 있기 때문이다. 그러한 내담자의 경우, 상담의 종결은 특별히 강한 느낌을 경험하게 한다. 상담자는 내담자로 하여금 이들 느낌을 표출할 어느 정도의 시간적 여유를 주고 아쉬움을 상담자와 공유하도록 도울 필요가 있다. 그렇다고 하여 지나치게 아쉽거나 슬픈 감정을 조장하는 일은 삼가야 한다. 상담자는 내담자에게 상담에서 학습한 기술을 밖에서도 활용하면 의미 있고 자유로운 삶을 살 수 있다는 사실을 지적해 준다. 상담의 종결이 학습한 대안행동을 생활에서 실행하는 새로운 시작임을 보게 하고, 상담경험에 대한 긍정적인 느낌과 밖에서 새로이 시도할 행동에 대한 희망을 가지고 떠나게 돕는 것이 바람직하다.

최종 마무리

상담자는 그 동안 내담자가 투입한 시간과 노력, 그리고 성취한 학습에 대하여 피드백하고 반응을 해준다. 상담에서의 경험을 계기로 새로운 시간과 행동을 삶에 적용시키기를 권고한다. 그리고 손을 잡고 감사와 결단의 기도를 함께 한 다음 상담의 전 과정을 마치도록 한다.

4. 상담자원과 기술

성경

성경의 권위를 인정하고 존중하며 그 진리를 토대로 형성해가는 상담은 무엇보다 성경에 기초해야 하며 하나님, 인간, 자연 등에 대한 건전한 신학적 기초위에 서야하며 가치중립이 아니라, 목적 지향적 이며, 가치 지향적이다. 그러므로 내담자들의 바람직하지 못한 언어적, 비언어적 행동들을 취급하고 다룰 때, 판단이나 선택을 해야 할 때 근거와 기준이 된다.

기도

상담자가 상담을 준비할 때, 상담의 시작과 마침 때에, 내담자의 영적인 성장을 자극해야할 때 기도의 자원은 매우 중요하다.

공감

공감은 상담자와 내담자간의 상호작용을 통해 내담자의 경험과 감정을 민감하고 정확하게 이해하는 것이다. 상담자는 내담자의 주관적인 경험 특히 지금- 여기의 경험을 이해하도록 노력한다. 공감적 이해의 목적은 내담자가 자신에게 더욱 밀접히 다가가게 하고 더욱 깊고 강한 감정을 경험하게 할 수 있다.

공감은 상담관계에 있어 핵심적인 요소라 말할 수 있다. 상담자와 내담자가 만나서 대화를 하는 동안에 내담자와 다르다는 점을 유지해 가면서 내담자의 입장이 되어 내담자의 방식대로 그의 세계를 수동하고 지각하여 그 생각과 느낌을 표현해 주는 것이다.

자기노출

상담자의 자기노출은 상담의 관계를 촉진하고 상담의 효과를 증진하게 한다. 상담자가 내담자에게 자신에 관한 것을 드러냄으로써 내담자와 더욱 깊은 관계를 맺고 내담자로 하여금 그의 속마음이나 경험을 더욱 깊이 있게 노출하게 한다. 상담자가 자신의 내면을 보다 솔직하게 드러낼 수 있을 때 내담자는 상담자를 신뢰하고 인간적인 친밀감을 느끼게 된다. 무조건 상담자가 드러내는 것으로만 자기노출의 효과가 없다. 내담자의 문제해결에 도움이 될 내용을 잘 고려하고 누출할 정도의 시기가 적절하게 맞아야 가장 효과가 높을 것이다.

피드백

내담자의 언어적, 비언어적 행동을 드러내어 되돌려 주는 것을 말한다. 긍정적 피드백은 내담자의 강점과 장점에 대해서 하는 것이고 부정적 피드백은 문제행동이나 비생산적인 행동이나 언어, 사고 등에 대해 되돌려 주는 것이다.

직면

직면이란 내담자의 행동과 표현하고 있는 말 사이의 불일치를 상담자가 지적해 주는 것이다. 그래서 내담자 내부에 존재하는 불일치성을 인식하여 해결하도록 격려하는 것이다. 즉, 첫째, 내담자의 말과 표정의 불일치, 둘째, 말과 행동의 불일치, 셋째, 과거의 말과 지금의 말의 불일치, 넷째, 상담자와 내담자의 현실지각의 불일치 일 때 해준다. 직면은 내담자가 자신을 평가하는 과정에서 고려할 수 있는 또 다른 견해를 제공해 준다.

수용, 지지, 격려

내담자 자신이 받아들여지고 이해 받고 있다는 느낌이 들면 불안감이 줄어들고 신뢰롭고 따뜻한 분위기 속에서 친밀감이 증진되어 상담 목표에 도달하기가 쉬워진다. 내담자의 개인적인 문제를 탐색하거나 새로운 행동을 시도할 때는 격려와 지지를 제공한다.

5. 상담이론

상담이론의 학파는 130개의 학파 255개 이론 400개의 접근[22]이 있다고 한다. 기독교교육 개론서로서 전문적이고 심화된 이론을 소개하기 보다는 현장에서 가장 많이 사용되고 있는 상담이론을 소개하고자 한다.

통찰중심-분석상담이론

대표적인 이론가는 융(Carl Jung)이다. 융은 인간을 이해하는 방식으로서 마음의 구조를 의식, 개인 무의식, 집단 무의식의 세 단계로 구분했다.

정신구조(Structure of the psyche)
의식 (Consciousness)

의식을 무의식의 거대한 바다에 떠있는 섬으로 보았으며 자아(ego)는 개인 의식의 핵심으로 동일성과 연속성을 지닌다. 의식적인 마음을 조직하며, 의식과 무의식을 연결한다. 외부적 과제(external task)로는 지각, 사고, 감정, 직관을 통해 환경으로부터 오는 사실과 의식사이의 관계의 조직하며 내부적 과제(internal task)로는 의식적 개념과 무의식의 진행사이의 관계를 제공한다.

개인 무의식(The personal unconscious)

개인무의식의 중요한 특성으로 콤플렉스(Complex)를 들 수 있다. 이는 개인마다 갖는 독특한 경험과 학습된 내용들 중의 하나로서 존재한다. 융은 단어연상과 기억과 연상의 흐름의 방해물을 찾는 연구에서 콤플렉스를 발견했다. 개인무의식은 잊어버리거나 억제되기 때문에 강렬함을 잃어버린다.

집단 무의식(The collective unconscious)

집단 무의식은 인류가 속한 집단적, 보편적 역사의 창고이다. 집단무의식은 결코 의식적이지 않으며 전통으로 존재한다.

원형(Archetypes)

원형(Archetypes)은 정신 중에서 유전된 부분이자, 본능에 연관된 조직적 패턴들이며 그 자체로는 표현될 수 없고, 원형적 이미지를 통한 재현을 통해서만 분명해지는 가설적 실체들이다. 이는 점점 더 의식에서부터 후퇴함으로써 무의식의 더 깊어진 층으로 인식했다.

원형은 선천적이며 행동의 본능적 패턴과 비슷하게 정신적 활동의 본능적 형태를 제공한다. 개인무의식이 콤플렉스를 구성한다면 집단무의식은 원형으로 구성된다. 원형은 그들 자신이 갖고 있는 이미지와 사고의 표현보다도 더 먼저의 '최초의 이미지', '최초의 사고'를 제공한다. 상징은 원형이 표현되어진 것에 의한 이미지이다.

페르조나(persona)

페르조나는 고대의 배우들이 쓴 가면에서 유래한다. 페르조나의 첫째 단계는, 개인적인 적응체계이거나 세계 속에서 모방한 방식이다. 둘째 단계는 '개인적인 가면' 뿐만 아니라 '집단적 정신구조의 가면'이다. 페르조나는 개인의 상황적 이유 때문에 존재한다. 이것은 외부의 대상과 태도와 관련이 있다.

아니마와 아니무스(The anima와 The animus)

아니마는 남성의 무의식 안에 있는 여성의 인격화를 말하고, 아니무스는 여성의 무의식 안에 있는 남성의 인격화를 말한다. 모든 남성 또는 여성은 그들 자신 안에 있는 모습과 반대성의 원형의 경험들의 원형을 이행한 아니마, 아니무스는 자기(self)로 가는 매개자의 역할을 하므로 이들의 인식을 통한 인격의 통합과 분화는 자기실현의 매우 중요한 단계이다.

그림자(The shadow)

인간본성의 열등하고 유치한 측면들로서 개인이 인정에 거부되었을 때의 의식적 열등감을 말한다. 그림자는 적당한 반응, 실제적 인식과 창조적인 충동을 가능케 하는 긍정적 특성들도 있으나 인간내부에 있는 어두운 면이다. 의식이 위협을 받거나 의심스러운 상황에 있을 때, 그림자는 긍정적이든 부정적이든 강력하고 비합리적인 투사의 결과로 타인에게 나타난다.

자기(The self)

의식과 무의식 모두를 포함하는 중심점이며 전체적인 영역을 의미한다. 자아가 의식만의 중심인데 반하여 자기는 전체성의 중심이다. 자기는 전체로서의 인격개체를 표현하는 의식과 무의식의 구성요소를 포함한다. 자기는 의식적 정신의 중심의 존재를 제한시키는 자아(ego)의 상위의 구조이다.

정신의 역동성(Dynamics of the psyche)

정신역학은 개인의 인격 또는 정신구조의 다양한 부분의 활동과 상호관계로 해석한다.

심리적 에너지(Psychic energy)

배고픔과 성, 공격성 등의 본능은 심리적 에너지의 표현이다. 심리적 에너지는 그것의 감정과 감각을 통한 외부 환경으로부터 이는 생물적, 심리적, 영적, 도덕적 통로 등 여러 가지 채널을 통해 흘러 다닐 수 있으며, 만약 어떤 채널이 막혀 있으면 방향을 바꾸어 다른 채널로 흘러가기도 한다. 에너지 흐름의 변동은 정신을 하나의 '전체'로서 조화롭게 유지하기 위한 목적과 기능을 가지고 있다.

대립(Opposition)

정신구조는 양극의 에너지의 흐름에 대립의 역동적인 과정으로 나타난다. 생존을 위해 필수적으로 필요한 내면의 양극성을 소유하며 반대의 충돌에서 일어나는 긴장과 갈등은 융의 심리역학에서 중요한 개념이다.

보상(Compensation)

보상의 기능은 정신구조의 전체에 걸쳐 기여한 에너지의 균형을 이루는 것이다. 보상은 부분적으로, 심리적 기관의 선천적인 자기통제를 수반하는 무의식의 과정이다. 때로는 무의식적 보상은 의식을 반대하기보다는 오히려 균형을 이룬다. 예를 들면 꿈에서 무의식은 의식의 상황이 가득찬 모든 요소들을 제공한다. 비록 의식적인 요소들을 아는 것이 완전한 적응에 필수적이지만 의식적인 선택에 의해서 억제된다.

무의식의 돌파구(Breakthrough of unconscious content)

무의식의 에너지는 의식의 세계로 작동한다.

초월 기능(The transcendent function)

초월 기능은 수학적 기능과 유사한 심리학적 기능이다. 여기서 수학적 기능이란 실질적이면서도 가상의 숫자이다. 무의식의 혼란스러운 에너지에 직면해서 융은 종합적인 과정 즉, 초월적 기능을 주장한다. 이 초월 기능은 의식과 무의식사이의 분리를 없앨 수 있다. 초월 기능은 과정과방법이며 개인이 원래 가지고 있는 잠재력을 하나로 실현시키도록 해주는 수단이다.[23]

상담과정

융은 분명히 진단, 예후와 치료의 의학적 모델을 따르지 않는다. 융은 분석적 정신요법을 고백, 설명, 교육과 변환의 네 단계를 주장했다. 보통 정상적 적응은 1-3단계의 진행을 통해 성취된다. 네 번째 단계인 변환은 앞의 단계를 능가한 더 깊은 수준을 요구한다. 상담과정의 다양성은 내담자의 삶의 단계에서 그들의 성격특성과 그들의 원인에 근거한 각각의 요소에 따라 결정된다. 변환의 과정에서는 인생의 후반에 자아실현의 문제에 직면한 사람들에게 더욱 적당한 방법이다. 상담자에게 너무 의존하는 것을 막기 위해서 10주에 한번은 치료를 중단했고, 그 공백의 시간은 치료의 시간이 되기도 했다. 분석치료의 완전한 과정은 수년 동안 이루어지며 대부분의 사례를 통해 봤을 때 치료의 기간이 길다.

분석적 상담의 네 단계는 아래와 같이 고백, 설명, 교육, 변환으로 이루어진다.

1단계 고백

분석적 치료의 원형은 고백이다. 치료과정의 첫 단계는 비밀의 공유와 내성적 감정을 표출시키는 것이다. 카타르시스적 고백은 자아의 내용을 회복한다. 이것은 의식적으로 가능하나 고백은 모든 문제의 해결책으로서 간주되어서는 안된다.

2단계 설명

설명은 전이에서 나온 내용을 명료하게 해결하는 과정이다. 내담자의 꿈을 분석함으로써, 상담자들은 내담자의 꿈에 투영된 것이 무엇인지를 해석하고 설명한다. 이단계의 효과로써는 내담자들은 그들의 개인무의식과 유아적 투사, 결점을 수용하는 통찰이다.

3단계 교육

교육은 내담자가 그들의 신경증적인 자멸적 습관을 대신해서 그들 자신의 새롭고 적응적인 습관을 발휘하게 도움을 줄 것을 수반한다. 이 단계에서 책임 있는 행동을 하도록 돕는다.

4단계 변환

많은 사람들은 위의 3단계에서 치료가 가능하다. 그러나 종종 사람들은 정상과 적응 이상의 것을 요구한다. 왜냐하면 그들의 가장 깊은 요구는 비정상적 삶에서 벗어나 건강해 지는 것이기 때문이다. 변환의 단계에서는 내담자뿐 아니라 상담자도 분석 안에 있어야 한다. 그들 사이의 관계는 상호적인 변화를 불러일으키는 평가불능의 요소들이 있다.

내담자 중심상담이론

로저스(Carl Rogers)는 인간중심상담이론의 대표적 인물로서 내담자중심이론이라 칭하기도 한다. 미래지향적이며 자기실현적인 인간으로서의 존재를 강조하였다.

주요개념

준거의 지각적 또는 주관적 틀(Perceptual or subjective frame of reference)

인간은 누구나 그 자신의 개인적이고 주관적인 세계가 있어 내담자의 지각적, 주관적 관점을 강조한다. 인간이 알 수 있는 유일한 실재는 오직 그들이 현재 개인적으로 인지하고 경험하는 세계이며 각 사람은 각자의 실제를 갖는다.

실현화 경향성(Actualizing tendency)
인간의 유일한 기본적 동기는 자아실현의 경향성이며 기본적으로 긍정적이다. 유기체가 자신을 유지하고 발전시키고, 재생산하도록 그 능력을 발전시키는 내재적인 경향성을 발현하는 활동적인 과정이다. 전체성(wholeness)과 잠재력의 실현, 그리고 외부의 통제를 벗어나 자율성을 향해 나가려는 경향이다. 모든 정신적인 어려움은 이 실현화의 경향이 막혀 버렸기 때문이다.

유기체적 가치화 과정(Organismic valuing process)
실현화 경향을 만족시키는 어떠한 경험에 보다 가치를 두게 되는 과정이다. 누군가가 어떻게 느껴야 한다고 말해 주는 것이 아니라 유기체 스스로 그의 감각과 본능에 의해서 실제로 어떻게 느끼고 경험하는가에 따라 그 가치를 평가하는 과정이다.

경험과 경험하기(Experience and experiencing)
생리학적인 관점에서가 아니라, 심리학적인 관점에서 감각적이고 본능적인 경험을 말한다. 경험은 의식적인 자각을 할 수 있는 것이다. 감정을 경험하는 것은 정서적인 내용과 인지적인 내용 모두를 포함한다.

지각과 자각(Perception and awareness)
지각은 현실이나 실재의 경험과 일치할 수도 있고 그렇지 않을 수도 있다. 자각은 방어적 부인(defensive denials)이나 왜곡(distortions)에 의해 정확하게 상징화 되지 못할 수 있다.[24]

상담목표

인간중심상담이론의 상담 목표는 개인의 보다 큰 독립성과 통합성의 정도다. 단순히 문제를 해결하는 것이 아니라 내담자들의 성장과정을 도움으로써 그들이 현재 대처하고 있는 그리고 미래에 대처하게 될 문제들에 대해 보다 잘 대처할 수 있게 돕는 것이다. 로저스는 상담을 받으러 오는 사람들의 대부분은 "진실로 내 자신을 어떻게 발견할 수 있을까?", "내가 진실로 바라고 있는 바대로 될 수 있을까?", "어떻게 나의 겉모습의 배후로 들어가 진정한 내 자신으로 될 수 있을까?"와 같은 의문을 갖고 있다고 한다. 충분히 기능하는 사람(Fully functioning person)은 계속해서 성장하고 충만해가는 건설적인 사람을 의미한다. 이와 같은 개념은 궁극적으로 상담목표이기도 하다.

경험에 대한 개방(Openness to experience)

폭넓은 지각력으로 현실적 자각능력을 의미하며 조건부가치가 아니라 자율성과 창의성을 가지고 변화를 다룰 수 있으며, 필요보다 선택에 의해 행동하는 삶을 창조하는 선택의 기회를 넓힌다.

합리성(Rationality)

자기실현 경향적 행동을 하는 사람은 유기체를 유지하고 고양시키는데 있어 합리적이다.

개인적 책임감(Personal responsibility)

타인에 대한 책임감을 느끼는 것이 아닌 스스로의 자아실현에 대한 책임감을 갖는 것이며 자신의 행동에 대한 책임을 수용하고 타인과는 다른 존재임도 self-control, self-help와 self-acceptance한다. 개인적 책임을 인식하는 것은 효율적인 사람들 가장 중심부분이다.

자아존중 (Self-regard)
타인의 칭찬이나 인정에 의한 것이 아닌 무조건적인 자아수용은 자아존중을 가져온다.

인간관계 능력 (Capacity for good personal relationships)
타인에 대한 방어적 태도가 아닌 수용적 태도를 가지고 타인을 특별한 존재로 받아들인다.

윤리적인 삶 (Ethical living)
타인의 권리를 무시하지 않으며 목적과 수단, 선과 악을 정확히 분별한다. 윤리적인 삶이란 외부의 권위보다 내적인 것을 신뢰하고 물질적인 것보다는 자연에 대한 친화와 경외감을 지니는 영적인 가치를 추구한다.

상담관계
상담자의 세 가지 성격 특성 또는 태도는 진실성, 무조건적인 긍정적 관심, 정확한 공감적 이해이다.

진실성 (congruence)
진실성은 상담자가 일치성을 나타내며 상담기간 동안에 상담자가 완전히 신뢰할 만한 태도를 보여주는 것이다. 거짓된 태도가 없고 그의 내적 경험과 외적 표현은 일치하며 내담자와의 관계에서 일어나는 감정이나 태도를 솔직히 표현한다. 진실한 상담자는 자발적이며 긍정적이건 부정적이건 자신의 행동이나 감정에 솔직하다. 부정적인 감정을 표현(또는 수용)함으로써 치료자는 내담자와 정직한 대화를 촉진시킬 수 있다.

진실성을 통해 상담자는 자신의 감정에 책임을 져야하며 내담자와 참 만남의 능력을 방해하는 감정이 무엇인지 탐색해야 한다. 그렇다고 해서 진실성의 개념이 완전히 자아실현한 상담자만이 상담에서 효율적일 수 있다는 것을 의미하는 것은 아니다.

무조건적인 긍정적 관심과 수용

상담자는 내담자를 하나의 인격체로서 깊고 진실하게 돌보는 것이다. 돌본다는 것은 내담자의 감정이나 생각, 행위의 좋고 나쁨의 평가와 판단에 의해 영향 받지 않는다는 점에서 무조건적이다. 상담자는 내담자를 수용함에 있어 규범을 정하지 않고 무조건 존중하고 따뜻하게 받아들인다. 이것은 "나는 당신을 어떤 때만 받아들이겠다"가 아닌 "나는 당신을 있는 그대로 받아들이겠다"는 태도이다. 상담자는 내담자를 있는 그대로 존중한다는 의사전달을 해줌으로써 불안과 염려 없이 자유로이 자신의 감정과 경험을 갖도록 돕는다. 수용은 감정을 가진 내담자의 권리를 인정하는 것이다. 그러나 모든 행동을 다 인정하는 것은 아니다. 모든 표출된 행동이 다 인정되거나 수용될 필요는 없기 때문이다.

내담자에 대한 수용을 강조하는 의미는 내담자를 존경하지 않거나 싫어하는 상담자는 치료에서 좋은 결과를 얻을 수 없다. 내담자는 치료자의 관심이 부족하다는 것을 느끼면 점점 방어적으로 될 것이기 때문이다.

공감(Empathy)

내담자의 개인적 세계가 상담자 자신의 세계인 것처럼 지각하여 내담자의 감정의 흐름에 정중하고도 민감하게 반응하는 것이다. 내담자의 의사소통과 그가 전달하고자 하는 의미를 수용하는 상담자의 활동과정으로서 진정한 공감은 판단적이거나 진단적이지 않다. 내담자의 진술에 반응하는 것으로서 듣기(listening), 관찰하기(observing), 반복해서 말하기(resonating), 분별하기(discriminating), 의사소통하기(communicating), 이해확인(checking your understanding) 과정이 있다.[25]

인지행동이론

엘리스(Albert Ellis), 아론 벡(Aron beck) 등이 대표적 학자들이다. 부적절한 정서와 행동은 사고의 문제로, 즉 비합리적인 신념 때문에 생긴다고 보는 엘리스의 이론을 살펴보기로 하겠다.

합리적이고 비합리적인 신념(Rational and irrational beliefs)
합리적 신념
건강하고 생산적이며 사회적 적응과 일치하고 희망, 좋아함으로 구성된다. 파괴적이고 어두운 역경을 합리적으로 사고할 때 현실적인 방법으로 감정을 경험하면서 목표추구적인 행동을 하게 된다.

비합리적인 신념
목표를 성취하기 위해서 인간의 노력하는 방법에서 '완고한, 독단적인, 건강하지 못한, 부적합한'의 표현을 발견할 수 있다. 그들의 파괴적이고 어두운 신념을 가짐으로써 사람들은 부적절한 정서와 부적절한 행동을 하게 된다.

비합리적 신념과 합리적 신념의 차이점[26]

	비합리적 신념		합리적 신념
01	성인으로서 알고 있는 모든 중요한 사람들로부터 사랑받고 인정받고 이해받아야 가치 있는 사람이다. 만약 그렇지 않다면 이는 끔찍하다.	01	자기를 존중하고 실제적인 일에 대해 인정받고 사랑받기보다는 사랑하는 것에 신경을 쓰는 것이 바람직하고 생산적이다.
02	자신이 가치 있다고 인정받으려면 모든 영역에 대해 완벽한 능력이 있고 성공을 해야만 한다.	02	자신이 인간적인 제한점이 있고 실수를 범하기도 하는, 불완전한 존재라는 것을 받아들이는 것이 좋다.
03	어떤 사람들은 나쁘고 사악하며 그들의 사악함은 반드시 비난받고 처벌받아야만 한다.	03	사람들은 비윤리적으로 행동하는 경우가 흔하며, 이들을 비난하고 처벌하기보다는 그들의 행동을 변화시킬 수 있도록 도와주는 것이 더 좋다.
04	일이 뜻대로 진행되지 않는다면 무시무시하고 끔찍한 일이다.	04	일이 내 뜻대로 된다면 좋겠지만, 내가 원하는 대로 되지 않는다고 해서 끔찍할 이유는 없다.
05	불행이란 외부사건들 때문에 생기며 우리는 통제할 능력이 거의 또는 전혀 없다.	05	현재 내가 겪고 있는 정서적인 괴로움은 주로 나의 책임이며, 내가 사건들을 보고 평가하는 방식을 변화시킴으로써 나의 감정을 조절할 수 있다.
06	만약 어떤 사람에게 위험하거나 두려운 일이 일어날 가능성이 있다면 그는 그 일에 대해 염려해야 하고, 그것이 일어날 가능성에 대해 늘 생각하고 있어야 한다.	06	걱정한다고 해서 어떤 일이 사라지는 것은 아니다. 일어날 가능성이 있는 괴로운 일을 처리하기 위해 최선을 다할 것이며, 만약 다루기가 불가능하다면 그 일이 어쩔 수 없다는 것을 받아들이겠다.
07	인생에서의 어려움은 부딪쳐 책임 있게 해결하기보다 피해가는 것이 편하다.	07	소위 쉬운 방법으로는 궁극적인 문제를 피할 수 없으며, 이는 문제를 더욱 어렵게 만든다.
08	나는 항상 고통이 없이 편안해야만 한다.	08	고통이 없이 얻을 수 있는 것은 아무것도 없다. 그러므로 내가 비록 이것을 좋아하지 않아도 나는 이런 불편을 참아내고 견딜 수 있다.
09	나는 아마 미쳐 가고 있는지도 모른다. 그러나 나는 미쳐서는 안 된다. 왜냐하면 그것을 견딜 수 없기 때문이다.	09	정서적 곤궁은 확실히 즐거운 것은 아니지만 이것은 참을 수 있다.
10	인생에서의 어려움은 부딪치기보다 피해 가는 것이 편하다.	10	소위 쉬운 방법은 궁극적으로는 피할 수 없으며 더욱 어려운 방법이다.
11	우리는 다른 사람에게 의지해야만 하고 의지할 강한 누군가가 있어야만 한다.	11	다른 사람들과 친밀하게 지내는 것을 즐기지만, 내 생활을 도와줄 사람을 원하지는 않는다. 나는 내 자신을 믿고 의지할 수 있다.
12	행복이란 외부 사건들에 의해 결정되며 우리는 통제할 수 없다.	12	현재 내가 겪고 있는 정서적인 괴로움은 주로 나의 책임이며, 내가 사건들을 보고 평가하는 방식을 변화시킴으로써 나의 장점을 조절할 수 있다.
13	나의 과거의 사건들이 현재의 행동을 결정한다.	13	나는 과거의 일들에 대한 나의 지각과 과거의 영향에 대한 나의 해석을 재평가함으로써 과거의 영향을 극복할 수 있다.

상담과정

성격의 ABCDE이론(ABC theory of personality)
- G 기본적이고 중요한 목표(Goals)
- A 인간의 삶에서 선전하고 활성화 된 사건(Activating events)
- B 합리적이고 비합리적인 신념(Beliefs)
- C 감정적 행동적 결과(Consequences)
- D 비합리적인 신념의 반박(Disputing irrational beliefs)
- E 영향력 있는 삶의 새로운 철학(Effective new philosophy of life)

위와 같은 A-B-C-D-E 과정으로 인지재구성을 이룬다.

6. 기독교교육에 있어서의 상담의 과제

지금까지 기독교교육과 상담에 관한 일치점들과 통합과 정체성, 그리고 사용되어지는 이론들을 살펴보았다. 개인의 인간적인성숙과 발전과 변화를 도모하는 기독교교육은 교사의 역할이 상담자로서 빛을 발할 때 가장 이상적이라 할 수 있을 것이다. 상담자로서 역할을 감당 하는 교사는 성숙한 영성을 가지며 그리스도를 닮아 가도록 조력하며 하나님 나라의 확장과 복음사역에 상담을 하나의 도구로서 효율적으로 활용해야 할 것이다. 기독교와 심리학의 통합과정이 자칫 상담이라는 이름 아래 현대조류를 타고 학문의 영역에서 상당히 파괴적인 역할을 하게 되는, 말하자면 상담과정이 제 기능을 발휘하지 못하고 오히려 혼란에 빠트리는 교묘한 방법으로 비진리의 행동양식으로 빠질 수 있다.

그러므로 기독교상담의 과제로는 첫째, 기독교상담의 강점을 정립하고 둘째, 확고한 이론적 기틀을 세우고 셋째, 강력한 시대적 요구에 부응하는 상담교육을 확장함으로서 전문가를 배출하고 교회와 사회의 발전과 성숙에 기여해야 하는 점이다.

추천도서

김용태,《통합의 관점에서 본 기독교상담학》, 서울: 학지사, 2006.
박경애,《인지·정서·행동치료》, 서울: 학지사, 1997.
이형득,《상담이론》, 서울: 교육과학사, 2000.
정소영,《상담과 기독교교육》, 서울: 한국장로교출판사, 2000.
Corey, G., *Theory and practice counseling and psychotherapy*(6th ed.). Pacific Grove, CA : Brooks Code Publishing Company, 2001.

토론주제

1. 기독교교육에 있어서의 상담의 역할과 기능에 대해 토론해 봅시다.

2. 상담과정에 있어서 기술들의 사용에 대해 논의해 봅시다.

제15장
기독교교육 행정론

나삼진

1. 기독교교육 행정의 개념

　기독교교육 행정은 본질적으로 기독교교육의 이상과 목적을 효과적으로 달성하기 위한 일련의 지원활동이라고 할 수 있다. 기독교교육 목적을 달성하기 위해 필요한 인적 물적 조건을 확립하고 정비하는 수단적 활동인 것이다.
　이러한 교육행정은 보는 입장에 따라 그 정의와 방향이 달라질 수 있는데, 교육행정을 계획, 조직, 인사, 지휘, 조정, 보고, 예산편성 등 일곱 가지의 행정요소로 보는 것과 같은 단계적인 활동으로 보는 입장, 하나의 사회적 과정으로 보는 입장, 그리고 합리성을 바탕으로 한 집단적인 협동행위로 보는 입장이 있다.[1]
　기독교교육 행정은 기독교교육의 제반활동을 지원하는 통합적인 시스템으로 교육행정의 성공여부가 교회교육의 시행에 중요한 영향을 미치게 된다. 그러므로 기독교교육 행정은 기독교교육 활동에서 그동안 소홀히 여겨져 왔던 분야이지만 매우 중요한 분야임에 틀림이 없다. 기독교교육 행정은 효과적인 기독교교육의 시행을 위해 매우 중요하다. 목회자나 교사가 교육활동을 활성화하는데 필요한 에너지를 지원하며, 발생되는 문제를 해결하는데 유익을 주기 때문이다. 기독교교육에서도 적절한 행정적인 지원이 따르지 않으면 교육활동의 위축을 가져다 주고, 문제가 생길 수 있기 때문이다. 성경적인 조직원리와 적절한 행정의 시행으로 교회교육이 더욱 체계화되고 활성화될 수 있는 것이다.

2. 기독교교육 행정의 성경적 근거

성경은 경영학이나 행정학 교과서는 아니지만 경영과 행정에 대한 탁월한 이해를 제공한다.[2] 흔히 복음주의권 교회의 신자들 가운데 조직이나 경영이나 행정은 20세기 이후 현대 경영학에서 나온 이론으로 생각하며 이는 믿음과는 관계가 없고, 성경의 가르침과 배치된다고 생각하는 경향이 있다. 그러나 하나님은 어지러움의 하나님이 아니라 질서의 하나님이며, 혼란의 하나님이 아니라 화평의 하나님이시다. 하나님은 과도한 일과 비조직적인 행정 때문에 발생하는 교회와 복음사역의 혼돈을 기뻐하지 않는다(고전 14:33, 40).

기독교교육 행정은 분명한 성경적 근거를 가지고 있다. 그러면 구약성경과 신약성경에서 발견하는 행정의 원리는 무엇인가?

하나님은 조직적인 분으로 이는 천지창조의 과정에서 발견할 수 있다. 하나님은 천지창조를 계획하시고, 삼위일체 하나님이 함께 논의하여 창조사역을 시작하셨는데(창 1:26), 그 사역의 결과 창조세계는 하나님이 보시기에 아름다운 세계가 되었고, 마지막 창조물인 인간은 창조세계의 면류관이라 칭할만큼 위대한 작품이 되었다(창 1:31). 각 창조세계는 질서를 따라 지어졌으며, 창조물들이 존재하기에 적합한 환경 가운데서 지어졌다. 하나님은 그 창조세계를 인간에게 맡겨 관리하게 하셨는데, 아담이 창조물들에게 적절한 이름을 지어줌으로써 그 존재의 의미를 더하게 되었다(창2:19). 이러한 하나님의 창조사역과 아담에게 준 피조물 관리와 위임은 행정과 경영에서 중요한 성경적인 근거가 된다.

행정에 대한 구약성경의 가장 뚜렷한 근거는 출애굽기 18장에서 찾아볼 수 있다. 출애굽 사건 후 모세의 장인 이드로가 광야의 모세를 방문했을 때 매우 특이한 광경을 목격했다. 출애굽 당시 이스라엘의 인구는 적어도 200만 명 이상이었을 것이다(민 1:46). 출애굽 이후 이스라엘 사회에는 민, 형사상의 다양한 사건들이 발생하고 있었고, 국가의 최고 지도자로서 모세의 책임은 백성들 사이에서 일어난 다양한 사건들의 문제를 해결해주는 재판관 역할이었다. 당시 모세는 입법, 사법, 행정을 총괄하는 절대군주적 위치에 있었다. 모세는 종일 각종 재판에 몰두하고 있었고, 백성들은 순서를 기다리느라 지친 모습을 보이고 있었다. 이에 이드로는 효율적인 행정을 위해 부장제도를 제안하고, 모세가 이를 도입함으로써 국가행정이 체계화되었다(출 18:13-22). 이 일로 모세는 국정에 전념하고, 사소한 문제는 각 단계의 부장들의 지휘로 해결되었기 때문에, 이후 모세는 40년간 백성들의 광야생활을 성공적으로 이끌고, 모세오경도 기록할 수 있었다. 이처럼 행정의 집중화 현상은 조직에 문제를 발생시키고, 권한과 책임의 적절한 위임은 그 효율성을 제고한다.

또한 느헤미야는 바벨론 귀환 이후 예루살렘 성벽의 건축과정에서 적절한 조직과 행정으로 한정된 인적 물적 자원을 잘 관리하여 주어진 임무를 성공적으로 마칠 수 있었다. 그는 전체 귀환자들을 격려하여 성벽재건에 동참하게 하였고, 그 결과 성벽이 성공적으로 건축할 수 있었다(느 1-6장).

잠언 역시 여러 곳에서 경영학적 지혜를 많이 보여주고 있는데, 잠언 16장은 경영학 교과서라고 할 수 있을 정도이다. 경영의 원리와 실제적인 면들을 강조함으로써 성경적인 행정의 원리를 알 수 있다.

신약성경에서 예수님은 행정가로서 치밀한 모습을 보여주고 있다. 그는 열두제자들을 집중적으로 훈련하여 그의 죽음과 승천 이후의 세계를 준비시켰으며, 제자들을 전도자로 파송할 때도 둘씩 짝을 지어 파송함으로써 조직의 효율성을 극대화 하셨다(막 6:7). 예수님은 인적 물적 자원을 효과적으로 사용하여 유능한 조직가의 본을 보이셨다.[3] 신약성경에서 행정의 효율성을 다루는 본문은 사도행전 6장에 나타나는 사도들의 직무와 관련된 일이다. 오순절 성령충만을 받은 제자들이 복음을 전하게 되자 많은 무리가 예수님을 믿게 되고, 교회가 크게 성장하고, 숫자적인 증가는 물론 성도들이 그들의 재산을 사도들에게 가져오므로 많은 사람들로 구제를 실시하게 되었다(행 2:41, 47, 4:4). 이 구제사업은 사도들의 직무의 과중함을 가져오고, 고의적이지는 않았지만 대상자 선정에 있어서 헬라파 과부들이 소외되어 구제의 공정성이 문제가 되었다. 이는 교회 안에서 헬라파와 히브리파 유대인들 사이에 분쟁으로 발전, 공동체의 파괴를 이끌 수 있는 위기에 처하게 되었다. 이에 사도들은 본래의 임무인 기도하는 일과 말씀 전하는 일에 전념하게 되고 새로운 인사 제도를 도입하여 일곱 명의 중직자를 선출하여 구제의 임무를 맡겼다. 이 일로 사도들은 기도와 말씀전파에 전념하게 됨으로써 능력이 나타나게 되었고, 평신도들이 교회의 리더로 세워짐으로써 열 두 제자로 한정되었던 교회의 리더십의 확장이 이루어지게 되었다. 이 일로 인해 하나님의 말씀이 점점 더 왕성하여 예루살렘에 있는 제자의 수가 더 심히 많아지고 허다한 제사장의 무리가 교회의 일원으로 하나님의 나라에 편입되었다(행 6:1-7).

이와 같이 기독교 공동체 안에서 적절한 조직과 행정이 필요하며, 기독교교육에서도 효율적인 행정은 교육사역의 역량을 강화시켜 준다. 균형잡힌 기독교교육 행정은 교회교육의 활성화와 교육사역의 역량을 강화시켜준다.

3. 기독교교육 행정의 원리

목적지향성의 원리

기독교교육은 개인의 구원과 영적인 성장을 목적으로 하고 있다. 기독교교육 행정은 효율성을 우선적인 가치로 생각하는 현대적 경영이론에서 나오는 행정과는 구별된다. 적은 투자로 많은 성과를 가져오도록 요구하는 행정과도 구별된다. 기독교 행정은 기독교공동체의 목적에 합당한 행정이 있어야 하며, 기독교교육 행정은 언제나 기독교교육의 목적지향적인 행정을 그 본질로 하고 있다. 그러므로 기독교교육 행정은 그 본질을 추구하도록 노력해야 한다. 언제나 교회의 존재목적을 질문해야 하며, 기독교교육 사역의 목적과 방향이 무엇인지 질문해야 한다. 항상 우리가 어디에 서 있으며, 어디로 가고 있는가를 질문할 수 있어야 한다.

자율성의 원리

기독교교육은 자율적으로 운영되어야 한다. 일반적으로 교육행정에서 교육의 정치적 중립성을 보장하기 위해 자율성이 강조되고 있다. 이를 위해 인사와 재정의 독립성이 중요하게 고려되고 있다. 한국사회에서는 교육에 대한 중앙정부의 지나친 통제로 어려움을 당하고 있는데, 자율성의 저해는 공교육을 파행으로 만드는 경향이 많다. 교단적으로 총회의 교육행정은 교단의 지도층과 관계없이 자율적으로 운영되어야 정치적인 부침에 따라 교육이 위축을 당해서는 안된다. 교회교육 역시 지도자들의 지나친 통제와 간섭은 교회교육 담당자들의 전적인 헌신을 어렵게 만든다. 교회의 모든 직분들이 그렇지만 특히 교회교육은 자발적인 봉사에 의존하기 때문에 자율성의 원리가 훼손되면 구성원들의 자발적인 봉사를 어렵게 만든다. 그 결과 교사들이 교육현장을 이탈하는 요인이 되기도 한다. 총회나 교회에서 이러한 기독교교육의 자율성이 확보되고, 강화되려면 담당자들이 다른 이들과 비교할 수 없는 탁월한 전문성을 확보하여야 한다.

민주성의 원리

기독교교육 행정은 교회나 노회, 혹은 총회에서 교육정책 수립과 정책의 집행과정에서 전체 구성원들이 참여해야 한다. 그 참여의 기반 위에서 모든 의사결정과정에서 구성원들의 의사가 충분히 반영되어야 하고, 이를 위한 제도적인 장치가 있어야 한다. 교단 단위의 교육행정에는 전문가들과 구성원의 의사가 반영되어야 하고, 교회 단위의 교육행정에도 교육의 주체들의 참여가 제도적으로 보장되어야 한다.

효율성의 원리

기독교교육 행정은 그 집행에서 능률적이고 효율적으로 이루어져야 한다. 기독교교육 활동에는 많은 인적, 물적, 사회적, 그리고 영적인 자원이 투자된다. 경영이론이 주창하는 것을 모두 따를 수는 없지만 교회의 교육사업에도 투자되는 만큼 적절한 결과를 얻을 수 있어야 한다. 국가의 세원으로 이루어지는 학교행정과는 달리 성도들의 자발적인 헌금에 의해 이루어지는 교회학교의 행정임을 고려할 때 교육사업의 시행에서 효율성의 원리는 더욱 강조되어야 한다. 여기에 선택과 집중의 원리를 생각할 수 있다.

교회는 그 규모와 관계없이 모든 일을 할 수 없다. 자신이 할 수 있는 일과 할 수 없는 일, 급하게 해야 할 일과 시급하지 않는 일에 대한 판단은 균형을 이루어야 한다. 교회 단위에서의 교육에서도 행정은 역시 중요하다. 목회자 혹은 교회교육 지도자와 교사, 행정책임자들이 서로 각각의 임무를 분명하게 인식해야 하며, 그 임무를 적극적으로 성취하기 위해 힘써야 한다.

안정성의 원리

기독교교육 행정은 안정적이어야 한다. 많은 교회의 경우 원칙이 지켜지지 못하고 있고, 교회 전체를 담임하는 목회자나 교육기관 담당교역자의 이동과 부임은 교육에 상당한 영향을 미친다. 교역자들의 교회 안에서의 교육사역도 각기 그 전문성을 인정하고 개발하도록 지원하는 시스템 보다는 교역자의 경험에 따라 어린이, 청소년, 장년사역으로 자주 옮겨간다. 교회의 교육사역이 장년사역을 위한 징검다리(stepping stone) 사역이 되고 있는 것이다. 교육사역 현장의 이러한 경향은 교회의 안정적인 사역을 저해하고 있고, 심지어 교과서의 채택에도 영향을 미친다. 교회의 교육활동에서 지속성과 안정성의 확보는 필수적인 일이다. 교육제도와 교사교육, 그리고 교과서 사용의 빈번한 변경은 교회의 인적 물적 낭비를 초래하게 하고, 교육의 안정적인 운영을 어렵게 만든다.

섬김의 원리

기독교교육 행정은 섬김의 원리를 따라야 한다. 교회는 영리를 목적으로 하는 기관이 아니다. 목회자를 제외한 대다수의 사역자들은 자발적인 봉사자들이다. 이들은 자신에게 주어진 과도한 짐들을 지고 교회에 와 자발적인 봉사로 교회교육에 헌신하고 있다. 모든 사역자들은 예수 그리스도가 이 땅에 와 실천하고 모범으로 보여준 것과 같이 섬김의 원리를 따라 일해야 한다(마 10:42-45). 기독교 리더십은 군림하는 리더십이 아니라 섬기는 리더십이다.

4. 교회학교의 조직과 행정

교회학교 조직의 원리

교육행정의 조직에서 일반적으로 위계적 계층의 원리, 분업화의 원리, 조정의 원리, 최적집권화의 원리, 통솔한계의 원리, 그리고 명령통일의 원리를 조직의 원리로 말하지만[4] 기독교교육 행정과 조직에서는 이를 달리한다. 그것은 기독교교육 행정이 공익적, 계급적 성격을 가진 공립학교의 교육행정과는 분명한 차이를 보이기 때문이다. 그것은 일반학교와는 달리 교회의 비강제성, 교회학교 교사의 비전담성, 반조직의 현실적 성격 등으로 인해 학교교육과 같은 원리를 따를 수 없기 때문이다. 권한과 책임이 서열화되고 등급화되어 있고, 행정이 표준화, 분업화, 단순화, 전문화로 이루어진 학교행정과는 달리 교회교육 행정은 더 헌신된 일꾼이 더 많은 일을 하는 신앙적 자발성의 원리를 가지고 있기 때문이다. 교회학교의 사역수행에 있어서도 학교교육과 같은 집권적이고 명령적인 통일이 되기보다는 교사들과 아동들의 자발적인 참여를 이끌어야 하기 때문이다. 특히 교회행정과 기독교교육 행정은 사역의 극대화보다는 화평을 이루어 함께 협력하여 일하는 조직원리를 가지고 있다. 기독교교육 행정과 조직에서 고려해야 할 점은 심는 자와 물주는 자와 달리 '자라나게 하시는 하나님'(고전 3:9)이 제2의 교사가 됨을 잊지 않아야 한다.

교회학교의 학제

교회학교의 학제에는 각 교단마다 차이가 있다. 대한예수교장로회 총회(고신)를 비롯하여 다수의 교단은 공교육 학제에 맞추어 대개 다음과 같은 학제를 갖는다.

- 유아부: 학령 전 3-4세 아동을 대상으로 한다.
- 유치부: 학령 전 5-6세 아동을 대상으로 한다. 규모가 적은 교회는 유아부와 통합되거나 어머니와 함께 예배하기도 한다.
- 초등부: 초등학교 학령아동을 대상으로 하고 교과서는 초등 1, 2, 3부로 편성된다.
- 장애우부: 발달장애우들을 대상으로 한다.
- 중등부: 중학생을 대상으로 한다.
- 고등부: 고등학생을 대상으로 하는 사역으로 규모가 적은 교회는 중고등부가 청소년부로 통합 운영하고 있다.
- 대학부: 대학생을 대상으로 하는 사역으로, 규모가 적은 교회는 직장인 청년들과 함께 모인다.
- 장년부: 장년부는 교회의 다수를 대상으로 하는 사역으로 주로 주일 예배와 기도회, 구역(속회/다락방) 등으로 기본 프로그램으로 하고 있다. 별도로 새신자 교육과 학습세례교육이 있다.
- 노년부: 노년부 혹은 노인대학을 설치하여 교육과 지역봉사와 전도의 기회로 활용하고 있다. 한국사회가 경제적으로 윤택하고, 평균수명이 확대되고 있어 노년연령층 교육이 더욱 강화될 것으로 전망된다.

교회학교의 학제와 관련하여 일부의 교회에서는 학생들의 성장발달과 지적능력을 무시하고 무학년제를 운영하기도 한다. 이는 농어촌교회나 개척교회등 소규모 교회학교에서 적당한 제도이며, 이 제도의 성공을 위해서는 교사들의 헌신이 전제되어야 한다. 이 제도는 또한 전도와 양육에 유익한 점이 있다. 그러나 오랫동안 한 교사의 영향 아래서 양육됨으로 교사가 아동들의 신앙발달에 과도한 영향을 미치는 점이 있으며, 교사의 일관된 충성과 헌신이 전제되어야만 가능하다. 이 경우에는 아동들에 대한 성장과 발달의 차이에 따라 아동들에 대한 개별적인 관심을 통해 발달단계에 필요한 도움을 제공할 수 있어야 한다. 또한 교사는 지도력 신장을 위해 노력해야 하며, 교회는 교사의 지속적인 헌신하도록 동기를 부여를 해야 한다.

기독교교육의 중앙행정 조직

기독교교육의 중앙 행정조직으로 전국교회를 관할하는 총회의 교육조직이 있다. 대한예수교장로회 총회에는 총회교육원이 있어 교단의 기독교교육 행정의 책임을 지고 있다. 총회교육원은 다음과 같은 기본적인 직무를 가지고 있다.

총회교육정책의 수립과 추진
전국교회의 교육방향을 결정하는 총회 교육정책을 연구, 수립, 추진한다. 중앙의 교육행정은 교재개발, 교사교육, 성경학교 주제 등 다양한 측면에서 개별 교회교육에 관계를 맺고, 영향을 미치므로 교회교육 지도자들은 총회의 교육정책에 대해 관심을 가져야 한다.

교재개발
총회교육원은 교회학교의 각급 부서에서 사용하는 교과서를 개발한다. 교과서 편찬은 개별교회가 할 수 있는 일이 아니므로 교역자는 교재의 특성을 이해하고, 공식적인 교과서를 채택하는 것이 좋다. 교역자들의 개인적 신앙배경에 따라 교회학교의 교재가 빈번하게 달라지는 것은 교육의 일관성을 훼손하는 일이므로 삼가해야 한다.

교사양성과 평신도 지도력 개발

총회교육원은 총회교사대학과 각종 교육 프로그램을 통해 교회학교 교사들을 훈련한다. 국가가 교사들의 자격과 임면권을 가지고 있는 공립학교와는 달리 교회학교는 비전문적인 교사들이 일하고 있으므로 교회에서 체계적인 훈련을 해야 하는데, 개별교회로서는 용이하지가 않다. 그러므로 교회의 교사양성을 위해서는 체계화되고 전문화된 총회적인 교사양성 프로그램에 참여하는 것이 좋다. 교회교육 지도자 역시 여름과 겨울의 성경학교 지도자 세미나에 참여하여 일찍부터 계절학교를 준비하도록 한다. 또한 총회성경대학을 운영하여 교회의 중간 지도자들을 훈련하고 이들이 교회의 지도자로 헌신할 수 있도록 지원한다.

말씀묵상 운동

총회교육원은 《복있는 사람》과 《어린이 복있는 사람》을 간행하여 교회와 성도들의 말씀묵상운동을 지원한다.

중간행정 조직

총회와 교회와 사이에 장로교회의 경우 노회, 감리교회나 성결교회의 경우 지방회라는 중간조직이 있고, 교육행정도 이 조직과 함께 이루어지고 있다. 노회 혹은 지방회에는 교육부가 있어 산하교회의 교육문제를 지도하고, 노회에는 주일학교연합회가 있어 교회의 교사들의 교육력 향상을 위해 노력하고 있다. 노회교육부는 산하 교회의 교육의 활성화를 위해 노력하되, 지나치게 관여함으로써 교사들의 자발성이 위축되지 않도록 해야 한다. 또한 노회단위의 주일학교연합회 역시 단순한 교사들의 친교모임만 아니라 교사들의 지도력 향상에 기여하는 바가 많으므로 전문성을 키우기 위해 노력해야 한다. 교사강습회와 세미나를 통해 교사들을 훈련하고, 또한 연합회 활동을 통해 연약한 교회의 교육을 지원하는 것은 귀한 일이다.

교회 교육행정 조직

지역교회에서 교육은 담임목사의 책임 하에 이루어지도록 규정되어 있다. 당회가 명목상 교회학교를 감독하지만 많은 교회에서 그 감독기능이 제대로 이루어지지 못하고 있다. 많은 교회에서 교육의 제반문제는 당회가 교역자와 행정을 맡는 부장을 임명함으로써 그 역할을 다했다고 생각하는 경향이 많다. 교회에는 기독교교육의 발전을 위해 교회교육위원회를 구성하고, 교육행정이 효율적으로 이루어지도록 노력해야 한다.

교육위원회의 필요성과 역할

교회의 교육의 일관성있는 추진과 활성화를 위해 교육위원회를 구성하는 것이 필요하다. 이 기구는 교회의 교육적인 프로그램을 행정(administering)하는 일에 관심을 가진다.[5] 이 위원회에서 교육문제를 실질적으로 총괄하게 한다. 교회교육위원회는 교회의 전반적인 교육활동을 계획, 조직, 인도, 감독, 그리고 평가하는 기능을 가진다.[6] 이러한 과정을 전체적으로 교회의 교육위원회의 책임을 구체적으로 열거하면 다음과 같이 열 가지로 정리할 수 있다.

- 교회의 교육목회를 위한 대화와 촉진
- 교회학교 프로그램과 개인의 평가
- 자격있는 교사들의 모집
- 커리큘럼의 선정
- 교육 프로그램을 위한 예산편성

- 교육행사의 일정 조정
- 필요한 것의 조달, 장비, 시설의 준비
- 교사를 위한 계속교육과 지원
- 장기계획의 착수와 목적 설정
- 출석, 개인 및 재정 기록의 유지[7]

교회교육위원회의 구성과 운영

교회교육 발전을 효과적으로 수행하기 위해 적절한 참여해야 한다. 목회자 팀 안에서 교육목사 혹은 교육담당 목사가 책임을 지고, 연령별로 구분되어 있는 교육부서의 부장과 교역자, 그리고 당회가 임명하는 교회 내 교육 전문인력이 함께 참여할 수 있어야 한다. 평신도들의 오랜 경험과 전문성을 교회교육에 참여하게 함으로써 도움을 얻을 수 있다. 그러나 교회교육위원회를 운영은 담임목사의 관심의 유무, 전임목사나 교육사의 존재유무, 혹은 평신도 지도자의 헌신과 열정에 의해 크게 영향을 받을 수 있다. 위원회 운영에 있어 그러한 외적인 환경에 영향을 받지 않도록 인사, 행정, 재정운영에 대해 제도적인 장치가 마련되어 있어야 한다.

교회의 교육조직과 행정

교회교육의 조직은 교회의 규모와 인적 구성, 그리고 교회의 환경과 시설에 따라 다양하게 구분할 수 있다. 다음과 같은 구조를 따를 수 있는데, 교회의 규모에 따라 이를 조정하여야 한다. 적은 수가 모여 인적인 한계가 있으면서 불필요하게 큰 조직을 구성할 필요는 없기 때문이다.

중대형교회

주일예배 출석을 기준으로 하여 800명 이상 모이는 중대형교회는 비교적 좋은 교육시스템을 갖출 수 있다. 교육을 책임지고 전문성을 가진 전임 교육목사를 채용하고, 각급 교육부서에 교역자를 임명하여 교육을 시행하는 것이 좋다. 각부의 교역자는 교육에 전념하게하고 부장으로 하여금 행정을 맡게 한다. 중대형교회가 교육적인 면에서는 10,000명이 모이는 메가교회보다는 1,000명이 모이는 중대형교회 열 교회가 교육여건이 훨씬 나은 경향을 보이며, 교회의 건강도도 좋아질 수 있다.

중형교회

주일예배 출석을 기준으로 250명 이상 800명 미만의 교회도 비교적 좋은 교육여건을 확보할 수 있다. 교구목사 가운데 교육을 책임지는 담당목사를 임명하고, 각 부 교역자는 여건상 비전임 교역자를 임명할 수 있으나, 교회의 교육정책을 관리할 전문지도자가 필요하다.

중소형교회

주일예배 출석을 기준으로 250명 미만의 교회는 시설부족과 인력부족으로 교육의 기반을 제대로 운영하기가 쉽지 않다. 더구나 예산의 부족으로 전임교역자 채용이 어렵기 때문에 파트타임 교역자를 채용하거나 평신도 교사들의 자발적인 노력에 의존할 수 밖에 없다. 유아부와 유치부의 통합 운영, 초등부의 통합 운영, 중고등부의 통합운영으로 제한된 공간과 인적 자원을 활용해야 한다.

작은교회

주일예배 출석을 기준으로 100명 미만의 작은 교회는 공간과 시간 문제로 교육기관들은 많은 갈등을 겪는다. 이 체제의 경우에는 헌법이 명시하는 대로 목회자가 교육에 많은 관심을 가질 수 있는 체계이거나 자원봉사자들에 의해 운영될 수밖에 없다. 담임목사가 교회학교의 예배와 성경공부를 둘러보고, 교사들을 격려함으로써 작은 교회의 장점을 살릴 수 있다. 열심 있는 평신도들이 교회학교, 찬양대, 구역, 남여전도회 등에서 적극적으로 참여하기 때문에 충분한 교육시간이 제공되지 못하고 교사 상호간에 관계 증진이 이루어질 수 없는 어려움이 있다.

그 외에도 교회가운데 행정적인 체계를 거의 생각할 수 없는 미조직교회 혹은 개척교회가 있다. 오늘의 농어촌 지역에는 이농현상과 기존 성도들의 노령화가 급격하게 진행됨으로 가임층에 속한 청년부부들이 적고, 이로 인해 출생 어린이가 희소한 것은 물론 교회학교가 존재하지 않는 교회도 많다. 개척교회 역시 아동이나 청소년들이 적음으로 교육기관을 운영하는 것이 쉽지 않다. 농어촌이나 도시지역이라도 개척교회의 경우 적은 수의 아동들의 신앙교육을 위해 목회자 혹은 목회자 부인이 직접 교회학교 교육을 담당하는 것도 고려할 수 있다. 농어촌 지역에는 훈련받은 신자나 고등교육을 받은 이들이 적어 교사로 활용할 수 있는 인력이 제한되기 때문이다.

반의 조직과 구성

반 편성

반의 조직은 비전담성과 비전문적인 교사들의 지도력과 여건을 고려할 때 적절한 수로 한정되어야 한다. 일반적으로 예수님의 제자단 구성과 같이 한 사람의 리더가 10-12명을 통솔할 수 있는 적정선으로 생각하는 경향이 있다. 그러나 교회학교 반 운영의 경우 아동들의 연령층에 따라 교사와 학생간의 비율 차이를 두어야 하는데, 교회학교의 한정된 공간과 짧은 교육시간도 고려해야 한다.

교회학교의 반편성에서 교사와 학생의 비율은 유아부는 1:1, 유치부는 1:3 정도가 적당하고, 초등부의 경우 5-7명이 적당하다. 발달장애우 부서는 1:1을 유지해야 하고, 특히 이들의 교회출석을 부모가 책임지지 않을 경우에 별도로 차량담당자들이 있어야 한다. 이 경우 아동들의 신체적 정신적 특성을 고려하여 안전한 운행에 특히 관심을 가져야 한다.

청소년들의 경우 1:5 이상을 유지하기가 어렵고, 청소년들간의 상호작용의 중요성을 고려할 때 학년 통합반의 운영도 고려할 수 있다. 청소년들은 친구들과의 또래집단도 중요하지만 신앙적인 면에서 선배들의 경험이 효과적으로 작용하는 경우가 많기 때문이다.

반의 조직

효율적인 반목회를 위해 반에서 적절한 조직을 두고 아동이나 청소년 각자에게 임무를 맡기는 것이 필요하다. 아동 후기나 청소년기의 학생들은 참여를 통해 배우며, 학급조직에서 맡은 직분에 따라 내가 학급의 주인이라는 긍정적인 인식을 하게 되며, 어려서부터 다른 어린이들을 돕고 섬김 훈련을 할 수 있다.

5. 교회교육 지도자와 교사의 리더십

기독교교육 행정과 분리할 수 없는 것이 리더십 문제이다. 교회의 지도력에는 두가지 기능이 있는데, 하나는 과제에 초점을 맞추어 목적을 이루며, 맡은 임무를 마치고 목적을 성취하는 것이며, 다른 하나는 관계에 초점을 맞추어 교제를 유지하며, 하나님과 몸과 조화를 이루는 것이다.[8] 이 둘은 함께 중요하다. 좋은 지도자는 교회의 세계적인 사명을 성취하도록 하고, 그와 함께 신자들의 일치된 친교를 세우는 것이다. 지도자와 교회는 반드시 두 가지 성취에 의해 평가되어야 한다. 의미있는 예배, 신자들의 교화, 잃어버린 사람들에 대한 전도, 현실적인 필요에 따른 다양한 모임 등으로 나타나는 교회의 과제에 대한 완수와 함께 성경에 의해 요구된 일치와 사랑의 교제 안에서 교회의 결합력있는 양육이 이루어져야 한다.

　리더십에는 교회학교 교사 리더십과 교회교육 지도자 리더십을 중심으로 생각할 수 있다. 교사나 기독교교육 지도자나 기독교 사역을 위해 적절한 사람은 그의 개인적인 학력이나 사회적인 신분에 관계없이 신실한 기독교인이어야 하며, 자신이 기독교적 삶에서 성장하는 사람, 다른 가르칠 수 있는 사람, 사람들에 대한 사랑을 가진 사람, 팀 사역자가 되어야 하며, 무엇보다도 하나님께 의존하고 있어야 한다(요 15:5).[9] 기독교교육 지도자와 교사들은 어떤 리더십을 가져야 할 것인가?

교회교육 지도자 리더십

　교회교육 지도자는 교회교육의 책임을 지고 사역하는 사역자들의 통칭이다. 교육목사, 교육전도사, 교육사, 청소년 사역자를 함께 포함하는 개념으로 사용할 수 있다. 교회교육 지도자는 지역교회에서 교회교육과 청소년 사역의 책임자로서, 교회의 크기와 교육기관의 규모, 행정체계, 사역자 수에 따라 차이가 있지만 대개 이들은 교회교육과 청소년 사역의 책임을 지고 있다. 미국에서는 이들을 안수유무에 따라 교육목사와 교육사로 구분하고 있다. 교회교육 지도자나 청소년 사역자는 누구인가? 윌로우크릭 교회(Willowcreek Community Church)의 청소년 사역자 보 보셔스(Bo Boshers)는 청소년 사역자나 교회교육 지도자의 다양하고도 복잡한 역할을 두고 때로는 리더들을 불러서 모임을 하고(목자), 때로는 운동경기를 기획해서 열고(스포츠 지도자), 때로는 학생들의 고충을 들어 주고(상담가), 때로는 감동적인 메시지를 준비하여 전하고(교사), 때로는 학부모들의 항의사항을 해결하고(소방수), 때로는 학생들과 함께 시간을 보내고(제자훈련사역자), 때로는 사역일정을 기획하고(행정가) 있다고 했다.[13] 단순하지 않은 과업을 잘 표현하고 있는 것이다. 제리 스터블필드(Jerry Stubblefield)

는 교회교육 지도자의 기능을 행정가, 계획자, 구비자, 대표자, 평가자, 성장의 주체, 의사전달자와 촉진자, 교육가, 동기부여자, 신학자 등 열 가지로 제시하고 있다.[14] 이처럼 교육지도자의 책임과 역할은 다양하다. 그러면 한국교회의 현실을 고려할 때 어떤 필수적인 책임과 역할이 있는가?

교회교육/청소년 사역의 책임

교회교육 지도자가 교육의 방향을 바로 이끌고 사역의 열매를 맺기 위해서는 기본적으로 기독교교육에 대한 학문적인 준비를 갖추어야 한다. 미국교회의 경우에는 교육사(DRE/Director of Religious Education, DCE/Director of Christian Education)라는 제도를 통해 교회교육 전문가들을 양성하는 체계를 갖추고 있다. 많은 기독교 대학들이 기독교교육학과를 설치하고 있고, 교회교육 지도자로서 필요한 철학과 기술들을 가르치는 실천적인 교육으로 교회교육 지도자들을 양성하고 있다. 교회교육 지도자들은 목회와 교회교육 현장의 흐름을 정확하게 이해하고, 이에 적절하게 대응전략을 마련해야 한다. 지역교회에서 교육을 책임지고 운영하기 위해서는 현대사회의 문화적 현실의 변화 추이, 그 교회의 역사와 특이성, 교회교육의 역사적 흐름과 전통에 대한 이해가 필요하다. 1990년대 후반 이후 사역의 전문화가 이루어지면서 점차 어린이사역, 청소년사역, 가정사역 등으로 분화되고 있다.

예배 인도와 설교

설교는 목회자의 특권이고 교회교육 지도자로서 가장 중요하고도 영광스러운 직무이다. 교역자는 설교를 통해 하나님의 말씀을 전한다. 하나님의 자녀들에게 하나님의 말씀으로 도전하며, 그들이 이를 깨닫게 하고 그 말씀을 실천하게 한다. 교역자는 이를 위해 기도하고 성실하게 준비하여 설교함으로써, 학생들의 가치관과 삶의 변화를 이끌어야 한다. 특히 어린이나 청소년의 주간 모임이 없는 한국교회의 실정에서는 설교는 사역의 매우 중요한 요소가 된다. 청소년들은 성인들과 '타문화권'이라 부를 정도로 어른들과는 너무나도 다른 세계에 살기 때문에 이들을 위한 예배를 준비하는 것이 바람직하다. 청소년들의 성장과 발달, 문화와 세계에 대한 깊은 이해 가운데 청소년을 위한 설교와 청소년들이 참여하는 예배를 드리게 해야 한다.

그런 면에서 청소년들을 위한 예배갱신도 중요한 과제가 아닐 수 없다. 미국 윌로우크릭 교회나 새들백 교회(Saddleback Community Church)의 구도자 예배(seeker's service)가 국내에 소개되면서 국내에서 많은 교회가 성인들과 구별된 청년들을 위한 예배를 시작하게 되고, 열린 예배로서의 청년예배가 젊은이 사역에서 중요한 트랜드로 자리잡고 있다. 청년들의 문화를 이해하고 받아들이는 가운데 편안함을 느끼는 분위기의 예배를 드리는 것은 권장할 만하다. 그러나 이들이 성인들과 지나치게 분리된 예배를 드림으로써 교회의 공동체성을 유지하는데 장애가 되어서는 안된다. 교회는 모든 세대가 함께하는 신앙 공동체로서, 그 구성원들이 같은 신앙과 같은 문화를 공유하는 것이 필요하다. 성인과 노년층, 젊은이들과 청소년들, 어린이들의 신앙이 지나치게 이질적으로 흘러서는 신앙의 공유와 계승에 어려움이 있다. 현실적인 상황을 고려할 때 성인들은 젊은 세대가 선호하는 찬송을, 청년세대는 교회의 전통적인 찬송과 문화를 함께 이해하려는 노력을 해야 한다.

교회교육 프로그램의 개발과 시행

교회교육 지도자는 전체 교회교육 프로그램을 개발하고, 효과적으로 이끌어야 한다. 지도자로서 교육활동의 방향을 제시하며, 교사들의 은사에 따라 담당자를 선정하여 사역을 맡기되, 그들의 전문성을 격려하며, 그 활동이 제대로 이루어지도록 해야 한다. 교육지도자는 사회변동에 많은 관심을 갖고 교육활동을 주관하되, 주5일 근무제도가 자리를 잡아가는 이 때 이러한 현상이 교회교육에 미치는 영향을 분석하고, 대응할 교육 프로그램을 준비해야 한다.[15] 주5일 근무제도의 정착은 교회교육에 새로운 도전과 위기를 가져다 줄 것이지만, 효과적인 주말교육 프로그램을 개발하면 평소의 시간부족에 시달리는 교회교육 현장에 새로운 가능성을 줄 것이다.

커리큘럼 분석과 채택

교회교육 지도자는 학생들이 성경공부에서 사용하게 되는 커리큘럼을 분석하고 이를 채택하여야 한다. 교재의 개발과정에서 내포되어 있는 신학과 신앙정신, 신앙교육에의 유용성 등을 검토하고, 교회가 지향하는 교육목적과 합당한지 검토해야 한다. 커리큘럼은 교회의 일련의 학습과정으로 교육적인 목표에 도달할 수 있도록 도와주는 학습지도 과정과 그 과정에서 겪게 되는 모든 경험들과 가장 필요로 하는 학습자료들까지 포함하는 포괄적인 것이다. 그러므로 교과과정의 선택은 학생들의 신앙교육에 매우 중요한 역할을 차지하고 있다. 커리큘럼 채택은 교회적으로 원칙을 가지고 있는 것이 바람직하며, 교역자의 교체에 따라 자주 교재가 변경되어서는 안된다.

교회교육 지도자는 교과서를 선택함에 있어서 책의 외형이나 흥미있는 구성에만 관심을 가질 것이 아니라 그 커리큘럼이 전체적으로 어떤 어린이/청소년을 키우려고, 어떤 방법으로 준비하였는가에 관심을 가져야 한다. 커리큘럼의 선택에는 성경적 기초, 탁월한 교육원리, 그리고 교사들에게 얼마나 실제적인 도움을 주고 있는가를 고려해야 한다.[16] 커리큘럼은 일반적으로 그 교단의 신학과 신앙정신을 반영하고 있다. 그러나 교단의 교육과정이 어떤 취약점이 있는가를 평가하고, 혹시 부족한 경우가 있다면 설교나 다양한 형태의 교사 교육을 통해 이를 보완하도록 해야 한다.

교사의 모집, 훈련, 격려

교사의 모집과 훈련과 격려는 지도자의 중요한 책임과 과제 중의 하나이다. 이 문제는 뒤이은 '교회학교 교사 리더십' 부분과 이 책의 '제12장 기독교교육 교사론'이 유용한 참고가 될 것이다.

어린이/청소년 상담

상담은 어린이와 청소년 사역에서 중요한 부분이다. 우리나라 청소년들의 대다수는 각기 중요한 고민들을 가지고 있다. 통계청의《사회통계조사》(2004)에 의하면 중학생들의 97.1%가 고민을 갖고 있으며, 그것을 친구(44.9%), 부모(22.4%), 형제자매(6.5%)에게 상담하거나 스스로 해결(20.2%)한다. 고등학생들의 97.7%가 고민을 갖고 있으며, 친구(50.2%), 부모(16.3%), 형제자매(5.6%), 교사(3%) 등에 상담하거나 스스로 해결(22.2%)한다.[17]

교회교육 지도자나 청소년 사역자는 어린이/청소년들에게 설교나 교사를 통한 돌봄 외에 상담사역을 확대하여 이들의 문제를 해결할 수 있어야 한다. 청소년들은 부모나 교사, 나아가 청소년 사역자들 그 누구도 자신들의 말을 들으려고 하지 않는다고 생각하고 있다. 애정을 가진 경청은 청소년 사역에서 대단히 창조적인 사랑 방법이다. 청소년 사역 전문가 짐 번(Jim Burn)의 지적대로 경청은 청소년들에 대한 가장 중요한 사랑의 표현이 된다. 청소년 상담은 개별 문제를 해결하기 위해 많은 시간을 필요로 하지만, 그들에게 주는 시간은 곧 사랑이다. 학생들에 대한 문제 역시 평소의 상담과 대화를 통해 문제가 발생하기 전에 예방하는 것이 필요하다.

기독교교육 지도자나 청소년 사역자는 학생들과 충분한 대화의 시간을 가져야 한다. 청소년 시기는 모든 권위와 외적인 간섭으로 부터 자유를 갈구하는 시기이지만 반대로 자신이 헌신할 대상을 찾는 시기이기도 하다. 자신이 존경할만한 대상을 만나면 언제나 어디서나 충성을 다한다. 청소년 사역자는 학생들의 문화를 이해하고, 교제와 대화를 통해 청소년들을 이해하기 위해 힘써야 한다. 개인적인 대화, 학교 방문, 어린이/청소년들이 선호하는 방송 프로그램에 대해 관심을 가져야 한다. 여러 메가교회들은 별도로 상담사역자를 채용하고, 평신도 리더들과 함께 상담실을 운영하는 것이 좋다.

학생 리더의 지도력 개발

교회 교육과 청소년 사역은 단순히 어린이와 청소년들을 돌보는 사역이 아니라 그들과 함께하는 사역이기도 하다. 효과적인 교회교육 사역을 위해 지도자들은 학생 리더를 선발, 이들의 지도력을 개발하여 그들을 그리스도의 제자로 훈련하고, 하나님의 나라를 위해 일할 수 있도록 격려해야 한다. 학생 리더들과 인격적인 관계를 형성하고 이들이 영적으로 성장할 수 있도록 구체적으로 돕는다. 매일 경건의 시간을 갖도록 격려해야 하며, 정기적으로 성경공부를 통해 양육해야 하고, 자신들의 삶의 자리에서 계속하여 그리스도인으로서 성장할 수 있도록 해야 한다. 학생들로 하여금 언제나 배우려는 열망을 가지고 살도록 해야 하며, 이를 통해 그들의 능력을 극대화할 수 있도록 해야 한다. 학생 리더의 선발과 훈련, 지도력 개발은 사역자의 매우 중요한 과제이면서도 놓치기 쉬운 과제이기도 하다. 교회교육 지도자/청소년 사역자는 학생 리더들을 훈련시켜 자신들의 동반자로 삼고, 그들과 함께 일하지 않으면 그 사역에서 탁월한 열매를 기대할 수 없게 된다.

지역 어린이/학생 전도

청소년 시기는 그들이 복음을 받아들이는 좋은 기회이다. 《한국 갤럽 조사》(2004)에 의하면 우리나라 성인 신자 가운데 65%가 청소년 시기 이전에 복음을 받아들였다.[18] 이는 청소년기 이전이 복음을 받을 수 있는 좋은 기회가 된다는 것을 보여주고 있다. 교회 청소년 사역은 매우 다양한 방법으로 지역 청소년들에게 복음을 전해야 한다. 청소년들을 훈련하여 복음의 핵심을 이해하게 하고 구원의 확신을 갖게 하며 복음 증거의 열정을 갖도록 구비해야 한다. 청소년들이 또래 청소년들에게 관계를 통하여, 삶을 통하여 복음 전파에 힘쓰게 해야 한다.

교회교육 지도자는 지속적으로 복음전파를 위한 프로그램을 준비하여 지역사회 어린이/청소년들에게 접근해야 한다. 정기적인 학교방문을 통해 교회에 출석하는 학생들을 격려할 수 있고, 그들의 믿지 않는 친구들에게 복음을 전할 수 있다. 교회교육 지도자는 어린이나 청소년 지도를 위해 학교의 교사-학부모 협의회(PTA/Parent Teacher Association)에 힘써 참여하는 것도 유익하다. 인근 학교와 긴밀한 관계를 유지하고, 학교의 필요를 적극 지원하며, 학교운영위원회의 공익위원으로 학교의 참여할 수 있다. 이런 관계를 통해 학교의 기독학생 모임이나 교사 성경공부 모임이나 기도회를 인도하는 것도 효과적이며, 학교나 학부모회의 필요에 따라 교회의 공간을 제공하는 것도 좋다. 교회는 다양한 접촉기회를 통해 지역학교나 지역사회와 협력체계를 형성할 수 있고, 학생들의 현장으로 더욱 가까이 가 그들의 필요를 관찰하는 유익이 있다.

교회학교 교사 리더십

한국교회의 교육은 헌신된 자원봉사자들인 교사들에 의해 이끌어져 왔다. 미국교회에서는 이들을 일반적으로 교사라 칭하기보다는 자원봉사자(volunteer)라고 불려지고 있는데, 이는 전문가(professional)와 관계되는 개념으로 이해된다. 전문가는 전문적인 훈련을 통해 분명한 이론과 그에 근거한 실천적 역량을 가지고 있고, 또한 전적으로 그 일을 하면서 적절한 생활비를 받는 사람을 일컫는다.[10] 자원봉사자들을 사용할 때 많은 교회공동체 안에 있는 구경꾼 신드롬(spectator syndrome)을 싸워 이기며, 종교기구는 많은 자원봉사자를 자라게 하며, 이들을 전부 교회교육의 전문가로 만들고 이를 통해 전부 교회공동체로 만드는 등 다양한 유익이 있다. 그런

면에서 자원봉사자들은 파라처치 기독교 기구에서 위대한 자산이라고 할 수 있다. 특히 교회와 파라처지 조직에서 중요하며, 효과적인 교육활동을 위한 중요한 측면이며, 그동안 성경과 교회사에서 중요한 기여를 해오고 있다.[11] 이들을 세우고 협력하여 사역하는 것은 교회에 필수적인 지도력 개발이다.

교회학교 교사의 책임과 역할

교회학교 교사는 교회교육의 가장 중요한 위치에 서 있다. 대개의 교회학교 교육이 교사들에 의해 시행되고 있기 때문에 교사가 어떤 교사냐에 따라 달라 질 수 있다. 그러므로 교사의 리더십 개발이 교회학교의 성공적인 사역을 위해 우선적인 과업이다. 교사들은 일반적으로 성경공부 인도, 상담과 기도와 개인적인 돌봄을 통해 반목회를 한다. 교회학교 교사의 역할이 제한되고 있지만 일반적인 목회자와 그 기능이 차이가 나지 않으며, 이는 실로 총체적인 목회라 할 수 있다.

교사의 리더십 개발

교회학교 교사는 계속하여 자신을 개발하고, 건강하게 사역할 수 있어야 한다. 교회교육과 청소년 사역은 뛰어난 사역자 한 사람의 사역이 아니라 동료 교사들의 협력과 동역 가운데 이루어지는 사역이다. 그러므로 교회학교와 교회교육 지도자들은 적절한 교사를 발굴하고 이들을 훈련하여 그들과 함께 사역해야 한다. 총회가 주관하는 교사양성 프로그램에 참여하거나 교회 단위의 교사대학이나 교사훈련원을 개설하고 교사를 양성할 수 있다. 교회는 정해진 원칙에 따라 교사를 발굴하여 임명 절차를 밟는다. 교회교육 지도자는 교사훈련에 대한 기본계획을 수립하고, 효과적으로 시행할 수 있도록 해야 한다.

교회는 훈련되고 자격을 갖추고 능력있는 리더들을 많이 필요로 한다. 특히 교회의 교육기구들에서는 더욱 그렇다. 교사들의 훈련은 교육목사의 가장 주요한 과업 중 하나이다. 교회에서의 교사교육은 교회 단위에서 할 수 있는 일과 교단 단위에서 할 수 있는 일로 구분된다. 지도자는 이를 고려하여 교사훈련을 준비하되, 교사론, 학생이해, 성경과 신학, 경건생활과 성경묵상 훈련, 교수/학습방법 개발, 반 목회와 학급운영 등에 대한 교육이 필요하다. 그런데 많은 교회에서 교사교육은 자주 과제에 초점이 맞추어지고 있다. 그러나 균형있는 훈련이 이루어져야 하는 데, 사람을 성장시키는 일에 관심을 가져야 한다.[12]

이와 함께 교역자와 동역하는 부장 등 평신도 교육 지도자는 동료교사의 멘토로서 책임을 다해야 한다. 부장은 오랫동안 사역해 오던 가운데 다양한 경험을 가진 교사로서 자신의 경험을 기초로 신임교사나 어려움을 겪고 있는 다른 교사들을 격려할 있다. 심지어 훌륭한 사역자라도 사역하는 가운데 어려움을 경험할 수 있으므로(왕상 19:1-4), 교사들의 어려움을 돌아보고 그들을 격려하고, 갈등과 상처를 치유할 수 있어야 한다.

담임목사와 교회학교

교회학교는 담임목사와 깊은 관계를 가지고 있다. 담임목사는 교회학교의 교장으로서 전체적인 책임을 지니고 있지만, 많은 교회에서 그 책임과 역할을 담당하고 있지 못하다. 담임목사는 교회의 책임자로서만이 아니라 교회교육의 최고 책임자로서 중요한 임무를 지고 있다. 설교와 가르침을 통해 교회와 가정에서의 교육적인 사명을 강조하고, 정기적으로 교회학교를 돌아보고, 사역자들과 교사들을 격려해야 한다. 사역자들이 일하기에 부족함이 없는 인적, 물적, 사회적 여건을 마련해 주어야 한다.

6. 교회교육 지도자의 자기관리

교회교육 지도자는 목회자로서 기본적인 자세를 갖추고, 자기관리에 철저해야 한다. 인격과 신앙과 삶이 건강한 지도자가 어린이/청소년을 건강하게 양육할 수가 있다. 교회교육 지도자의 철저한 자기관리는 전문적이고도 장기적인 사역이 가능하게 된다.

사역자의 경건생활과 영적활력의 유지

교회교육 지도자의 경건생활은 학생들에게 심대한 영향을 미친다. 지도자가 살아있을 때 학생들이 살 수 있고, 사역자가 영적으로 새로워지는 만큼 학생들도 새로워질 수 있다. 청소년 사역자는 자신의 영적인 활력을 유지하기 위하여 개인적으로 늘 경건의 시간(personal devotional time)을 가져야 한다. 규칙적인 성경 말씀 묵상과 기도를 통해 하나님을 배우고 교제하고 닮아가야 한다. 교회교육 지도자는 하나님의 말씀을 받아서 전하는 사람이므로 자신이 먼저 생명의 양식으로 배부르고 만족해야 한다. 지도자는 학생들과 교사들에게 줄 것이 있기 위하여 자신을 성숙한 그리스도인으로 다듬어가야 하고 먼저 하나님과 인격적인 관계를 유지, 발전시킬 수 있어야 한다(딤후 2:1-2; 신 6:4-9). 사역자의 관심과 사랑이 교사나 학생들을 새롭게 하고, 지도자의 영적인 활력과 역동성이 교사는 물론 어린이/학생들에게 영적인 활력을 공급한다.

현대 사회의 복잡한 구조 가운데서 사역자가 청소년들을 돌보는 과중한 업무 가운데 지속적으로 영적인 역동성과 활력을 유지하기란 그리 쉽지 않다. 특히 우리나라 목회자들은 사역에 대한 헌신이 대단한 편이라 거의 '일중독증' 수준에 빠져 있다. 혼자 있음, 곧 '독거'는 영성훈련의 매우 중요한 방법 가운데 하나이다. 예수님처럼 자연에 혼자 앉아 하나님과 자신, 자신과 사역, 일과 가족, 동료와 학생들 등 모든 관계를 성찰하는 것이 필요하다 (눅 22:39-46).

지속적인 자기 성장과 계속교육

교회교육 지도자들은 자신의 성장을 위해 노력해야 한다. 교육 지도자가 자신의 사역을 성공적으로 이끌기 위해 신학교에서 받은 기본교육으로는 충분치 않다. 청소년 사역자 시절 뛰어난 지도력을 발휘했으면서도 자기 성장이 멈추어 사역 후반에서 큰 사역의 열매를 보지 못하는 경우가 많다. 사역자는 영성훈련, 계속적인 독서와 세미나 참가, 다른 사역자와의 대화와 교류를 통하여 자기성장을 추구해야 하고, 자기 관리를 철저히 해야 한다. 사역자는 부도덕함과 죄, 돈과 명예 등으로 부터 자신을 보호해야 한다.

교회는 교회교육 지도자를 양성하는 일 만큼이나 그들을 격려하고 지원하는 일은 매우 중요하다. 이들의 사역은 많은 에너지를 필요로 하기 때문에 쉽게 탈진상태에 빠질 수 있다. 그러므로 교회는 이들의 신앙적, 경제적, 사회적, 전문적 영역을 격려해야 한다. 지도자 대회나 학회 참석을 격려하여 성장의 욕구를 채워주고, 시간과 재정을 배려해야 한다. 아울러 급여와 신분의 보장, 대우의 차별 철폐를 통해 교회의 책임있는 사역자로 인정하고, 이들의 전문성을 확대해주어야 한다.

미국교회의 경우 기독교교육은 교육사(DCE)들의 헌신적인 사역을 통해 계속되어 왔다. 미국의 각 주마다 광역지역 단위로 교파를 초월하여 주일학교연합회가 조직되어 있어 매년 컨벤션을 통해 지도자나 교사를 훈련하고 있는 것은 의미있는 일이다. 교회교육 지도자는 훈련을 통해 자신의 전문성을 개발하여야 한다.

사역자의 인간관계

교회교육 지도자들은 성숙한 인간관계를 가지고 이를 유지할 수 있어야 한다. 담임목사와의 바른 관계가 중요하며 이는 본질적인 과제이다.[19] 부목사를 단순히 'assistant pastor' 보다는 'associate pastor' 라고 하는데, 보조사역보다는 협력사역을 강조하는 표현이다. 부목사는 담임목사의 목회를 돕는 역할이 우선적임을 기억해야 한다. 교회교육 지도자는 담임목사의 한 스텝으로서 그에게 충성을 다해야 한다. 충성은 좋은 사역관계를 갖게 하는 신뢰와 존경을 만들어낸다. 이를 위해 그를 공정하게 생각하고 비전과 사역의 정보를 나누며, 최선을 다해 일하고, 비판을 받아들이는 방법을 배워야 한다.[20] 담임목사가 교회 전체 회중의 목회적인 사역으로 인해 교회교육이나 청소년 사역에 많은 관심을 가질 수 없는 경우가 많다. 그러므로 정기적인 보고와 상담을 통해 사역의 지원을 받아야 하고, 사역에서 사소한 오해가 생기는 일이 없도록 투명한 관계를 유지해야 한다.

교회 안에서 동료와의 관계 역시 중요하다. 교회 안의 동료 사역자나 혹은 교회 밖의 파라처치의 경우에도 동료들과의 좋은 관계는 사역에서 생길 수 있는 부적절한 오해를 불식시킬 수 있고, 이 관계를 역동적으로 유지하는 일에 실패하면 힘든 사역을 할 수밖에 없다. 교사들과의 관계를 유지하기 위해 개인적인 일에 깊은 관심을 가지고 그들이 어떤 가정적, 사회적, 혹은 직무적인 어려움이 있는가를 살펴 지원해야 한다. 스텝들과의 좋은 관계는 사역의 공통의 목표와 꿈 위에 세워진다. 자주 사역비전을 나누는 것이 중요하다.

사역자의 시간관리

교회교육 지도자는 교회의 교역자팀의 일원으로 여러 잡무에 시달리는 경우가 많으므로 시간관리를 철저히 하지 않으면 안된다. 많은 교회에서는 사역자 수가 제한되어 있고, 사역에 대한 직무설명서(job description)가 없기 때문에, 많은 교역자들이 이중 삼중의 사역을 함께 담당하도록 요구받고 있다. 교회교육이나 청소년 사역의 본래의 사역을 준비하고 담당하기보다는 교회의 급한 잡무를 처리하기 위해 시간을 사용하는 경우가 많다. 신학을 공부중인 파트타임 지도자는 교회의 기본적인 직무는 물론 공부와 함께 가족의 일원으로서의 책임으로 더욱 시간적인 여유가 없으므로 더욱 시간관리에 철저해야 한다.

교회교육 지도자들은 스티븐 코비가 《소중한 것을 먼저 하라》(First Things First)에서 제안하는 대로, 긴급한 일과 긴급하지 않은 일, 중요한 일과 중요하지 않은 일을 구분하여 사역할 수 있어야 한다.[21] 교회교육 지도자가 시간관리에 실패하면 자신의 사역을 관리할 수 없고, 이는 불가피하게 탈진상태에 이르게 한다. 과도한 일로부터의 탈출, 가족을 잘 돌아보지 못함으로써 가족 간에 생기는 어려움을 예방해야 한다.[22] 좋은 동역자들과의 교제 역시 사역을 활성화하고, 문제를 사전에 예방하게 하는 효과가 있다.

사역자와 가족 관계

교회교육 지도자는 교회교육이나 청소년 사역의 분주함에도 불구하고 가족의 일원으로서 그 책임을 다해야 한다. 가정에서 아버지로서, 어머니로서, 남편 혹은 아내로서 그 신실함은 학생들을 잘 가르치고 돌보는 일 만큼이나 중요하다. 그러므로 사역자로서 가족간에 바른 관계를 유지하도록 힘써야 한다. 교회교육 지도자가 사역의 복잡성 때문에 가족을 위해 충분한 시간을 할애하지 못할 때는 시간의 양보다는 함께 있음의 질로써 이를 보완할 수 있어야 한다. 대학생 선교단체에 참여하는 사역자의 경우 잦은 수련회와 캠퍼스 방문, 그리고 학생들과의 늦은 모임 등으로 가정생활에 심각한 지장을 주는 경우가 많다. 이러한 일이 계속되면 여러 문제를 발생하게 되고, 사역에도 심각한 영향을 주기도 한다. 미국교회에서는 사역자들의 가정의 파괴, 사역자와 학생들과 부적절한 관계의 발생 등 사역자들의 일탈현상이 발생하고, 교회나 단체의 사역에 치명적인 영향을 미치는 경우가 발생한다.

교회교육의 미래는 헌신적인 교회교육 지도자에게 달려있다. 교회교육 지도자는 하나님 나라를 위한 자신의 소명을 발견하고, 항상 새롭게 하며, 사역의 전문성을 제고해야 한다. 교육지도자들의 헌신적인 사역을 통해 지역교회의 교육이 새로워질 수 있다. 교회는 교회교육 전문가들을 양성하고 이들을 격려하고 그 사역을 지원하도록 노력해야 한다.

7. 교회교육 행정에서의 특수문제들

기독교교육 행정에서는 교회학교 운영에서는 여러 가지 예기하지 못한 문제들이 발생할 수 있다. 그 가운데 대표적인 문제는 윤리적인 문제와 법률적인 문제이다.[23] 교회학교는 주일 중심의 일상적인 교회학교 외에도 다양한 프로그램을 운영한다. 많은 교회가 여름성경학교나 캠프를 교회 밖에서 운영하고 있고, 단기선교나 비전트립이 증가하고 있고, 이는 장차 교회학교의 일반적인 프로그램으로 발전할 것으로 전망된다.

교회학교나 기독교교육 지도자는 이러한 교회 밖의 프로그램을 운영할 때 안전과 법률적인 문제를 세심하게 고려해야 한다. 여름 캠프나 단기 선교 프로그램을 운영할 때 다음의 점들을 고려해야 한다. 만일의 상황에 대하는 것은 하나님이 주시는 지혜이다.

- 법률적으로 미성년자들이 참가할 때 반드시 부모의 동의서를 받아야 한다.

- 참가지원서에 의료보험 관계 기록(medical release form)을 제출하도록 한다.
- 단체활동에 따른 위생, 의료 문제에 대해 대비해야 한다.
- 수영이나 야외활동 프로그램 운영시 안전요원을 충분히 배치하고 이를 우선적으로 고려해야 한다.
- 차량이동은 반드시 보험이 든 차량으로 이동해야 한다.
- 해외여행시에는 반드시 해외여행 전문회사의 행정적인 도움을 받아야 한다.
- 해외여행시에는 반드시 단체로 여행자 보험을 들도록 한다.
- 정부에서 여행제한 국가로 지정한 국가로의 봉사와 단체이동은 금해야 한다.
- 단기선교나 비전트립 프로그램을 외국에서 운영할 때에는 하루 2회 이상 교회와의 전화, 이메일 등의 방법으로 활동을 보고하여 안전유무를 확인해야 한다.

기독교교육 행정에서 또 다른 문제는 윤리적인 문제이다. 기독교교육 지도자의 채용에 신중해야 하며, 지도자는 철저한 자기관리를 통해 교회 안에서 윤리적인 문제가 발생되지 않도록 해야 한다. 교사의 모집, 훈련, 관리를 위해 철저하게 기록을 유지해야 한다. 교회이동 등으로 인한 신임교사를 채용할 때는 일정기간 교회의 예배와 프로그램, 소그룹 모임을 통해 교회에 적응할 충분한 기간이 경과한 후 교육지도자의 면담을 통해 확실한 신앙과 인격과 신분을 확인한 후 임명해야 한다. 특히 교회학교 안에서도 예기치 않게 성희롱 등 윤리적인 문제에 연루되지 않도록 관리를 철저하게 해야 한다.

추천도서

오은경,《교육행정의 기초》, 서울: 이화여대학교 출판부, 2003.

Anthony, Michael ed., *Introducing Christian Education: Foundations for the Twenty-first Century*, Grand Rapids: Baker Academic, 2002.

Bruce Powers ed., *Church Administration Handbook*, Nashville: Broadman & Holman Publishers, 1997.

Gary McIntosh, *Staff Your Church for Growth: Building Team Ministry in the 21st Century*, Grand Rapids: Baker Academic, 2000.

Bower, Robert, *Administering Christian Education*, Grand Rapids: Wm. B. Eerdmans Publishing Company, 1981,《기독교 교육행정의 원리와 실제》, 신청기 역, 서울: 성광문화사, 1990.

Lawson, Michael S. & Choun, Jr. Robert, *Directing Christian Education: The Changing Role of the Christian Education Specialist*, Chicago: Moody Press, 1992.

Graendorf, Werner, *Introduction to Biblical Christian Education*,《복음주의 기독교 교육학개론》, 김국환 역, 서울: 기독교문서선교회, 1992. 제4부.

Gangel, Kenneth, *Leadership for Church Education*,《교회교육의 리더십》, 권명달 역, 서울: 보이스사, 1996.

토의주제

1. 기독교교육 행정의 성경적인 근거는 무엇인가?

2. 기독교교육을 위한 행정원리는 어떠한가?

3. 지역교회의 규모에 따라 어떤 형태의 교육행정 조직이 필요한가?

4. 교회교육 지도자들의 책임과 역할은 무엇인가?

5. 기독교교육 지도자들의 자기관리의 방법은 어떠한가?

 주

제1부 | 기독교교육의 기초

1장 _ 기독교교육학의 정체성

1) 이보민, 《개혁주의 신학이란 무엇인가?》, 기독교교육연구시리즈 7, 고신대학교부설 기독교교육연구소, 1988, p. 2.

2) *Ibid*., pp. 3-4.

3) John Van Dyk, *The Craft of Christian Teaching: A Classroom Journey*, Sioux Center, IA: Dordt Press, 2000.

4) 종교적 동인은 인간 사회의 절대적인 중심적 동기로서 활동하는 영적인 힘이다. 이 근본 동인은 삶의 종교적 중심으로부터 삶의 모든 시간내적 표현들을 지배하며, 이것들을 존재의 참된 근원 또는 존재의 가정된 근원(supposed origin)으로 인도한다. 따라서 이 근본동인은 특정 시대의 문화, 과학, 사회구조에 지울 수 없는 특징을 부여할 뿐만 아니라 우리의 전체 세계관을 심오하게 결정한다. 그런데 종교적 동인에는 어떤 영(spirit)이 작용한다. 그것은 하나님의 영이거나 아니면 우상의 영이다. 인간은 자기 존재의 근원과 확고부동한 근거를 위해 영에 의지하며, 자신을 이 영의 봉사에 바친다. 인간이 영을 통제하는 것이 아니라, 영이 인간을 통제한다. 우리는 이러한 힘을 통치자로서가 아니라 봉사자로서 대면한다.

5) Gordon J. Spykman, *Christian Faith in Focus*, Ontario, Canada: Paideia Press, 1992, pp. 9-10.

6) Goudzwaard, B., *Aid for the Overdeveloped West*, Ontario, Canada: Wedge Publishing Foundation, pp. 14-15.

7) Van der Walt, B. J., *Being Human in a Christian Perspective*, Potchefstroom: Potchefstroom University for Christian Higher Education, 1977, p. 11.

8) *Ibid.*, p. 16.

9) Spier, J. M., *An Introduction to Christian Philosophy*, Nutley, New Jersey: Craig Press, 1976, p. 43. cf. Van der Walt, B. J., *Ibid.*, p. 18.

10) Harro Van Brummelen, *Steppingstones to Curriculum: A Biblical Path*, Seattle, Washington: Alta Vista College Press, 1994, p. 88.

11) Doug Blomberg, "If life is religion, can school be neutral?" *Journal of Christian Education Papers* 67, July 1980, pp. 5-11.

12) *Ibid.*, p. 93.

13) *Ibid.*, p. 94.

14) 알버트 그린, 《그리스도인답게 살아가기》, 안경상 역, 대구: 기독교대학설립동역회, 1995, p. 26.

15) *Ibid.*, p. 29.

16) 여기서 개혁주의 기독교교육의 기본 원리중 한 원리로서 제시하는 협동교육의 원리는 교수-학습 전략에서 제시하는 기독교교육의 한 방법으로서 협동학습(cooperative learning)이나 협력교실(collaborative classroom)을 의미하는 것이 아니다. 협동학습이나 협력교실도 협동교육의 기본적 원리가 바탕이 될 때 보다 더 효과적으로 수행될 수 있다.

17) Harro Van Brummelen, *Walking with God in the Classroom: Christian Approaches to Learning & Teaching*, Seattle, Washington: Alta Vista College Press, 1998, p. 6.

18) *Ibid.*

19) *Ibid.*, p. 4.

20) John Van Dyk, *The Craft of Christian Teaching: A Classroom Journey*, pp. 48-49.

21) J. M. Spier, *An Introduction to Christian Philosophy*, Nutley, New Jersey: The Craig Press, 1976, p. 16. '마음'은 인간의 가장 내면적인 부분을 지칭하고 있다(욜 2:13). 성경에서 마음은 때로 인간 삶의 근원(렘 4:18), 사상의 배경(출 28:10), 모든 지혜와 이성의 배경(시 90:12), 말과 행동의 배경(마 12:34, 15:19), 정서적 생활의 배경(잠 15:13), 죄의 근원(창 8:21), 인간의 전 존재의 가장 심오한 핵심(시 51:12) 등으로 묘사되고 있다.
22) Harro Van Brummelen, *Steppingstones to Curriculum: A Biblical Path*, pp. 116-175.
23) John Van Dyk, "Teaching Christianly: What is it?", *Christian Educators Journal*, 26(2):26-27, 1986.

_____, "Teaching Christianly: What is it?(II)", *Christian Educators Journal*, 26(3):10-11, 1987.

_____, "Teaching Christianly: What is it?(III)", *Christian Educators Journal*, 26(4):10-11, 1987.
24) Gloria Goris Stronks and Doug Blomberg ed., *A Vision with a Task*, Grand Rapids, Michigan: Baker Books, 1993.
25) Harro Van Brummelen, *Walking with God in the Classroom: Christian Approaches to Learning & Teaching*, Burlington, Canada: Welch Publishing Co., 1988.
26) Calvin Seerveld, *Cultural Objectives for the Christian Teacher*, Toronto, Canada: ICS, n.d, pp. 18-19.
27) Robert Coles and L. Genevie, *The moral life of America's School Children*, Teacher 108:43-49, 1990.
28) Stuart Fowler, *A Christian Voice Among Students And Scholars*, Potchefstroom: IRS, 1991, pp. 212-225.

2장 _ 기독교세계관과 교육철학

1) 전광식, 《학문의 숲길을 걷는 기쁨: 세계관, 철학, 학문에 관한 여덟 가지 글모음》, 서

울: CUP, 1998, pp. 12-15.

2) *Ibid.*, pp. 15-17.

3) 예컨대, 현재 네덜란드 자유대학교의 교육철학자 Siebren Miedema는 2005년과 2006년에도 인생관의 표현을 그의 책과 논문의 제목에 즐겨 사용하고 있다. 예컨대, Levensbeschouwelijke vorming 혹은 Levensbeschouwelijke leren samenleven 등의 표현에서 그러하다.

4) Nicholas Wolterstorff, "Forword", in B. J. Walsh & J. R. Middleton, *The Transforming Vision: Shaping a Christian World View*, Downers Grove, Ill.: IVP, 1984.

5) James R. Sire, 《기독교 세계관과 현대사상》, 김헌수 역, 서울: IVP, 1985, p. 20.

6) B. J. Walsh & J. R. Middleton, *The Transforming Vision: Shaping a Christian World View*, Downers Grove, Ill.: IVP, 1984, p. 17.

7) A. M. Wolters, *Creation Regained: Biblical Basics for a Reformational Worldview*, Grand Rapids: Eerdmans, 1985, p. 2.

8) B. J. van der Walt, *The Liberating Message: a Christian Worldview for Africa*, Potchefstroom: IRS, 1994, p. 39.

9) A. Wolters, *op. cit.*, p. 4.

10) B. J. Walsh & J. R. Middleton, *op. cit.*, p. 35.

11) B. J. van der Walt, *op. cit.*, p. 123.

12) *Ibid.*, p. 126.

13) B. J. van der Walt, *op. cit.*, pp. 99-118. 판델발트는 기독교세계관을 네 가지 유형으로 분류하였고, 자유주의적 세계관을 별도로 분리하여 취급하였다. 그는 자유주의 세계관을 기독교세계관 유형에 포함시키기를 주저하였다. 그러나 필자는 그것도 근대이후 서구에서 "기독교"라는 이름으로 확산된 주요한 세계관이었으므로 그 유형을 포함하여 다섯 가지로 정리하려 한다.

14) *Ibid.*, pp. 115-117.

15) 개혁적 세계관(예컨대 월터스, 판델발트), 성경적 세계관(예컨대 왈쉬와 미들톤, 스파이크만), 통전적 세계관(판델발트)이라는 용어로도 표현되고 있다. 그러나 기독교철

학자들은 이 용어들을 상호 교체적으로 사용하기도 한다.

16) L. Kalsbeek, *De Wijsbegeerte der wetsidee: Proeve van een christelijke filosofie*, (Amsterdam: Buijten & Schipperheijn, 1970), p. 98.

17) J. L. van der Walt, *Opvoedkunde as lewende wetenskap*, (Durban-Pretoria: Butterworth, 1980), pp. 8, 54.

18) C. T. Viljoen, *Philosophy of Education*, (Potchefstroom: PU for CHE, 1997), pp. 18-20.

3장 _ 기독교교육의 역사

1) C. B. Eavey, *History of Christian Education*, Chicago: Moody Press, 1976, p. 17.
2) Lewis Sherrill, *The Rise if Christian Education*, MacMillan Co.:New York, 1944, p. 1.
3) 김성환, 《기독교 교육사》, 기독교 교육론, 오인탁외 4인 편저, 서울: 대한기독교교육협회, 1985, p. 123.
4) 김성재, 《간추린 기독교교육사》, 기독교 교육, 한국기독교 교육학회 편, 서울: 대한기독교교육협회, 1994, pp. 109-110.
5) Elmer L. Towns editor, *A History of Religious Educators*, Grand Rapids, Mi: Baker Book House, p. 13.
6) 김재은, 《구약성서시대의 종교교육》, 기독교교육사, 편집 오인탁 주선애 정웅섭 은준관 김재은, 서울: 한들출판사, 2007, p. 17.
7) 장종철, 《한국교회와 기독교교육》, 서울: 감리교신학대학출판부, 1991, pp. 39-42.
8) C. B. Eavey, *op. cit.*, pp. 51-54.
9) 김재은, 앞의 책, pp. 22-24.
10) 김성재, 앞의 책, pp. 112-113.
11) 김재은, 앞의 책, pp. 25-28.
12) 앞의 책, p. 28.
13) 정웅섭, 《기독교 교육 개설》, 서울: 대한 기독교 서회, 1978, pp. 18-19.
14) 장종철, 앞의 책, pp. 44-46.

15) 주선애, 《신약성서시대의 기독교 교육》, 편집 오인탁 주선애 정웅섭 은준관 김재은, 앞의 책, p. 52.
16) Ibid, pp. 78-81.
17) 장종철, 앞의 책, p. 49.
18) C. B. Eavey, *op. cit.*, pp. 81-84.
19) Rlchard N. Longenecher, *Paul*, Elmer L. Towns editor, *op. cit.*, p. 52.
20) Lewis J. Sherrill, *op. cit.*, pp. 183-185.
21) 정웅섭, 앞의 책, pp. 27-30.
22) 장종철, 앞의 책, pp. 50-53.
23) 주선애, 앞의 책, p. 78.
24) 김성환, 앞의 책, p. 132.
25) C. B. Eavey, *op. cit.*, pp. 101-102.
26) 김성재, 앞의 책, p. 120.
27) 정웅섭, 앞의 책, pp. 34-35.
28) 강희천, 《중세기의 기독교교육》, 편집 오인탁 주선애 정웅섭 은준관 김재은, 앞의 책, pp. 133-134.
29) 김성환, 앞의 책, p. 133.
30) 김성재, 앞의 책, p. 121.
31) Eavey, *op. cit.*, p. 125.
32) 정정숙, 《기독교교육사》, 정정숙 전집 10, 서울: 도서출판 베다니, 2004, p. 147.
33) 김성재, 앞의 책, pp. 121-122.
34) 반피득, 《기독교교육》, 서울: 대한기독교서회, 1993, pp. 43-44.
35) 정정숙, 앞의 책, pp. 191-201.
36) 김성재, 앞의 책, p. 122.
37) 정정숙, 앞의 책, p. 202.
38) 김성환, 앞의 책, p. 135.
39) Eavey, *op. cit.*, p. 166.
40) 정정숙, 앞의 책, pp. 247-248.

41) Eavey, *op. cit.*, p. 170.
42) 이숙종,《바록시대의 교육》, 편집 오인탁 주선애 정웅섭 은준관 김재은, 앞의 책, pp. 248-257.
43) 정정숙, 앞의 책, pp. 216-221.
44) 이숙종, 앞의 책, pp. 273-274.
45) 정정숙, 앞의 책, pp. 235-237.
46) 앞의 책, pp. 246-248.
47) Eavey, *op. cit.*, pp. 189-190.
48) 정정숙, 앞의 책, pp. 251-255.
49) Eavey, *op cit*, pp. 215-216.
50) Elmer L. Towns, *Robert Raikes*, Elmer L. Towns editor, *op. cit.*, pp. 226-230.
51) Eavey, *op. cit.*, pp. 223-229.
52) 정정숙, 앞의 책, p. 298.
53) Elmer L. Towns, *op. cit.*, p. 234.
54) Eavey, *op. cit.*, pp. 227-228.
55) Clearence H. Benson, *A Popular History of Christian Education*, Chicago: Moody Press, 1943, p. 128, 정정숙, 앞의 책, pp. 300-301에서 재인용.
56) 정웅섭, 앞의 책, pp. 67-68.
57) 정정숙, 앞의 책, pp. 304-305.
58) 앞의 책, p. 307.
59) 정웅섭, 앞의 책, pp. 75-76.
60) 앞의 책, pp. 77-78.
61) 정정숙, 앞의 책, pp. 332-333.
62) 앞의 책, p. 376.
63) 김풀린,《한국 기독교 교육의 역사》, 서울: 대한기독교서회, 1992, pp. 18-20.
64) 정정숙, 앞의 책, pp. 382-386.
65) 이영호,《한국 기독교 교육의 역사》, 편집 오인탁 주선애 정웅섭 은준관 김재은, 서

울: 한들출판사, 2007, pp. 512-520.
66) 김폴린, 앞의 책, pp. 74-79.
67) 이영호, 앞의 책, pp. 525-527.
68) 정정숙, 앞의 책, pp. 425-426.
69) 앞의 책, pp. 426-435.

4장 _ 기독교교육과 신학

1) 유사한 정의로 Allen Moore의 것이 있다. "Religious education is an intentional, deliberate study of teaching-learning and the educative process as it relates to the faith and practices of a religious community", Allen J. Moore, "Religious Education as a Discipline," Marvin J. Taylor (ed.), *Changing Pattern of Religious Education* (Nashville: Abingdon, 1984), p. 91.

2) cf. 강용원, "기독교공동체를 이루는 기독교교육학", 《목회와 신학》 33 (1992. 3), pp. 86f.

3) 쉐릴(Sherrill)은 기독교교육과 일반교육의 차이를 말하는 가운데서, "기독교교육에서도 공인된 참여자들은 물론 자연적인 과정에서 상호작용하는 인간이다. 그러나 그것을 넘어서 더욱이 하나님이 그 공동체 안에 참여하고 계심이 공인되고 있다. 그리고 상호작용의 과정에서 의롭고 구속적이고 재창조적인 힘을 수반할 수 있는데 그것은 순전히 자연적인 과정 너머에서부터 오는 것이다."라고 하였다. Lewis J. Sherrill, *The Gift of Power* (New York: The Macmillan, 1963), p. 80.

4) 드 종(De Jong)은 참된 교육의 과정을 묘사하면서 "Education is the divinely instigated and humanly cooperating process"라고 하였다. Norman De Jong, *Education in the Truth* (Philadelphia: Presbyterian and Reformed Publishing Co., 1969), p. 118; "그러나 중생은 전적으로 하나님의 사역이다(요 1:12). 기독교 사역자나 교육자들이 영적으로 죽은 자들을 살릴 수 없는 것이다. 오직 성령만이 이 일을 하실 수 있다(엡 2:1; 골 2:13). 그럼에도 불구하고 죄인들을 내적으로 부르시고 회심하도록 하는 일에 하나님께서 복음의 지식과 죄의 지식을 사용하시는 한, 사람도 교수-학습과정에 참여할 수 있다. 여기서 기독교교육자는 교수에 이르도록 자신의 책임에 맡겨진 모든 사람들을 잘 돌보려는 강한 열망의 동기부여를 받고 예수 그리스도의

영광스런 복음을 가르칠 때 하나님의 손에 잡힌 도구가 될 수 있을 것이다." Norman E. Harper, *Making Disciples*, 《제자훈련을 통한 현대기독교교육》, 이승구 역, 서울: 정음출판사, 1984, p. 48.

5) *Ibid.*, pp. 87f.

6) 강희천 교수는 기독교교육학의 성격규정이 어려운 이유를 다음과 같이 세 가지로 설명한다. 첫째, 기독교교육이라는 용어가 지시하는 대상이 애매하며, 또한 학자에 따라 그 의미가 모호하게 해석되기 때문이다. 둘째, 기독교교육학을 구성하는 지식이 다양한 형태로 구성되어 있다는 점이다. 즉, 계시적 지식과 귀납적 지식을 동시에 수용하면서 이를 학문의 구성 요소로 삼아야 하기 때문이다. 셋째, 기독교교육이 지향하는 목적과 그 목적을 실현시키기 위해 선정하는 교육의 내용과 관련이 있다. 이것은 기독교교육의 목적이 지금까지 신학과의 연계 속에서 여러 형태로 제시되어 왔기 때문에 어떠한 신학적 기반 위에 서서 그것을 설정하느냐에 따라 그 형태가 크게 달라질 수 있다는 점이다. 또한 목적을 실현시키기 위한 구체적인 교육의 내용들은 당시 사회의 현상과 상황을 정확히 분석하면서 어떠한 행동이 가장 기독교적인지를 구별할 수 있는 가능성 위에서만 수립될 수 있기 때문에 신학 이외의 타학문과의 연관관계도 중요한 역할을 한다. 이런 관점에서도 기독교교육은 다양하게 정의될 수밖에 없다는 것이다. cf. 강희천, "기독교교육학의 학문적 성격", 《기독교교육사상》, 서울: 연세대학교 출판부, 1991, pp. 3-6.

7) 오인탁, "기독교교육학 교육과 경건", 《교회와 신학》 11, 1979, pp. 63-64.

8) 강용원, *op. cit.*, p. 89.

9) 독일이나 스위스의 경우에는 종교교육학(Religionspädagogik)이 신학부의 실천신학의 분야에서 확고한 교수의 자리(Lehrstuhl)를 확보하여 교수되고 있다.

10) 강용원, *op. cit.*, pp. 90f.

11) Sara Little, "Theology and Religious Education," Marvin M. Taylor (ed.), *Foundation for Christian Education in an Era of Change*, Nashvill: Abingdon, 1983, pp. 31-33.

12) *Ibid.*, p. 33.

13) Robert W. Pazmiño, *Foundational Issues in Christian Education*, Grand

Rapids: Baker Academic, 1997, pp. 62-64.
14) *Ibid.*, p. 63.
15) Robert W. Pazmiño, *op. cit.*, p. 63.
16) *Ibid.*; 파즈미노는 경험과 신앙의 성찰적 과정에서 경험을 신앙의 우위에 두는 생각을 철저히 배격한다. 우리는 개인의 경험을 논의하는 것을 거부하지는 않으나, 경험은 믿음의 증거로서 기능하기는 해도, 믿음을 판단하지는 않는다.
17) Daniel Day Williams, "Current Developments and Religious Education," Marvin J. Taylor (ed.), *Religious Education: A Comprehensive Survey*, Nachville: Abingdon Press, 1960, p. 52, Sara Little, *op. cit.*, pp. 32-33에서 재인용.
18) Robert W. Pazmiño, *op. cit.*, p. 64; 도마스 그룹(Thomas Groome)이 제시한 질문은 다음과 같다. 1) What is the nature of Christian education? (nature and content), 2) Why is Christian education? (purpose), 3) Where is Christian education undertaken? (context), 4) How is Christian education conducted? (methods), 5) When is it appropriate to share particular Christian truths and experience? (readiness), 6) Who is interacting in Christian education? (relationships), Thomas Groome, *Christian Religious Education: Sharing Our Story and Vision*, San Francisco: Harper & Row, 1980, xiv.
19) Robert W. Pazmiño, *op. cit.*, p. 64.
20) *Ibid.*
21) 니프코우(Nipkow)는 신학과 기독교교육의 관계를 '상대적 자율성'(relative Autonomie)이라고 표현하였다. 신학이 규범성을 가지기는 하지만, 일방적인 것이 아니며 기독교교육학적 눈으로 비판되고 선택적으로 수용된다는 의미에서 그러하다. 이에 대해서는 양금희, "기독교교육에 있어서 이론과 실천의 문제", 《장신논단》, 15(1997), pp. 609-611을 보라.
22) 기독교교육학의 실천신학적 파라다임을 모색한 탁월한 연구로 박봉수, "기독교교육의 새로운 파라다임 형성을 위한 한 연구" (장로회신학대학교 대학원, 1994)를 참조하라.

23) 파울러(Fowler)는 실천신학을 "기독교 프락시스"를 다루는 학문으로 본다. 기독교 프락시스는 기독교 전통과 현재의 삶의 컨텍스트 속에 존재한다. 따라서 실천신학은 기독교 프락시스를 신학적 실재로 다루기 위해서 기독교 전통과 현재의 삶의 컨텍스트를 다루게 된다. 기독교전통을 다루기 위해서 실천신학은 성경신학, 조직신학, 역사신학 등 다른 신학분과의 도움을 받으며, 현재의 삶의 컨텍스트를 다루기 위해서 사회과학의 도움을 받는다. 그리고 실천신학은 이 두 차원을 비판적 상관관계를 통해서 열결짓는다. 이런 모델에서 보면, 실천신학과 다른 신학분야는 호혜적인 협동 관계에 있게 된다. cf. James Fowler, "Practical Theology and the Shaping of Christian Lives," Don S. Browning, (ed.), *Practical Theology: The Emerging Field in Theology, Church and World*, New York: Harper & Row, 1983, pp. 151-153.

24) D. F. E. Schleiermacher, *Kurze Darstellung des theologischen Studiums zum Behuf einleitender Vorlesungen* (1811 초판, 1830 2판), die Ausgabe von Heinrich Scholz, Leipzig 1910: (영문번역) Terrance N. Tice (trans.), *Brief Outline on the Study of Theology*, John Knox 1966.

25) *KD*, 1.

26) *KD*, 12.

27) *KD*, 1. Aufl. 26, 31, 36.

28) *KD*, 31; 물론 그는 *KD*의 2판에서는 이러한 표현을 삭제하였으나, 그가 실천신학을 "Krone"라고 묘사한 것에 대해서 오토 헨들러는 다음과 같이 말한다. "슐라이에르마허가 실천신학을 '관 (冠)으로 묘사한 것은 어떤 대관식(戴冠式)의 영상으로부터 나온 것이 아니고, 나무의 영상에서 나온 것이며, 신학의 구조와 관계된 것이 아니고, 연구의 진행과 관계된 것이다. 철학적 신학이 뿌리이며, 역사적 신학이 몸이며, 실천신학은 연구의 수관(樹冠)이다. 이것은 관(冠)이 가장 높은 위치에 있다는 의미가 아니며, 순서상 마지막이라는 의미이다." Otto Händler, *Grundriß der Praktischen Theologie*, Berlin 1957, S. 7.

29) John E. Burkhart, "Schleiermacher's Vision for Theology", Don S. Browning (ed.), *Practical Theology* (Sanfrancisco: Harper & Row, 1983), p. 43.

30) Schleiermacher, *Praktische Theologie*, herausgegeben von J. Frerichs, Bd. 13 der theologischen Reihe, 1850, S. 26.
31) *KD*, 32.
32) 변증학은 그 방향이 외부를 향하며, 논증신학은 내부를 향한다고 말한다(*KD*, 41). 변증학(*KD*, 43-53)의 과제는 종교 안에서의 기독교적인 차이점(Differenz)을 정의함으로서 기독교의 본질을 묘사하면서 참된 기독교가 무엇인가에 대한 비판적인 정의를 발전시킨다. 논증신학(*KD*, 54-62)은 주로 이단과 분파들을 비판하는 일을 행한다. 슐라이에르마허는 변증학과 논증신학의 관계는 서로 상보적임을 강조한다.(*KD*, 63)
33) *KD*, 26.
34) *KD*, 80.
35) *KD*, 85; 역사적 신학의 구분은 1) 기독교의 원래의 모습을 다루는 주경신학, 2) 기독교의 전체적인 진행을 다루는 교회사, 3) 그리고 기독교의 현재적 상황에 대한 역사적 지식(교의학 및 교회통계학)으로 나눌 수 있다.
36) John E. Burkhart, *op. cit.*, p. 45.
37) *KD*, 81.
38) *KD*, 271, 274; 교회봉사의 과제는 교회의 내적인 삶과 관련된 부분이며, 교회치리는 교회의 정치나, 다른 기관과의 관계를 취급하는 것이다. 교회봉사는 다시 교화적 활동(예전학, 설교학), 인도적(引導的) 활동(목회대화학, 교리교수학, 교회적 삶의 조직)으로 나누어진다. 교회치리는 권위와 관계된 과제(교회법)와 학문적인 교사나 신학적인 저술가를 통해서 실행되어야 하는 "자유로운 영력(靈力)"(freie Geistmacht)의 과제이다. 이 과제는 일반 대중을 향한 기독교의 영향력과 관계된 것이다.
39) Dietrich Rössler, *Grundriß der Praktischen Theologie*, Berlin 1986, S. 27.
40) Christoph Wulf, *Theorien und Konzepte der Erziehungswissenschaft*, München 1983, 3. Aufl., SS. 49ff.
41) 양금희, *op. cit.*, pp. 582-612.
42) 슐라이에르마허에 의하면 교육이론은 철저히 실천에 의존되어있다. 교육이론은 이미 존재하는 교육실천에 대한 이론적인 개념화이기 때문에 철저히 실천에서 기인하는

것이며, 또한 교육이론은 교육실천에 적용되기 위하여 존재하는 것이다. 그러므로 교육이론은 실천에로의 구체적인 적용가능성을 묻는 이론이기 때문에 순수한 사변적 이론과는 구별되는 실천이론으로서의 특성을 띤다. 그는 보편타당한 교육이론의 선재성을 거부하고, 교육이론과 교육실천을 순환의 관계에서 보았다. 교육실천에서 교육이론이 생기고 이 이론은 다시 실천에 적용되며, 다시금 그 실천에서 이론을 확대, 심화시키는 순환의 구조가 생긴다. cf. *Ibid.*, p. 597.

43) 양금희는 이러한 문제점을 해결하기 위해서 베니거(Weniger)에 의해 제안된 '제3의 이론', 혹은 '초이론'(Metatheorie)를 제시한다. 실천을 우선으로 하는 작은 이론-실천의 순환연결에 교육이론가들의 메타이론을 다시 연결시킴으로, 실천자체를 비판적으로 볼 수 있으며, 이론과 이론들을 비교할 수 있는 구조이다. *Ibid.*, p. 599.

44) cf. *KD*, 259.

45) *KD*, 260.

46) *KD*, 12.

47) *KD*, 258.

48) *KD*, 267.

49) Otto Händler, *a.a.O.*, S. 6.

50) *KD*, 260; Allen Moore가 "슐라이에르마허의 기여에 있어서 의미심장한 것은 실천신학이 응용신학(applied theology: the application of norms)으로서가 아니라 신학적 실천(reflecting theologically upon experience)으로 인식되었다는 것이다."라고 표현한 것은 잘못된 이해이다. Allen Moore, *op. cit.*, p. 97.

51) 슐라이에르마허는 실천신학의 진정한 선구자로 간주되고 있기는 하지만, 이 분야를 현저하게 기술적인 분야로 규정지었으며, 대학의 신학부 안에 이 분야를 위한 교수의 자리(Lehrstuhl)를 그가 반대하였다는 사실은 그의 실천신학의 '비학문적 학문성'을 대변해 주는 것이기도 하다. cf. Gerhard Ebeling, *Studium der Theologie: Eine enzyklopädische Orientierung*, 《신학연구개론》, 박근원 역, 서울: 대한기독교출판사, 1982, p. 4; Gerhart Klause (Hrg.), *Praktische Theologie. Texte zum Werden und Selbstverständnis der Praktischen Disziplin der Evangelischen Theologie*, Darmstadt 1972, S. 138.

52) 수정주의 신학의 대표자인 트레이시(David Tracy)는 근본신학, 조직신학, 실천신학의 구분은 어떤 위계성을 띠는 것으로 보기보다는, 모든 신학은 실천을 지향하고 있다고 본다. 근본신학과 조직신학은 이론에 관여하고, 실천신학은 실천에 관여한다는 생각을 버려야 한다. 이론신학에도 실천적 관심이 숨어있고, 실천적 신학에도 비판적 성찰과 관련된 이론이 담겨져 있는 것이다. 그는 실천신학은 궁극적으로 신앙공동체의 프락시스 곧 그의 독특한 표현인 '신학적 프락시스'를 다루는 신학의 분야라고 보았다. cf. David Tracy, "Theoria and Praxis," *Theological Education* (Spring 1981).
53) 유해무 교수는 그의 조직신학론을 집대성한 책을 《송영으로서의 신학》이라고 명명하였다. cf. 유해무, "송영으로서의 신학", 《개혁신학과 교회》 5 (1995), pp. 71-99.
54) cf. 양금희, *op. cit.*, p. 611.
55) Dietrich Rössler, *a. a. O.*, S. 3.
56) 돈 브라우닝(Don S. Browning)은 기독교교육은 실천신학의 한 국면으로 이해되어져야 한다고 본다. 그는 기독교교육이 개개인으로 하여금 실천신학적 성찰을 수행하는 공동체 안으로 들어갈 수 있도록 준비시켜주며, 계속되는 실천신학적 행동에 참여할 수 있도록 이끌어 준다고 본다. 다시 말하면, 기독교교육은 신앙공동체 안에서 개개인의 형성(formaton)과 변형(transformation)을 그 과제로 삼는 실천신학의 핵심적 국면이라는 것이다. cf. Don S. Browning, "Practical Theology and Religious Education," Lewis Mudge & James Poling (ed.), *Formation and Reflection* (Philadelphia: Fortress, 1987), pp. 79-102.
57) 한숭홍, "기독교교육학의 철학적 이론 형성", 《교회와 신학》 14 (1982), p. 267.
58) Richard R. Osmer는 기독교교육을 실천신학적 관점에서 이해한다. 그는 "실천신학은 교회와 회중들의 현재의 삶과 사고에서 시작한다"고 보며, 실천신학의 주된 본문은 "기독교인들이 세상 속에서 그들의 소명들을 실천해 나가는 현재적 맥락"이라고 한다. 그는 가르침(teaching)은 언제나 특수한 상황 속에 있는 특정한 사람들을 포함하며, 가르침의 핵심은 학생들의 편에서 나타나는 내용에 대한 이해(understanding)로 이것은 단순한 인지적인 이해만이 아니라, 의미가 구성되고 표현되는 사고, 감정, 행동의 구성을 말하는 것이라고 한다. 이러한 가르침을 수행하는 교사는 언제나 해석

의 과정에 참여하며, 신학적 성찰을 수행하고 있는데, 이는 곧 교사는 이미 신학하는 일에 참여하고 있는 것이며 가르침의 사역은 곧 실천신학인 것을 말하는 것이다. cf. Richard R. Osmer, "Teaching as Practical Theology," Jack L. Seymour & Donald E. Miller (ed.), *Theological Approaches to Christian Education*, Nachville: Abingdon Press, 1990, pp. 216-238.

59) *Ibid.*, p. 90.

60) 버게스(Burgess)는 목적, 내용, 교사, 학생, 환경, 평가로 서술한다. cf. H. W. Burgess, *An Invitation to Religious Education*, 오태용 역, 《기독교교육론》, 서울: 정경사, 1984; 오스머는 첫째, 가르치는 내용(subject matter), 둘째, 학습자(learner), 셋째, 상황(context), 넷째, 커리큘럼(curriculum), 다섯째, 교수스타일(teaching style)이며, 요소들은 상호 연결되며 서로 영향을 준다. Richard R. Osmer, *op. cit.*, pp. 231-238.

61) 첫째, 기독교 교육과정의 장(場)은 어디인가? (Where is the curriculum? - context의 문제), 둘째, 기독교 교육과정의 범위는 무엇인가? (What is the curriculum? - scope의 문제), 셋째, 기독교 교육과정의 목표는 무엇인가? (Why is the curriculum? - purpose의 문제), 넷째, 기독교 교육과정의 과정(過程)은 어떤 것인가? (How is the curriculum? - process의 문제), 다섯째, 기독교 교육과정의 조직원리는 무엇인가? (In what way shall the curriculum be organized? - organizing principle의 문제), 여섯째, 기독교 교육과정의 조직매체는 무엇인가? (By what means shall the curriculum be organized? - organizing medium의 문제), cf. D. Campbell Wyckoff, *Theory and Design of Christian Education Curriculum*, Philadelphia: Westminster Press, 1961, pp. 83ff.

62) Richard R. Osmer, *op. cit.*, p. 231.

63) C. Ellis Nelson, "Theological Foundations for Religious Nurture," Marvin J. Taylor (ed.), *Changing Patterns of Religious Education*, Nashville: Abingdon Press, 1984, p. 16.

64) 존 반 다이크(John Van Dyk)는 개혁주의적 관점에서 이 문제에 관한 책을 출판하였다. John Van Dyk, *The Craft of Christian Teaching*, Sioux Center: Dordt

Press, 2000.

65) 우리가 가르치려는 것이 사실, 개념, 기술, 습관, 태도, 감상, 가치, 행동인지에 따라서, 또한 지성, 감성, 의지 중 어느 것에 더 강조를 두느냐에 따라서 가르치는 방법은 선별되어야 할 것이다. cf. D. Campbell Wyckoff, *op. cit.*, pp. 104-105.

66) C. E. Nelson, *op. cit.*, p. 20.

67) Howard Grimes, "Theological Foundation for Christian Education," Marvin J. Taylor (ed.), *An Introduction to Christian Education*, Nashville: Abingdon Press, 1966, p. 33.

68) cf. Osmer, *op. cit.*, pp. 217, 222.

69) Nelson, *op. cit.*, p. 15.

70) *Ibid*.

71) Howard Grimes, *op. cit.*, p. 32.

72) Cornelius Jaarsma, *The Educational Philosophy of Herman Bavink*, 정정숙 역, 《헤르만 바빙크의 기독교교육 철학》, 서울: 총신대학 출판부, 1983, p. 167.

73) Arnold H. DeGraaff, "The Nature and Aim of Christian Education", Toronto: AACS, printed material, p. 1.

74) Richard R. Osmer, *op. cit.*, p. 234.

75) *Ibid.*, p. 235.

제2부 | 기독교교육의 과정

5장_ 기독교교육 목적론

1) 학교 차원에서는 교육목적이나 목표를 어느 것이나 사용해도 무방하다. 교육목적을 제시한 후 구체적인 교육목표를 제시하는 방식도 있다. 그러나 국가 수준의 넓은 개념인 교육목적에 비해서 그 포괄성, 적용기간, 수단의 구체화 등에서 국가 전체의 교육목적과 구별되므로 교육의 목표라는 말을 사용하는 것이 타당하다.

2) cf. 김대현, 김석우,《교육과정 및 교육평가》, 서울: 학지사, 1996, pp. 93-104.

3) 예를 들면 objective나 purpose를 통일하여 번역하는 것이 아니라, 필자의 기준에 의해서 유연성 있게 번역 사용할 것이다.
4) 본고에서 과정이라고 표기된 단어는 한문으로 過程을 의미한다. 영어로는 process이다. 특별히 커리큘럼(curriculum)을 의미할 때는 課程이라는 한자를 표기할 것이다.
5) 정범모, 《教育課程》, 서울: 중앙교육출판사, 1956, p. 245.
6) cf. R. M. Gagné, "Educational Objectives and Human Performance," in J. D. Krumboltz (ed.), *Learning and the Educational Process*, Chicago: Rand Mckelly & Co., 1965, pp. 1-24.
7) "A statement of a result consciously accepted as a desired outcome of a given process." Paul H. Vieth, *Objectives in Religious Education*, New York: Red Label Reprints, 1930, p. 18.
8) *Ibid.*, p. 17.
9) 이영덕, 《교육의 과정》, 서울: 배영사, 1973, pp. 141-148.
10) *Ibid.*, pp. 135-136.
11) cf. Chester O. Galloway, "Principles of Curriculum Development," A. Elwood Sanner, A. F. Harper (eds.), *Exploring Christian Education*, Grand Rapids: Baker, 1978, pp. 20-21, 175-176.
12) 박의도 외 공역, 《교육목표분류학: (I) 지적영역》, 서울: 배영사, 1966.
13) 김대현, 김석우, *op. cit.*, pp. 116-117.
14) 박의도 외 공역, 《교육목표분류학: (II) 정의적영역》, 서울: 배영사, 1966.
15) 김대현, 김석우, *op. cit.*, pp. 117-118.
16) B. S. Bloom (ed.), *Taxonomy of Educational Objectives*, Hanbook I: Cognitive Domain, New York: David Mckay Co., Inc., 1956, pp. 1-3.
17) cf. 이영덕, *op. cit.*, pp. 148-154; 갈러웨이(Chester O. Galloway)는 좋은 목표의 성격을 명료성(clarity), 포괄성(inclusiveness), 응집성(cohesiveness), 실행가능성(viability)으로 설명한다. Chester O. Galloway, *op. cit.*, p. 174.
18) 김대현, 김석우, *op. cit.*, pp. 120-121.
19) *Ibid.*, pp. 122-123.

20) *Ibid.*, pp. 123-124.
21) Frank E. Gaebelein, *Christian Education in a Democracy*, New York: Oxford University Press, 1951, p. 30.
22) Arnold DeGraaff, *The Educational Ministry of the Church*, The Craig Press, 1968, pp. 112-113.
23) Nicholas Wolterstorff, *Until Justice and Peace Embrace*, Grand Rapids: William B. Eerdmans, 1983, p. 70. 그는 최상의 샬롬의 상태를 단순히 적의가 없는 상태나 혹은 적합한 관계 속에 있는 것을 의미하지 않고, 관계 속에서의 즐김(enjoyment)으로 본다.
24) Herman Dooyeweerd, *In the Twilight of Western Thought*, Nutley: The Craig Press, 1975, p. 184.
25) "기독교적 인간관은 인간의 합리적인 능력이나 자연과의 관계의 독특성에서보다는 하나님의 관점으로부터의 이해가 우선된다." Reinhold Niebuhr, *The Nature and Destiny of Man: A Christian Interpretation*, Vol. 1, New York: Charles Scribner's Sons, 1964, p. 13.
26) 오인탁, "기독교교육인간학 서설", 《교회와 신학》 12 (1980), p. 220; "인간은 하나님과의 관계 아래서 존재하는 동물이다. 인간은 홀로 그리고 스스로 살 수 없으며, 언제나 창조자의 손에 의하여 오로지 살아간다. 인간은 자신을 하나님과의 관계로부터 이해할 수 있을 뿐이다. 이 관계이해는 인간을 인간 스스로 지배할 수 있고 이해할 수 있다는 모든 인간학으로부터 구별된다." *Ibid.*, pp. 232-233.
27) 조성국, 《기독교인간학: 하나님의 형상인 전인적 인간》, 부산: 고신대 기독교육연구소, 2000, p. 15.
28) Jan Waterink, *Basic Concepts in Christian Pedagogy*, 《기독교교육원론》, 김성린, 김성수 공역, 서울: 소망사, 1978, p. 23.
29) "하나님과의 관계는 인간존재 전체를 감싸고 있으므로 인간은 그의 전 존재에서 하나님과 연관되어 있다. 인간의 삶의 어떤 영역도 이 관계에서 분리되어 있지 않다 … 하나님을 섬기는 것은 단지 우리 생애에서 가장 첫 번째의 소명을 의미하는 것이 아니다. 우리가 행하는 모든 것이 하나님을 섬기는 것이다." 조성국, *op. cit.*, p. 16.

30) *Ibid.*, p. 17.
31) Nichols Wolterstorff, *op. cit.*, p. 78. 칼빈의 인용부분은 Calvin, *Commentary on a Harmony of the Evangelists*, Matthew, Mark, and Luke, trans. William Pringle, Grand Rapids: Eerdmans, 1956, 1: 304(Matt. 5:43), 3:61(Luke 10:30).
32) 조성국, *op. cit.*, p. 17.
33) A. A. Hoekema, *Created in God's Image*, 《개혁주의 인간론》, 유호준 역, 서울: 기독교문서선교회, 1995, pp. 77-78.
34) Nicholas Wolterstorff, *op. cit.*, p. 71.
35) 조성국, *op. cit.*, p. 20.
36) *Ibid.*, p. 21.
37) Nicholas Wolterstorff, *op. cit.*, p. 70.
38) Hermann Dooyeweerd, *In the Twilight of Western Thought,* Nutley: The Craig Press, 1975, p. 189.
39) "1. Christian religious education seeks to foster in growing persons a consciousness of God as a reality in human experience, and a sense of personal relationship to him.

2. Christian religious education seeks to develop in growing persons such an understanding and appreciation of the personality, life, and teachings of Jesus as will lead to experience of him as Savior and Lord, loyalty to him and his cause, and will manifest itself in daily life and conduct.

3. Christian religious education seeks to foster in growing persons a progressive and continuous development of Christlike character.

4. Christian religious education seeks to develop in growing persons the ability and disposition to participate in and contribute constructively to the building of a social order throughout the world, embodying the ideal of the Fatherhood of God and the brotherhood of man.

5. Christian religious education seeks to develop in growing persons the

ability and disposition to participate in the organized society of Christians – the church.

6. (1940, additional) Christian religious education seeks to develop in growing persons an appreciation of the meaning and importance of the Christian family, and the ability and disposition to participate in and contribute constructively to the life of this primary social group.

7. Christian religious education seeks to lead in growing persons into a christian interpretation of life and the universe; the ability to see in it God's purpose and plan; a life philosophy built on this interpretation.

8. Christian religious education seeks to effect in growing persons the assimilation of the best religious experience of the race, pre-eminently that recorded in the Bible, as effective guidance to present experience."

40) "The supreme purpose of Christian education is to enable to become aware of the seeking love of God as revealed in Jesus Christ and to respond in faith to this love in ways that will help them grow as children of God, live in accordance with the will of God, and sustain a vital relationship to the Christian community. To achieve this purpose Christian education, under the guidance of the Holy Spirit, endeavors:

To assist persons, at each stage of development, to realize the highest potentialities of the self as divinely created, to commit themselves to Christ, and to grow toward maturity as Christian persons;

To help persons establish and maintain Christian relationships with their families, their churches, and with other individuals and groups, taking responsible roles in society, and seeing in every human being an object of the love of God;

To aid persons in gaining a better understanding and awareness of the natural world as God's creation and accepting the responsibility for conserving its values and using them in the service of God and of mankind;

To lead persons to an increasing understanding and appreciation of the Bible, whereby they may hear and obey the word of God; to help them appreciate and use effectively other elements in the historic Christian heritage;

To enable persons to discover and fulfill responsible roles in the Christian fellowship through faithful participation in the local and world mission of the church."

41) Chester O. Galloway, *op. cit.*, p. 23.

42) "The objective of Christian Education is to help persons to be aware of God's self disclosure and seeking love in Jesus Christ and to respond in faith and love – to the end that they may know who they are and what their human situation means, grow as sons of God rooted in the Christian community, live in the Spirit of God in every relationship, fulfill their common discipleship in the world, and abide in the Christian hope."

43) 《대한예수교장로회 총회회의록》(1971), p. 105.

44) 1999년 9월에 모인 교단 교육대회에서 현유광 교수는 교육목적의 개편을 제안하여, 이에 대한 토론의 전기를 제공하여 주었다. 물론 고신교단의 교육이념과 목적은 매우 긍정적인 평가를 지금까지 받아 온 것은 사실이지만, 이제는 심도 깊은 논의가 기대된다. 강용원 교수는 2007년 8월에 열린 주일학교 연합회 창립 40주년 기념 교육대회에서 다음과 같은 문제점을 제시하였다. 교육목적 진술에 대한 검토를 위한 좋은 자료가 될 수 있기에 그대로 인용하고자 한다. 1) 교육이념과 교육목적이라는 것을 구분하는 것 보다는 목적과 목표로 정리하는 것이 옳을 것이다. 2) 개혁주의 정신과 웨스트민스터 표준서가 첫 진술로 나타나고, 성경이 뒤에 나타나는 점은 시정되어야 할 것이다. 3) 진술이 겹치고, 상이한 점들이 나타나기에 수정되어야 한다. 교육이념에서는 "하나님을 사랑하고 이웃을 사랑하는 그리스도인"이라고 표현하는데 비하여, 교육목적에서는 예배적 인격, 인화협동적 인격, 문화적 인격의 3차원을 갖춘 그리스도인을 육성하는 것으로 되어 상이한 표현이 나타난다. 4) 하나님과의 관계, 사람과의 관계, 자신(대물 관계 포함)과의 관계 중에서 하나님과의 관계는 모든 다른 관계에 우선하는 것인데, 병행적으로 묘사하는 것은 옳은 일이 아니기에 수정할 필요가 있

다. 5) 목적이나 목표는 학습자에게 알맞은 용어로 진술되는 것이 보편적인 것인데, '신앙의 정통'을 겸비케 한다는 표현은 좀더 개인적인 차원으로 수정되는 것이 좋을 것이다. 이 용어는 교단이 전반적으로 지향하는 용어이다. 6) 우리의 목적에 보면 하나님의 선취적이며, 우리를 찾아오시는 사랑과 은혜에 대한 언급이 없으며, 예수님의 구속역사에 대한 표현이 결여되어 있다. 즉, 회심의 차원이 결여되어 있는데, 이점은 시정되어야 할 것이다. cf. 강용원, 심포지움 발표(2007. 8).

45) 한춘기, "왜 교육하는가?",《기독교교육학개론》, 오인탁 편, 서울: 기독한교, 2004), p. 189.

46) 대한예수교장로회 총회교육부,《교육과정 이론지침서(I): 이론》, 서울: 한국장로교출판사, 2001, pp. 75-76.

47) 한국기독교상호회총회,《한국기독교장로회: 연혁・정책・선언서》(1974), p. 96.

48) 이정효, "기독교대한성결교회의 기독교교육사", *op. cit.*, 오인탁 편, p. 246.

49) *Ibid.*, p. 247.

50) 기독교대한감리회 교육국,《2000년도 교육목회 핸드북》, p. 7.

51) 이석철, "기독교한국침례회의 기독교교육사", *op. cit.*, 오인탁 편, pp. 288-289.

52) 박문옥, "기독교대한 하나님의 성회의 기독교교육사", *op. cit.*, 오인탁 편, pp. 318-319.

6장 _ 기독교교육 과정론

1) Wolterstorff, Nicholas P., "Secularized Culture". The Proceedings of the 1987 Conference of the International Council for the Promotion of Christian Higher Education. Lusaka. Zambia. Rainbow in a Fallen World: Unity and Diversity of Christian Higher Education Today. Sioux Center. Iowa: Dordt College Press, 1990b, p. 203.

2) 1960년대 초에 월터스톨프는 '칼빈대학 교육과정 개정위원회'의 회장으로 일하면서 기독교 교육은 기독교적 삶을 위한 것이라고 주장하였다. 그리고 이러한 삶을 영위하기 위해서 필요한 지식을 학생들에게 전수해 주고 기술을 함양시켜주기 위한 교육과정을 제안하였다. 그러나 자신의 제안으로 이 교육과정을 출판하여 교수회의 승인을 받

은 뒤, 월터스톨프는 그러한 목적을 위해서 제안한 교육과정이 너무 소박하다고 생각하기 시작하였다. 물론, 기독교적 삶을 영위하는 것은 지식과 기술을 필요로 한다. 소박했다고 하는 것은 이런 점에서가 아니다. 소박하다는 생각은 지식과 기술만 있으면 어디든지 거의 충분하다고 가정한 것이었다. 그래서 월터스톨프는 그 다음 단계로 학생들로 하여금 이론과 기술로부터 행동으로 가는 다리를 건너갈 수 있도록 능력을 부여해주고 격려해주는 방법을 고찰해야 한다고 확신하게 되었다. 이것이 바로 그로 하여금 '책임성있는 행동을 위한 교육'을 탐구하는 동기가 되었다.

3) Wolterstorff, Nicholas P., *Educating for Life: Reflections on Christian Teaching and Learning*, Grand Rapids, Michigan: Baker Academic, 2004, p. 34.

4) Lucas, Christopher J., *Our Western Educational Heritage*, New York. NY: The Macmillian Company, 1972.

5) Wolterstorff, Nicholas P., *op. cit.*, p. 21.

6) Dewey, John., *Democracy and Education*, Toronto, Ontario: The Macmillian Company, 1968, pp. 41-42.

7) Dewey, John., *The Child and the Curriculum & The School and Society*, Chicago: The University of Chicago Press, 1971, p. 18.

8) Wolterstorff, Nicholas P., *op. cit.*, p. 22.

9) *Ibid.*, p. 22.

10) *Ibid.*, pp. 18-19.

11) *Ibid.*, pp. 136-140.

12) *Ibid.*, p. 136. 공립학교에서 사용하는 교과서 역시 결코 가치중립적이지 못하다는 사실에 대해서는 폴 비츠(Paul C. Vitz)의 연구가 잘 보여주고 있다(Vitz, 1986, pp. 5-60). 리챠드 에들린(Richard J. Edlin) 역시 교육의 중립성은 신화라는 점을 잘 설명하고 있다(Edlin, 1999, pp. 41-54).

13) Van Brummelen, (1972), pp. 71-72.

14) Wolterstorff, Nicholas P., *op. cit.*, p. 137.

15) *Ibid.*, p. 138.

16) 교육과정의 차원에서는 구호들을 암송한다든지, 학교의 비전을 기술하는 것만으로는

충분치 않다. 필요로 하는 것은 실행적 목적, 즉 학교의 교육목적으로서 타당한 동시에 그 학교가 가르치는 학생들을 위한 학교의 기독교적 의도를 나타내 보여주는 실행적 교육목적의 진술이다.

17) *Ibid.*, p. 24.
18) 전인적 인격의 발달을 지향하는 교육과정을 월터스톨프가 강조하는 이유는 총체적인 그리스도인의 삶을 영위해야 하는 인간 존재에 대한 그의 관점에 기인하고 있다. 1) 인간은 자신의 신체적 구성과 기능, 그리고 필요 등을 통하여 불가분리적으로 자연적 실재의 한 부분, 즉 이 지상의 피조물로서 살아가고 있다. 2) 인간은 자기의 물리적 실존에 있어서 즐거워하는 피조물이기 때문에 단순히 자연적인 삶 이상을 영위해야 하고, 동시에 종교적 청지기 의식 속에서 하나님 존전에서 살아가야 한다. 3) 인간이 다른 사람들, 자기 주위의 세계, 그리고 하나님과 더불어 인격적 관계를 맺는 것은 자기의 신체적이며 영적인 모든 관계, 즉 자신의 통일체로서이다. 4) 이와 같은 인격적 관계가 가능하고 또 그것이 하나님에 대한 그의 종교적 관계의 일부가 되어지는 것은, 인간이 하나님의 형상으로 창조되었기 때문이다. 5) 이와 같은 관계로 말미암아 인간은 일과 경배가 깊이 연합되는 삶으로 하나님께 응답하도록 부름받고 있다. 6) 인간은 지적 통찰과 이해, 도덕적 인식과 선택, 그리고 창의적인 일과 자기표현 등의 독특한 능력들을 개발하고 사용함으로써 그러한 부름에 응답해야 한다.
19) *Ibid.*, p. 24.
20) *Ibid.*, p. 26.
21) *Ibid.*, p. 26.
22) *Ibid.*, p. 29.
23) *Ibid.*, p. 30.
24) *Ibid.*, p. 30.
25) *Ibid.*, p. 31.
26) *Ibid.*, p. 31.
27) 윤응진,《기독교 평화교육론》, 서울: 한신대학교출판부, 2001, pp. 218-219.
28) Wolterstorff, Nicholas P., "Educating for Shalom: Essays on Christian Higher Education", Edited by Clarence W. *Joldersma and Gloria Goris Stronks*,

Grand Rapids, Michigan: William B. Eerdmans Publishing Company, 2004, p. 22.
29) *Ibid.*, p. 24.
30) *Ibid.*, p. 24.
31) 인간 삶에 대한 월터스톨프의 관점을 교육과정의 구체적인 내용과 모델로 정교화하고 있는 대표적인 학자는 해로 반 브루맬른(Harro van Brummelen)이다. 그는 1972년에 이미 "Towards a Radical Break with the Public school Curriculum"이라는 제목의 논문을 통해서 개혁주의 세계관의 관점에서 공립학교 교육과정과는 독특하게 구별될 수 있는 기독교 교육과정의 모델을 제시했고, 그 후 교육과정에 관한 자신의 저서 *steppingstones to Curriculum: A Biblical path*(1994)를 통해서 개혁주의세계관의 관점에서 기독교 교육과정의 이론과 실재를 구체적으로 제시해 주고 있다.
32) Van Brummelen, Harro W., "Towards a Radical Break with the Public School Curriculum," John Vriend et al ed., *To Prod the Slumbering Giant: Crisis, Commitment, and Christian Education*, Toronto, Ontario: Wedge Publishing Foundation, 1972.

7장_ 기독교교육 방법론
1) 강인애,《왜 구성주의인가》, 서울: 문음사, 1997.
2) 이화여대 교육공학과,《21세기 교육방법 및 교육공학》, 서울: 교육과학사, 2005, p. 94 부분수정.
3) Corey, S. M., *The Nature of Instruction*, NJ : Prentice-Hall, 1971.
4) Gagne, R. M., *Essentials of Learning for Instruction*, (Expanded Rd.), Hinsdale, IL: The Dryden Press, 1975.
5) Reigeluth, C. M. & Stein, F. S., "The Elaboration Theory of Instruction", In C. M. Reigeluth(ed), *Instructional Design Theories and Models : An Overview of their Current Status*, N.J. : Hillsdale, Lawrence Erlbaum Associates, 1983.
6) 김희자,《창의적인 기독교교육방법》, 서울: 대한예수교장로회 총회, 2004.

7) 이은실, 《가르침에 생기를: 기독교적 교수방법》, 서울: 기독교학교교육연구소, 2007.
8) Stronks, G., *How then shall we teach, Presentation material*, 2006; 이은실에서 재인용.
9) 윤관식, "교회 교수방법의 변화 가능성 모색", 《신앙과 학문》, 10(1), 2005, pp. 127-158 수정 보완.
10) Ibid.
11) 이화여대 교육공학과, 《21세기 교육방법 및 교육공학》, 서울: 교육과학사, 2005.
12) 여기에 소개되는 교육방법의 여러 가지 유형들은 다음의 자료들을 참고한 것이다. 박성익, 임일철, 이재경, 최정임, 《교육방법의 교육공학적 이해》, 서울: 교육과학사, 2007; 이성호, 《교수방법론》, 서울: 학지사, 2004; Anthony, M. J., *Introducing Christian Education: Foundations for Twenty-first Century*, Grand Rapids: Baker Academic, 2001; Borich, G. D., *Effective Teaching Methods*(5th ed.), NJ : Prentice-Hall, 2004; Bruce, B. A., *7 Ways of Teaching the Bible to Adults*, Nashville: Abingdon, 2000; Bryan, C. D., *Learning to Teach Teaching to Learn: A Holistic Approach*, Nashville: Broadman & Holman Publishers, 1993; Galindo, I., *The Craft of Christian Teaching : Essentials for Becoming a Very Good Teacher*, Valley Forge: Judson Press, 1998; Gregory, J. M., *The Laws of Teaching*, Grand Rapids: Baker, 1975; Horne, H., *Jesus the Teacher: Examining His expertise in Education*, Grand Rapids : Kregel Publications, 1998; Keefe, J. W. & Walberg, H. J., *Teaching for Thinking*, Reston: National Association of Secondary School Principals, 1992; LeFever, M., *Creative Teaching Methods*, Colorado Springs: David C. Cook, 1996; Ornstein, A. C. & Lasley, T. J., *Strategies for Effective Teaching*, Boston: McGraw Hill, 2000; Richards, L. O & Bredfeldt, G. J., *Creative Bible Teaching*, Chicago: Moody Press, 1998; Thigpen, J. N., *Teaching Techniques : Revitalizing Methodology*, Wheaton : Evangelical Training Association, 2001.

제3부 | 기독교교육의 현장

8장 _ 기독교교육과 교육목회

1) J. I. Packer, *A Quest for Godliness-The Puritan Vision of the Christian Life*, Wheaton, IL:Crossway Books, 1990, 제임스 패커, 《청교도사상》, 박영호 역, 서울:기독교문서선교회, 1992, p. 36.

2) D. M. Lloyd-Jones, *The Puritans:Their Origins and Successors-Addresses Delivered at the Puritan and Westminster Conferences, 1959-1978*, Edinburg : Banner of Truth Trust, 2002, 마틴 로이드존스, 《청교도신앙-그 기원과 계승자들》, 서문강 역, 서울: 생명의말씀사, 2002, pp. 521-522.

3) D. M. Lloyd-Jones, pp. 42-43.

4) 백낙천, 《한국개신교사》, 서울: 연세대학교출판부, 1991, p. 384.

5) 박용규, "하디와 원산부흥운동", 《신학지남》, 통권 264호, 2000, p. 181.

6) 이상규, 《교회개혁과 부흥운동》, 서울: SFC출판부, 2004, p. 327.

7) W. N. Blair, 《속히 예수 믿으시기를 바라나이다》(Gold in Korea), 김승태 역, 서울: 두란노, 1995, p. 112.

8) 백낙천, pp. 394-395.

9) W. N. Blair, p. 113.

10) J. L. Gerdine, "National Revival", *The Korea Methodist*(April, 10. 1905), pp. 84, 86.

11) Roy E., *Wildfire Shearer: Church Growth in Korea*, Grand Rapids: Eerdmans, 1966, pp. 54-55.

12) 심창섭, "1907년 평양대부흥운동의 기원과 신학적 의의", 《신학, 기독교교육, 코메니우스》, 서울: 도서출판기독한교, 2006, p. 99.

13) 심창섭, p. 100.

14) J. W. Foster, *American Diplomacy in the Orient*, Boston and New York: Houghton, Mifflin and Co., 1904, p. 307.

15) F. A. McKenzie, *The Tragedy of Korea*, New York : E. P. Dutton & Co., n.d.,

pp. 108-167.
16) 한국갤럽 1,《한국인의 종교와 종교의식》, 1998, p. 2.
17) 황성철 "세속지향적 목회의 문제점과 그 대안",《신학지남》, 통권 264호, 2000, pp. 20-30.
18) 황성철, pp. 24-25.
19) 황성철, p. 30.
20) 김희자, "혁신되어야 할 교회교육구조",《기독교교육》, 서울: 대한기독교교육협회, 1992, p. 227.
21) 김폴린,《한국기독교교육의 역사》, 서울: 대한기독교서회, 1992, p. 75.
22) 김폴린, p. 76.
23) 곽안련,《한국교회사》, 심재원 역, 서울: 대한기독교시회, 1961, p. 159.
24) 김희자, "교육사(Director of Christian Education)제도의 역사적 형성과정과 한국적 적용",《기독교교육연구》, 서울:총신대학부설기독교교육연구소, 제1권, 제1집, 1990, p. 143.
25) 문동환, "한국의 교회교육사",《한국기독교교육사》, 서울: 대한기독교교육협회, 1974, p. 39.
26) 이만열,《한국기독교문화운동사》, 서울: 대한기독교출판사, 1987, p. 255.
27) 엄요섭,《한국기독교교육사 소고》, 서울: 대한기독교교육협회, 1959, p. 15.
28) 김희자(1990), p. 144.
29) 이만열, p. 257.
30) 이영호, "한국기독교교육의 역사",《기독교교육사》, 서울: 교육목회, 1992, p. 526.
31) 이영호, p. 528.
32) 김희자(1990), p. 145.
33) 강용원,《기독교교육의 과제와 전망》, 서울: 도서출판기독한교, 2004, pp. 33-34.
34) 강용원, p. 34.
35) 한춘기, "한국교회교육의 현실과 전망",《한국교회와 교육》, 서울: 총신대학부설기독교교육연구소, 1990, pp. 137-146.
36) 한춘기, pp. 147-150.

37) 강용원, pp. 46-47.
38) 강용원, p. 47.
39) 윤응진, "새 밀레니엄과 기독교교육의 사명",《새밀레니엄과 기독교교육의 패러다임 변화》, 서울:한국기독교교육학회, 2000, pp. 105-114.
40) Ward Ted, *Cross Cultural Christian Education and the Korean Mission Movement*, 테드워드,《기독교교육과 한국교회 선교운동(상)》, 횃불성경연구소 역, 서울: 도서출판횃불, 1994, pp. 29, 55.
41) Anold DeGraaff, *The Educational Ministry of the Church*, 아놀드 D. 그라프,《교육목회학》, 신청기 역, 서울: 기독교문서선교회, 1988, pp. 29, 108.
42) 정일웅, p. 109에서 재인용.
43) 윤화석, "한국교회의 갱신을 위한 교육목회적 전환",《신학, 기독교교육, 코메니우스》, 서울: 도서출판한교, 2006, p. 350.
44) 강용원, p. 189에서 재인용.
45) 고용수, "공동체 중심의 교육목회",《포스트모던시대의 기독교교육》, 서울: 장로회신학대학교 기독교교육연구원, 2007, p. 35.
46) 박봉수,《교육목회의 이해》, 서울: 도서출판 에듀민, 2004, p. 38.

9장 _ 기독교 가정교육

1) 박종석은 "한국에서의 기독교교육학의 학문성에 대한 연구"에서 그동안 기독교교육학은 신학과 교육학을 응용하는 학문으로 발전해 왔기 때문에 기독교교육이 교회의 교육과 관련되어 연구되어 왔다고 한다. 따라서 기독교가정이나 기독교부모에 관한 연구는 간과되어 온 것이 사실이다. 박진숙도 "현대 기독교가정교육에 관한 연구"에서 와이코프(D. Campbell Wyckoff)와 브라운(George Brown Jr.)이 정리한 1,169편의 기독교교육 문헌들 가운데서 가정을 주제로 한 것이 단지 26편일 뿐이며 이는 전체 기독교교육문헌들 가운데 2.2%에 불과할 뿐이라고 정리하고 있다. 권태인은 "한국기독교교육학의 학사적 서지학적 고찰(1945-2000)"에서 해방이후 2000년까지의 8,912개의 기독교교육학 문헌들 중 가정이나 부모교육에 관한 문헌은 200편에 불과한데 그것도 164편이 석사학위 논문이고 단행본 및 학술지에 실린 문헌은 단 86편이었다고 정리하

고 있다. 더구나 지금까지 기독교가정이나 부모교육에 관한 박사학위 논문은 박구서의 "손양원 목사의 가정교육에 대한 기독교 교육 신학적 해석: Horace Bushnell의 가정교육이론을 중심으로"(박사학위논문, 계명대학교, 1998)와 박진숙의 "현대 기독교가정교육에 관한 연구: 바울의 몸 개념을 중심으로" (서울신학대학교 박사학위논문, 2004)와 황지영의 "하나님의 형상 개념을 중심으로 한 관계적 기독교부모교육에 관한 연구"(고신대학교 박사학위논문, 2005) 등이다.

D. Campbell Wyckoff and George Brown, Jr. (ed.), *Religious Education: 1969-1993*, Connecticut: Greenwood Press, 1995; 박구서, "손양원 목사의 가정교육에 대한 기독교 교육 신학적 해석; Horace Bushnell의 가정교육이론을 중심으로"(박사학위논문, 계명대학교), 1998; 박종석, "한국에서의 기독교교육학의 학문성에 대한 연구", (박사학위논문, 서울신학대학교), 2001; 박진숙; "현대 기독교가정교육에 관한 연구 : 바울의 몸개념을 중심으로", (서울신학대학교 박사학위논문, 2004); 권태인, "한국기독교교육학의 학사적 서지학적 고찰(1945-2000)" (석사학위논문, 연세대학교, 2001).

2) 은준관,《교육신학: 기독교교육의 이론적 근거》, 서울:대한기독교서회, 1976. p. 88.
3) *Ibid.*, p. 91.
4) 은준관, *op. cit.*, 92.
5) *Ibid.*, pp. 106-113.
6) Kenneth O. Gangel & Warren S. Benson, *op. cit.*, pp. 139-140.
7) *Ibid.*, pp. 206-208.
8) 정성구,《칼빈주의 사상과 삶》, 서울: 한국성서협회, 1978, p. 63.
9) Canton B. Eavey, *History of Christian Education*, Chicago: Moody Press, 1979, p. 163.
10) 이숙종, "바록시대의 교육",《기독교교육사》, 서울: 도서출판 교육목회, 1992, pp. 245-248.
11) J. A. Comenius,《대교수학》, 정확실 역, 서울: 교육과학사, 1998, pp. 27-28, 42-45.
12) J. A. Comenius, *op. cit.*, pp. 274-275.

13) 이숙종, *op. cit.*, p. 289.

14) 은준관, *op. cit.*, p. 198.

15) *Ibid.*, p. 201.

16) *Ibid.*, pp. 85-86.

17) *Ibid.*, p. 88.

18) R. C. Miller, 《기독교교육 개론》, 장병일 역, 서울: 대한기독교서회, 1961, pp. 121-135.

19) *Ibid.*, p. 60, 171.

20) *Ibid.*, p. 76.

21) James D. Smart, *The Teaching Ministry of the Church*, 장윤철 역, 《교회의 교육적 사명》, 서울: 대한기독교교육협회, 1991, p. 234.

22) Elmer L. Towns, *A History of Religious Education*, Grand Rapids: Baker Book House, 1975, p. 285.

23) 은준관, *op. cit.*, p. 203.

24) *Ibid.*, p. 10.

25) Horace Bushnell, *Christian Nuture*, New Haven: Yale University Press, 1888, pp. 68-71.

26) *Ibid.*, pp. 85-86.

27) *Ibid.*, pp. 216-230.

28) *Ibid.*, pp. 25-27.

29) Horace Bushnell, *op. cit.*, pp. 233-234.

30) *Ibid.*, p. 204.

31) 가족을 체계로 보는 관점에서는 다음과 같은 내용을 전제로 한다. 첫째, 가족은 각 부분의 특성을 합한 것 이상의 특징을 지닌 체계이다. 이 간단한 설명은 가족의 질이나 특성은 간단히 이해될 수 없으며 각 가족 고유의 특성이 있다는 것을 의미한다. 둘째, 이런 체계의 움직임은 어떤 일반적인 규칙에 의하여 지배되고 있다. 셋째, 모든 체계는 경계를 가지고 있다. 이와 같은 경계의 특성은 체계가 어떻게 기능하는가를 이해하는데 중요한 열쇠가 된다. 넷째, 체계 한부분의 변화는 체계 전체의 변화를 초래할

수 있다. 다섯째, 가족체계는 완전하지 않으므로 항상 비교적 안정된 상태를 유지하려는 경향이 있다. 따라서 성장이 가능하여 여러 가지 방법으로 변화를 일으키거나 촉진시킬 수 있다. 여섯째, 체계 기능은 체계간의 의사소통이 중요하다. 일곱째, 가족에서의 개인행동은 어떤 원인이 곧 결과가 된다는 직선적 인과 관계 보다는 원인이 결과이며 결과가 원인이 될 수 있다는 순환적 인과 관계로 보는 것이 보다 이해하기 쉽다. 여덟째, 다른 개방체계와 마찬가지로 가족체계는 목적을 추구한다. 아홉째, 체계는 하위체계에 의해서 성립되며 그 체계는 보다 큰 상위체계의 일부분이다.

32) Jack O. Balswick & Judith K. Balswick, *The Family: A Christian Perspective on the Contemporary Home*, Grands Rapids: Baker Book House, 1991, p. 35.
33) *Ibid.*, p. 21.
34) *Ibid.*, p. 21.
35) *Ibid.*
36) Larry Stephens, Stephens, Larry D., *Building a Foundation for Your Child's Faith*, 정성준 역, 《하나님 제 아이 정말 잘 키우고 싶어요》, 서울: 요단, 2000, p. 21.
37) Jack O. Balswick & Judith K. Balswick, *op. cit.*, p. 50.
38) *Ibid.*, p. 44.
39) *Ibid.*, pp. 52-61.
40) L. W. Barber, 《유아를 위한 기독교육》, 오태용 역, 서울: 정경사, 1983, p. 21.
41) Pat Fabrizio, *Children Fun or Frenzy* , 《그리스도인의 자녀교육》, 서울: 생명의 말씀사, 1980.
42) *Ibid.*, p. 7.
43) *Ibid.*, pp. 7-9.
44) *Ibid.*, p. 9.
45) *Ibid.*, pp. 13-19.
46) 박진숙, "현대 기독교가정교육에 관한 연구: 바울의 몸(soma) 개념을 중심으로", 《미간행박사학위논문》, 서울신학대학교, 2004. pp. 8-25
47) "결혼 8쌍중 1쌍은 재혼", 《동아일보》 2004년 7월 1일자.
48) 이정덕 외, 《결혼과 가족의 이해》, 서울; 학지사, 1999, pp. 43-44.

49) "조기유학 첫 1만명을 넘었다", 《경향신문》 2003년 12월 15일자.
50) 보건복지부 통계자료에 의하면 국내 입양은 1996년의 경우 1025명이었던 것이 2002년에는 1,694명으로 증가했다.
51) 박경란, 이영숙, 전귀연, 《가족학》 한국가족관계학회 편, 서울: 하우, 2001, pp. 121-122.
52) 황혼이혼이란 20여년 이상을 부부로 살아온 사람들이 자녀의 출가 이후 이혼하는 경우를 말한다. 이는 주로 여성에 의해 제시된다. 자녀 때문에 시집살이, 남편의 외도와 가정폭력 등의 어려움을 참고 살다가 자녀를 출가시킨 후 이혼을 제기하게 되는 것이다. 이영숙, 박경란, 전귀연, 《가족문제론》, p. 33.
53) 김정옥 외, 《결혼과 가족》, 서울:학지사, 1996, pp. 447-448.
54) Richard R. Osmer, 《신앙교육을 위한 교수방법》, 사미자 역, 서울: 한국장로교출판사, 1997, pp. 47-52.
55) Mentoring: 자녀 양육에 경험이 있는 나이든 부모와 젊은 부모를 짝지어 멘토가 되게 함으로 자녀양육에 좋은 안내를 받을 수 있게 한다.
56) 본 글이 제시하는 부모 십계명은 경기도 성남시 분당구 정자동 126-4, 샘물기독유치원(아이샘)에서 부모를 위해 제공하는 것이다. www.smcc.or.kr 참조.
57) 가족예배 : 부모와 자녀가 함께 기도와 찬양과 설교, 자녀축복 등의 시간에 함께 참여함으로 자녀교육의 주체가 부모인 것을 확인하고 헌신, 재결단하는 예배 순서이다. 본 글의 가족예배 순서는 다음의 자료들을 참고하여 기독교가정에 적용한 것이다. 분당샘물교회 홈페이지 주보보기 참조. www.smcc.or.kr.
58) S. Hiltner, *Preface to Pastoral Theology*, 민경배 역, 《목회신학원론》, 서울: 대한기독교서회, 1968. p. 155.
59) Henry J. M. Nouwen, 《상처입은 치유자》, 최원준 역, 서울: 두란노, 1997.

10장 _ 기독교 학교교육
1) 대안학교는 영국의 A.S. 닐이 1921년 설립한 서머힐(Summer Hill/ 닐, 《써머힐-행복한 학교》, (서울: 연암사, 2003)이 대표적이다, 이반 일리치가 제창한 탈학교교육(deschooling/ 이반 일리치, 《교육사회에서의 탈출》(서울: 범조사, 1979)에서 이론적

원리를 제공한다. 공통적인 개념은 국가가 설립한 공립학교 시스템이 진정한 교육을 파괴하고 있기 때문에 대안적인 교육을 시작해야 한다는 것이다. 1960년대 후반 미국에서 일어난 자유학교(free school)와 열린 학교(open school)도 이에 해당된다. 더 상세한 내용은 이종태의《대안교육과 대안학교》(서울: 민들레, 2001)를 참조하라.

2) 김요셉, "한국 기독교학교의 현실진단 및 갱신운동" 기독교학교교육연구소,《평양대부흥운동과 기독교학교》, 서울: 예영커뮤니케이션, 2007, pp. 40-42.

3) 2005년 3월 24일 개정된 '초.중등교육법' 제 60조 3항(대안학교)에는 다음과 같은 조항이 추가되었다. "학업을 중단하거나 개인적 특성에 맞는 교육을 받고자 하는 학생을 대상으로 현장실습 등 체험위주의 교육, 인성위주의 교육 또는 개인의 소질, 적성 개발 위주의 교육 등 다양한 교육을 실시하는 학교이다." 이것은 2006년 12월 5일 입법 예고되었고 2007년 6월 28일 '대안학교의 설립·운영에 관한 규정'이 발표됨으로 그 효력이 시작 되었다.

4) 아동의 자유를 강조하는 대안학교, 자연생태를 강조하는 대안학교, 환경과 사회를 중시하는 대안학교, 민족을 중시하는 대안학교들이 생겨났다.

5) 박상진,《기독교 학교 교육론》, 서울: 예영커뮤니케이션, 2006, p. 49.

6) 기독교계 학교는 기독교 정신의 건학이념을 갖고 있고, 교회나 기독교인에 의해 세워졌으며, 교목실이 있고, 채플이나 성경시간이 있어 학원선교에 초점을 두는 학교이다. 그러나 '기독교 학교'는 구조적 행정적으로 기독교적인 학교일뿐 아니라 모든 교과목과 교육활동이 기독교적 관점으로 이루어지며 학생까지도 기독교 공동체의 언약의 자녀로 구성된다. 박상진, pp. 23-24.

7) 알버트 그린,《기독교세계관으로 가르치기》, 서울: CUP, 2004, pp. 47-58.

8) 낸시 피어시,《완전한 진리》, 서울: 복있는사람, 2006.

9) 임태규, "우리나라 기독교 대안학교의 현황과 설립문제" 제임스 W. 브랠리 역음(한국기독교교육진흥원 옮김),《기독교 학교를 어떻게 시작할 것인가?》, 서울: CUP, 2007, pp. 243-275. 강원대학교 차성도 교수가 서울여대에서 2002년 열린 기독교대안교육협의회 제 2회 세미나에서 "기독교 대안 교육, 도전과 도약"이라는 강의에서 그렇게 주장했다.

10) 류은정, "기독교 대안학교의 현황분석" 기독교학교교육연구소 주최 세미나,《한국 기

독교 대안학교의 현실과 과제: 기독교 대안학교 실재조사 결과 발표》 2007. 3. 31(토) 오후 3-6시(높은뜻숭의교회 청어람 소강당), pp. 1-59.
11) 류은정, p. 5.
12) 미국에서는 일반 대안학교와 같은 성격의 기독교 학교인 'Christian School'(한국에서는 미션스쿨에 비교)과 구별하기 위하여 'Covenant Christian School'(한국에서는 기독교 학교에 비교)이라고 부르기도 한다. 후자는 전적으로 기독교인들의 자녀들만 받아 교육하는데 비해 전자는 비기독교인의 자녀들도 학생으로 받는 것이 큰 차이이다.
13) 1985년 인구센서스에 의하면 기독교는 총 648만 명(전제인구대비 비율: 16.1%)이었고, 1995년에는 876만 명(19.7%)였고, 2005년에는 861만 명(18.3%)으로 줄었다. 그에 비해 천주교는 1985년 186만 명(4.6%)에서 1995년에는 295만 명(6.6%)였는데 2005년에는 무려 514만 명(10.9%)로 성장했다.
14) Peter Cha, "Towards a Vision for Second Generation Korean American Ministry," 21-24. 1994년 Katalyst에서 발표된 글이다. Karen J. Chai(Harvard, Sociology), "Competing for the Second Generation: English-language ministry at a Korean Protestant Church" in R. Stephen Warner & Judith G. Wittner(ed.), *Gathering in Diaspora: Religious Communities and the New Immigration*(Philadelphia, 1998), p. 300에서 재인용. Kwang Chung Kim(ed.), R. Stephen Warner(ed.), Ho-Youn Kwon(ed.), *Korean Americans and Their Religions: Philgrims and Missionaries from a Different Shore*(Pennsylvanis, 2001)을 참조하라. 이러한 현상을 전문가들은 'Silent Exodus'라고 부른다. 한국 이민자 교회는 그들의 자녀들의 것이 아니라, 부모들의 것에 불과하다.
15) 이 수치는 10년 동안 200명의 젊은 한국계 미국인들을 추적하며 연구한 Stephen Linton 박사와의 인터뷰(1997년 1월 3일)에서 밝혀졌다. Karen J. Chai, 재인용. 각주 12번 참조 325페이지.
16) 유해무, 《개혁교의학》, 서울: 크리스찬다이제스트, 1997, pp. 543-547.
17) George Eldon Ladd, 《하나님 나라: 하나님 나라의 복음》, 원광연 역, 서울: 크리스찬다이제스트, 1997, pp. 25-51.

18) J. 워터링크, 《기독교교육 원론》, 김성린, 김성수 역, 소망사 1978, p. 122.
19) 존 볼트, 《이야기가 있는 학교》, 서울: IVP, 2006.
20) 신국원, p. 143; 이승구도 이와 같은 견해를 가지고 있다. 이승구, "기독교학교의 정신", 박은조 편, 《하나님이 기뻐하시는 학교》, 서울: 예영커뮤니케이션 1999, pp. 32-33.
21) John Bolt, *The Christian Story and the Christian School*, Grand Rapids, 1993, 존 볼트, 《이야기가 잇는 학교》, 이정순 역, 서울: IVP, 2006, pp. 103-104.

11장 _ 기독교 문화교육론

1) 신국원, 《문화이야기》, 서울: IVP, 2002, p. 134.
2) H. R. Van Til, 《칼빈주의 문화관》, 이근삼 역, 서울: 성암사, 1977, pp. 31-32.
3) 특히, 하나님이 의도한 문화명령은 하나님에 대한 타율적 의존성으로 인해 나타난 문화 활동이다. 문화명령의 대상은 자연을 포함한 창조세계이며, 이 창조세계는 하나님의 아들이 오실 것을 기대하고 하나님의 창조주이심을 드러내는 역할과 더불어 하나님께 대해 신실하게 응답하고 있는 대상이다. 그러므로 문화명령의 대리인인 인간은 자연을 포함한 창조세계에 대해 보호, 관리, 다스림, 그리고 유지의 책임과 의무를 가져야 한다. 창세기 1장 28절의 '땅을 정복하라. 모든 생물을 다스리라'는 표현은 인간에게 만물을 맡겨 주시고 그것을 하나님의 뜻에 따라 다스리라는 뜻이다. 이 구절에서 요구하는 것은 인간이 모든 창조세계를 다스리거나 정복하라는 것이다. 그러나 창세기 2장 15절의 עבד(아바드, work, serve)는 일하고 봉사한다는 의미를 갖고, 지키다의 שמר(샤마르, keep, preserve)도 보존한다는 의미를 가지고 있다. 즉, 다스린다는 의미는 창조세계를 정복하며 대항하여 다스리라는 의미보다 경작하고 돌보며 가꾸라는 측면에서 이해해야 한다(신국원, 2002:136).
4) 로마서 8:19-21 "피조물의 고대하는 바는 하나님의 아들들의 나타나는 것이니 허무한 데 굴복하던 … 피조물도 썩어짐의 종노릇한 데서 해방되어 하나님의 자녀들의 영광의 자유에 이르는 것이라."
5) H. Brand & A. Chaplin, *Art and Soul: signposts for christians in the arts*, Downers Grove: InterVarsity Press, 2001, pp. 57-59.

6) *Ibid.*, pp. 59-61.
7) A. Wolters, *Creation Regained: Biblical Basics for a Reformational Worldview*, Wm. B. Eerdmans Publishing Company; 2nd edition, 2005, p. 8.
8) C. Seerveld, *A Christian critique of art and literature* (Toronto: Wedge, 1970), p. 39.
9) 월터스톨프는 기독교교육이 정의와 샬롬을 위한 교육목적을 효율적으로 구현하기 위해서는 다음과 같은 네 가지 점에 관심을 갖고 실천해야 한다고 주장한다(Wolterstorff, 2002:262-263). 첫째, 기독교 교육은 학생들로 하여금 정의와 샬롬의 구현을 위해 노력하도록 가르쳐야 한다. 둘째, 기독교 교육은 학생들로 하여금 샬롬의 도래를 위해 하나님께 기도하도록 가르쳐야 한다. 정의와 샬롬의 구현은 인간의 노력을 요구하지만 인간의 노력이 정의와 샬롬을 완전히 실현하지는 못한다. 그리스도인의 삶은 기도하면서 기다리는 삶의 차원을 요구한다. 셋째, 기독교 교육은 학생들로 하여금 정의와 샬롬이 모습을 드러낼 때 이를 축하하고 향유할 수 있도록 가르쳐야 한다. 넷째, 기독교 교육은 학생들로 하여금 샬롬이 없는 곳에서는 어디든지 샬롬의 없음을 애통해 할 수 있도록 가르쳐야 한다.
10) "기독교 교육은 애통을 드러내 보여주어야 하고 애통을 위해 가르쳐야 한다. 울부짖음, '이래서는 안 된다' 는 울부짖음을 억누르지 말고 허용해 주어야 하며 심지어는 격려해 주어야 한다. 왜냐하면 부셔지고 왜곡된 관계의 치유를 위한 투쟁은 가슴으로부터 느끼는 애통이 나타날 때만 진실 될 수 있기 때문이다. 우리의 학생들에게 지구를 사랑하라고 가르치고, 하나님과 문화와 상호간에 서로 사랑하라고 가르치며 자기 자신을 사랑하라고 가르치는 것은 사랑해 본 우리 모두가 아는 바와 같이 사실상 고통과 슬픔의 가능성과 확실성에 호소하는 것이다. 사랑하는 개는 죽고, 사랑하는 친구는 변하고, 사랑하는 하나님은 영혼의 어두운 밤에 의해 감추어지고, 사랑하는 그림은 찢어질 가능성과 확실성을 가진다."(Wolterstorff, N.P., *Educating for life: reflections on christian teaching and learning*, Grand Rapids, Michigan: Baker Academic, 2002, p. 283).

제4부 | 기독교교육의 실천

12장 _ 기독교교육 교사론

1) 교육이 가치중립적일 수 없음에 대해 에들린(Edlin)의 책, *The Cause of Christian Education*(Edlin, Richard, South Australia: Openbook Publishers, 1999.)을 읽어 보라.
2) Dyk, Van, *The Craft of Christian Teaching: A Classroom Jourey*, Dordt College Press, 2000,《가르침은 예술이다》, 김성수 역, 서울: IVP, 2003.
3) 비단 교사에게만 적용되는 것이 아니다. 기독교인들의 제 활동은 소명으로 인식해야 한다.
4) Wolterstorff, Nicholas, *Until Justice and Peace Embrace*, Michigan: Wm. B. Eerdmans Publishing Co., p. 78.
5) Dyk, Van, 2000:217.
6) 평등주의에 관해 반 다이크(Van Dyk)의 책 pp. 289-290, 336 참고.
7) Wolterstorff, Nicholas, *Educating for Life: Reflection on Christian Teaching and Learning*, Michigan: Wm. B. Eerdmans Publishing Co., p. 74.
8) 샬롬에 대한 깊은 이해는 월터스톨프(Wolterstorff)의 책, *Until Justice and Peace Embrace*을 참고하라.
9) 소진희, "파울로 프레이리와 니콜라스 월터스톨프의 정의 교육 사상 비교 연구",《미간행 박사논문》, 부산: 고신대학교, 2006, p. 3.

13장 _ 기독교교육과 인간이해

1) 이수용,《인간관계의 심리》, 서울: 학지사, 2002, pp. 19-24, 이형득,《인간이해와 교육》, 서울:중앙적성출판사,1998, pp. 22-45 참고할 것.
2) 이수용, pp. 25-28, 최정웅,《교육사상사》, 서울: 학문사, 1996, pp. 39-98 참고할 것.
3) 이수용, pp. 29-35, 최정웅, pp. 139-177 참고할 것.
4) C. S. Hall & C. Lindsey, *Theories of Personality* (2nd ed.), New York: John Wiley and Sons, 1978, G. Corey, Theory and Practice of Counseling and

Psychotherapy(3rd ed.), (Monterey, CA: Brooks/Cole Pub. Co., 1986, 참고할 것.

5) 이장호, 《상담심리학》, 서울: 박영사, 1995, pp. 40-62, 정정숙, 《기독교상담학》, 서울: 베다니, 1994, pp. 245-273, 김성수, "기독교상담과 세계관", 《기독교상담 연구회 자료집(I)》, 부산:고신대학교 기독교상담연구회. 1991, pp. 6-8.

6) 이장호, pp. 71-80, 정정숙, pp. 274-298, 김성수, pp. 6-8.

7) 이장호, pp. 63-70, 정정숙, pp. 216-244, pp. 6-8.

8) John Calvin, 《기독교강요》(상, 중, 하), 원광연 역, 서울: 크리스챤다이제스트, 2003, 총회교육자원부 편, 《개혁신학과 기독교교육》, 서울: 한국장로교출판사, 2007, pp. 19-36, 서철원, 《인간, 하나님의 형상》, 서울: 총신대학교출판부, 2007, pp. 37-97, A. Hoekema, 《개혁주의 인간론》, 류호준 역, 서울: 기독교문서선교회, 1990, 7-22. 등 참고할 것.

9) John Calvin, 《기독교강요》, 총회교육자원부 편, pp. 37-78, 서철원, pp. 259-344, A. Hoekema, pp. 194-310 참고할 것.

10) John Calvin, 《기독교강요》, 총회교육자원부 편, pp. 79-110, 서철원, pp. 469-478, A. Hoekema, pp. 375-402 참고할 것.

11) 조성국, 《기독교 인간학: 하나님의 형상인 전인적 인간》, 부산: 고신대학교 기독교교육연구소, 2000, pp. 22-24, 김용섭, 《칼빈의 세계관, 인간관과 개혁주의 교육관》, 부산: 고신대학교 기독교교육연구소, 1992, pp. 8-15, A. Hoekema, pp. 337-348 참고할 것.

12) 조성국, pp. 25-26, A. Hoekema, pp. 349-362 참고할 것.

13) Fower, S., *A Christian Voice among Students and scholars*, Potchefstroom: IRS, 1991, pp. 211-225, Spier, J. M., *An Introduction to Christian Philosophy*, Nutley, New Jersey: Craig Press, 1976, p. 43, 김성수, pp. 9-13, 조성국, pp. 27-30 참고할 것.

14) 사미자, "학생은 누구인가?", 《기독교교육 개론》, 서울: 장신대 기독교교육연구원, 2006, pp. 90-116, 김국환, "교육의 대상은 누구인가?", 《기독교교육학 개론》, 서울: 기독한교, 2005, pp. 242-273, 최정웅, pp. 139-199 참고할 것.

15) 서울대학교 교육연구소 편, 《교육학 대백과사전》3권, 서울: 하우동설, 1998, p. 2764.

16) 사미자, pp. 90-116, 김국환, pp. 242-273.
17) 사미자, pp. 90-116, 김국환, pp. 242-273, 김도일, "기독교 교사란 누구인가?", 《기독교교육 개론》, 서울: 장신대 기독교교육연구원, 2006, pp. 64-87, 강용원, "누가 교육하는가?", 《기독교교육학 개론》, 서울: 기독한교, 2005, pp. 275-302.

14장 _ 기독교교육과 상담

1) 정소영, 《상담과 기독교교육》, 서울: 한국장로교출판사, 2000, pp. 67-70.
2) 반신환, "기독교 영성의 관점으로 살펴보는 기독교상담의 정체성", 《한국기독교상담심리치료학회지》, 서울: 한국기독교상담심리치료학회, 2004, Vol. 7, pp. 45-75.
3) 김용태, 《통합의 관점에서 본 기독교상담학》, 서울: 학지사, 2006, p. 276.
4) Collinse, G. R., *The Biblical Basis of Christian Counseling for People Helpers: Relating the Basis Teachings of Scripture to People's Problems*, Colorado Springs: navpress, 2001.
5) Crabb, L. J., *Effective Biblical Counseling: A Model for Helping Caring Christians Become Capable Counselors*, Grand Rapids: Ministry Resources Library, Zondervan Publishing Company, 1977
6) 권수영, 《기독목회상담 어떻게 다른가요?》, 서울: 학지사, 2007, pp. 19-44.
7) 창 1:27, 9:6, 약 3:9.
8) 김성수, "기독교상담과 세계관", 《기독교상담 세미나 자료집》, 제1권, 부산: 고신대, 2000, p. 6.
9) Crabb, L. J., *Effective Biblical Counseling: A Model for Helping Caring Christians Become Capable Counselors*, Grand Rapids: Ministry Resources Library, Zondervan Publishing Company, 1977.
10) 전용복, 《기독교상담의 이론과 실제》, 서울: 도서출판 미드웨스트, 1999, pp. 32-35.
11) Tournier, P., *A Listening Ear : Reflections on Christian Caring.* Minneapolis, MW : Augusburg Publishing House, 1987.
12) Collinse, G. R., *The Biblical Basis of Christian Counseling for People Helpers: Relating the Basis Teachings of Scripture to People's Problems*, Colorado

Springs: navpress, 2001.
13) Crabb, L. J., *Effective Biblical Counseling: A Model for Helping Caring Christians Become Capable Counselors*, Grand Rapids: Ministry Resources Library, Zondervan Publishing Company, 1977.
14) 김용태,《통합의 관점에서 본 기독교상담학》, 서울: 학지사, 2006, p. 219.
15) Strong, S. R., *Counseling: An Interpersonal Influence*, Journal of Counseling Psychology, 1968, pp. 15, 215-224.
16) 노안영,《상담심리학의 이론과 실제》, 서울: 학지사, 2005, p. 150.
17) Collinse, G. R., *The Biblical Basis of Christian Counseling for People Helpers: Relating the Basis Teachings of Scripture to People's Problems*, Colorado Springs: navpress, 2001.
18) 위의 책, p. 203.
19) Corey, G., *Theory and Practice Counseling and Psychotherapy*(6th ed.) Pacific Grove, CA : Brooks Code Publishing Company, 2001.
20) 이형득,《상담이론》, 서울: 교육과학사, 2000, pp. 125-140.
21) 위의 책, p. 150.
22) Patterson, C. H & Hidore, S. C., *Successful Psychotherapy : A caring loving relationship*, Northvale, NJ : Jason Aronson, Inc, 1997.
23) Jones, R. N., *The Theory and Practice of Counselling and Therapy*(3rd edu.). London : Continum, 1999, pp. 80-85.
24) 위의 책, pp. 110-120.
25) 위의 책, p. 125.
26) 박경애,《인지 · 정서 · 행동치료》, 서울: 학지사, 1997, p. 210.

15장 _ 기독교교육 행정론
1) 박진규 외,《교육학개론》, 서울: 학지사, 1999, pp. 315-316.
2) 경영자로서의 예수에 대한 이해는 미국의 광고대행, 마케팅, 비즈니스 개발회사인 존스 그룹의 설립자이자 회장인 Laurie B. Jones가《최고경영자 예수》(*CEO Jesus*)라는

책을 통해 예수를 최고경영자로 설정하여 자아극복, 행동, 그리고 인간관계 형성 등 세 가지 측면에서 그 지도력의 강점을 살피는 탁월한 저서로 평가받고 있다. 송경근 김홍섭 역, 서울: 도서출판 한언, 1995.

3) Werner Graendorf, *Introduction to Biblical Christian Education*,《복음주의 기독교교육론》, 김국환 역, 서울: 기독교문서선교회, 1992. pp. 374-375.

4) 박진규 외,《신세대를 위한 교육학개론》, 서울: 학지사, 1999. pp. 330-333.

5) Werner C. Graendorf, ed., *Introduction to Biblical Christian Education*, Chicago: Moody Press, 1981, p. 260.

6) Dennis Williams, "The Board of Christian Education", Robert C. Clark, eds., *Christian Education: Foundations for Future*, Chicago: Moody Press, 1991. pp. 444-456.

7) Michael Lawson & Robert Chun, *Directing Christian Education*, Chago: Moody Press, 1992, p. 102.

8) James E. Means, *Leadership in Christian Ministry*, Grand Rapids: Baler Book House, 1989, p. 13.

9) Micaele A. Becttle, "Role and Responsibilities of Chritian Education Personal", M. Anthony ed, *Foundations of Ministry*, Wheaton, IL: A BridgePoint Book, 1992. pp. 238-239.

10) Harold Burgess, "What is Volunteer?", Donald Ratcliff & Blake Neff eds., *The Complete Guide to Religious Education Volunteers*, p. 9.

11) *Ibid.*, p. 13.

12) Jerry Stubblefield, *The Effective Minister of Education*, p. 107.

13) Bo Boshers, *Student Ministry for the 21st Century*,《윌로크릭교회 청소년사역》, 이상신, 이상중 역, 서울: 두란노, 1997, p. 231.

14) Jerry Stubblefield, *The Effective Minister of Education*, pp. 75-194.

15) 주5일제에 맞춘 다양한 준비가 필요한데 총회교육원 편,《주5일 시대와 교육목회전략》, 서울: 생명의 양식, 2007. 는 그 이론과 실천을 집대성한 유효한 자료집이다.

16) Werner Graendorf, *Introduction to Biblical Christian Education*,《복음주의 기

독교교육론》, 김국환 역, 서울: 기독교문서선교회, pp. 416-417.
17) 통계청,《한국사회조사》, 서울: 통계청, 2004.
18) 한국갤럽,《한국교회 미래리포트》, 서울: 두란노, 2004.
19) Jerry Stubblefield, *The Effective Minister of Education*, pp. 216-217.
20) Ray Syrstad, "Professional Church Leadership", Robert C. Clark eds., *Christian Education: Foundations for Future*, Chicago: Moody Press, 1991. pp. 439-440.
21) Stevn Covey, *First Things First*,《소중한 것을 먼저하라》, 김경섭 역, 서울: 김영사, 1997.
22) 나삼진,《NG를 잡아라: 21세기 청소년 사역전략》, 서울: 도서출판 영문, 1999.
23) 이 문제는 국내에서는 아직 고려하지 않는 분야이지만 미국의 경우 교회학교는 물론 전체 교회에 대해서 심각한 소송문제를 발생시킬 수도 있으므로 중요하게 고려하고 있다. cf. Ken Garland, "Legal and Ethical Issues in Ministry", Michael Anthony ed., *Introducing Christian Education*, Grand Rapids: Baker Academic, 2002, pp. 185-191.

집필자 약력

김성수

경북대학교 사범대학 교육학과, 동 대학원(M. A.)을 졸업하고, 남아공화국 포체스트룸(Potchefstroom) 대학교에서 교육철학 전공으로 박사학위(Ph. D)를 받았다. 현재 고신대학교 기독교교육과 교수이며, 총장으로 일하고 있다. 저서로 "The modern school: its crisis and its future"(박사학위논문, 1984), 《교회교육론》(총회교육위원회, 1994), 《가르침은 예술이다》(역서, IVP, 2003) 등이 있다(e-mail: sskim@kosin.ac.kr).

조성국

고신대학교 기독교교육과, 동 신학대학원(M. Div.) 및 대학원(M. A.)을 졸업하고, 남아공화국 포체스트룸(Potchefstroom) 대학교에서 교육철학으로 박사학위(Ph. D)를 받았다. 현재 고신대학교 기독교교육과 부교수로 재직하고 있다. 저서로 "Human Integration as a Fundamental Anthropological Problem in Neo-humanistic Education" (박사학위논문, 1997), 《한국현대신학과 한국교회의 구원관》(클릭, 2002), 《메시아적 모형의 리더 다윗》(클릭, 2006) 등이 있다(e-mail: sgjoh@kosin.ac.kr).

권경호

고신대학교 신학과와 동 신학대학원(M. Div.)을 졸업하고 남아공화국 노스웨스트(NorthWest University) 대학교에서 기독교교육학 전공으로 박사학위(Ph. D.)를 받았다. 현재 부산 부평교회 담임 목사, 학교법인 고려학원 이사와 고신대학교 외래교수로 활동하고 있다. 고신대학교 기독교교육과 겸임교수를 역임하였다. 저서로《재미있는 반 목회와 교육활동》(총회교육위원회, 1993)과 "Anthropological Dualism in Korean Church Education"(박사학위논문, 2007)이 있다(e-mail: dovekkh@hanmail.net).

강용원

서울대학교 사범대학, 장로회신학대학교 대학원(M. A.), 고신대학교 신학대학원 및 대학원(M. Div., Th. M.)을 졸업하고 스위스 쮜리히(Zürich) 대학교에서 종교교육학을 전공하여 박사학위(Dr. theol.)를 받았다. 현재 고신대학교 기독교교육과 교수이며, 교목실장 및 기독교상담복지 대학원장으로 일하고 있다. 한국기독교교육학회 회장을 역임하였으며, 현재 한국복음주의기독교교육학회 회장을 맡고 있다. 저서로《교회교육의 새로운 전망》(총회교육위원회, 1993),《기독교교육의 과제와 전망》(한국기독교교육학회, 2004) 등이 있다(e-mail: ywkang@kosin.ac.kr).

김미숙

이화여자대학교 사범대학 영어교육과와 고신대학교 대학원(M. A.)을 졸업하고 동 대학원에서 기독교교육학 전공으로 박사학위(Ph. D)를 받았다. 현재 고신대학교 외래교수로 활동하고 있다. 저서로 "기독교상담에 나타난 통합운동에 관한 연구"(박사학위 논문, 2006)가 있다(e-mail: mskim717@hanmail.net).

신영순

이화여자대학교 영문학과, 고신대학교 대학원(M. A.)을 졸업하고, 동 대학원에서 기독교교육학 전공으로 박사학위(Ph. D.)를 받았다. 고신대학교 외래교수를 역임하였다. 저서로《칼빈 사상의 현대적 영향》(고신대학교 출판부, 1995), "니콜라스 월터스톨프의 기독교교육 사상의 현대적 의의"(박사학위논문, 2004)가 있다(e-mail: seagal0@unitel.co.kr).

이정기

고신대학교 기독교교육과, 연세대학교 교육대학원(Ed. M)을 졸업하고, 미국 미드웨스턴

신학대학원(M. Div) 과정을 수학하였으며 미국 캔사스주립대학교(Kansas State University) 대학원에서 석사과정을 수료하고, 동 대학원에서 교육학 전공으로 박사학위(Ph. D.)를 받았다. 현재 교육인적자원부 교육과정심의회(교양) 심의위원으로 활동하고 있으며, 백석대학교 사범학부 교수로 재직하고 있다. 저서로 《리더십 테마여행》(공저, 백석출판사, 2006), 《U코칭》(공저, 백석출판사, 2007) 등이 있다(e-mail: jgedu@bu.ac.kr).

임창호

고신대학교 기독교교육과, 동 신학대학원(M.Div.), 일본 히로시마대학교(Hiroshima University) 대학원(Ed.M.)을 졸업하고 동 대학원에서 교육철학 전공으로 박사학위(Ph.D.)를 받았다. 1996년부터 2005년까지 미국 휴스턴 한인장로교회를 담임하였고, 미국 Evangelia University, Midwest University, Birmingham Theological Seminary에서 겸임교수를 역임하였으며, 현재 고신대학교 기독교교육과 조교수로 재직하면서, 기독교교육연구소 소장으로 활동하고 있다. 저서로 《분위기 좋은 교회》(쿰란, 1999), 《공공성을 회복하라》(쿰란, 2000), 《도야와 사교성》(버밍햄, 2004) 등이 있다(e-mail: limchangho@gmail.com).

황지영

숙명여자대학교, 고신대학교 대학원(M. A.), 신학대학원(M. Div.)을 졸업하고 동 대학원에서 기독교교육학 전공으로 박사학위(Ph. D.)를 받았다. 현재 분당샘물교회 상담사역자이며, 아세아연합신학대학교 상담대학원 외래교수로 활동하고 있다. 저서로 "하나님의 형상 개념을 중심으로 한 관계적 기독교 부모교육에 관한 연구"(박사학위 논문, 2006)가 있다(e-mail: hesedhwang@hanmail.net).

임경근

고신대학교 기독교교육과, 동 신학대학원(M. Div.), 네덜란드 깜뻰(Kampen) 개혁신학대학원(Drs.)을 졸업하고, 네덜란드 아뻴도우른(Apeldoorn) 기독개혁신학대학원에서 신학박사학위(Th. D.)를 받았다. 현재 분당샘물교회 부목사 및 샘물기독학교 교목으로 재직하고 있으며 고신대학교 외래교수로 활동하고 있다(e-mail: famlim@hanmail.net).

이민경

부산대학교 국문학과, 고신대학교 신학대학원(M. Div.), 대학원(M. A.)을 졸업하고 동 대학원에서 기독교교육학 전공으로 박사학위(Ph. D)를 받았다. 현재 고신대학교 외래교수로 활동하고 있다. 저서로 "개혁주의 문화교육에 관한 연구"(박사학위 논문, 2005)가 있다(e-mail: joymuch@hanmail.net).

소진희

고신대학교 기독교교육과, 동 대학원(M. A.)을 졸업하고 동대학원에서 기독교교육학 전공으로 박사학위(Ph. D)를 받았다. 총회교육원 연구원을 역임하였고, 현재 고신대학교 외래교수로 활동하고 있다. 저서로 "파울로 프레이리와 니콜라스 월터스톨프의 정의교육사상 비교 연구"(박사학위 논문, 2006)가 있다(e-mail: joykim01@hanmail.net).

강연정

고신대학교 기독교교육과, 동 대학원(M. A.)을 졸업하고 남아공화국 포체스트룸(Potchefstroom) 대학교 박사과정을 수료하고, 한남대학교 대학원에서 기독교상담학을 전공하여 문학박사 학위(Ph. D.)를 받았다. 현재 고신대학교 기독교교육과 전임강사로 재직하면서 한국발달상담연구소 부산센터와 SFC청소년교육센터 부설 상담연구소 소장으로 활동하고 있다. 저서로《새생명의 탄생에서 성장까지》(공저, 영문, 1998), "영적 안녕과 전인건강 증진을 위한 기독교 집단상담 프로그램의 개발"(박사학위 논문, 2006) 등이 있다(yjkang@kosin.ac.kr).

류혜옥

고신대학교 기독교교육과 조교수로 재직하면서, 학과장으로 일하고 있다. 기독교상담 슈퍼바이저, 집단상담 슈퍼바이저이며, 한국상담학회 이사, 한국기독교상담심리치료학회 상임이사, 기독교상담연구회 회장으로 활동하고 있다. 저서로는《따뜻함이 녹아드는 사이버 신앙상담》(클릭, 2001)이 있으며, "상담에 있어서의 영성의 의미", "신앙증진과 집단상담", "개혁주의 영성과 상담에 관한 연구", "기독교 영성의 관점에서 살펴보는 기독교상담의 정체성" 등의 연구가 있다(horhew@kosin.ac.kr).

나삼진

고신대학교, 동 신학대학원(M. Div), 미국 Biola University 대학원(M. A., M.A.C.E.)을 졸업하고 고신대학교 대학원에서 기독교교육학 전공으로 박사학위(Ph. D)를 받았다. 미국 Evangelia University 초빙 교수, 고신대학교 및 고려신학대학원 강사를 역임하였다. 현재 대한예수교장로회 총회교육원장으로 재직하고 있으며, 아세아연합신학대학교 대학원 외래교수로 활동하고 있다. 저서로 "제임스 파울러의 신앙발달이론과 교육목회적 적용에 관한 연구"(박사학위논문, 2004), 《NG를 잡아라: 21세기 청소년 사역전략》, 《신앙교육의 핵심주제》 등이 있다(e-mail: samjinna@msn.com).